ACCESO GRATIS ***a la Lectura en la Nube***

Para visualizar el libro electrónico en la nube de lectura envíe junto a su nombre y apellidos una fotografía del código de barras situado en la contraportada del libro y otra del ticket de compra a la dirección:

ebooktirant@tirant.com

En un máximo de 72 horas laborales le enviaremos el código de acceso con sus instrucciones.

EL ALGORITMO COMO SOPORTE DE LAS DECISIONES EMPRESARIALES: CLAVES JURÍDICO-LABORALES PARA UNA TRANSICIÓN JUSTA

Procedimiento de selección de originales, ver página web:
www.tirant.net/index.php/editorial/procedimiento-de-seleccion-de-originales

EL ALGORITMO COMO SOPORTE DE LAS DECISIONES EMPRESARIALES: CLAVES JURÍDICO-LABORALES PARA UNA TRANSICIÓN JUSTA

SUSANA RODRÍGUEZ ESCANCIANO
Catedrática de Derecho del Trabajo
y de la Seguridad Social
Universidad de León

tirant lo blanch
Valencia, 2024

Este trabajo ha sido realizado en el marco del proyecto de investigación "Hacia una transición ecológica justa: los empleos verdes como estrategia frente a la despoblación" *(TED 2021-129526B-I00)*, financiado por el Ministerio de Ciencia e Innovación. Nº Proyecto: UXXI2022/00217

EDITA: TIRANT LO BLANCH
C/ Artes Gráficas, 14 - 46010 - Valencia
TELFS.: 96/361 00 48 - 50
FAX: 96/369 41 51
Email: tlb@tirant.com
www.tirant.com
Librería virtual: www.tirant.es
DEPÓSITO LEGAL: V-3234-2024
ISBN: 978-84-1071-101-3

Índice

1. *La aplicación de las innovaciones técnicas inteligentes a los procesos productivos: proyección transversal*

Cierto es que la inteligencia artificial (IA) es una aspiración que siempre ha estado presente, pues intenta realizar determinadas tareas humanas ahorrando trabajo a las personas. No menos verdad resulta que en el momento presente se traduce en unas aplicaciones informáticas que nos ofrecen unos resultados que sustituyen al operador humano en ciertas tareas, o que emulan hasta determinado punto su labor, a través de unos procedimientos matemáticos y cuánticos[1]. La computación cognitiva, como unión entre lo humano y lo digital, dependerá del éxito de imitar el comportamiento de las personas a través de la acumulación de experiencias, la percepción del entorno y el procesamiento de datos estructurados y no estructurados con miras a un escenario final de decisión de las mejores acciones[2]. De seguro, los sistemas de IA, con capacidad de procesamiento mucho mayor que los humanos (cuya memoria es mucho más limitada y se ve afectada por la fatiga), no sólo atesoran una realidad omnipresente sino una variedad de escenarios en proceso de innovación y expansión, acompañados de un profuso movimiento científico y académico acorde a la magnitud de los retos y logros tecnológicos.

---

1 HUERGO LORA, A.: "Gobernar con algoritmos, gobernar los algoritmos", *El Cronista del Estado Social y Democrático de Derecho*, núm. 100, 2022, p. 81.

2 FERNÁNDEZ DOMÍNGUEZ, J.J.: "Automatización y empleo. La paradoja de Polanyi revisitada", *Revista Crítica de Relaciones de Trabajo*, núm. 1, 2021, p. 2.

La solvencia de las aportaciones doctrinales vertidas hasta el momento y la exhaustividad de los tratamientos abordados hacen difícil la aportación de reflexiones o ideas novedosas, pero el estado germinal del ordenamiento laboral español sobre la funcionalidad de los *outputs* de la IA en la gestión laboral (decisiones empresariales automatizadas) ofrece algunas oportunidades para la sugerencia y la propuesta, no sin desconocer que se trata de un ámbito de la realidad en constante mutación, dotado, al tiempo, de un elevado grado de incertidumbre. El objetivo de estas páginas es, por ende, necesariamente modesto, sin pretensión en absoluto de agotar una compleja, versátil y evolutiva cuestión, que exige, por una parte, revisitar conceptos clásicos y, por otra, avanzar clasificaciones o sistematizaciones todavía poco experimentadas.

Las postrimerías del primer cuarto del siglo XXI vienen marcadas por el creciente y destacado protagonismo de las decisiones automatizadas, basadas en aplicaciones de IA o en sistemas algorítmicos, que, a través de la correlación, tratamiento y análisis de datos, producen efectos relevantes sobre las personas en el ámbito económico, social y jurídico[3]. Ni que decir tiene que el ámbito de las relaciones laborales, y el de la organización de los procesos productivos en su conjunto, vienen siendo un destacado contexto de desarrollo de la IA, que se proyecta ya sobre la práctica totalidad de las facetas que componen la autonomía organizativa del empleador en la gestión del trabajo por cuenta ajena (selección de trabajadores, asignación y planificación de tareas, tecnificación del ejercicio de los poderes de dirección, vigilancia y disciplina, etc.)[4].

---

3 SAEZ LARA, C.: "El algoritmo como protagonista de la relación laboral. Un análisis desde la perspectiva de la prohibición de discriminación", *Temas Laborales*, núm. 155, 2020, p. 42.

4 GÓMEZ ABELLEIRA, F.J.: *La interdicción de la arbitrariedad en la relación laboral*, Valencia, Tirant Lo Blanch, 2023, p. 23.

Las empresas quedan avocadas a adaptarse a una realidad cambiante, especialmente mediante la adopción de nuevas formas de organización laboral asistidas por la innovación ingeniosa[5]. Solo el intento de avanzar en este camino ya provoca una preocupante sensación de caos, pues los algoritmos y la IA se están convirtiendo en artilugios automatizados nutridos con ingentes cantidades de datos capaces, por un lado, de realizar de forma autosuficiente tareas anteriormente desarrolladas por personas y, por otro, de asumir la delegación de las potestades empresariales[6].

Ahora bien, sin caer en una contraproducente postura negacionista al progreso inteligente, es menester parar mientes para señalar que la utilización tan rauda de metodologías que facilitan el análisis de datos y, a los efectos que aquí más interesan, permiten poner sobre la mesa propuestas de resolución en el marco empresarial, requiere ciertas cautelas[7] en aras a salvaguardar el ansiado "humanismo tecnológico" (o "reserva de humanidad" sobre unos artilugios que carecen de empatía, no sienten dolor ni experimentan placer)[8], capaz de contener irregularidades, errores, efectos nocivos, situaciones imprevistas e incluso posibles suplantaciones en el actuar de las má-

---

5 LÓPEZ AHUMADA, E.: "Las consecuencias del desarrollo de la inteligencia artificial ante las transformaciones del mercado de trabajo y la creación de empleo", *Revista Laborem*, núm. 28, 2023, p. 42.

6 MERCADER UGUINA, J.R.: "Prólogo", en MUÑOZ RUÍZ, B.: *Biometría y sistemas automatizados de reconocimiento de emociones. Implicaciones jurídico-laborales*, Valencia, Tirant Lo Blanch, 2023, p. 17.

7 FUERTES LÓPEZ, M.: "Reflexiones ante la acelerada automatización de actuaciones administrativas", Revista Jurídica de Asturias, núm. 45, 2022, p. 112.

8 VALLEJO DACOSTA, R.: *Riesgos psicosociales: prevención reparación y tutela sancionadora*, Pamplona, Aranzadi, 2005, pp. 13 y ss.

quinas ingeniosas[9]. Dar pasos hacia la adopción de decisiones automatizadas requerirá contar con un mínimo entramado normativo tuitivo de infranqueables ámbitos asentados sobre dos sólidas premisas: la imposibilidad de incidir y conculcar derechos fundamentales y el impulso del trato no discriminatorio. Como con acierto se ha dicho, "el propio avance científico desde parámetros éticos puede depender en buena medida de la existencia de marcos normativos que protejan los desarrollos y las invenciones"[10].

Si la preocupación por la técnica ha sido una constante, las transformaciones que vive en los últimos tiempos han venido a reabrir con renovados fundamentos esa clásica cuestión[11], con particular manifestación en el marco de las relaciones laborales, pues no cabe duda que la implementación en las organizaciones productivas de adelantos inteligentes avanza día a día, dadas las demandas emergentes a las que tienen que atender las empresas bajo la atenta mirada de la reducción de costes. En un contexto mundializado de desigualdad demográfica, económica y social, e inmerso, a su vez, en un evidente deterioro medioambiental, la irrupción constante de las nuevas tecnologías inteligentes y su uso en el ámbito laboral ha supuesto la creación de escenarios inciertos en los cuales deviene difícil

---

9 FUERTES LÓPEZ, M.: "Reflexiones ante la acelerada automatización de actuaciones administrativas", *Revista Jurídica de Asturias*, núm. 45, 2022, p. 113.

10 PÉREZ DEL PRADO, D.: *Derecho, Economía y Digitalización. El impacto de la inteligencia artificial, los algoritmos y la robótica sobre el empleo y las condiciones de trabajo*, Valencia, Tirant Lo Blanch, 2023, p. 46.

11 MERCADER UGUINA, J.R.: "La difícil coyuntura del Derecho del Trabajo: un presente continuo", en AA.VV (BARCELÓN COBEDO, S.; CARRERO DOMÍNGUEZ, C. Y DE SOTO RIOJA, S., Coords.): *Estudios de Derecho del Trabajo y de la Seguridad Social. Homenaje al profesor Santiago González Ortega, Monografías de Temas Laborales*, núm. 64, 2023, p. 125.

cohonestar las "nuevas" y "no tan nuevas" (pero renovadas) ocupaciones y metodologías productivas con los derechos de las personas trabajadoras[12].

Sin caer en absurdas demonizaciones de la tecnología (ecos y reminiscencias de aquel ludismo surgido en los albores de la primera revolución industrial que reaparecen ahora contra su versión inteligente), resulta impredecible aventurar qué nos depararán los avances técnicos en su aplicación a las relaciones laborales sin duda, progresos atractivos en la rentabilidad empresarial que encierran también en su seno el peligro de retroceso de conquistas sociales[13], razón por la cual procederá buscar los instrumentos y cauces de solución a un "nuevo escenario conflictivo" que "ha venido a renovar la problemática clásica sobre el espacio de libertad de los trabajadores frente a los poderes del empresario"[14]. Y es que "la efectividad de los derechos fundamentales del trabajador en el ámbito de las relaciones laborales debe ser compatible... con el cuadro de límites recíprocos que pueden surgir entre aquéllos y las facultades empresariales (las cuales son también expresión de derechos constitucionales reconocidos en los arts. 33 y 38 CE"[15]), máxime cuando "la celebración de un contrato de trabajo no implica la privación en modo alguno para una de las partes, el trabajador, de los derechos que la Constitución le reconoce

12 GARCÍA MURCIA, J.: "Nuevas tecnologías y ordenación jurídica del trabajo", en AA.VV (SÁNCHEZ-URÁN AZAÑA, Y. y GRAU RUÍZ, M.A., Dirs.): *Nuevas tecnologías y derecho: retos y oportunidades planteadas por la inteligencia artificial*, Brasil, Juruá, 2019, pp. 107 y ss.

13 PALOMEQUE LÓPEZ, M.C.: "Derechos fundamentales generales y relación laboral. Los derechos fundamentales inespecíficos", en AA.VV.: *El modelo social de la Constitución Española de 1978*, Madrid, MTSS, 2003, pp. 229-230.

14 VALDÉS DAL-RE, F.: "Presentación", *Relaciones Laborales*, 2009, Tomo I, p. 149.

15 STCo 56/2008, de 14 de abril.

como ciudadano", porque "ni las organizaciones empresariales forman mundos separados y estancos del resto de la sociedad, ni la libertad de empresa legitima que quienes prestan servicios en aquéllas por cuenta y bajo la dependencia de sus titulares deban soportar despojos transitorios o limitaciones injustificadas de sus derechos fundamentales y libertades públicas, que tienen un valor central y nuclear en el sistema jurídico constitucional"[16], no en vano "los derechos fundamentales se alían con el contrato para garantizar la convivencia en la empresa"[17].

Si los medios tecnológicos aumentan, por lo general, el poder del empresario también lo hace, tanto sobre la prestación laboral como sobre el propio trabajador; si, como ha hecho notar la doctrina, aquellos poderes por su natural tendencia (y no por ser "intrínsecamente insidiosos o perversos") constituyen una amenaza real para la afirmación de los derechos del empleado, no cabe aceptar sin más, acríticamente y sin limitaciones, todo nuevo soporte técnico sino que es preciso poner diques capaces de evitar ilógicos e irracionales ataques[18].

---

16 SSTCo 88/1985, de 19 de julio; 99/1994, de 11 de abril; 90/1997, de 6 de marzo; o 904/1997, de 6 de mayo.

17 OJEDA AVILÉS, A.: "Equilibrio de intereses y bloque de constitucionalidad personal en la empresa", *Revista de Derecho Social*, núm. 35, 2006, p. 15.

18 VALDÉS DAL-RE, F.: "Poderes del empresario y derechos de la persona del trabajador", en AA.VV (APARICIO TOVAR, J. y BAYLOS GRAU, A., Dirs.): *Autoridad y democracia en la empresa*, Madrid, Trotta, 1992, p. 27.

2. *Metodologías productivas y máquinas cognitivas*

El mercado de trabajo actual se encuentra sometido a profundos cambios en su composición, funcionamiento y efectividad, asociados precisamente a las innovaciones tecnológicas, que provocan el paso del empleo analógico al trabajo digital, donde la empresa deviene ingrávida e intangible, de manera que la toma de decisiones se realiza en ambientes donde coexisten máquinas cognitivas y personas[19], imbricadas bajo el paraguas de un doble fenómeno: de un lado, tecnologías ya conocidas pero que resultan mejoradas; y, de otro, tecnologías genuinamente propias del presente en progresión imparable hacia el futuro[20].

De entre las muchas posibilidades que ofrecen los inventos actuales, cabe destacar la recopilación masiva de datos (*big data*), que son procesados por algoritmos, los cuales pueden posibilitar que una máquina adopte una decisión sin necesidad de intervención humana, esto es, de manera totalmente automatizada[21]. Los robots y aplicaciones de IA se convierten

---

19 MERCADER UGUINA, J.R.: "La difícil coyuntura del Derecho del Trabajo: un presente continuo", en AA.VV (BARCELÓN COBEDO, S.; CARRERO DOMÍNGUEZ, C. Y DE SOTO RIOJA, S., Coords.): *Estudios de Derecho del Trabajo y de la Seguridad Social. Homenaje al profesor Santiago González Ortega, Monografías de Temas Laborales*, núm. 64, 2023, p. 125.

20 PÉREZ DEL PRADO, D.: *Derecho, Economía y Digitalización. El impacto de la inteligencia artificial, los algoritmos y la robótica sobre el empleo y las condiciones de trabajo*, Valencia, Tirant Lo Blanch, 2023, p. 177.

21 CORDERO GORDILLO, V.: "Decisiones empresariales automatizadas y extinción del contrato de trabajo: ¿puede despedir el algoritmo?", en AA.VV.: *Digitalización, recuperación y reformas laborales. Comu-*

en un instrumento fundamental en la incesante búsqueda de la eficiencia y la productividad[22]. Precisamente la IA pone al servicio de la gestión empresarial distintas herramientas, cuya virtualidad reside en la simplificación de los procesos de predicción o toma de decisión con efectos jurídicos sobre las personas trabajadoras a partir de datos masivos y la codificación de órdenes mediante modelos matemáticos.

Cierto es que han sido las plataformas las precursoras de la gestión algorítmica de su personal en aspectos tales como: pronosticar el número de personas trabajadoras necesarias para atender la demanda en cada tramo horario, atribuir una dedicación determinada y un pedido o una tarea concreta, estimar cuáles son los volúmenes de trabajo idóneos en cada momento, evaluar el grado de cumplimiento individual y colectivo de estos objetivos, establecer en su caso una prelación entre los trabajadores, acceder a las valoraciones de los clientes sobre el desarrollo del trabajo como posibilidad de mejora o deterioro de la posición dentro de la aplicación, sancionar e incluso despedir (eufemísticamente "desconexiones")[23]. No menos verdad resulta, sin embargo, que cada vez son más las empresas que incorporan algoritmos en sus procesos estratégicos, "a veces casi en calidad de socios"[24], tanto en sectores tradicionales de la actividad como en sectores emergentes.

---

nicaciones del XXXII Congreso Anual de la Asociación Española de Derecho del Trabajo y de la Seguridad Social, Alicante, 26 y 27 de mayo de 2022, Madrid, Ministerio de Trabajo y Economía Social, 2022, p. 1237.

22 MERCADER UGUINA, J.R.: "Algoritmos: personas y números en el derecho digital del trabajo", *Diario La Ley*, núm. 48, 24 febrero 2021.

23 SANGUINETI RAYMON, W.: "El poder de dirección ante el cambio económico y productivo y la emergencia de la inteligencia artificial", *Trabajo y Derecho*, núm. 109, 2024.

24 VALLECILLO GÁMEZ, R.: "La digitalización de la intermediación laboral: análisis, retos y casuística comparada", en AA.VV.: *Digitalización, recuperación y reformas laborales. Comunicaciones del XXXII Congreso*

Uno de los mayores errores de perspectiva sería, por ende, centrar el debate en aquellas actividades o entidades que están provocando una mayor litigiosidad judicial o pensar que es sólo en la economía de las plataformas donde incide el cambio tecnológico inteligente, cuando en realidad repercute sobre el conjunto de la población ocupada en el sentido más amplio del término[25]. De esta forma, los clásicos objetivos de automatización y robotización de la actividad empresarial, unidos a la digitalización, el software y la informatización de los procesos productivos a través de la IA, pasan a implantarse, con mayor o menor medida, en actividades propias tanto del sector primario, como del secundario o terciario. Agricultura, Industria, Construcción y Servicios pugnan con la misma fuerza por ganar eficacia y calidad en sus respectivos ámbitos gracias a las numerosas ventajas que puede reportarles la modernización tecnológica aplicada a sus respectivos ámbitos de actividad[26]. Actividades clásicas como distribución, comercialización, logística, cadenas de restauración o *call centres* están transitadas igualmente por la IA[27].

El simple recurso a la estadística proporciona sobradas muestras de la dimensión del problema, pues según el Informe sobre Tecnologías Digitales en la empresa, elaborado en marzo

---

Anual de la Asociación Española de Derecho del Trabajo y de la Seguridad Social, Alicante, 26 y 27 de mayo de 2022, Madrid, Ministerio de Trabajo y Economía Social, 2022, p. 361.

25 CRUZ VILLALÓN, J.: "El impacto de la digitalización sobre los derechos fundamentales laborales", en AA.VV (RODRÍGUEZ-PIÑERO ROYO, M. y TODOLÍ SIGNES, A., Dirs.): *Vigilancia y control en el Derecho del Trabajo Digital*, Pamplona, Aranzadi, 2020, pp. 37.

26 SELMA PENALVA, A.: "Inteligencia artificial y Derecho del Trabajo", *Ius et Scientia*, vol.7, núm. 2, 2021, p. 32.

27 BAZ TEJEDOR, J.: "Responsabilidad algorítmica y gobernanza de la IA en el ámbito sociolaboral. Entre la perspectiva y la prospectiva", *Trabajo y Derecho*, núm. 89, 2022.

de 2023, por el Observatorio Nacional de Tecnología y Sociedad, un 31,8% de empresas españolas hacen uso del *cloud computing*, el 13,9 % analizan big data y un 11,8% han implementado IA. Además, un 7,8% de las empresas emplean robots en sus procesos de negocio y el 30% realizan ventas en línea[28]. Es más, conforme a los datos de EUROFOUND incorporados al Informe sobre Recomendaciones para la negociación colectiva de la inteligencia artificial elaborado por el servicio de estudios confederal (SEC) de UGT, "1 de cada 3 trabajadores en España están sujetos, al menos, a una forma de gestión algorítmica; a un 19% de las personas trabajadoras en España, un algoritmo les asigna los turnos; a un 16%, le asigna las tareas; a un 11% los algoritmos les miden el desempeño, creando rankings; y a un 10%, les pueden cancelar la carga de trabajo o, directamente, cancelar su trabajo, en función de los rankings anteriores"[29]. En este mismo sentido, el estudio titulado "las Promesas y Dificultades de la IA generativa en el trabajo", elaborado por *Salesforce*, refleja que el 22 por 100 de los trabajadores españoles afirma haber utilizado herramientas de IA generativa[30].

---

28 https://www.ontsi.es/index.php/es/publicaciones/tecnologias-digitales-en-la-empresa-2023

29 https://servicioestudiosugt.com/recomendaciones-para-la-negociacion-colectiva-de-la-ia/

30 https://revistapymes.es/la-ia-generativa-hace-mas-productivo-al-74-de-los-trabajadores-espanoles/

3. La nueva revolución industrial: la inteligencia artificial como motor de crecimiento económico

El origen y evolución del Derecho del Trabajo ha estado inexorablemente unido a las transformaciones tecnológicas, no en vano la primera revolución industrial, en pleno siglo XVIII, quedó marcada por la invención del motor a vapor y la construcción del ferrocarril; la segunda, entre finales del siglo XVIII y principios del siglo XIX, por la producción en cadena y el uso de la energía eléctrica; la tercera, ya a finales del siglo XIX, por la fusión de las nuevas tecnologías de la comunicación y el uso de internet, esto es, la electrónica y las TICs[31]. Ahora bien, la cuarta, aún en plena expansión desde las primeras décadas del siglo XX y en proceso de avance hacia la quinta[32], puede alcanzar efectos sin precedentes debido a varios motivos: primero, porque las innovaciones tecnológicas

---

31 FERNÁNDEZ COLLADOS, M.B.: "Industria 4.0 y prevención de riesgos laborales", en AA.VV (FERNÁNDEZ DOMÍNGUEZ, J.J. y FERNÁNDEZ FERNÁNDEZ, R., Dirs.): *Seminario Internacional sobre nuevos lugares, distintos tiempos y modos diversos de trabajar: innovación tecnológica y cambios en el ordenamiento social*, Pamplona, Aranzadi, 2021, p. 116.

32 La Comisión Europea ha presentado el Informe sobre la "Industria 5.0", una fórmula que –émula con la japonesa relativa a la "Sociedad 5.0"—implicaría una evolución de la Industria 4.0 para centrarse en el ser humano (la persona), la sostenibilidad verde o ambiental y la resiliencia. MOLINA NAVARRETE, C.: "Personas y rendimientos en la revolución industrial 4.0 y en la sociedad (inteligente) 5.0: ¿hacia una sociedad del e-trabajo con dos almas (digital y humana)?", en AA.VV (MOLINA NAVARRETE, C. y VALLECILLO GÁMEZ, M.R., Dir.): *De la economía digital a la sociedad del e-work decente: condiciones*

en la actualidad parten de las existentes y derivadas de procesos anteriores, lo que hace que su repercusión, en términos de productividad, sea exponencialmente mayor; segundo, porque su velocidad de expansión está siendo mucho más rápida que en otros períodos, lo que aumenta igualmente su incidencia y efectividad; tercero, porque afecta a cualquier función o puesto, superando la tradicional creencia de que la tecnología elimina solo el trabajo rutinario o de baja cualificación para llegar también a aquellos de carácter intelectual o con más exigencias surcados de manera incisiva por la aplicación de herramientas algorítmicas[33]; cuarto, porque la realidad tecnológica ahora imperante y que debuta hacia el futuro radica en la emulación del cerebro humano a través del desarrollo de las investigaciones sobre redes neuronales con el fin de proponer soluciones en distintos contextos[34].

Como con acierto se ha dicho, "con originalidad se presentan nuevos aparatos inteligentes, con imaginación se mejoran y con celeridad se innovan. La corrección de errores y defectos impulsa su desarrollo imparable"[35], convirtiendo a numerosas empresas emergentes o "start-up" en proveedoras de tecnolo-

---

sociolaborales para una industria 4.0 justa e inclusiva, Pamplona, Aranzadi, 2021, p. 43.

33 QUIRÓS HIDALGO, J.G.: "El despido objetivo como consecuencia de la implantación de nuevas tecnologías en la empresa", en AA.VV (FERNÁNDEZ DOMÍNGUEZ, J.J. y FERNÁNDEZ FERNÁNDEZ, R., Dirs.): *Seminario Internacional sobre nuevos lugares, distintos tiempos y modos diversos de trabajar: innovación tecnológica y cambios en el ordenamiento social,* Pamplona, Aranzadi, 2021, p. 326.

34 RIVAS VALLEJO, P.: *La aplicación de la inteligencia artificial al trabajo y su impacto discriminatorio,* Pamplona, Aranzadi, 2020, p. 108.

35 FUERTES LÓPEZ, M.: *Metamorfosis del Estado. Maremoto digital y cibersegurdad,* Madrid, Marcial Pons, 2023, p. 16.

gía automatizada con una necesidad imperiosa de "conseguir usuarios e inversores"[36].

Esta trepidante revolución industrial se caracteriza por los avances habidos en tres áreas y la interacción entre las mismas[37]: 1) la tecnología del software, pues la capacidad y potencia de los procesadores de datos aumenta de forma exponencial hasta el punto de que se puede hablar de verdadera IA, toda vez que los algoritmos aprenden y responden al parámetro de la creatividad humana; 2) la robótica avanzada y los sensores, pues a medida que los costes y tamaños son menores y su funcionalidad productiva y medioambiental mayor, su implantación se incrementa, máxime cuando el conjunto de piezas mecánicas está dotado de capacidad para llevar a cabo tareas propias de los seres humanos y cuenta con habilidades cognitivas[38]; 3) la interconexión de personas y máquinas automatizadas en el entorno de trabajo, de manera que las redes neuronales, los robots y las aplicaciones de IA se convierten en el instrumento fundamental de producción[39].

---

[36] FERNÁNDEZ GARCÍA, A.: "Intermediación laboral digital y discriminación", en AA.VV (ROMERO BURILLO, A.M., Dir.): *Mujer, trabajo y nuevas tecnologías*, Pamplona, Aranzadi, 2021, p. 49.

[37] AGRA VIFORCOS, B.: "Los empleos de la era digital en un contexto postpandemia", en AA.VV (FERNÁNDEZ DOMÍNGUEZ, J.J. y FERNÁNDEZ FERNÁNDEZ, R., Dirs.): *Seminario Internacional sobre nuevos lugares, distintos tiempos y modos diversos de trabajar: innovación tecnológica y cambios en el ordenamiento social*, Pamplona, Aranzadi, 2021, p. 146.

[38] NARVÁEZ TURCI, G.: *El impacto social de la robotización y digitalización del mercado de trabajo*, Murcia, Laborum, 2022, p. 103.

[39] MERCADER UGUINA, J.R.: "La difícil coyuntura del Derecho del Trabajo: un presente continuo", en AA.VV (BARCELÓN COBEDO, S.; CARRERO DOMÍNGUEZ, C. Y DE SOTO RIOJA, S., Coords.): *Estudios de Derecho del Trabajo y de la Seguridad Social. Homenaje al profesor Santiago González Ortega, Monografías de Temas Laborales*, núm. 64, 2023, p. 125.

El big data (referido a la recopilación, análisis y acumulación constante de grandes cantidades de datos procedentes de diferentes fuentes y objeto de un tratamiento automatizado)[40] y los algoritmos (entendidos como operaciones matemáticas que permiten dar solución a un problema en un número finito de pasos)[41] son los dos elementos esenciales de las novedades tecnológicas actuales que se engloban bajo el rótulo de la IA[42], que, en su envés –permítase la reiteración a contrario–, pivota siempre sobre tres parámetros: datos, algoritmos y capacidad de computación para aplicar estos a aquellos[43]. Los algoritmos, nutridos de datos, han estado siempre en la base de la IA, en la medida en que todas las iniciativas englobables en la misma consisten en la fijación de instrucciones pautadas a las máquinas para obtener un determinado objetivo.

---

40 Mecanismo amparado bajo la fórmula de las 3 V: volumen, variedad y velocidad. SEVILLANO PÉREZ, F.: "Big data", *Revista Economía Industrial*, núm. 395, 2015, p. 77.

41 Según la Carta ética europea sobre el uso de la Inteligencia Artificial en los sistemas judiciales y su entorno, un algoritmo se define como la "secuencia finita de reglas formales (operaciones e instrucciones lógicas) que hacen posible obtener un resultado a partir de la entrada de información". POQUET CATALÁ, R.: "Algoritmos, inteligencia artificial y condiciones de trabajo: ¿son compatibles?", *Revista General de Derecho del Trabajo y de la Seguridad Social*, núm. 66, 2023.

42 ÁLVAREZ CUESTA, H.: "Propuesta de regulación europea de los algoritmos y contrapropuesta de Directiva laboral", en AA.VV.: *Digitalización, recuperación y reformas laborales. Comunicaciones del XXXII Congreso Anual de la Asociación Española de Derecho del Trabajo y de la Seguridad Social, Alicante, 26 y 27 de mayo de 2022*, Madrid, Ministerio de Trabajo y Economía Social, 2022, p. 1219.

43 CARLÓN RUÍZ, M.: "Utilización de sistemas de inteligencia artificial por Administraciones Públicas: un sistema propio de garantías como requisito imprescindible para su viabilidad", *XVIII Congreso de la Asociación Española de Profesores de Derecho Administrativo*, https://www.aepda.es/VerArchivo.aspx?ID=4188

Cabe recordar que la expresión "inteligencia artificial" fue acuñada por John McCarthy en 1955 con ocasión de un proyecto de investigación al que se confirió tal nombre y que se llevó a cabo en el verano de 1956 en Dartmouth College (Hanover, New Hampshire)[44]. Se utilizó como concepto sugerente para solicitar financiación a la Fundación Rockefeller, con el fin de profundizar en la hipótesis de que todo aspecto del aprendizaje o cualquier otro flanco de la inteligencia humana puede en principio ser descrito de manera tan precisa que una máquina podría imitar[45].

Contando con este precedente, el conjunto de tecnologías agrupadas bajo el supraconcepto IA es notoriamente difícil de definir, y este rasgo ha sido tanto una ventaja como una

---

44 Sin silenciar un antecedente remoto, pues en el siglo IX el matemático persa Al-Khwarizmi escribió un libro en el que explicaba qué era un algoritmo, a saber, un conjunto de pasos precisos que hay que seguir para lograr una tarea designada que conducirá a algún resultado pretendido, siendo necesario que concurran tres características para que el algoritmo sea válido: 1) debe ser finito; 2) con instrucciones perfectamente definidas; y 3) debe ser efectivo. BARONA VILAR, S.: "La seductora algoritmización de la justicia. Hacia una justicia posthumanista (Justicia +): ¿utópica o distópica?", *El Cronista del Estado Social y Democrático de Derecho*, núm. 100, 2022, p. 37.

45 DE LA SIERRA, S.: "El ejercicio de potestades mediante la IA. Cautelas jurídicas frente al imperio acrítico de la tecnología", *XVIII Congreso de la Asociación Española de Profesores de Derecho Administrativo*, https://www.aepda.es/VerArchivo.aspx?ID=4187 La propuesta fue firmada por cuatro informáticos muy influyentes: Claude Shannon, el padre de la teoría de la información; Marvin Minsky, uno de los primeros en construir una red neuronal aleatoria; Nathaniel Rochester, el responsable de diseño del IBM 701, el primer ordenador comercial de propósito general; y John McCarthy, al que se atribuye la acuñación del propio término de "inteligencia artificial" y creador del lenguaje de programación Lisp. BARRIO ANDRÉS, M.: "Inteligencia artificial: origen, concepto, mito y realidad", *El Cronista del Estado Social y Democrático de Derecho*, núm. 100, 2022, p. 15.

rémora. La amplitud del término ha permitido que un conjunto muy extenso y dispar de técnicas sean agrupadas en esta disciplina, desde entramados de aprendizaje automático con uso intensivo de datos (machine learning), configurados como redes neuronales, hasta lógicas de deducción basadas en modelos, pasando incluso por la estadística y el uso de modelos psicológicos de la mente. Esta amalgama de tecnologías ha estimulado muchos debates sobre el concepto y capacidades de la IA[46]. A día de hoy, la IA, extramuros del ámbito de los especialistas técnicos, puede definirse como "un conjunto de tecnologías dedicadas a replicar en máquinas procesos cognitivos parecidos a los humanos para permitirles aprender y adaptarse por sí mismas a un entorno concreto"[47].

Según el Libro Blanco Europeo sobre Inteligencia Artificial, se trata de "programas informáticos diseñados por seres humanos que, dado un objetivo complejo, actúan en la dimensión física o digital mediante la percepción de su entorno y la adquisición de datos y la interpretación de los mismos, estructurados o no estructurados, el razonamiento sobe el conocimiento o el tratamiento de la información fruto de estos datos y la decisión de las mejores acciones que se llevarán a cabo para alcanzar el propósito fijado"[48]. En similares términos, el Grupo de Alto Nivel en Inteligencia Artificial (AI – HLEG), que ha creado la Comisión Europea para desarrollar la Estrategia Europea en IA, aplica tal concepto a "sistemas que manifiestan un com-

---

46 BARRIO ANDRÉS, M.: "Inteligencia artificial: origen, concepto, mito y realidad", cit., p. 17.

47 Siguiendo el concepto vertido por SÁNCHEZ-URÁN AZAÑA, Y. y GRAU RUIZ, M.A.: "El impacto de la robótica, en especial la robótica inclusiva, en el trabajo: aspectos jurídico-laborales y fiscales", *Revista Aranzadi de Derecho y Nuevas Tecnologías*, núm. 50, 2019, (BIB 2019/7000).

48 *Libro Blanco sobre inteligencia artificial. Enfoque europeo orientado a la excelencia y la confianza* (COM (2020) 65, de 19 de febrero.

portamiento inteligente, al ser capaces de analizar el entorno y realizar acciones, con cierto grado de autonomía, con el fin de alcanzar objetivos específicos". Por su parte, la Resolución del Parlamento Europeo, de 20 de octubre de 2020, con recomendaciones destinadas a la Comisión sobre un marco de los aspectos éticos de la inteligencia artificial, la robótica y las tecnologías conexas, define inteligencia artificial (art. 4) como "un sistema basado en programas informáticos o incorporado en dispositivos físicos que manifiesta un comportamiento inteligente al ser capaz, entre otras cosas, de recopilar y tratar datos, analizar e interpretar su entorno y pasar a la acción, con cierto grado de autonomía, con el fin de alcanzar objetivos específicos"[49]. Asimismo, en sintonía con la definición proporcionada por la OCDE[50], el Reglamento Europeo de Inteligencia Artificial (REIA)[51] considera que se trata de "un sistema basado en máquinas diseñado para funcionar con dis-

---

49 2020/2012(INL).

50 Incluida en sus "Principios de la OCDE sobre la IA" de 2019 se basaba principalmente en el trabajo y el enfoque desarrollado por los expertos Stuart Russell y Peter Norvig en su obra de referencia sobre la materia "*Artificial Intelligence: A modern approach*". En 2023 ha revisado la definición inicial para señalar que "un sistema de IA es un sistema basado en máquinas que, para unos objetivos explícitos o implícitos, infiere, a partir de la entrada que recibe, cómo generar salidas tales como predicciones, contenidos, recomendaciones o decisiones que pueden influir en entornos físicos o virtuales. Los distintos sistemas de IA varían en sus niveles de autonomía y adaptabilidad tras su despliegue". FERNÁNDEZ HERNÁNDEZ, C.: "La OCDE precisa el alcance de su definición actualizada de los sistemas de IA", *La Ley*, núm. 80, 2024.

51 Resolución legislativa del Parlamento Europeo, de 13 de marzo de 2024, sobre la propuesta de Reglamento del Parlamento Europeo y del Consejo por el que se establecen normas armonizadas en materia de inteligencia artificial (Ley de Inteligencia Artificial) y se modifican determinados actos legislativos de la Unión (COM(2021)0206 – C9-0146/2021 – 2021/0106(COD)

tintos niveles de autonomía, que puede mostrar capacidad de adaptación tras su despliegue y que, para objetivos explícitos o implícitos, infiere, a partir de la entrada que recibe, cómo generar salidas tales como predicciones, contenidos, recomendaciones o decisiones que pueden influir en entornos físicos o virtuales"[52].

En definitiva, la convulsa realidad que se avecina en un futuro cada vez más próximo pasa por una irreversible digitalización industrial inteligente unida con una pretendida reducción de costes (laborales y de Seguridad Social) facilitados por las propias herramientas tecnológicas avanzadas, que permiten ajustar, sin excesos ni defectos, los recursos humanos a las necesidades productivas a través de decisiones automatizadas facilitadas por algoritmos que permiten una constante evaluación de destrezas y predicción de comportamientos de las personas trabajadoras o candidatas a un empleo[53].

---

52 El Considerando (12) aclara que "el término 'basado en máquinas' se refiere al hecho de que todo sistema de IA funciona con máquinas. La referencia a objetivos explícitos o implícitos subraya que los sistemas de IA pueden operar con arreglo a objetivos explícitos definidos por el ser humano o a objetivos implícitos. Los objetivos del sistema de IA pueden ser diferentes de la finalidad prevista del sistema de IA en un contexto específico. La referencia a las predicciones incluye el contenido, que en el presente Reglamento se considera una forma de predicción en tanto una posible información de salida producida por un sistema de IA. A efectos del presente Reglamento, los entornos deben entenderse como los contextos en los que operan los sistemas de IA, mientras que la información de salida generada por el sistema de IA, es decir, las predicciones, recomendaciones o decisiones, responden a los objetivos del sistema, sobre la base de las entradas de dicho entorno. Dicha información de salida influye a su vez en el entorno, por el simple hecho de introducir nueva información en él".

53 TASCÓN LÓPEZ, R.: "Prestación de servicios a través de plataformas digitales tras los últimos cambios legales y jurisprudenciales",

4. *La actual coyuntura económica y social: la virtualidad de los algoritmos en el tejido empresarial*

Cuatro circunstancias de índole estructural (conocidas como las "4 D") entorpecen un pronóstico preciso en cuanto a los contornos de las decisiones empresariales auxiliadas por la IA[54]: la digitalización, la descarbonización, la desglobalización y la demografía.

1. Es un aserto totalmente verosímil que la robotización, la generalización de internet, la computación cuántica, la fabricación aditiva, el *blockchain*, el M2M, los algoritmos, las redes de gran velocidad, la impresión multdimensional, la analítica de datos, la visión por computador, la virtualización, los *cobots* y, cómo no, las innovaciones ingeniosas, están ocasionando mutaciones radicales no sólo en el ámbito tecnológico con el fin de optimizar el beneficio empresarial al permitir producir más en menos tiempo bajo el parámetro de la vinculación de materiales, dispositivos, instalaciones o herramientas

---

en AA.VV (FERNÁNDEZ DOMÍNGUEZ, J.J. y FERNÁNDEZ FERNÁNDEZ, R., Dirs.): *Seminario Internacional sobre nuevos lugares, distintos tiempos y modos diversos de trabajar: innovación tecnológica y cambios en el ordenamiento social*, Pamplona, Aranzadi, 2021, p. 126.

54 BAZ RODRÍGUEZ, J.: "El impacto de la transformación digital en la financiación de la Seguridad Social (De la cotización de los robots a la búsqueda de mecanismos innovadores de financiación en la era de la inteligencia artificial"), en AA.VV.: *Las transformaciones de la Seguridad Social ante los retos de la era digital. Por una salud y Seguridad Social digna e inclusiva*, Murcia, Laborum, 2023, p. 409.

al sistema cibercientífico[55], sino en el plano humano que queda en algunos casos potenciado pero en otros muchos eliminado y sustituido por unas máquinas dotadas de capacidad para aprender con la consecuencia de disponer de menos mano de obra[56], máxime cuando las empresas a través de apps están desplazando a los consumidores y usuarios la ejecución de actividades que en el pasado eran llevadas necesariamente a cabo por personas trabajadoras[57].

Mientras en las revoluciones tecnológicas anteriores se sostenía que las máquinas venían para reemplazar esencialmente la fuerza muscular, en la actualidad las nuevos equipamientos (robots automatizados o sistemas inteligentes) pueden llegar a sustituir la capacidad intelectual y las habilidades cognitivas, solventando en un segundo lo que a varios/as trabajadores/as diligentes les ocuparía mucho tiempo. Baste pensar, en paradigmático ejemplo, en los asistentes de voz que resumen la información solicitada, las traducciones inmediata de textos en decenas de idiomas, los avances significativos en el transporte sin conductor o –por no seguir– los pro-

---

55 MERCADER UGUINA, J.R.: *El futuro del trabajo en la era de la digitalización y la robótica*, Valencia, Tirant Lo Blanch, 2017, p. 33.

56 MERCADER UGUINA, J.R.: "El mercado de trabajo y el empleo en un mundo digital", *Revista de Información Laboral*, núm. 11, 2018, p. 17-33; HIDALGO PÉREZ, M. A.: *El empleo del futuro: un análisis del impacto de las nuevas tecnologías en el mercado laboral*, Barcelona, Deusto, 2018, pp. 9 y ss.; JIMENO, J. F.: "Innovaciones tecnológicas, demanda de trabajo y empleo", *Economistas*, núm. 165, 2019, pp. 95 y ss.; VALVERDE ASENCIO, A.: *Implantación de sistemas de inteligencia artificial y trabajo*, Albacete, Bomarzo, 2020, pp. 15 y ss.

57 CRUZ VILLALÓN, J.: "Las transformaciones de las relaciones ante la digitalización de la economía", *Temas Laborales*, núm. 138, 2017, pp. 13 y ss.

gramas de "jurimetría", eso es, de análisis profundo de millones de resoluciones judiciales que permiten conocer las argumentaciones más relevantes y exitosas, así como los criterios de los tribunales[58].

Por tanto, las repercusiones pueden dejarse sentir no exclusivamente entre las personas trabajadoras poco duchas sino también entre aquellas con mayor grado de cualificación y especialización, incidiendo en gran número de sectores al mismo tiempo[59]. No es difícil imaginar la utilización de chabots a la hora de prestar servicios de atención al cliente o para realizar funciones de recepcionistas, camareros/as, limpiadoras/es, mecánicos/as, soldadores/as, ingenieros/as... o el recurso a técnicas de reconocimiento de imágenes para la eliminación de frutas y verduras en mal estado en una cadena de producción[60].

2. Por otra parte, las exigencias de lucha contra la emergencia climática[61] reclaman innovaciones tecnológicas de calado no solo para incorporar nuevas fuentes de energía, sustancias, productos, materias primas y materiales[62] menos contaminantes, así como para anular

---

58 FUERTES LÓPEZ, M.: *Metamorfosis del Estado. Maremoto digital y ciberseguridad*, Madrid, Marcial Pons, 2022, p. 175.

59 IGARTÚA MIRÓ, M.T.: "Una primera aproximación a la sustitución tecnológica como causa de extinción del contrato de trabajo", *Revista Derecho Social y Empresa*, núm. 14, 2021, p. 5.

60 https://www.eurofound.europa.eu/en/artificial-intelligence-and-world-work

61 Resolución de la Asamblea General de las Naciones Unidas, conocida como Agenda 2030. GIL Y GIL, J.L.: "El trabajo decente como Objetivo de Desarrollo Sostenible", *Lex Social*, núm. 10 (1), 2020, p. 145.

62 ÁLVAREZ CUESTA, H.: "Lucha contra el cambio climático y buenas prácticas impulsadas desde la responsabilidad social corporativa", en AA.VV (RODRÍGUEZ ESCANCIANO, S. y ÁLVAREZ CUESTA,

vertidos tóxicos o reciclar y reutilizar residuos y desechos[63], sino también, en palabras de la OIT, para generar "empleos que ayuden... a reducir la dependencia del carbono en la economía"[64]. Como puede fácilmente adivinarse, los avances técnicos pueden contribuir a evitar que sean las empresas las principales causantes de las emisiones contaminantes que degradan el medio ambiente natural, pues desde la industria se vierten en mayores dosis materiales tóxicos a la atmósfera, cuencas fluviales, mar, subsuelo....; además, los productos que ocasionan la degradación del medio ambiente son en su mayoría residuos producidos por la elaboración de productos manufacturados; a la par, el sector productivo no solo daña el medio ambiente durante el proceso industrial, sino también posteriormente, cuando pone en el mercado el producto elaborado, éste a su vez puede ser fuente de emisiones dañinas o incluso, terminada su vida útil, su destrucción vuelve a ocasionar daños al medio ambiente .

En paralelo y desde otra perspectiva que debe ser objeto de impulso, no cabe silenciar que las empresas constituyen una plataforma fundamental para impulsar buenas prácticas ambientales, en tanto piezas clave del entramado socieconómico, incorporando a tal fin los adelantos científicos disponibles. La creación de empleo verde tendrá lugar tanto el sector primario, dedicado a la obtención de alimentos o materias primas (agricul-

---

H., Dirs.): *La economía social y el desarrollo sostenible,* Madrid, Colex, 2022, p. 370.

63 RIVAS VALLEJO, M.P.: "La protección del medio ambiente en el marco de las relaciones laborales", *Temas Laborales,* núm. 50, 1999, pp. 7-17.

64 ÁLVAREZ CUESTA, H.: *Empleos verdes: una aproximación desde el Derecho del Trabajo,* Albacete, Bomarzo, 2016, pp. 33 y ss.

tura, pesca, explotación forestal, minería...), como el sector secundario o industrial, dedicado a la transformación de las materias primas en productos elaborados y subproductos, sin olvidar tampoco su incidencia en el sector terciario o de servicios, dedicado a prestar atenciones a la sociedad, como sucede con el comercio, el transporte, la sanidad, los cuidados, la educación, el turismo, el ocio, etc.[65]. Ahora bien –y en su envés–, las reestructuraciones empresariales asociadas a la sostenibilidad ambiental no sólo tienen efectos generadores de puestos de trabajo bajo el paradigma de la innovación técnica sino también masivamente destructores.

3. Como elemento añadido en esta vorágine, tampoco hay que olvidar la reorganización de las cadenas de suministro y la alteración de los mercados internacionales. La crisis sanitaria derivada de la expansión de la covid-19 y sus incesantes rebrotes, unida a la profunda recesión económica asociada a la invasión de Rusia sobre Ucrania y sus nocivas secuelas en cuanto al incremento de los precios, la dependencia energética y la falta de suministro de materias primas, a las que se añade la catástrofe humanitaria acaecida sobre la franja de Gaza, están provocando una desglobalización imparable. Al tiempo que se crean nuevos nichos de mercado desde la premisa del perfeccionamiento técnico, también se agravan exponencialmente las dificultades de supervivencia de buena parte del tejido empresarial, sobre todo de pequeñas dimensiones, con una alta incidencia sobre la la destrucción de empleo[66], no en vano la empre-

---

65 ISTAS: Los empleos verdes y la salud laboral, https://istas.net/sites/default/files/2019-04/Folleto%20empleos%20verdes.pdf

66 MONEREO PÉREZ, J.L.: *La política de empleo como instrumento para la lucha contra la precariedad laboral*, Albacete, Bomarzo, 2011, p. 101.

sa, desde un punto de vista organizativo, productivo o estructural, es el espacio donde encuentran amparo los vínculos de trabajo[67]. Aun cuando el modelo de "fábrica inteligente"[68] no ha comenzado precisamente a la luz de estas crisis económicas, encuentra en estas últimas, sin embargo, toda su virtualidad, como vía privilegiada para la reducción de costes en entornos interdependientes, por supuesto también laborales, en las antiguas o nuevas actividades empresariales.

4. No cabe pasar por alto tampoco que la configuración poblacional en España se caracteriza por tres peldaños claramente diferenciados: una base relativamente estrecha, debida a la escasez de nacimientos recientes; una amplia zona intermedia en la que se sitúan las cohortes del baby boom, que tienen en la actualidad entre 40 y 60 años de edad; y una creciente zona alta de personas envejecidas o, mejor sobre-envejecidas mayores de 80 años[69], necesitadas de intensivos cuidados, no en vano la longevidad guarda un paralelismo exacto con una mayor probabilidad de desarrollar dificultades de movilidad, deterioros cognitivos y funcionales y enfermedades crónicas.

---

67 DE LA PUEBLA PINILLA, A.: "Comentario al art. 64 LC", en AA.VV (BERCOVITZ Y RODRÍGUEZ CANO, R., Coord.), *Comentarios a la Ley Concursal*, Vol. I, Madrid, Tecnos, 2004, pp. 720 y ss.

68 JOVER RAMÍREZ, C.: "El fenómeno de la gig economy y su incidencia en el Derecho del Trabajo: aplicabilidad del ordenamiento jurídico laboral británico y español", *Revista Española de Derecho del Trabajo*, núm. 2019, 2018, p. 101.

69 En España, la esperanza de vida en 2019 se situó en 83,58 años (86,22 en las mujeres y 80,86 en los hombres). La pandemia por covid-19 provocó que en 2020 se redujera hasta los 82,33 años, pero en 2023 subió a 84,05 (81,8 años para los hombres y a 87 para las mujeres).

Surgen, por tanto, cuantiosas oportunidades de empleo asociadas al sector cuidados, en el bien entendido sentido de que dicha actividad debe aprovechar los avances de la domótica para dispensar un servicio más completo con detección de movimientos, geolocalización dentro y fuera del domicilio (incluyendo el establecimiento de un área de seguridad, superada la cual salte un aviso), monitorización de constantes, convulsiones, presión arterial o enuresis, detección de riesgos o emergencias por incidencias sobrevenidas (escapes de gas, de agua, de fuego y otras), descubrimiento de alteraciones en los hábitos o rutinas (que pueden poner de manifiesto circunstancias que requieran atención) incluidas posibles caídas, terapia emocional diaria, detección del estado de ánimo, gestión on line de consultas médicas, tele-estimulación cognitiva, tele-rehabilitación física y funcional, seguimiento nutricional, auxilio en movimientos a través de exoesqueletos, soporte al tratamiento farmacológico o implementación de protocolos digitalizados especiales (atención en situaciones de duelo o ante contingencias y grandes catástrofes o prevención del maltrato y del suicidio, por ejemplo)[70].

En definitiva, como puede fácilmente comprobarse a la luz de los cuatro postulados anteriores, la revolución industrial asociada a este cúmulo de variables exige un ejercicio de "prospectiva interesante"[71], a partir del cual se puede constatar,

---

70 AGRA VIFORCOS, B. y MEGINO FERNÁNDEZ, D.: "Los cuidados a la vejez en el entorno rural: asistencia en el domicilio y teleasistencia", en AA.VV (RODRÍGUEZ ESCANCIANO, S. y ÁLVAREZ CUESTA, H., Dirs.): *La economía social como palanca para la sostenibilidad de los territorios rurales*, Valencia, Tirant Lo Blanch, 2020, pp. 221 y ss.

71 ROJO TORRECILLA, E.: "Reflexiones sobre el trabajo y el empleo: perspectiva de futuro", *Revista de Dirección y Administración de Empresas*, núm. 2, 1995, pp. 83-84.

como colofón, una cuádruple tendencia capaz de orientar las cábalas al respecto, pues, como ya consta, confluyen, primero, el imparable avance tecnológico que camina hacia la digitalización en todos los niveles y la máxima automatización inteligente de los procesos; segundo, una tendencia ecológica que reclama un ajuste "verde" de la economía en el que también aportan un peso sustancial las nuevas tecnologías; tercero, una recurrente crisis económica desglobalizada ahora asociada a conflictos bélicos, en los que la innovación técnica también es un factor clave en el ahorro de costes empresariales; y cuarto, unos retos médico-sanitarios generados por el envejecimiento de la población y por una inconclusa epidemia, que según los vaticinios no constituye un hecho aislado y puntual sino que muestra el devenir que espera a la humanidad, donde los avances técnicos adquieren protagonismo especial a la hora de prestar servicios de calidad.

En este variopinto escenario, cabe extraer, primero, una nota común y, segundo, una consecuencia implícita. Así, en primer lugar, se han convertido en obsoletas e innecesarias cantidades ingentes de puestos de trabajo, al tiempo que se generan nuevos oficios y profesiones o se alteran las formas clásicas de prestación de la actividad pasando de rudimentarias a sofisticadas siendo difícil predecir con exactitud la orientación de los futuros empleos, toda vez que, conforme avanzan múltiples foros, gran parte de cuantos existirán dentro de una o dos décadas ni siquiera son una realidad en el momento presente[72]. En segundo término –y por lo que aquí interesa–, adquiere un gran protagonismo la innovación técnica inteligente a

---

[72] ROJO TORRECILLA, E.: "Los empleos de la era digital en un contexto postpandemia", en AA.VV (FERNÁNDEZ DOMÍNGUEZ, J.J. y FERNÁNDEZ FERNÁNDEZ, R., Dirs.): *Seminario internacional sobre nuevos lugares, distintos tiempos y modos diversos de trabajar: innovación tecnológica y cambios en el ordenamiento social*, Pamplona, Aranzadi, 2021, p. 145.

través de máquinas con capacidad de aprender a partir de modelos matemáticos construidos sobre el manejo de un enorme volumen de datos que irrumpe a gran velocidad sobre todas las empresas y penetra sobre todas las ocupaciones al permitir un apreciable incremento de los beneficios corporativos tras la rápida amortización de la inversión realizada, dada la funcionalidad de generar conocimiento propio, y tomar decisiones por sí mismos, pasando de ser estáticos (no predictivos) a dinámicos (predictivos)[73], mediante baluartes de aprendizaje automático (*machine learning*) y de aprendizaje profundo (*deep learning*)[74].

En el primero, se intenta aprender de los datos para identificar patrones y así predecir resultados, mientras el segundo pretende la simulación de la red neuronal del cerebro humano, por lo que necesita de un mayor tiempo de entrenamiento[75]. Además, el aprendizaje automático puede subdividirse, a su vez, en tres estratos[76]: 1) El aprendizaje supervisado (supervised learning), en el que los algoritmos usan datos y respuestas humanas para aprender la relación de cierta información

---

73 BERNING PRIETO, D.: "El uso de sistemas basados en inteligencia artificial por las Administraciones Públicas: estado actual de la cuestión y algunas propuestas ad futurum para un uso responsable", *Revista de Estudios de la Administración Local y Autonómica*, núm. 20, 2023, p. 175.

74 GOÑI SEIN, J.L.: "Innovaciones tecnológicas, inteligencia artificial y derechos humanos en el trabajo", *Documentación Laboral*, núm. 117, 2019, vol. II, p. 60.

75 GÓMEZ GARCÍA, F.X.: "La gestión laboral a través de algoritmos: posibles discriminaciones y responsabilidades empresariales", en AA.VV.: *Digitalización, recuperación y reformas laborales. Comunicaciones del XXXII Congreso Anual de la Asociación Española de Derecho del Trabajo y de la Seguridad Social, Alicante, 26 y 27 de mayo de 2022*, Madrid, Ministerio de Trabajo y Economía Social, 2022, p. 1273.

76 VIDA FERNÁNDEZ, J.: "Los retos de la regulación de la inteligencia artificial: algunas aportaciones desde la perspectiva europea", en AA.VV.: *Sociedad digital y derecho*, Madrid, BOE, 2018, p. 207.

con un determinado resultado; 2) El aprendizaje de supervisión (unsupervised learning), en el que un algoritmo explora los datos sin que se le exija un resultado específico y encuentra patrones; 3) El aprendizaje reforzado (reinforced learning), en el que un algoritmo aprende una tarea simple tratando de maximizar la recompensa que recibe por sus decisiones y funciona con castigos y recompensas. Por su parte, en el aprendizaje profundo, las capas interconectadas de máquinas basadas en sorfware (neuronas) forman una red. En las redes neuronales artificiales, las entradas se traducen en señales que transitan a través de una red de neuronas artificiales para generar salidas que pueden interpretarse como respuestas útiles o inteligentes, procesando los datos que se envían a la capa de entrada y generando una respuesta en la capa de salida. En el medio hay, además, una o más capas ocultas que manipulan las señales a medida que pasan a través de ellas[77].

Contando con tales herramientas predictivas, la analítica de datos, ya se enfoque en las informaciones sobre los individuos (*people analytics*), ya sobre los procesos organizativos del trabajo (*human resources analytics*), se justifica teóricamente en el propósito empresarial de identificar los factores que inciden de un modo u otro en el rendimiento, o en las dinámicas de trabajo en equipo, bien con la finalidad de mejorar el funcionamiento de las organizaciones, o bien para prever escenarios futuros[78].

Sin duda, las innovaciones galopan ahora en el ámbito de los algoritmos y la IA, que modifican la perspectiva tradicional de tomar decisiones basada en criterios racionales (derivados de principios o argumentos) y subjetivos (la "sana crítica"), sus-

---

77 ÁLVAREZ CUESTA, H.: *El impacto de la IA en el trabajo: desafíos y propuestas*, Pamplona, Aranzadi, 2023, p. 27.

78 BAZ TEJEDOR, J.: "Responsabilidad algorítmica y gobernanza de la IA en el ámbito sociolaboral. Entre la perspectiva y la prospectiva", *Trabajo y Derecho*, núm. 89, 2022.

tituyendo la causalidad por la correlación de base empírica o experimental, de ahí que las predicciones sean tan sensibles a los datos y a los modelos autónomos[79].

---

[79] HUERGO LORA, A.: "Una aproximación a los algoritmos desde el Derecho administrativo", en AA.VV (HUERGO LORA, A., Dir.) *La regulación de los algoritmos*, Pamplona, Aranzadi, 2020, pp. 35-38

5. Escenarios en la ejecución de la prestación laboral: gestión algorítmica de personas

La importancia de la IA se hace especialmente visible en el mundo de la empresa, donde los algoritmos desempeñan un papel importante, no solo en la identificación de patrones útiles en conjuntos de datos, sino también a la hora de tomar decisiones que dependen de estos patrones. Los algoritmos, alimentados de datos, permiten procesar todo tipo de información, sin límite de capacidad y sin sufrir demoras[80]. Facilitan extraer no solo conocimientos privilegiados sobre mercados, clientes, marketing, ventas, desarrollo de productos, operaciones de servicios, soporte administrativo o modelado de riesgos, sino también parámetros significativos de comportamiento de las personas trabajadoras[81]. De ahí que las empresas recurran cada vez más a las innovaciones ingeniosas en la gestión de personas[82] hasta el punto de que el 40 por 100 de los departa-

---

80 ASQUERINO LAMPARERO, M.J.: "Algoritmos, procesos de selección y reputación digital: una mirada antidiscriminatoria", *Documentación Laboral*, núm. 126, vol. II, p. 122.

81 Edición 2023 de la encuesta global de McKinsey sobre "The state of AI in 2023: Generative AI's breakout year", citada por FERNÁNDEZ, C.B.: "Las empresas utilizan cada vez más inteligencia artificial generativa, incluso ignorando incluso los riesgos que plantea su uso", Diario La Ley, 15 de septiembre de 2023.

82 Según datos del Instituto Nacional de Estadística (INE) (38), el sector donde está más presente, como no podía ser de otra manera, es en el de las TIC (27,33%), seguido del de la información y las telecomunicaciones (26,65%), mientras que, como contrapunto, encontramos el sector de la construcción (3,77%). RODRÍGUEZ

mentos de recursos humanos utilizan aplicaciones mejoradas precisamente mediante IA apostando por un aumento de tal inversión *ad futurum*[83].

Buena muestra de esta tendencia puede encontrase en los procesos de selección donde las empresas llevan a cabo tal cometido sin intervención humana o con una intervención mínima canalizada a través de sistemas automatizados. Son los *softwares* especializados los que realizan el primer filtro de cribado en el reclutamiento de personal parametrizando una serie de palabras clave relacionadas con la corporación o el puesto vacante e incluso en muchos casos efectuando la incorporación completa. Algo parecido ocurre también en la evaluación y control de las personas trabajadoras, pues las decisiones de organización de la empresa son adoptadas por un programa automático de evaluación del desempeño. El algoritmo impone el ritmo de trabajo y no solo mide la velocidad y la eficiencia de cada persona trabajadora individual, sino que decide, en función de los datos obtenidos, los premios o los castigos e incluso si una persona debe o no continuar en la empresa o plataforma[84].

Como resulta fácil de adivinar, el uso generalizado de algoritmos, *big data* e IA en la toma de decisiones empresariales abarca todos los momentos y aspectos de la relación laboral, desde el reclutamiento de las personas trabajadoras, pasando

---

MARTÍN-RETORTILLO, R.: "Deber de transparencia y límites de la inteligencia artificial en las relaciones laborales", *Trabajo y Derecho,* núm. 102, 2023.

83 TERRADILLOS ORMAETXEA, E.: "Los poderes de dirección y de control de la empresa y el Derecho a la protección de datos", *Documentación Laboral,* núm. 126, vol. II, 2022, p. 83.

84 GOÑI SEIN, J.L.: "Innovaciones tecnológicas, inteligencia artificial y derechos humanos en el trabajo", *Documentación Laboral,* núm. 117, 2019, vol. II, p. 61.

por la vigilancia de las actividades laborales a través de evaluaciones cuantitativas y cualitativas, hasta la extinción del vínculo, sin olvidar todos los aspectos de gestión ordinaria como, en una lista no exhaustiva, determinación de la jornada, horario, vacaciones, descansos, tareas a realizar, retribuciones, ascensos, modificaciones sustanciales, seguridad y salud, etc[85]. Dicho en otros términos, el recurso actual a los algoritmos se proyecta sobre prácticamente la integridad de las facetas que componen la autonomía organizativa empresarial, recorriendo transversalmente sus potestades directivas: desde el acceso al puesto de trabajo y las fases precontractuales hasta la forma y modo de ejercicio del poder de instrucción, abarcando las dimensiones disciplinarias o la terminación del nexo contractual[86]. Incluso, cabrían otras potencialidades no exploradas aún, tales como la negociación de convenios colectivos[87].

Es sencillo comprobar que estas herramientas, al implicar un tratamiento de volúmenes ingentes de datos y desarrollar inferencias y correlaciones, llevan aparejadas enormes posibilidades de progreso en la competitividad y rentabilidad empresarial, pero a la vez retos importantes para los derechos de las

---

85 ÁLVAREZ CUESTA, H.: "La inteligencia artificial, el big data y los algoritmos: un paso más para ampliar la facultad de los representantes de los trabajadores", en AA.VV (FERNÁNDEZ DOMÍNGUEZ, J.J. y FERNÁNDEZ FERNÁNDEZ, R., Dirs.): *Seminario internacional sobre nuevos lugares, distintos tiempos y modos diversos de trabajar: innovación tecnológica y cambios en el ordenamiento social*, Pamplona, Aranzadi, 2021, p. 382.

86 GARCÍA-PERROTE, I. y MERCADER UGUINA, J.R.: "Nuevos instrumentos de soft law en lo laboral: guías o herramientas sobre valoración de puestos con perspectiva de género o información sobre el uso de algoritmos", *Nueva Revista Española de Derecho del Trabajo*, núm. 256, 2022.

87 RIVAS VALLEJO, P.: "Decisiones automatizadas y discriminación en el trabajo", *Revista General de Derecho del Trabajo y de la Seguridad Social*, núm. 66, 2023.

personas trabajadoras "en todos y cada uno de los aspectos de su relación"[88]. Ambas tecnologías (IA y algoritmos) resultan ser ciertamente novedosas, habiéndose incorporado al mundo del trabajo de manera irreversible, generando nuevos escenarios inquietantes en el Derecho Laboral y, más concretamente, en lo que se refiere a la esfera de protección jurídica de las personas trabajadoras[89]. Y ello porque la programación y desarrollo del algoritmo puede condicionar su presunta objetividad, siendo posible ocasionar de forma voluntaria o involuntaria, estigmatizaciones y vulneraciones de derechos fundamentales de las personas trabajadoras[90], así como atentados al principio de igualdad y no discriminación, a los que es necesario hacer frente[91].

Es más, la aparente neutralidad, infalibilidad y asepsia de los mecanismos automatizados de decisión empresarial juega sin duda en contra de la tutela de los derechos subjetivos afectados, por cuanto la técnica del aprendizaje profundo en la que consisten estas sofisticadas herramientas, a partir de los datos de alimentación por parte de algoritmos que autoaprenden de ellos e infieren conclusiones, utilizadas para asesorar

---

88 MERCADER UGUINA, J.R.: *El futuro del trabajo en la era de la digitalización y la robótica*, Valencia, Tirant Lo Blanch, 2017, p. 376.

89 ARAGÜEZ VALENZUELA, L.: "El papel de los representantes de los trabajadores y la negociación colectiva ante la toma automatizada de decisiones empresariales mediante algoritmos digitales", *Revista Internacional y Comparada de Relaciones Laborales y Derecho del Empleo*, vol. 11, núm. 1, 2023, p. 129.

90 PAZOS PÉREZ, A.: "La reputación digital mediante algoritmos y los derechos fundamentales de los trabajadores", en AA.VV (RODRÍGUEZ-PIÑERO ROYO, M. y TODOLÍ SIGNES, A., Dirs.): *Vigilancia y control en el Derecho del Trabajo Digital*, Pamplona, Aranzadi, 2021, p. 515.

91 ÁLVAREZ CUESTA, H.: "El consentimiento individual y su alcance en la inteligencia artificial aplicada al ámbito laboral", *Documentación Laboral*, núm. 16, vol. II, 2022, p. 52.

decisiones, impide establecer una clara conexión entre tales datos de alimentación (macrodatos) y las respuestas a las que llega el modelo matemático[92].

En una primera aproximación, tres son los factores que pueden influir en la generación de sesgos: 1) la propia programación o diseño del sistema de IA, 2) los datos de entrenamiento y 3) la validación y la evolución del modelo[93]. Aunque los ingenieros de software definen los parámetros de análisis de minería de datos, crean los clusters, enlaces, y árboles de decisión que generan los modelos predictivos aplicados, los valores humanos están incrustados en cada paso en su diseño, por lo que el establecimiento de sistemas automatizados de decisión y los datos que les sirven de base pueden encontrarse viciados[94]. Además, dos tipos de disrupciones pueden emerger como usuales. La primera es la denominada "emergente", relacionada con nuevos datos que, de forma imprevisible, se han introducido en el sistema algorítmico después de que este se haya iniciado. La segunda se conoce como "de medición" y procede de la recogida de los datos que se han usado en el entrenamiento del sistema[95].Y ello porque cualquier forma de

---

92 RIVAS VALLEJO, P.: "Sesgos de género en el uso de inteligencia artificial para la gestión de las relaciones laborales: análisis desde el derecho antidiscriminatorio", *e-Revista Internacional de Protección Social*, vol. II, núm. 1, 2022, p. 61.

93 CARLÓN RUÍZ, M.: "Utilización de sistemas de inteligencia artificial por Administraciones Públicas: un sistema propio de garantías como requisito imprescindible para su viabilidad", *XVIII Congreso de la Asociación Española de Profesores de Derecho Administrativo*, https://www.aepda.es/VerArchivo.aspx?ID=4188

94 MERCADER UGUINA, J.R.: "En busca del empleador invisible: algoritmos e inteligencia artificial en el derecho digital del trabajo", *El Cronista del Estado Social y Democrático de Derecho*, núm. 100, 2022, p. 137.

95 GÓMEZ GARCÍA, F.X.: "La gestión laboral a través de algoritmos: posibles discriminaciones y responsabilidades empresariales", en

IA en el mundo laboral requiere de dos acciones separadas: en primer lugar, es necesario obtener los datos sobre las personas trabajadoras para "alimentar" las fórmulas matemáticas y, en un segundo momento, utilizar la IA en el caso concreto.

Además de la opacidad y falta de motivación de la decisión al recurrir a un software de código cerrado o de "caja negra", los sistemas alimentados por datos masivos se exponen a la creación de bolsas de discriminación no sólo presentes en los sesgos de los datos que alimentan el modelo y que acaban provocando su réplica al servir para el autoaprendizaje del propio sistema (el llamado aprendizaje automático), sino también provenientes de errores tanto en su procesamiento (datos incompletos, insuficientes, poco representativos, mal etiquetados o deficientemente interpretados)[96] como en su secuencia lógica[97]. El riesgo es aún mayor en el caso de algunos tipos de IA que utilizan técnicas en las que las herramientas de IA "aprenden" extrayendo patrones de los datos, en lugar de que

---

AA.VV.: *Digitalización, recuperación y reformas laborales. Comunicaciones del XXXII Congreso Anual de la Asociación Española de Derecho del Trabajo y de la Seguridad Social, Alicante, 26 y 27 de mayo de 2022,* Madrid, Ministerio de Trabajo y Economía Social, 2022, p. 1274.

96 Sirva de ejemplo el conocido caso del algoritmo Bosco, utilizado para determinar la concesión del llamado bono social eléctrico, regulado por el Real Decreto 897/2017, de 6 de octubre, donde se pudo comprobar cómo, simultáneamente a su implantación, perdían tal beneficio la mitad de sus hasta ese momento perceptores. RIVAS VALLEJO, P.: "Decisiones automatizadas y discriminación en el trabajo", *Revista General de Derecho del Trabajo y de la Seguridad Social,* núm. 66, 2023.

97 ASQUERINO LAMPARERO, M.J.: "Algoritmos, procesos de selección y reputación digital: una mirada antidiscriminatoria", en AA.VV.: *Digitalización, recuperación y reformas laborales. Comunicaciones del XXXII Congreso Anual de la Asociación Española de Derecho del Trabajo y de la Seguridad Social,* Alicante, 26 y 27 de mayo de 2022, Madrid, Ministerio de Trabajo y Economía Social, 2022, p. 35.

los programadores decidan qué "proxies" son relevantes y qué peso darles. Los algoritmos resultantes son a menudo excesivamente complejos y completamente opacos, de tal manera que es difícil para los humanos su interpretación. Como consecuencia, los empleadores que confían en estos tipos de artilugios no pueden ni siquiera conocer ni explicar las razones de sus selecciones conducentes en muchos casos a una discriminación prohibida[98].

La perversidad de este escalado íter es, precisamente, la dificultad de conocer dónde se encuentra el sesgo de la decisión y detectar el fallo a fin de impugnar la orden empresarial, de ahí la necesidad de completar la escasa normativa existente sobre la materia procediendo a introducir las cautelas oportunas. Ahora bien, antes de describir la regulación vigente y de formular propuestas concretas, procede descender al detalle de los factores desencadenantes de los riegos al objeto de aquilatar las aristas del sustrato fáctico sobre el que volcar la futura regulación jurídica. Una certera labor de diagnóstico deviene, pues, imprescindible.

---

98 MERCADER UGUINA, J.R.: "En busca del empleador invisible: algoritmos e inteligencia artificial en el derecho digital del trabajo", *El Cronista del Estado Social y Democrático de Derecho*, núm. 100, 2022, p. 139.

6. La lógica algorítmica como herramienta directiva. La analítica de recursos humanos

Las incertidumbres jurídicas suscitadas por las tecnologías de IA adquieren caracteres propios en el marco laboral, al menos cuando aquellas significan una automatización de la decisión directiva. En tales casos, la capacidad resolutoria se traslada desde el empresario hacia rutinas algorítmicas encapsuladas en artilugios de *software.*

La singularidad del contrato de trabajo en este marco resulta de varios factores esenciales: la implicación física y mental de la persona que es inseparable del trabajo contratado (razón esencial por la que la persona asalariada no es una mera mercancía), la naturaleza vital del vínculo (en el sentido de que la remuneración del trabajo constituye el medio fundamental de vida), la debilidad contractual y negociadora de la parte trabajadora o la duración normalmente dilatada de la relación laboral, sujeta a múltiples vicisitudes y contingencias, todo ello coronado por la atribución legal a la parte empresarial de un poder muy dominante en la dinámica contractual, cuyo ejercicio cuenta con el auxilio de las nuevas tecnologías[99].

Estos sistemas de IA pueden estar diseñados, bien para operar autónomamente (por ejemplo, software de análisis de imágenes, motores de búsqueda o sistemas de reconocimiento de voz y rostro), bien como componentes de un producto y, por tanto, integrados en dispositivos de hardware (por ejem-

---

99 GÓMEZ ABELLEIRA, F.J.: *La interdicción de la arbitrariedad en la relación laboral,* Valencia, Tirant Lo Blanch, 2023, p.179.

plo, coches autónomos, drones, artilugios médicos o robots avanzados)[100]. En un afán de simplificación, procede señalar que, para el ámbito jurídico, no es tan importante la distinción entre los robots (o máquinas inteligentes) y los sistemas de IA, pues "se fundirán en una única categoría (los robots inteligentes)"[101].

Siguiendo a la doctrina, se puede establecer la siguiente catalogación de la IA: a) La inteligencia artificial "débil" (o estrecha), diseñada para realizar una tarea concreta, algo específico, no teniendo autoconciencia. Por ejemplo, Deep Blue de IBM, que sólo juega al ajedrez. b) La inteligencia artificial "fuerte", también denominada Inteligencia General Artificial (IAG) o profunda. Podría igualar o incluso exceder a la inteligencia humana, definiéndose como la "capacidad de razonar, representar el conocimiento, planificar, aprender, comunicarse en lenguaje natural e integrar todas estas habilidades hacia un objetivo común", estando dotada de empatía, es decir, de capacidad para ponerse en el lugar de otro, y habilidad para el aprendizaje emocional. c) La súper inteligencia, todavía no desarrollada, que conllevaría la capacidad de razonar y resolver problemas de forma notablemente superior a la de una persona humana, lo que provocaría la ausencia de distinción entre los humanos y las máquinas[102].

---

100 GOÑI SEIN, J.L.: "El Reglamento UE de inteligencia artificial y su relación con la normativa de seguridad y salud en el trabajo", en AA.VV (EGUSQUIZA BALMASEDA, M.A. y RODRÍGUEZ SANZ DE GALDEANO, B., Dirs.): *Inteligencia artificial y prevención de riesgos laborales: obligaciones y responsabilidades,* Valencia, Tirant Lo Blanch, 2023, p. 83.

101 BARRIO ANDRÉS, M.: "Inteligencia artificial: origen, concepto, mito y realidad", *El Cronista del Estado Social y Democrático de Derecho,* núm. 100, 2022, p. 19.

102 Siguiendo a BARRIO ANDRÉS, PERNAS CIUDAD, E.: "Inteligencia artificial y los ODS: cooperación necesaria", *Revista de Derecho.*

Contando con la ayuda de la primera modalidad (y dando lentos pasos hacia la segunda), tanto en el acceso al empleo como en el desarrollo de la prestación de servicios, el empleador ejerce hoy un poder de dirección tecnológico que implica la participación de máquinas ingeniosas en el proceso de toma de decisiones (en su totalidad o en una parte del mismo)[103] hasta el punto que el empresario se vería, en cierto modo, sustituido por un algoritmo en la adopción de resoluciones estratégicas nucleares.

La libertad de empresa reconocida en el art. 38 CE ampara al empleador para utilizar los medios que estime adecuados en el desarrollo de su actividad productiva, y, entre ellos, los algoritmos que aglutinan dos elementos cruciales: la secuencia de instrucciones (el "código fuente") y la información o datos utilizados (las llamadas "librerías")[104]. De esta manera, el titular de la organización productiva no sólo puede recurrir a los algoritmos para detectar mejores oportunidades de negocio, optimizar los procesos de producción y distribución o seleccionar más eficientemente a los potenciales clientes, sino que también está facultado para introducir esa tecnología en la organización y gestión de los recursos humanos con la finalidad última de lograr una mayor competitividad *ad intra*. Los algoritmos se están convirtiendo, por ende, en una herramienta más dentro del poder de dirección que surge del contrato

---

UNED, núm. 29, 2022, p. 503.

103 ALAMEDA CASTILLO, M.T.: "Reclutamiento tecnológico. Sobre algoritmos y acceso al empleo", *Temas Laborales*, núm. 159, 2021, p. 13.

104 RIVAS VALLEJO, P.: "Sesgos de género en el uso de inteligencia artificial para la gestión de las relaciones laborales: análisis desde el derecho antidiscriminatorio", *e-Revista Internacional de Protección Social*, vol. II, núm. 1, 2022, p. 63.

de trabajo[105], contribuyendo a formalizar una serie de reglas de decisión y a efectuar cadenas de cálculos que permiten el análisis de múltiples variables discerniendo, entre ellas, la más exitosa[106].

Además de producir la sustitución de tareas penosas, rutinarias e incluso más sofisticadas que antes desarrollaba una persona trabajadora por mor de una máquina inteligente, permiten pasar de un uso defensivo de la tecnología por parte del empresario destinado a comprobar el cumplimiento de las obligaciones asignadas a las personas trabajadoras, a facilitar una metodología directiva en el más amplio sentido del término, pues reclutan candidatos, organizan los horarios, planifican tareas, determinan cuántos efectivos son necesarios en cada momento, reestructuran equipos, calculan el ritmo de trabajo óptimo, dan instrucciones, vigilan y controlan el trabajo, evalúan el desempeño y recompensan o penalizan[107]. El empresario está dispuesto a delegar o, si se prefiere, a descentralizar parte de sus poderes tradicionales trasladando un importante número de decisiones a la presunta objetividad y plena fiabilidad que proporciona el recurso a unos algoritmos que son hiperlógicos. Y ello en la medida en que su uso actual se proyecta sobre prácticamente la totalidad de las facetas que componen la autonomía organizativa, recorriendo transversalmente la libertad de actuación empresarial: desde la selección de trabajadores hasta la forma y modo de ejercicio ordinario y

---

105 RODRÍGUEZ CARDO, I.A.: "Decisiones automatizadas y discriminación algorítmica en la relación laboral: ¿hacia un Derecho del Trabajo de dos velocidades?", *Nueva Revista Española de Derecho del Trabajo*, núm. 253, 2022.

106 MERCADER UGUINA, J.R.: "Algoritmos: personas y números en el derecho digital del trabajo", *Diario La Ley*, núm. 48, 24 febrero 2021.

107 TODOLÍ SIGNES, A.: *Algoritmos productivos y extractivos. Cómo regular la digitalización para mejorar el empleo e incentivar la innovación*, Pamplona, Aranzadi, 2023, p. 19.

extraordinario del poder de dirección, incluyendo sus dimensiones disciplinarias. En palabras de la mejor doctrina, se trata de "un vasto territorio que puede quedar, a no tardar, anegado por la IA"[108].

Ahora bien, tampoco cabe pasar por alto su lado oscuro, pues ante la presunción de la desigualdad negociadora de las partes, el poder de dirección de la empresa se ve sobredimensionado gracias a la eliminación del factor humano y el análisis masivo de datos. Precisamente, el miedo a sufrir represalias por parte del algoritmo puede conllevar que la persona trabajadora se autoimponga objetivos excesivos. Confiar únicamente en los datos y las métricas dando potestad a la IA para decidir el destino individual, puede, potencialmente, deshumanizar a las personas reduciéndolas a comportarse como una máquina más dentro del proceso productivo[109]. Como, en elocuente expresión, se ha señalado, "en una adaptación (inquietante) del cuento del flautista Hamelin, los trabajadores, al son de una música inaudible o imperceptible para sus oídos y compuesta algorítmicamente, bailarán sin saber por qué"[110].

El efecto más relevante de esta disrupción en el ámbito de las relaciones laborales consiste en haber abierto un nuevo escenario conflictivo, en el que las partes siguen siendo los litigantes de siempre, persona trabajadora y empresa, pero la controversia ya no suscita un problema bilateral de legalidad, de contractualidad o de colisión entre dos categorías de dere-

---

108 MERCADER UGUINA, J.R.: "Algoritmos: personas y números en el derecho digital del trabajo", *Diario La Ley,* núm. 48, 24 febrero 2021.

109 TODOLÍ SIGNES, A.: *Algoritmos productivos y extractivos. Cómo regular la digitalización para mejorar el empleo e incentivar la innovación,* Pamplona, Aranzadi, 2023, p. 101.

110 BELTRÁN DE HEREDIA RUÍZ, I.: "Algoritmos, psicometría y derechos del yo inconsciente de la persona en el ámbito socio-laboral", *Revista Derecho Social y Empresa,* núm. 18, 2023, p. 22.

chos constitucionales (derechos fundamentales versus libertad empresarial), sino que interfiere en la escena un tercero (el algoritmo) que convierte en trilateral el panorama descrito, lo cual no hace sino reforzar, a la postre, la superior posición contractual y precontractual del titular de la organización empresarial al permitirle un ejercicio más rápido y mejor fundado en términos de eficiencia económica de su poder decisional[111]. Ello permitirá implantar un sistema de exigencia máxima a cada una de las personas empleadas[112] bajo el principio de la "dependencia algorítmica"[113]. Precisamente aquí radica la novedad y también la necesidad de cautela y de fijar garantías porque, ahora, el algoritmo adopta decisiones que afectan a personas (potenciales candidatos/as a un empleo o trabajadores/as), lo que lleva, de partida, a su cuestionamiento desde los derechos de igualdad y no discriminación y también desde los derechos de privacidad y de protección de datos[114].

Es más, la funcionalidad del algoritmo no tiene por qué quedar limitada a la mejora de su competitividad en el mercado ni al ámbito interno de la empresa (dirección de las propias personas trabajadoras o de las personas candidatas a un puesto de

111 OLARTE ENCABO, S.: "La aplicación de inteligencia artificial a los procesos de selección de personal y ofertas de empleo: impacto sobre el derecho a la no discriminación, *Documentación Laboral*, núm. 119, 2020, Vol, 1, p. 83.

112 TODOLÍ SIGNES, A.: "Prevención de riesgos laborales ante la inteligencia artificial y la reputación digital de las personas trabajadoras", en AA.VV (MOLINA NAVARRETE, C. y VALLECILLO GÁMEZ, M.R., Dirs.): *De la economía digital a la sociedad del e-work decente: condiciones sociolaborales para una industria 4.0 justa e inclusiva*, Pamplona, Aranzadi, 2021, p. 361.

113 MERCADER UGUINA, J.R.: *Algoritmos e inteligencia artificial en el derecho digital del trabajo*, Valencia, Tirant Lo Blanch, 2022, p. 81.

114 ALAMEDA CASTILLO, M.T.: "Reclutamiento tecnológico. Sobre algoritmos y acceso al empleo", *Temas Laborales*, núm. 159, 2021, p. 15.

trabajo), sino que servirá también para que una determinada patronal pueda automatizar la dirección y control de la fuerza de trabajo de otras empresas de su red (personas trabajadoras autónomas, contratistas, franquicias, etc.). De esta manera, las fronteras artificiales creadas por las distintas personalidades jurídicas intervinientes en la cadena de descentralización no solamente se verán rotas por los estándares impuestos por la empresa principal, sino también directamente mediante un canal matemático bifronte –de ida y vuelta de información e instrucciones– entre la persona trabajadora de la empresa externa y la empresa matriz[115]. Incluso, este fenómeno adquiere claras muestras de transnacionalización ante la fuerte presencia de las cadenas de suministro en las que la empresa cabecera dirige, a través de algoritmos, buena parte del actuar laboral de su pirámide organizativa en el país sede y en el resto de países donde opera[116].

---

[115] Así, por ejemplo, Amazon, cuando subcontrata la distribución de paquetes con otras em-presas, estas deben integrarse en la red algorítmica de Amazon. Las personas trabajadoras, formalmente trabajadoras de una empresa externa, deberán escanear los códigos de los paquetes de Amazon para que el algoritmo sepa el estado de la distribución al recogerlos y de nuevo al entregarlos. En caso de incidencia, deberán comunicárselo directamente a Amazon a través de su app recibiendo respuesta de un telebot o chatbot de Amazon, el cual aportará soluciones en un primer lugar. Los clientes finales podrán valorar a este repartidor o repartidora a través de la app de Amazon, por lo que la empresa principal dispondrá directamente de esta información –sobre la evaluación de la persona trabajadora– para tomar decisiones de ámbito laboral si así lo considera oportuno. TODOLÍ SIGNES, A.: "La dirección algorítmica de las redes empresariales: plataformas digitales, inteligencia artificial y descentralización productiva, *Revista Trabajo y Seguridad Social (Centro de Estudios Financieros)*, núm. 476, 2023, pp. 70-71.

[116] OJEDA AVILÉS, A.: "Deconstrucción de los indicios de laboralidad frente al cambio tecnológico", *Revista Trabajo y Seguridad Social (Centro de Estudios Financieros)*, núm. 464, 2021, p. 27.

7. Algunos claroscuros de la inteligencia artificial en las relaciones laborales: ejemplos de muestras señeras

Las organizaciones empresariales emplean sistemas de IA para adoptar decisiones de contratación, despido y promoción profesional con un grado variable de autonomía del software: algunas decisiones están totalmente automatizadas, mientras que otras están ayudadas por la tecnología. El matrimonio entre big data y robotización ingeniosa anuncia un nuevo modelo de trabajo del que surgirán beneficios y expectativas de progreso, pero también penumbras e incertidumbres. Sobre ambos extremos procede insistir en este momento[117].

LUCES

Además de las ventajas competitivas que derivan de unas nuevas tecnologías que actúan con un elevadísimo nivel de precisión, en una primera aproximación, cabe pensar que el trabajo con las TIC inteligentes y otros adelantos en un contexto de automatización favorece también a las personas trabajadoras, pues contribuye a liberar de actividades pesadas y peligrosas, así como de aquellos quehaceres repetitivos, sucios o inseguros, sin olvidar tampoco su capacidad para desarrollar nuevos mecanismos e instrumentos destinados a prevenir los riesgos, a proteger frente al daño o a mejorar las condiciones

---

117 BLANCO MUÑOZ, M.: "Incertidumbres, amenazas y oportunidades de la industria 4.0", *Trabajo Sindical*, núm. 25, 2017, p. 14.

de prestación diaria de la actividad laboral aligerando tareas y reduciendo tiempos muertos[118].

Es un hecho incontrovertido, contrastado estadísticamente, que las nuevas tecnologías contribuyen a la disminución en términos globales de los índices de accidentabilidad[119]. Tal consecuencia positiva trae causa, primero, en la sustitución del hombre por el robot en trabajos peligrosos y ambientes hostiles, tal y como sucede con la utilización de exoesqueletos para el manejo de cargas biomecánicas o de drones para el trabajo en altura; segundo, en su utilización con objeto de eliminar o paliar posibles discapacidades o falta de habilidades de la persona trabajadora; tercero, en la creación y perfección de medios de prevención y protección individual y colectiva, facilitados, en paradigmático ejemplo, por equipos de protección más eficientes (Smart EPIs, monitores alojados en cascos, gafas, chalecos, calzado o chips electromiográficos en la

---

118 IGARTÚA MIRÓ, M.T.: "Digitalización, motorización y protección de la salud: más allá de la fatiga informática", en AA.VV (RODRÍGUEZ-PIÑERO ROYO, M. y TODOLÍ SIGNES, A., Dirs.): *Vigilancia y control en el Derecho del Trabajo Digital,* Pamplona, Aranzadi, 2020, p. 616 ó AGRA VIFORCOS, B.: "Robotización y digitalización. Implicaciones en el ámbito de la seguridad y salud en el trabajo", en VV.VV (QUINTANA LÓPEZ T., Dir.): *Proyección transversal de la sostenibilidad en Castilla y León. Varias perspectivas,* Valencia, Tirant Lo Blanch, 2019, p. 448.

119 LÓPEZ PELÁEZ, A.: "Mejoras en la seguridad y en la salud a través de la aplicación de estrategias de automatización avanzada", *Prevención, Trabajo y Salud,* núm. 24, 2003, pp. 11 y ss.; AGUILAR DEL CASTILLO, Mª C.: "El uso de la inteligencia artificial en la prevención de riesgos laborales", *Revista Internacional y Comparada de Relaciones Laborales y Derecho del Empleo,* Vol. 8, núm. 1, 2020, pp. 262 y ss. ó SALAS PORRAS, M.: "Aportaciones de la seguridad y salud en el trabajo para la implementación global del trabajo decente en la sociedad digital-robotizada", *Revista Internacional y Comparada de Relaciones Laborales y Derecho del Empleo,* Vol. 7, núm. 4, 2019, pp. 5 y ss.

ropa), utilización de *wereables* (anillos, brazaletes, pulseras...) de medición de constantes vitales, cansancio y fatiga, implementación de sensores inteligentes para la detección de peligros, ruidos o sustancias tóxicas, utilización de herramientas de corte que detectan el cambio de su elemento de destino y se detienen para evitar dañar la carne, o disposición de pantallas de bloqueo de la luz azul nociva de los dispositivos; cuarto, en la incorporación de mecanismos que permiten monitorizar la adecuada posición en cada momento, facilitar "recordatorios" para descansar la vista, evitar cabezadas o levantarse de la silla, proporcionar alarmas de emergencia o establecer artilugios de parada automática de la maquinaria; quinto, en el potencial de la innovación en lo relativo a la formación (a distancia, virtual, aumentada, 3 D...), la sanidad (nanomedicina, teleasistencia, accesorios, apps, asistencia quirúrgica robotizada, desinfección de quirófanos, combinación de fármacos, movimiento de pacientes, ciborgs –implantes de corazón, auditivos, de brazos o piernas movibles, injertos en el cerebro para indicar movimientos y comunicar pensamientos–...), la información y comunicación (redes sociales, blogs, aplicaciones, infografías, alertas, pautas en relaciones con clientes...), los servicios de rescate o la gestión (evaluaciones en tiempo real, control continuo, inmediatez...); sexto, en la previsión metereológica que permite detectar catástrofes naturales o inclemencias climáticas de singular interés para trabajos al aire libre; séptimo, en la introducción de fórmulas matemáticas predictivas que ayuden a la Inspección de Trabajo a seleccionar las empresas objeto de supervisión teniendo en cuenta posibles futuros incumplimientos[120]; octavo, al desvanecerse los "rígidos parámetros" de

---

120 PRECIADO DOMENECH, C.H.: "Monitorización: GPS, wereables y especial referencia a los controles biométricos para el registro horario. Aspectos procesales", en AA.VV (RODRÍGUEZ-PIÑERO ROYO, M. y TODOLÍ SIGNES, A., Dirs.): *Vigilancia y control en el Derecho del Trabajo Digital,* Pamplona, Aranzadi, 2020, p. 235.

lugar y tiempo de trabajo en favor de una superior auto-organización del personal que hace disminuir no solo el presentismo improductivo sino los accidentes in itinere[121]; noveno, con la puesta en práctica de "sistemas de tecnología persuasiva que atraigan a la persona trabajadora a realizar cambios conductuales desde su libre voluntad; décimo, la incorporación de bots conversacionales que adoptan un rol activo a la hora de evitar el aislamiento y el estrés[122]; y, por último –y en un listado meramente ejemplificativo–, en la investigación de las causas de los accidentes de trabajo y enfermedades profesionales dada la capacidad de los algoritmos de funcionar como "caja negra" de la realidad de los hechos[123].

Como ha señalado la Agencia Europea para la Seguridad y Salud en el Trabajo en su Estudio prospectivo sobre riesgos nuevos y emergentes para la seguridad y salud en el trabajo asociados a la digitalización en 2025, estos nuevos sistemas ingeniosos pueden facilitar la comprensión de los problemas relativos a la seguridad y salud en el trabajo, la toma de mejores decisiones y la predicción de los problemas en materia preventiva antes de que ocurran, así como favorecer intervenciones más oportunas y eficaces. Incluso pueden facilitar que las empresas demuestren el cumplimiento de las normas, y que las inspecciones laborales investiguen de forma más eficaz los

---

121 MEGINO FERNÁNDEZ, D.: "Negociación colectiva y desconexión digital: un binomio todavía en construcción", en AA.VV (FERNÁNDEZ DOMÍNGUEZ, J.J. y FERNÁNDEZ FERNÁNDEZ, R., Dirs.): *Seminario internacional sobre nuevos lugares, distintos tiempos y modos diversos de trabajar: innovación tecnológica y cambios en el ordenamiento social*, Pamplona, Aranzadi, 2021, p. 228.

122 MUÑOZ RUÍZ, A.B.: "¿Conoces a Macarena? Los chabots: los nuevos empleados digitales", *Foro de Labos*, 4 de febrero de 2020.

123 LLORENS ESPADA, J.: *Límites al uso de la inteligencia artificial en el ámbito de la salud laboral*, Madrid, La Ley, 2023, p. 231.

eventuales incumplimientos[124]. Con algoritmos de aprendizaje automático se puede llegar a personalizar la seguridad de un individuo, conocer su límite de exposición y de fatiga, y calcular su riesgo potencial[125].

Además –en lo que no puede sino valorarse de forma positiva–, las nuevas tecnologías inteligentes ayudarán, de un lado, al cumplimiento empresarial de la obligación de ajustar tareas y puestos como manifestación del principio general de acomodación del trabajo a la persona recogido el art. 36.5 ET, cuyo fin último es el de humanizar la actividad productiva, evitando la instrumentalización de la persona trabajadora. Y de otro, a la satisfacción de la pauta proporcionada por el art. 15 d) ET que incorpora este mismo principio a la acción preventiva. La innovación técnica permitirá llevar a cabo no sólo adaptaciones materiales (en la maquinaria, herramientas, utensilios, prendas de trabajo, emplazamientos, fuentes de energía o materias primas), sino también organizativas (comprobación de la veracidad de los curricula de las personas candidatas a un puesto de trabajo, relación inmediata de solicitudes con vacantes, programación de entrevistas, modulación del horario o jornada, implementación de pausas pautadas, cambio de funciones, redefinición de los puestos, cursos formativos, medición de la fatiga o materialización del trabajo a distancia)[126].

---

124 MERCADER UGUINA, J.R.: "Algoritmos y Derecho del Trabajo", *Actualidad Jurídica Uría Menéndez*, núm. 52, 2019, p. 65.

125 GOÑI SEIN, J.L.: "El Reglamento UE de inteligencia artificial y su relación con la normativa de seguridad y salud en el trabajo", en AA.VV (EGUSQUIZA BALMASEDA, M.A. y RODRÍGUEZ SANZ DE GALDEANO, B., Dirs.): *Inteligencia artificial y prevención de riesgos laborales: obligaciones y responsabilidades*, Valencia, Tirant Lo Blanch, 2023, p. 99.

126 GUTIÉRREZ COLOMINAS, D.: "La obligación de realizar ajustes razonables en el puesto de trabajo", *Trabajo y Derecho*, núm. 6, 2017, p. 24.

A fortiori, la utilización de sistemas de IA y algoritmos se presenta como una oportunidad para tomar decisiones de forma matemáticamente objetiva y basadas exclusivamente en méritos, eliminando errores o prejuicios inconscientes de sexo, género, edad, origen racial, apariencia física de las personas o diversidad funcional[127]. Los complementos robóticos inteligentes pueden ayudar a las personas físicas con algún tipo de deficiencia física o sensorial a conseguir un puesto de trabajo o, tratándose de una persona trabajadora con una discapacidad sobrevenida, a que pueda desarrollar una actividad laboral con un rendimiento normal, haciendo que la participación de tales personas en la sociedad sea plena y efectiva, y mostrando una consistente potencialidad como medida antidiscriminatoria[128]. Asimismo, las nuevas tecnologías automatizadas posibilitan la inclusión en el mercado de trabajo a través de la supresión de barreras físicas (movilidad) o mentales (dificultades cognitivas), dando cobertura a un cauce como el teletrabajo que permitirá a ciertas personas (con enfermedades graves, discapacidad, residencia en zonas periféricas, imposibilidad de acudir a un puesto de trabajo concreto por incompatibilidad laboral y familiar...) llevar a cabo un desempeño profesional activo y adecuado a sus necesidades específicas, por lo que, desde esa perspectiva, se pone al servicio del cumplimiento del Objetivo 8 de Desarrollo Sostenible de la Agenda 2030: promo-

---

[127] GINNES I FABRELLAS, A.: "Sesgos discriminatorios en la automatización de decisiones en el ámbito laboral: evidencias de la práctica", en AA.VV (RIVAS VALLEJO, P., Dir.): *Discriminación algorítmica en el ámbito laboral: perspectiva de género e intervención*, Pamplona, Aranzadi, 2022, p. 297.

[128] GOÑI SEIN, J.L.: "Innovaciones tecnológicas, inteligencia artificial y derechos humanos en el trabajo", *Documentación Laboral*, núm. 117, 2019, vol. II, p. 65.

ver la igualdad, el pleno empleo inclusivo y el trabajo decente para todos[129].

También resulta indiscutible el importante papel de los algoritmos en la gestión de la Seguridad Social, especialmente en el control de la incapacidad temporal[130], en la lucha contra el fraude, asignación de subvenciones, simplificación en la supervisión de ayudas sociales o acompañamiento de las personas desempleadas en su itinerario formativo de inserción laboral por parte de los servicios de empleo[131].

SOMBRAS

Las indudables y constatadas ventajas señaladas no deben soslayar, sin embargo, la atención y el debate sobre sus posibles efectos adversos. Así, la permanente necesidad empresarial de responder y adecuar su estructura a las fluctuaciones del merca-

---

129 CASTRO MEDINA, R. y GÓMEZ SALADO, M.A.: "La industria 4.0 en la era de la transformación tecnológica: nuevos retos sociales", en AA.VV (GÓMEZ SALADO, M.A y RUÍZ SANTAMARÍA, J.L., Dirs.): *El empleo de los colectivos vulnerables en el marco de la transformación tecnológica: una aproximación jurídico-social* , Granada, Comares, 2022, p. 63 ó GONZÁLEZ DE PATO, R.M.: "Inteligencia artificial inclusiva *versus* discriminatoria ante la discapacidad laboral", *Temas Laborales,* núm. 167, 2023, p. 49.

130 AIBAR BERNAD, J., "El Big Data y el análisis de datos aplicados por la Tesorería General de la Seguridad Social como medio de lucha contra el fraude en la Seguridad Social", *Trabajo y Derecho,* núm. extra 11, 2020 ó VELA DÍAZ, R., "Digitalización y nuevos trámites automatizados: las decisiones algorítmicas impregnan la actuación de la Administración Laboral y de Seguridad Social", *Trabajo y Derecho,* núm. 83, 2021,

131 REDONDO RINCÓN, M. G.: "Las nuevas tecnologías en el control de la incapacidad temporal: la aplicación de la analítica predictiva", *Trabajo y Derecho,* núm. extra 11, 2020

do y de la demanda en el sustrato productivo actual, caracterizado por feroces exigencias de competitividad y rentabilidad, va a ser determinante para el surgimiento de nuevas amenazas de la mano de la digitalización inteligente. No hay que ocultar que los riesgos de la llamada "cuarta y quinta revolución industrial" son cada vez más evidentes no sólo en cuanto a la destrucción de empleos se refiere, sino, como ya consta, en lo que afecta a los detrimentos en los derechos fundamentales de las personas trabajadoras. Como ya se ha avanzado en reiteradas ocasiones a lo largo de este ensayo–, resulta paradójico cómo la tecnología inteligente, creada sobre el dogma de la eficiencia, la objetividad y la meritocracia, reproduce precisamente los sesgos discriminatorios que pretende eliminar, perpetuando y amplificando históricas y emergentes discriminaciones y atentados a los derechos fundamentales de las personas trabajadoras[132]. Como con gráfica expresión se ha indicado, las organizaciones del trabajo en el contexto productivo actual, altamente tecnificado mediante utensilios ingeniosos, son cada vez más estresantes, produciendo personas agotadas con "almas quemadas", "corazones infartados" y "cuerpos doloridos"[133], al tiempo que no son infrecuentes los ataques a su dignidad personal.

Esta sombría realidad viene marcada también por la transformación del espacio de trabajo a través de la intermediación tecnológica, en la que la robótica y las aplicaciones de IA se

---

132 GINNES I FABRELLAS, A.: "Sesgos discriminatorios en la automatización de decisiones en el ámbito laboral: evidencias de la práctica", en AA.VV (RIVAS VALLEJO, P., Dir.): *Discriminación algorítmica en el ámbito laboral: perspectiva de género e intervención*, Pamplona, Aranzadi, 2022, p. 325.

133 MOLINA NAVARRETE, C.: "Redescubriendo el lado humano de los riesgos globales y su proyección en la actualidad jurídico-laboral: cuidar cabeza y corazones sin descuidar carteras", *Revista Trabajo y Seguridad Social (Centro de Estudios Financieros)*, núms. 437-438, 2019, p. 7.

convierten en un instrumento fundamental de la producción y con ello la incertidumbre asociada se encuentra cada vez más presente[134], al punto de poder conllevar, en palabras del Consejo Económico y Social Europeo, un nuevo "taylorismo digital"[135].

Así, aparecen no solo nuevos riesgos físicos (asociados a la energía eléctrica, la maquinaria móvil, los dispositivos portátiles, el wi-fi, los micro-chips, las antenas de telefonía, las partículas ultrafinas, los nanomateriales, las baterías, las radiofrecuencia, los rayos láser o ultravioletas, los electromagnetismos, el incremento de la exigencia visual o el mal uso o errores de los automatismos), sino cuantiosos "estresores mentales" y crece la "tensión psicológica" ante la intensificación de los ritmos, la amenaza constante del desempleo como espada de Damocles y el deterioro de las condiciones laborales[136].

Los impactos psicosociales del nuevo entorno empresarial digitalizado a través de algoritmos inteligentes giran alrededor de tres bloques de circunstancias: 1) relacionadas con el puesto (crece el nivel de saturación experimentado por los empleados y las exigencias); 2) con el rol profesional (cambiante en

---

[134] MERCADER UGUINA, J.R.: "El sistema de responsabilidad empresarial por el accidente de trabajo: un modelo en transición", en AA.VV.: *Accidentes de trabajo y enfermedades profesionales. Experiencias y desafíos de una protección social centenaria. IV Congreso Internacional y XVII Congreso Nacional de la Asociación Española de Salud y Seguridad Social*, Murcia, Laborum, 2020, p. 571.

[135] Consejo Económico y Social Europeo. Dictamen sobre Inteligencia artificial: anticipar su impacto en el trabajo para garantizar una transición justa (2018).

[136] AGRA VIFORCOS, B.: "Robotización y digitalización. Implicaciones en el ámbito de la seguridad y salud en el trabajo", en VV.VV (QUINTANA LÓPEZ T., Dir.): *Proyección transversal de la sostenibilidad en Castilla y León. Varias perspectivas*, Valencia, Tirant Lo Blanch, 2019, p. 450, autora a quien se sigue en la presente exposición.

casi todas las ocasiones), las relaciones sociales y las posibilidades de promoción (aumenta el número de tareas y funciones, así como la movilidad y la polivalencia, pero se reducen las posibilidades de avanzar en la carrera profesional, al tiempo que se incrementa el aislamiento); y 3) con la organización y el clima laboral (posible pérdida de empleo, aumento de la flexibilidad e incremento de la parcialidad y de la inestabilidad en los puestos de trabajo, prolongación no reconocida de la jornada, disponibilidad plena, sobrecarga de actividades, más rápido envejecimiento, telesubordinación asociada a los nuevos sistemas ingeniosos de supervisión, adelgazamiento de línea divisoria entre el trabajo y la vida privada, demanda de una constante recualificación, necesidad de resolución de interrogantes no siempre bien definidos, continua conectividad, adaptación permanente a la evolución de la técnica, percepción demasiado real de una situación irreal provocada por los dispositivos de realidad virtual o aumentada, etc)[137].

La automatización digital inteligente conlleva un modelo de negocio basado en la optimización del rendimiento: hacer y servir todo lo más pronto (antes que nadie), lo más barato (precio más reducido que nadie –low cost–), y lo más rápido (con mayor celeridad que nadie) bajo el impulso de un sistema intuitivo[138]. Las interfaces humano-máquina (robots cola-

---

137 RODRÍGUEZ ESCANCIANO, S.: *La salud mental de las personas trabajadoras. Tratamiento jurídico preventivo en un contexto productivo postpandemia*, Valencia, Tirant Lo Blanch, 2022, p. 75 o GARCÍA SALAS, A.I.: "La adaptación de los deberes de prevención de riesgos laborales a los riegos derivados de la incorporación de nuevas tecnologías", *Trabajo y Derecho*, núm. 108, 2023.

138 MOLINA NAVARRETE, C.: "La salud psicosocial, una condición de trabajo decente: el neotaylorismo digital en clave de pérdida de bienestar", en AA.VV (CORREA CARRASCO, . y QUINTERO LIMA, M.G., Coords.): *Los nuevos retos del trabajo decente: la salud men-*

borativos, cobots o robots humanoides)[139] constituyen nuevas fuentes de riesgos derivadas de la recepción de órdenes incorrectas por parte de las personas trabajadoras, de estímulos imprevistos del entorno, del defectuoso funcionamiento de otros robots, de fallos del software o hardware, interferencias (eléctricas, ruido…), interpretaciones erróneas o de la ausencia de pausas, creando una atmósfera asfixiante y privada de libertad para los empleados. Las operaciones ejecutadas por el cobot se caracterizan por realizar movimientos con un alto nivel de energía y se extienden sobre un gran espacio de trabajo. En muchas ocasiones el afectado desconoce las extensiones alcanzadas y el recorrido puede variar según las demandas. La persona trabajadora desempeña su actividad al mismo tiempo que el cobot realiza su trabajo, es decir, existe superposición en la ejecución de tareas entre el cobot, el trabajador u otras máquinas. Precisamente en esa interacción pueden surgir riesgos mecánicos asociados a la geometría, superficie o componentes de los robots capaces de provocar aplastamientos, cortes, choques eléctricos, quemaduras, fatiga o posiciones no saludables, entre otros[140]. Concretamente, uno de los peligros más significativos que se detalla en el Anexo de la norma ISO 10218-1: 2011 (Parte 1) es la colisión con el brazo robot dando lugar al riesgo de aplastamiento, presión o golpe con el área de trabajo. Además, la labor humana reducida a la simple supervisión, el sometimiento de la persona al poder de decisión del robot,

---

tal y los riesgos psicosociales, Madrid, Universidad Carlos III, 2020, pp. 11 y 17.

139 ATIENZA MACÍAS, E.: "El teletrabajo y la robotización del trabajo. Aspectos ético-jurídicos", en AA.VV (RODRÍGUEZ AYUSO, J.F. y ATIENZA MACÍAS, E., Dirs.): *El nuevo marco legal del teletrabajo en España,* Madrid, La Ley-Bosch, 2021, p. 222.

140 FERNÁNDEZ RAMÍREZ, M.: "Sobre la eficiencia actual del modelo normativo español de prevención de riesgos laborales", *Temas Laborales,* núm. 153, 2020, p. 126.

la imposición del ritmo por quien no acusa la fatiga, la complejidad de la relación entre ambos, son circunstancias que deshumanizan y provocan alienación, por lo que cabe esperar un incremento indudable del nivel de estrés[141]. Con mayor claridad, el COM (2020) 64 final "Informe sobre las repercusiones en materia de seguridad y responsabilidad civil de la inteligencia artificial, el internet de las cosas y la robótica", subraya que el comportamiento futuro de las aplicaciones de inteligencia artificial podría generar abundantes riesgos para la salud física y mental de los usuarios[142].

La innovación tecnológica inteligente implica en unos casos que la persona trabajadora debe adaptar su prestación de servicios para seguir ocupando su puesto y para seguir realizando sus funciones ante una posible ineptitud sobrevenida, mientras que en otros resulta innecesario el propio puesto ante la completa sustitución por el programa, la máquina o el robot, sin olvidar aquellos en los que se prestan servicios sin contar con los estándares mínimos de calidad en el empleo[143], máxime cuando la incidencia de los avances técnicos en la actualidad

---

141 MOLINA NAVARRETE, C.: "Estudio preliminar. Un nuevo tiempo para la salud psicosocial en el trabajo: fragmentos de derecho vivo", *Revista Trabajo y Seguridad Social (Centro de Estudios Financieros),* núm. 461-462, 2021, pp. 165 y ss.

142 MERCADER UGUINA, J.R.: "El sistema de responsabilidad empresarial por el accidente de trabajo: un modelo en transición", en AA.VV.: *Accidentes de trabajo y enfermedades profesionales. Experiencias y desafíos de una protección social centenaria. IV Congreso Internacional y XVII Congreso Nacional de la Asociación Española de Salud y Seguridad Social,* Murcia, Laborum, 2020, p. 592.

143 QUIRÓS HIDALGO, J.G.: "El despido objetivo como consecuencia de la implantación de nuevas tecnologías en la empresa", en AA.VV (FERNÁNDEZ DOMÍNGUEZ, J.J. y FERNÁNDEZ FERNÁNDEZ, R., Dirs.): *Seminario internacional sobre nuevos lugares, distintos tiempos y modos diversos de trabajar: innovación tecnológica y cambios en el ordenamiento social,* Pamplona, Aranzadi, 2021, pp. 327.

es infinita, no sólo por la velocidad en la implantación que hace difícil la adquisición de las destrezas necesarias, sino por su ingente expansión al afectar no sólo al trabajo rutinario y de escasa cualificación sino también al intelectual mediante la aplicación de los algoritmos y del *deep learning*[144].

No debe minusvalorarse tampoco la angustia derivada de la precariedad de las condiciones laborales (estrés económico o "rustout"), pues las elevadas tasas de desocupación van acompañadas de inseguridad en el puesto e inexperiencia. El temor a quedarse sin empleo o ver reducidos los ingresos genera elevadas dosis de incertidumbre; en otros muchos casos no se contrata ni siquiera a trabajadores sino a nuevos prestadores de servicios a un módico precio, lo que supone una búsqueda permanente de tareas, la necesidad de compatibilizar diferentes trabajos y la asunción directa de los costes de ejecución de la actividad e incluso de las condiciones de seguridad y salud laboral; igualmente, se extienden los "minijobs" y su peculiar forma de retribución, que evitan el desempleo completo pero proporcionan escasos ingresos pecuniarios.

EFECTOS ADVERSOS SOBRE LA SALUD MENTAL DE LAS PERSONAS TRABAJADORAS

En las reconversiones empresariales asociadas a la digitalización auspiciada por la IA, se pueden distinguir tres categorías afectados: a) los incómodos: son quienes aceptan los cambios pero no los dominan en su integridad; b) los fóbicos: son quie-

---

144 QUIRÓS HIDALGO, J.G.: "El despido objetivo como consecuencia de la implantación de nuevas tecnologías en la empresa", en AA.VV (FERNÁNDEZ DOMÍNGUEZ, J.J. y FERNÁNDEZ FERNÁNDEZ, R., Dirs.): *Seminario internacional sobre nuevos lugares, distintos tiempos y modos diversos de trabajar: innovación tecnológica y cambios en el ordenamiento social,* Pamplona, Aranzadi, 2021, p. 327.

nes aceptan los cambios pero con temor, pues sienten que no están capacitados; c) los fóbicos ansiosos: grupo más patológico, en tanto la persona experimenta un miedo irracional[145].

Dentro de un concepto amplio de "tecnoestrés", encuentran cabida distintas realidades entre las que destaca, en primer lugar, la "tecnoadicción" (también denominada "workalchoholism", "workation" o "trabajolismo")[146], caracterizada por compulsión a utilizar las TICs en todo momento y a estar siempre al día con los avances, generando una auténtica dependencia y síndromes de abstinencia en las interrupciones momentáneas[147]; en segundo término, la "tecnoansiedad", donde la persona experimenta altos niveles de tensión y malestar, frente al uso de herramientas tecnológicas que lleva a pensamientos negativos sobre tales instrumentos y sobre su propia capacidad y competencias personales y profesionales y un manifiesto temor a la pérdida del empleo, así como una baja autoestima; en tercer lugar, la "tecnofobia", que se manifiesta en una resistencia a hablar e incluso pensar sobre tecnología, generando una alarma o ansiedad ante ella y pensamientos hostiles al respecto; en cuarto lugar, la "tecnofatiga" o agotamiento mental y cognitivo consecuencia del uso de las herramientas informáticas, cuya manifestación más extrema es el síndrome de "data smog", causado por la sobrecarga de datos manejados al utilizar internet[148]; en quinto lugar, la "tecnoinvasión", deri-

---

145 WEIL, M.M. y ROSEN, L.: *Technostress: Coping with technology work home play,* Los Ángeles , J. Willey, 1997.

146 MOLINA NAVARRETE, C.: "La gran transformación digital y bienestar en el trabajo: riesgos emergentes, nuevos principios de acción, nuevas medidas preventivas", *Revista Trabajo y Seguridad Social (Centro de Estudios Financieros),* núm. extraordinario, 2019, p. 17.

147 ARRIETA IDIAQUEZ, J.: "Negociación colectiva y prevención de riesgos psicosociales", *Lan Harremanak,* núm. 244, 2020, p. 254.

148 RODRÍGUEZ ESCANCIANO, S.: "La promoción de la salud mental de los trabajadores ante la tecnificación de los procesos productivos:

vada de una supervisión constante, sea en orden a la localización y desarrollo de la prestación laboral, sea en la extensión de la disponibilidad del trabajador, compelido a estar siempre conectado a los dispositivos digitales empleados en la actividad laboral[149]; en sexto lugar, la "tecnociberseguridad" o hiperresponsabilización del trabajador ante las posibles fugas de los datos manejados por la inexistencia, ineficacia o dificultad en el manejo de cortafuegos[150].

Todo ello sin olvidar tampoco otras cinco manifestaciones como pueden ser: "locura multitarea" (*multitasking madness*), relativa a la imposibilidad de la mente humana a la hora de seguir el ritmo de los ordenadores capaces de ejecutar numerosas tareas a la vez; los "problemas informáticos" (*computer hassles*), causados por la lentitud y averías del sistema, la cantidad de mensajes electrónicos recibidos, incluidos spam, informaciones fraudulentas y anuncios (pop-ups), virus, actualización de aplicaciones y pérdida de ficheros; el agotamiento emocional ("*burnout technological*"), consecuencia de un cúmulo de demasiada presión y pocos motivos de satisfacción que provocan una frustración laboral prolongada con una pérdida progresiva de energía, desgaste, agotamiento y carga emocional que el paciente no puede asumir, especialmente cuando las relaciones

---

apunte sobre cuestiones pendientes", *Revista Jurídica de Investigación e Innovación Educativa*, núm. 22, 2020, pp. 39 y ss.

149 IGARTÚA MIRÓ, M.T.: "Digitalización, motorización y protección de la salud: más allá de la fatiga informática", en AA.VV (RODRÍGUEZ-PIÑERO ROYO, M. y TODOLÍ SIGNES, A., Dirs.): *Vigilancia y control en el Derecho del Trabajo Digital*, Pamplona, Aranzadi, 2020, p. 620.

150 FERNÁNDEZ RAMÍREZ, M.: *El derecho del trabajador a la autodeterminación informativa en la actual empresa neopanóptica*, Pamplona, Aranzadi, 2021, pp. 70 y ss.

con otras personas constituyen el eje central del trabajo[151]; la "infoxicación", fruto de la imposibilidad de seguir y entender todas las referencias que circulan por la red; o, por no seguir, "el síndrome del zoom" o postración por estar sometido a constantes reuniones virtuales o eventos en línea[152].

A día de hoy, pese a la acusada incidencia desde el punto de vista cuantitativo, carecemos de un catálogo o inventario de cuáles son los riesgos psicosociales laborales típicos o jurídicamente relevantes. Es más, ni siquiera hay consenso científico para proporcionar una definición única al trastorno mental sino disertaciones parciales de cada una de sus manifestaciones[153]. La dificultad en la elaboración de tal referente estriba en cinco motivos principales[154]:

1. Mientras en el resto de enfermedades, el facultativo suele fundamentar sus decisiones en la realización de pruebas diagnósticas concluyentes (TAC, analítica, exploraciones diversas…), capaces de proporcionar parámetros fiables y objetivos, en los trastornos psiquiátricos, por el

---

[151] GARCÍA GONZÁLEZ, G.: "Pandemia, personal sanitario y burnout: el síndrome de estar quemado como enfermedad del trabajo", *Lex Social*, vol. 11, núm. 2, 2001, p. 5.

[152] DE LA CASA QUESADA, S.: "Teletrabajo, género, riesgos psicosociales: una triada a integrar en las políticas preventivas 4.0", *Revista Trabajo y Seguridad Social (Centro de Estudios Financieros)*, núm. 459, 2021, p. 110.

[153] MOLINA NAVARRETE, C.: "La gran transformación digital y bienestar en el trabajo: riesgos emergentes, nuevos principios de acción, nuevas medidas preventivas", *Revista Trabajo y Seguridad Social (Centro de Estudios Financieros)*, núm. extraordinario, 2019, p. 10.

[154] RODRÍGUEZ ESCANCIANO, S.: "La prevención de los riesgos psicosociales ante las transiciones digital y climática", en AA.VV (FERNÁNDEZ-COSTALES MUÑIZ, J., Dir.): *La disrupción tecnológica y digital y los nuevos riesgos emergentes en materia de seguridad y salud en el trabajo*, Madrid, Reus, 2024, pp. 155 y ss.

contrario, la exploración es en muchas ocasiones meramente psicopatológica, y aunque con diferentes orientaciones (cognitiva-conductual, lógica, etc.), aparece centrada únicamente en la entrevista clínica, dependiente en gran medida de los datos y vivencias que el propio paciente exprese, es decir, de su propio autodiagnóstico. Por mucho que avance la medicina, hay enfermedades que no pueden objetivarse y relacionarse con el entorno laboral, entre las que se encuentran las anímicas y el propio psiquismo del afectado, sobre todo cuando no ocasionan lesiones anatómicas en el cerebro o cuando su desarrollo va acompañado de brotes, períodos asintomáticos y recidivas[155].

2. La incidencia de las circunstancias particulares de cada uno de los puestos de trabajo, de cada empresa o de cada sector en la manifestación de las enfermedades[156].

3. La propia personalidad del individuo actúa también como detonante, pues no es lo mismo que la persona trabajadora tenga una identidad marcada por la inseguridad, la timidez, la extroversión, la sensibilidad, la apatía, la emotividad, la competitividad, el entusiasmo, la tolerancia, la autoexigencia, la creatividad, el egocentrismo o el perfeccionamiento. Además, en muchas circunstancias un mismo agente puede suponer un riesgo para un operario y no para otro, incluso una misma situación hoy pude resultar estresante y no en diferente momento de la vida de un sujeto. Al tiempo, factores como la edad, el género o la diversidad funcional, inci-

---

155 RODRÍGUEZ GALLEGO, M.B.: Patologías psiquiátricas como causa de incapacidad permanente, Tesis doctoral, Universidad de Málaga, 2015, pp. 110 y ss, www.http://riuma.uma.es

156 BARBA MORA, A.: *Incapacidades laborales y Seguridad Social*, Pamplona, Aranzadi, 2012, p. 48.

den de forma sustancial. En fin, también las características contextuales del individuo, muchas veces aquejado de problemas externos al ámbito laboral —accidentes o enfermedades de parientes próximos, rupturas sentimentales, conflictos en el seno de la familia, etc.—, inciden de manera destacada[157].

4. Muchas veces el propio afectado desconoce que padece una enfermedad mental o, en su envés, lo quiere ocultar. En otras ocasiones, las patologías emocionales se somatizan bajo otro tipo de enfermedades físicas —trastornos gastrointestinales, alteraciones coronarias, neuralgias, problemas musculares, dificultades respiratorias, afecciones dermatológicas, disfunciones digestivas, etc. —, que pueden conllevar, en los episodios más agudos a crónicos padecimientos mentales graves (extenuación insoportable) e, incluso, a la muerte del afectado. Tampoco son extraños supuestos en los que trastornos orgánicos también pueden ocasionar, a través de mecanismos bioquímicos, afectaciones neuronales[158].

5. La tendencia a diversificar el origen de las dolencias mentales, situándolo, bien en el trabajo (contingencia profesional), bien en la vida personal, familiar y social (contingencia común), con la consiguiente disparidad en el tratamiento otorgado por la protección social inherente a las bajas. Esta simple clasificación olvida cómo, muy a menudo, la separación absoluta resulta inexacta: el malestar procedente de la actividad profesional se traslada al hogar y otros contextos de actuación humana, deteriorando las relaciones intersubjetivas y

---

157 AMERICAN PSYHCHIATRIC ASSOCIATION: *Manual de diagnóstico y estadística de las enfermedades mentales (DSM-IV)*, 1996.

158 BOSCH TERCERO, LL.: "Incidencia de los riesgos psicosociales sobre la salud mental", *Tribuna Social*, núm. 218, 2009, pp. 48 y ss.

empeorando la dolencia; al tiempo, el trabajo, pese a su enorme potencial terapéutico (que, cuando proceda, debe ser aprovechado en la fase de rehabilitación del enfermo), también puede ser ámbito propicio para el recrudecimiento de patologías inicialmente desvinculadas de tal espacio. Por tal razón, para optimizar resultados parece ineludible alinear las actuaciones reparacionistas (prestaciones, tratamiento, rehabilitación) con las pautas propias de la prevención, a fin de diseñar un sistema eminentemente proactivo que evite simulaciones, infradiagnósticos o sobrediagnósticos[159].

159 RODRIGUEZ ESCANCIANO, S.: *La salud mental de las personas trabajadoras: tratamiento jurídico preventivo en un contexto productivo postpandemia*, Valencia, Tirant Lo Blanch, 2022, p. 354.

8. Organización del trabajo y discriminación algorítmica

Como con acierto se ha dicho, "los algoritmos están pasando a convertirse en un instrumento básico en la ordenación y gestión de los poderes empresariales"[160]. Esta frase puede servir como punto de reflexión o piedra angular a la hora de delimitar el perímetro de influencia de la primera variable en la segunda. Aunque no hay nada que, estando prohibido en el mundo analógico, pase a estar permitido sólo porque se actúe en un entorno digital o con IA, lo cierto es que puede ser más difícil aplicar determinadas normas o detectar su incumplimiento[161].

Hay que recordar que las decisiones humanas se encuentran sometidas a sesgos tanto o más profundos y abundantes que las algorítmicas y seguramente menos detectables. En todos aquellos casos (muy frecuentes) en los que existe un margen de decisión, es fácil constatar que el operador puede, de hecho, elegir entre varias disyuntivas, todas ellas justificables en Derecho, y que resulta un arcano completo el motivo real de la decisión tomada, que no necesariamente coincide con el exteriorizado en la motivación, que es la cobertura jurídica necesaria para superar los controles, pero que no tiene por qué ser el motivo real de la decisión. En este sentido, la insistencia en los sesgos algorítmicos puede resultar excesiva si se piensa en las alternativas (es decir, en las decisiones puramen-

---

160 MERCADER UGUINA, J.R.: *Algoritmos e inteligencia artificial en el derecho digital del trabajo,* Valencia, Tirant Lo Blanch, 2022, p. 81.

161 HUERGO LORA, A.: "De la digitalización a la IA: ¿evolución o revolución?, *XVIII Congreso de la Asociación Española de Profesores de Derecho Administrativo,* https://www.aepda.es/VerArchivo.aspx?ID=4184

te humanas)[162]. Ahora bien, los modelos algorítmicos no son neutros, aunque funcionen automáticamente.

La discriminación algorítmica se produce cuando se introducen en el algoritmo datos relativos a la pertenencia a un grupo desfavorecido y a dicho acervo se asocia un valor negativo o cuando se relaciona la pertenencia de una persona a un grupo desfavorecido con otros datos a los que se atribuye un valor negativo. Los diseñadores del algoritmo pueden articular estas conexiones de manera consciente o inconsciente pero también es posible que el propio algoritmo las desarrolle una vez que se ponga en funcionamiento[163].

Así, en primer lugar, la construcción del algoritmo puede haberse efectuado con datos sesgados por parámetros discriminatorios. Por ejemplo, si todos los datos empleados son de hombres sin discapacidad, el sistema de IA puede llegar a razonar que el factor hombre es decisivo, al igual que la ausencia de diversidad funcional. Incluso, hay sistemas de análisis facial que no son capaces de "leer" las caras de mujeres de piel oscura porque en su diseño no se han usado datos de esas personas o se han usado pocos, provocando una discriminación interseccional por sexo y origen racial o étnico. En segundo término, los sistemas de IA son capaces de discriminar porque modifican su funcionamiento según los datos que se van suministrando o van consiguiendo a través del aprendizaje profundo, pudiendo aprender de los hábitos de quien utilice la herramienta a la hora de visitar determinados perfiles. En tercer lugar, pueden obtener datos sensibles (ideología, creencias, etc.) a partir de otros datos no sensibles, como los registros

---

162 HUERGO LORA, A.: "Gobernar con algoritmos, gobernar los algoritmos", *El Cronista del Estado Social y Democrático de Derecho,* núm. 100, 2022, p. 90.

163 MUÑOZ MACHADO, S.: "Prólogo", *El Cronista del Estado Social y Democrático de Derecho,* núm. 100, 2022, p. 12.

digitales del comportamiento humano (costumbres de navegación por internet, publicaciones en redes sociales...). Es decir, aunque se prohíba recabar datos en materia de afiliación sindical, religión, sexo, orientación sexual o discapacidad, los sistemas de IA son capaces de obtener esta información a través de otros datos, violando el derecho a la intimidad a la vez que el de protección de datos. En cuarto término, los sistemas de IA basados en ciencia estadística otorgan mayor valor a las decisiones tomadas con la mayor información disponible, lo que conlleva una menor disposición de datos de minorías (raza, religión, orientación sexual, etc.), provocando, bien una decisión favorable al colectivo mayoritario, bien una elevación de las exigencias para decantarse por el colectivo minoritario[164].

EN EL ACCESO AL EMPLEO

El riesgo de discriminación algorítmica, entendiendo por esta –en lo que a este estudio importa– la que se produce cuando un individuo o colectivo recibe un tratamiento arbitrario como consecuencia de la toma de decisiones automatizadas[165], se manifiesta de forma destacada en el acceso al empleo, incluyendo también los espacios previos, es decir, los procesos de captación y selección de personal, a través de ocho tipos de sesgos: a) Sesgo de medición. El algoritmo genera desviaciones sistemáticas de una medida respecto a un valor de referencia. b) Sesgo cultural o social. El algoritmo descarta determinadas razas o etnias, incluyendo también de género. c) Sesgo cogni-

---

[164] FERNÁNDEZ GARCÍA, A.: "Tecnología y discriminación", en AA.VV (GUINDO MORALES, S. y ORTEGA LOZANO, P.G., Dirs.): *El desafío tecnológico en el Derecho del Trabajo en la era de la cuarta revolución industrial*, Barcelona, Atelier, 2023, p. 178.

[165] MERCADER UGUINA, J.R.: "Algoritmos: personas y números en el derecho digital del trabajo", *Diario La Ley*, núm. 48, 24 febrero 2021.

tivo. El algoritmo desecha candidatos con enfermedad o discapacidad de forma sistemática; d) Sesgo en los datos. El algoritmo requiere para su funcionamiento un banco masivo de datos, pues de lo contrario no podría operar adecuadamente, si bien dicha cantidad masiva de datos no atiende a la diversidad ni a la representatividad real al no incluir ciertos colectivos vulnerables[166]; e) Sesgo en el diseño. La creación de los diseños algorítmicos y su sistematización acarrea desvíos si sus creadores vierten en ellos sus propios prejuicios, ocasionando una discriminación sistemática y estructurada, y generando decisiones sesgadas[167]; f) Sesgo conservador. Las correlaciones algorítmicas tienen tendencia a dar primacía al status quo, puesto que se extraen predicciones de lo que ocurrió en el pasado, pero el contexto, y las personas, pueden cambiar[168]; g) Sesgo de automatización, por el que, en general, los humanos tendemos a confiar en lo que nos dicen los sistemas empleados y rara vez lo cuestionamos[169]; h) Sesgo de caja negra. La complejidad

---

166 Puede mencionarse, a modo de ejemplo, el sistema de selección de personal utilizado por la empresa Amazon. Los datos utilizados se basaban en perfiles de trabajadores de los últimos diez años y puestos masculinizados, de manera que la IA reprodujo estas prácticas y sugirió contratar a mujeres para puestos feminizados y hombres para puestos directivos. FERNÁNDEZ GARCÍA, A.: "Tecnología y discriminación", en AA.VV (GUINDO MORALES, S. y ORTEGA LOZANO, P.G., Dirs.): *El desafío tecnológico en el Derecho del Trabajo en la era de la cuarta revolución industrial*, Barcelona, Atelier, 2023, p. 180.

167 PÉREZ LÓPEZ, J.I.: "Inteligencia artificial y contratación laboral", *Revista de Estudios Jurídico Laborales y de Seguridad Social*, núm. 7, 2023, p. 195.

168 PONCE SOLÉ, J.: "Reserva de humanidad y supervisión humana de la inteligencia artificial", *El Cronista del Estado Social y Democrático de Derecho*, núm. 100, 2022, p. 60.

169 Lo que puede dar lugar a supuestos extremos como las llamadas muertes por GPS: personas perdidas en el desierto que mueren por

de estos sistemas de toma de decisiones hace difícil explicar los pasos seguidos hasta la toma de la decisión final.

El algoritmo se combina con los tres elementos siguientes[170]: a) el "modelo" o representación simplificada del mundo real; b) el "*dataset*" o conjunto de datos empleado a la hora de desarrollar el modelo; y c) el "entrenamiento", que es un proceso de aprendizaje y actualización de toda esta información anterior. Y es a partir de ahí donde el uso de este sistema inteligente permite, una vez definido en detalle un perfil profesional determinado (titulación, formación, trayectoria, años de experiencia, etc. y unos pesos asociados a cada una de esas características), no solo extraer de los "curricula" de los candidatos la información relevante y calcular el más preciso ajuste al perfil deseado sino optar a través de la metodología *scoring* por aquél previsiblemente más productivo ad futurum, pudiendo perjudicar a los colectivos más desfavorecidos, a aquellos con peor aspecto físico (obesidad, uso de determinada indumentaria, tatuajes, piercings…) o a aquellas personas candidatas que pudieran planificar la posibilidad de dejar la empresa, tener hijos o afiliarse a un determinado sindicato[171]. Retrotrayendo la mi-

---

seguir a rajatabla las equivocadas indicaciones del navegador. PONCE SOLÉ, J.: "Reserva de humanidad y supervisión humana de la inteligencia artificial", *El Cronista del Estado Social y Democrático de Derecho*, núm. 100, 2022, p. 60.

170 GÓMEZ GARCÍA, F.X.: "La gestión laboral a través de algoritmos: posibles discriminaciones y responsabilidades empresariales", en AA.VV.: *Digitalización, recuperación y reformas laborales. Comunicaciones del XXXII Congreso Anual de la Asociación Española de Derecho del Trabajo y de la Seguridad Social, Alicante, 26 y 27 de mayo de 2022*, Madrid, Ministerio de Trabajo y Economía Social, 2022, p. 1273.

171 BERNHARDT, A.; KRESGE, L. y SULEIMAN, R.: *Data and Algorithms at work: the case of worker technology rights*, UC Berkeley Labor Center, 2021, https://laborcenter.berkeley.edu/wp-content/uploads/2021/11/Data-and-Algorithms-at-Work.pdf

rada, en un momento anterior, las propias ofertas de empleo también pivotan en muchas ocasiones en sistemas algorítmicos al permitir aquilatar a los potenciales destinatarios receptores de la información sobre las vacantes a través de anuncios que se insertan de manera flotante en distintas plataformas digitales y redes sociales dirigidos exclusivamente a un público concreto, impidiendo el conocimiento de las personas excluidas de su visualización[172]. A veces, el *branding* empresarial también permite a las empresas obtener información de los perfiles de empleados preferidos por sus clientes, dando satisfacción a los gustos de estos últimos[173]. Pero el uso de los sistemas de IA va más allá, y los modelos decisión automatizada pueden limitar o excluir, a los solicitantes de empleo a través de más complejas fórmulas. Por ejemplo, un sistema de decisión automatizado que mide el tiempo de reacción de un solicitante puede que excluya injustificadamente a personas con ciertas discapacidades[174] o el planteamiento de las denominadas "killer questions", de necesaria contestación cuando el candidato pretenda inscribirse en una oferta, puede eliminarle del proceso por razones ideológicas, número de hijos, días de baja en empleos anteriores, etc[175].

---

[172] POQUET CATALÁ, R.: "Algoritmos, inteligencia artificial y condiciones de trabajo: ¿son compatibles?", *Revista General de Derecho del Trabajo y de la Seguridad Social*, núm. 66, 2023.

[173] ALAMEDA CASTILLO, M.T.: "Reclutamiento tecnológico. Sobre algoritmos y acceso al empleo", *Temas Laborales*, núm. 159, 2021, p. 17.

[174] MERCADER UGUINA, J.R.: "En busca del empleador invisible: algoritmos e inteligencia artificial en el derecho digital del trabajo", *El Cronista del Estado Social y Democrático de Derecho*, núm. 100, 2022, p. 141.

[175] FERNÁNDEZ GARCÍA, A.: "Tecnología y discriminación", en AA.VV (GUINDO MORALES, S. y ORTEGA LOZANO, P.G., Dirs.): *El desafío tecnológico en el Derecho del Trabajo en la era de la cuarta revolución industrial*, Barcelona, Atelier, 2023, p. 182.

En definitiva, es precisamente en el espacio temporal previo a la celebración del contrato de trabajo donde se constatan más decisiones automatizadas, lo que implica cierto riesgo de homogeneización en las personas que finalmente serán contratadas, perjudicando claramente la diversidad dentro de las plantillas y las posibilidades competitivas que de ésta se derivan.

EN EL DESARROLLO DE LA ACTIVIDAD LABORAL

Pero la discriminación algorítmica aparece también, en segundo término, en el transcurso de la prestación de servicios. La delegación en el algoritmo de buena parte de las decisiones empresariales resulta especialmente trascedente en las nuevas formas de trabajo. Y es que las plataformas basan precisamente su actuación en algoritmos y, a través de los mismos, efectúan asignaciones de actividades a los profesionales incluidos dentro de las mismas, dando lugar a la nueva "discriminación algorítmica en el empleo". Buen ejemplo de ello puede encontrarse en la sentencia del Tribunale Ordinario di Bologna de 31 de diciembre de 2020 que ha declarado discriminatorio el algoritmo Frank utilizado por Deliveroo en su plataforma online para clasificar o definir el "ranking reputacional" de los riders[176].

---

176 Según quedó acreditado, los riders gozan de dos vías para recibir encargos de viajes por parte de la empresa: pueden reservar sesiones con antelación a través del sistema de reserva SSB ("Self-Service Booking") o pueden iniciar sesión en tiempo real. El sistema de reserva SSB proporciona a los riders un calendario de disponibilidad ("slots") de la semana entrante para poder recibir encargos de viaje de acuerdo con un ranking (una clasificación) establecido. Los parámetros de dicha clasificación son la llamada "tasa de fiabilidad" (número de veces en el que el rider no atendió una sesión que previamente reservó) y la "tasa de participación en los picos" (número de veces en que el rider estuvo disponible para los horarios más re-

Ahora bien, no sólo se produce esta preterición algorítmica en la economía de plataformas, sino que se extiende a cualquier tipo de organización empresarial, pues si, por ejemplo, el algoritmo se entrena para maximizar el beneficio, no será extraño que se decante por resultados que expulsen opciones económicamente menos eficientes, de manera que no es difícil imaginar un escenario donde solamente aquellas personas que aporten una condición psicofísica óptima accedan de determinados puestos de trabajo o, en su caso, sean quienes mantengan su empleo[177].

Es más, como no podía ser de otra manera, no basta con constatar el problema que plantea la gestión del trabajo de las personas mediante algoritmos en cualquier tipo de empresa, sino que a partir de este primer paso imprescindible, procede implementar soluciones, teniendo en cuenta que la gestión tecnológica de los recursos humanos se proyecta, como ya consta, desde el momento de la selección del personal hasta la extinción del vínculo, pasando por la carrera profesional, la

---

levantes, es decir, de las 20h a las 22h de viernes a domingo). Sobre esta base la empresa utiliza un algoritmo que, a juicio del referido Tribunal, penaliza de igual forma y sin distinción alguna tanto a los riders que se ausentan temporalmente de su plataforma (y no cumplen con los pedidos dentro de la franja horaria reservada) por motivos fútiles como a los que lo hacen por enfermedad, minusvalía, cuidado de menores o para ejercer su derecho de huelga, estos últimos supuestos legítimos y justificados de abstención laboral. Tal diferencia, concluye el Tribunal, encubre una discriminación en el empleo. MERCADER UGUINA, J.R.: "Discriminación algorítmica en el trabajo y derecho fundamental a la transparencia: ¿debemos (podemos) regular los algoritmos?", *El Foro de Labos,* 15/10/2021, https://www.elforodelabos.es/2021/02/discriminacion-algoritmica-en-el-trabajo-y-derecho-fundamental-a-la-transparencia-debemos-podemos-regular-los-algoritmos/

177 LLORENS ESPADA, J.: *Límites al uso de la inteligencia artificial en el ámbito de la salud laboral,* Madrid, La Ley, 2023, p. 59.

distribución de tareas, la configuración del horario, la determinación del salario y demás condiciones de trabajo, sin olvidar su utilidad para desarrollar el poder de control empresarial. La observación constante y permanente de la persona trabajadora puede provocar que tenga que adoptar formas que no son naturales para el ser humano (estar siempre sonriente o siempre activo), deba alcanzar objetivos con gran esfuerzo mental o no pueda interactuar socialmente con compañeros o tener descansos[178].

Insistiendo sobre esta idea, no cabe duda de que los sistemas de supervisión digital y otras herramientas, junto al empleo de IA y algoritmos, permiten nuevas formas de gestión de la fuerza de trabajo fuertemente disciplinantes a partir de una evaluación exhaustiva del trabajo o de las características de los candidatos a una ocupación, automatizando la adopción de decisiones o, lo que es lo mismo, implantando la automatización de los poderes directivos del empresario con posibles sesgos discriminatorios y excluyentes para determinados colectivos, con frecuentes lesiones a los derechos fundamentales derivados del manejo de un número muy importante de datos personales para formular predicciones o con notables impactos corrosivos sobre la seguridad y salud incrementando los riesgos físicos por lesiones o accidentes y los riesgos psicosociales por estrés[179].

---

178 TODOLÍ SIGNES, A.: "Prevención de riesgos laborales ante la inteligencia artificial y la reputación digital de las personas trabajadoras", en AA.VV (MOLINA NAVARRETE, C. y VALLECILLO GÁMEZ, M.R., Dirs.): *De la economía digital a la sociedad del e-work decente: condiciones sociolaborales para una industria 4.0 justa e inclusiva,* Pamplona, Aranzadi, 2021, p. 364.

179 OLARTE ENCABO, S.: "Algoritmos retributivos y no discriminación salarial de las mujeres", en AA.VV (RIVAS VALLEJO, P., Dir.): *Discriminación algorítmica en el ámbito laboral: perspectiva de género e intervención,* Pamplona, Aranzadi, 2022, p. 255 .

Aún más severas podrían ser las consecuencias de los interfaces cerebro-ordenador (o neurotecnologías) en su aplicación al control subliminal del inconsciente de las personas accediendo a las emociones, deseos y estados de ánimo[180].

CONSECUENCIAS DISCRIMINATORIAS

La singular potencia lesiva de los algoritmos tanto en la fase prospectiva como aplicativa deriva no solo de la opacidad o falta de transparencia en el diseño, sino del disfraz de la objetividad o neutralidad que en apariencia adopta toda fórmula matemática. La decisión automatizada puede responder tanto al concepto de discriminación directa como al de discriminación indirecta, pues, por un lado, un algoritmo puede diseñarse con la finalidad estricta de descartar ciertas circunstancias, como en el caso de la selección de personal, o de realizar una evaluación basada en criterios aparentemente neutros en detrimento de individuos con determinadas características, o que prescindan deliberadamente de aquellos que condicionan claramente el éxito de su productividad (enfermedad o discapacidad), lo que podría calificarse como "diseño no inclusivo" del algoritmo. Por otro lado, ante el manejo de grandes volúmenes de datos y sus interconexiones a través de instrucciones secuenciadas automáticamente, puede provocar discriminaciones múltiples, interseccionales, por error y por asociación, difíciles de probar aun aplicando la teoría indiciaria con el consiguiente sacrificio económico ligado a la contratación de técnicos expertos para la detección. Y ello porque la discriminación algorítmica no se enfoca necesariamente en la existencia de un tratamiento desigual de ciertos colectivos, sino en un impacto disímil, debido

---

180 BELTRÁN DE HEREDIA RUIZ, I.: *Inteligencia artificial y neuroderechos: la protección del yo inconsciente de la persona*, Pamplona, Aranzadi, 2023, pp. 23 y ss.

a las correlaciones de las categorías de datos, parámetros y atributos utilizados por los algoritmos para alcanzar una decisión, recomendación o predicción[181].

Finalmente, si en la decisión tomada por el sistema de IA se valoran los resultados de una herramienta reputacional, se podrían perpetuar conductas discriminatorias por razón de raza, sexo, discapacidad, etc., ya que los clientes pueden puntuar más bajo o exigir más a cierto tipo de personas por razones basadas en los estereotipos[182]. En paralelo, cada sesgo presente en el sistema algorítmico no solo sirve para una futura decisión discriminatoria sino que su engarce a través de las matemáticas hace que los efectos adversos se multipliquen para el caso concreto llegando a convertirse, a la postre, en una amenaza reforzada por la escalabilidad, pues el mismo artilugio puede estar utilizándose en un número cada vez mayor de empresas.

Todo ello pone de manifiesto la necesidad de aplicar controles de calidad a los algoritmos para tratar de reducir estos riesgos.

---

[181] POQUET CATALÁ, R.: "Algoritmos, inteligencia artificial y condiciones de trabajo: ¿son compatibles?", *Revista General de Derecho del Trabajo y de la Seguridad Social*, núm. 66, 2023.

[182] FERNÁNDEZ GARCÍA, A.: "Los algoritmos y la inteligencia artificial en la Ley 12/2021, de 28 de septiembre", en AA.VV (MORENO GENÉ, J. y ROMERO BURILLO, A.M., Coord.): *Los nuevos escenarios laborales de la innovación tecnológica*, Valencia, Tirant Lo Blanch, 2023, p. 174.

9. El GAP digital tecnológico

La introducción de las tecnologías inteligentes en los procesos productivos favorece una segmentación creciente ante la creación de nuevas situaciones de desigualdad y de exclusión de muchas personas que no pueden acceder a una ciudadanía construida sobre el trabajo como pilar fundamental para el asentamiento de la personalidad humana[183]. No todas las personas tienen la posibilidad de invertir en equipos informáticos o de contratar y pagar mensualmente el suministro de internet o, incluso, puede que la zona en la que viven ni siquiera cuente con tal opción. Surge, así, una evidente "desigualdad digital"[184] basada en las diferencias existentes entre unos usuarios de aplicaciones y otros en función de sus capacidades para obtener ventajas y beneficios del uso de una tecnología en constante evolución por incidencia de la IA.

La Propuesta de Resolución del Parlamento Europeo sobre la brecha digital de 2022 reconoce que el indicador de competencias digitales de la Unión se sitúa en un 56%, un 24% menos de porcentaje que se esperaba alcanzar para 2021, advirtiendo sobre el peligro de dicha brecha y su impacto en diversas esferas vitales para las personas[185]. El sexo, la edad, el lugar de resi-

---

183 MONEREO PÉREZ, J.L.: *Derechos sociales de la ciudadanía y ordenamiento laboral,* Madrid, Consejo Económico y Social, 1996, p. 33.

184 Como en expresión gráfica se ha señalado, "el círculo virtuoso de la tecnología se convierte en un círculo vicioso en relación con las personas que no tienen acceso a ella". Citando a Cooper, CABEZA PEREIRO, J.: "La digitalización como fractura del mercado de trabajo", *Temas Laborales,* núm. 155, 2023, p. 16.

185 PÉREZ LÓPEZ, I.: "Garantizando los derechos de las personas mayores en el mundo laboral: una respuesta a la brecha digital", *Trabajo, Persona, Derecho, Mercado,* núm. 7, 2023, p. 169.

dencia, el nivel educativo y de ingresos, reaparecen como factores altamente relevantes dentro de la mencionada desigualdad digital, de modo que el impacto tecnológico en términos de potencial agravante de las desventajas sociales se traduce en dos realidades convergentes: por un lado, en el incremento de las diferencias preexistentes por cuanto añade nuevas formas de marginación social que distan considerablemente de las tradicionales y, por otro lado, en el ámbito productivo, ante un crecimiento de mercados excluyentes y exclusivos[186].

Es más, junto a estas diferencias de partida, se achaca al algoritmo la producción de resultados incompatibles con determinados valores o principios, pues la búsqueda de la eficiencia empresarial no siempre tiene en cuenta la proporcionalidad o la razonabilidad de los medios utilizados que quedan comprometidos desde diversos frentes. Lo cierto es que, como ya consta, aunque los ingenieros de software definen parámetros objetivos de análisis de minería de datos, los valores humanos están incrustados en cada paso en su diseño, por lo que el establecimiento de sistemas automatizados de decisión y los datos que les sirven de base pueden encontrarse sesgados en su origen[187]. La desconfianza hacia la inteligencia artificial puede derivar, así, de una configuración intencionadamente lesiva o de los sesgos derivados del tipo de información utilizada, pero los recelos se vinculan también con el aprendizaje del propio algoritmo capaz de afectar a la dignidad de las personas traba-

---

186 CASTRO MEDINA, R.: "Nuevos retos sociales en la cuarta revolución industrial: una aproximación jurídico laboral", *Iuslabor,* núm. 1, 2023, p. 89.

187 MERCADER UGUINA, J.R.: "Discriminación algorítmica en el trabajo y derecho fundamental a la transparencia: ¿debemos (podemos) regular los algoritmos?", El Foro de Labos, 15/10/2021, https://www.elforodelabos.es/2021/02/discriminacion-algoritmica-en-el-trabajo-y-derecho-fundamental-a-la-transparencia-debemos-podemos-regular-los-algoritmos/

jadoras, en conexión implícita con la salud mental, pues los procedimientos automatizados suelen considerarse fríos o inhumanos[188].

El "WP 251 del GT29", ya subrayó los riesgos de estas fórmulas señalando en acertada síntesis que: "la elaboración de perfiles y las decisiones automatizadas pueden plantear riesgos importantes para los derechos y libertades de las personas que requieren unas garantías adecuadas. Estos procesos pueden ser opacos. (...) La elaboración de perfiles puede perpetuar los estereotipos existentes y la segregación social. Asimismo, puede encasillar a una persona en una categoría específica y limitarla a las preferencias que se le sugieren (...) En algunos casos, la elaboración de perfiles puede llevar a (...) una discriminación injustificada".

El Dictamen del Comité Económico y Social Europeo (CESE) sobre la Inteligencia Artificial: las consecuencias de la inteligencia artificial para el mercado único (digital), la producción, el consumo, el empleo y la sociedad[189], afirma que la IA no es un fin en sí misma, sino un medio que debe servir a las personas para aumentar su bienestar; "a priori, no es éticamente aceptable que un ser humano se vea limitado por la IA, o que sea considerado un ejecutor de la máquina, que le dictaría las tareas que debe realizar, el modo de hacerlo y los plazos de ejecución". Es la IA la que debe adaptarse al ser humano y no al revés. Este posicionamiento es el único coherente también con el respeto a la dignidad de la persona y a los postulados de la OIT sobre el trabajo decente, su no consideración como mercancía o, más concretamente, observando una premisa bá-

---

188 RODRÍGUEZ CARDO, I.A.: "Gestión laboral algorítmica y poder de dirección: ¿hacia una participación de los trabajadores más intensa?", *Revista Jurídica de Asturias*, núm. 45, 2022, p. 160.

189 526º. Pleno del CESE de 31 de mayo y 1 de junio de 2017, DOUE 31.08.2017

sica: el trabajador no es un robot. De la propia dignidad deriva la necesidad de reservar diversas tareas a los humanos y no a las máquinas. Es, pues, la IA la que debe poder adivinar lo que los hombres quieren hacer y adaptarse a sus intenciones cooperando con cada situación particular especialmente ante los supuestos de mayor vulnerabilidad, no en vano la máquina debe ser adaptada al hombre y su singularidad y no viceversa[190].

En términos generales, es fácil describir un alineamiento entre los colectivos vulnerables o victimizados y los que sufren la brecha de la inteligencia artificial. Muy en particular, la pobreza en sus diferentes manifestaciones y, entre otras, el desempleo de larga duración, son asuntos indisociables de la desventaja en el aprovechamiento de las tecnologías, al tiempo que el sexo, el género, la edad y la discapacidad están estrechamente vinculados con la brecha digital y tienen con ella una relación directa. Es más, conjuntamente combinadas, se pueden descubrir fácilmente situaciones de discriminación múltiple e interseccional, para las cuales hay que tener en cuenta, además de las circunstancias mencionadas, la raza o etnia, o incluso la religión y convicciones, con el trasfondo permanente de las diferencias sociales[191].

Como puede intuirse, la realidad técnico-empresarial perjudica sobremanera a aquellos colectivos que más dificultades presentan en el acceso y mantenimiento del empleo, definidos, sin ánimo exhaustivo, como sujetos de atención prioritaria por

---

190 ROJAS RIVERO, G.P.: "Los llamados riesgos emergentes de carácter psicosocial vinculados al trabajo", en AA.VV.: *Accidentes de trabajo y enfermedades profesionales. Experiencias y desafíos de una protección social centenaria. IV Congreso Internacional y XVII Congreso Nacional de la Asociación Española de Salud y Seguridad Social*, Murcia, Laborum, 2020, p. 214.

191 CABEZA PEREIRO, J.: "La digitalización como factor de fractura del mercado de trabajo", *Temas Laborales*, núm. 155, 2020, p. 21.

el art. 50 Ley 3/2023, de 28 de febrero, de Empleo (LE), en referencia, sin perjuicio de su ampliación en el marco del sistema nacional de empleo y por las Comunidades Autónomas, "a las personas jóvenes especialmente con baja cualificación, personas en desempleo de larga duración, personas con discapacidad, personas con capacidad intelectual límite, personas con trastornos del espectro autista, personas LGTBI, en particular trans, personas mayores de cuarenta y cinco años, personas migrantes, personas beneficiarias de protección internacional y solicitantes de protección internacional en los términos establecidos en la normativa específica aplicable, personas víctimas de trata de seres humanos, mujeres con baja cualificación, mujeres víctimas de violencia de género, personas en situación de exclusión social, personas gitanas, o pertenecientes a otros grupos poblacionales étnicos o religiosos, personas trabajadoras provenientes de sectores en reestructuración, personas afectadas por drogodependencias y otras adicciones, personas víctimas del terrorismo, así como personas cuya guardia y tutela sea o haya sido asumida por las Administraciones públicas, personas descendientes en primer grado de las mujeres víctimas de violencia de género y personas adultas con menores de dieciséis años o mayores dependientes a cargo, especialmente si constituyen familias monomarentales y monoparentales"[192].

Si las nuevas tecnologías de IA no son suficientemente accesibles, albergan sesgos respecto al ingreso, mantenimiento y/o promoción en el empleo y no se garantiza efectivamente la adquisición de competencias digitales para la adaptación

---

192 CRISTÓBAL RONCERO, R.: "Colectivos de atención prioritaria de la política de empleo", Brief AEDTSS, https://www.aedtss.com/colectivos-de-atencion-prioritaria-de-la-politica-de-empleo/ o PÉREZ DEL PRADO, D.: "¿Cómo de prioritarios son los colectivos de la nueva Ley de Empleo?", *Foro de Labos*, https://www.elforodelabos.es/2023/03/como-de-prioritarios-son-los-colectivos-de-la-nueva-ley-de-empleo/

a los cambios, representarán un factor de desigualdad y, por ende, de exclusión social y laboral[193]. No hay que desconocer que la tecnología algorítmica constituye un factor más de exclusión que se suma a los vectores clásicos (edad, pobreza, alfabetización, género...) que exige la intervención de los poderes públicos en un intento de reequilibrio[194]. La propia LE toma en consideración la "brecha digital" para exigir que se facilite, por parte de los servicios de empleo, la inmediatez en la atención y la adaptación a las necesidades de las personas usuarias, mediante la accesibilidad a las actividades y servicios y el desarrollo de los propios itinerarios formativos personalizados por canales no presenciales que permitan a las personas usuarias mejorar su empleabilidad, atender sus necesidades de conciliación y lograr su inserción laboral, sin perjuicio de la garantía de la prestación de servicios de forma presencial, que faciliten la accesibilidad de toda la ciudadanía [art. 56 g) LE]. Además, el Eje 2 del Plan de fomento de empleo digno, incluye "las actuaciones de formación en el trabajo, dirigidas al aprendizaje, formación, recualificación o reciclaje profesional y de formación en alternancia con la actividad laboral, incluidos los programas públicos de empleo y formación, que permitan al beneficiario adquirir competencias o mejorar su experiencia profesional, para mejorar su cualificación y facilitar su inserción laboral, teniendo en cuenta la brecha digital existente y

---

193 GONZÁLEZ DE PATTO, R.M.: "Inteligencia artificial inclusiva versus discriminatoria ante la discapacidad laboral", *Temas Laborales*, núm. 167, 2023, p. 50.

194 VILA TIERNO, F.: "El impacto de la transformación digital en el ámbito laboral: una especial atención a los colectivos vulnerables", en AA.VV (GÓMEZ SALADO, M.A y RUÍZ SANTAMARÍA, J.L., Dirs.): *El empleo de los colectivos vulnerables en el marco de la transformación tecnológica: una aproximación jurídico-social*, Granada, Comares, 2022, p. 5.

garantizando la atención presencial a la población que la padece" (art. 13 LE)[195].

En todo caso, el sistema de cualificación debería estar en condiciones de propiciar un amplio abanico de programas dirigidos a mantener en la frontera del conocimiento a aquellas personas trabajadoras de alta cualificación empleadas en sectores muy punteros; permitir un cierto grado de capacitación a aquellas otras que, mostrando una intensidad tecnológica elevada, sin embargo no se encuentran en la cúspide, lo que no quiere decir que no requieran una cierta actualización formativa constante; garantizar también habilitación para actores o actividades con penetración tecnológica media o baja; y, por último, no olvidar la recualificación y el reciclaje, dirigidos a aquellas personas trabajadoras en sectores o actividades en desaparición o reconversión[196], ni tampoco dejar de implementar acciones específicas para aquellas personas en riesgo de exclusión.

En esta línea, la Estrategia Nacional sobre Inteligencia Artificial subraya "la necesidad de crear una ciudadanía capacitada, que pueda entender las opciones y decisiones de los sistemas 'inteligentes". Por su parte, la Resolución del Parlamento Europeo de 3 de mayo de 2022 "pide a los Estados miembros que hagan de las capacidades y la alfabetización digitales un componente de la educación básica y el aprendizaje permanente; demanda un sistema educativo en materia de IA de alto rendimiento que fomente la alfabetización, las capacidades y la resiliencia digitales desde una edad temprana, comenzando en

---

195 MONEREO PÉREZ, J.L.; RODRÍGUEZ ESCANCIANO, S. y RODRÍGUEZ INIESTA, G.: "La reforma del derecho del empleo: notas sobre la Ley 3/2023, de 28 de febrero, de Empleo", *Revista Crítica de Relaciones de Trabajo*, núm. 7, 2023, p. 22.

196 PÉREZ DEL PRADO, D.: *Derecho, Economía y Digitalización. El impacto de la inteligencia artificial, los algoritmos y la robótica sobre el empleo y las condiciones de trabajo*, Valencia, Tirant Lo Blanch, 2023, p. 58.

la educación primaria; hace hincapié en que el desarrollo de planes de estudios eficaces para la educación digital requiere voluntad política, recursos suficientes e investigación científica; reclama a la Comisión que promueva la introducción de cursos de competencias computacionales y de IA en todas las escuelas, universidades e instituciones educativas europeas; recalca que dicho desarrollo de capacidades es necesario en la misma medida en la educación de adultos que en la educación primaria y secundaria; y solicita una iniciativa política global y coherente de la Comisión y de los Estados miembros sobre las capacidades y la educación en materia de IA a escala de la Unión, así como una iniciativa legislativa sobre la IA en el lugar de trabajo" (párrafo 205)[197].

[197] PRESNO LINERA, M.A.: "Derechos fundamentales e inteligencia artificial en el Estado social, democrático y digital de Derecho", *El Cronista del Estado Social y Democrático de Derecho,* núm. 100, 2022, p. 56.

10. La brecha algorítmica de género

Sin poder abordar la preocupante casuística de cada uno de los colectivos preteridos, un racional esfuerzo de síntesis aconseja adoptar una perspectiva transversal capaz de aglutinar frecuentes supuestos de interseccionalidad o de discriminación múltiple, cual es el género, pues no hace falta realizar un acopio exhaustivo de materiales para constatar que en un mundo presidido por la segregación, tradicionalmente, las mujeres se han visto alejadas de lo tecnológico, pues se ha pensado que los requerimientos técnicos son más acordes con las características propiamente masculinas[198]. Las mujeres, sin lugar a duda, constituyen uno de los sectores más afectados por la discriminación algorítmica, revestida ahora con el disfraz de la objetividad o neutralidad que en apariencia adopta toda fórmula matemática[199].

Las discriminaciones por razón de género aparecen con especial virulencia en las implementaciones de estos sistemas. Puede suceder, por ejemplo, que se retribuyan más las tareas que requieran mayor esfuerzo físico o que se incluya algún criterio que favorezca a los trabajadores varones, o –con mayor frecuencia de la deseable– que la decisión automatizada pro-

---

198 PÉREZ GUERRERO, Mª L.: "Nuevas formas de discriminación en el acceso al empleo: algoritmos, Covid-19 y discriminación lingüística", AA. VV.: *Presente y futuro de las políticas de empleo en España*, Albacete, Bomarzo, 2021, pp. 124 y ss. ó SÁEZ LARA, C.: "Algoritmos y discriminación en el empleo: un reto para la normativa antidiscriminatoria", *Nueva Revista Española de Derecho del Trabajo*, núm. 232, 2020, pp. 88 y ss.

199 PRECIADO DOMENECH, C.H.: "Algoritmos y discriminación en la relación laboral", *Jurisdicción Social. Revista de la Comisión de lo Social de Juezas y Jueces para la Democracia*, núm. 223, 2021, p. 10.

duzca un perjuicio a las personas que disfruten de permisos de conciliación familiar, mayoritariamente utilizados por mujeres[200]. Si, por ejemplo, el empleador tiene muy pocas mujeres trabajando como computadora o programadora, el algoritmo probablemente reproducirá ese patrón cuando trate de predecir las contrataciones más exitosas[201].

Como muestra más conocida hasta el momento, Amazon trató de crear un algoritmo para seleccionar candidatos potenciales para trabajos de desarrollador de software y otros puestos técnicos, pero lo abandonó después de apreciar que sistemáticamente solicitantes femeninas cualificadas eran excluidas. La razón de ello se encontraba en que sus modelos informáticos estaban entrenados para examinar a los solicitantes mediante la observación de patrones en los currículos enviados a la empresa durante un período de diez años. Durante este plazo la mayoría provenía de hombres, lo cual no es sino "un reflejo del dominio masculino en la industria tecnológica"[202].

Transitando de lo particular a lo general, todo hace predecir que van a ser pocas las féminas que van a acceder a las nuevas profesiones y actividades cualificadas vinculadas a la robótica y a la tecnificación (mecatrónica, animación 3D, programación de algoritmos, TICs, ciberseguridad, nanotecnología, *data engineer*, arquitectura de sistemas en la nube, experto en infraestructuras informáticas, analistas de datos, desarrollado-

---

200 CARDONA RUBERT, B.: "Retos y amenazas de la revolución tecnológica en el ámbito de los derechos humanos", *Revista Jurídica de la Universidad de León*, núm. 10, 2022, p. 10.

201 MERCADER UGUINA, J.R.: "En busca del empleador invisible: algoritmos e inteligencia artificial en el derecho digital del trabajo", *El Cronista del Estado Social y Democrático de Derecho*, núm. 100, 2022, p. 142.

202 MERCADER UGUINA, J.R.: "En busca del empleador invisible: algoritmos e inteligencia artificial en el derecho digital del trabajo", cit., p. 148.

res de aplicaciones, *data miners, data arquitects, networking*, simulación de sistemas, seguridad informática, negocios digitales, *e-commerce*…), pues evidentemente el aspecto nuclear vendrá de la mano de adquirir las competencias habilitantes en el nuevo escenario, caracterizado por una paradójica relación con la tecnología en el ámbito educativo. Hoy en día las cifras en formación y en estudios universitarios no pueden llamar a ningún engaño por el desequilibrio de género: la mujer está clarísimamente infrarrepresentada en la educación tecnológica y las ingenierías, ciencias y arquitectura, precisamente donde se encuentran las mayores posibilidades de empleo. Así lo ponen en evidencia numerosas estadísticas que analizan la distribución porcentual del alumnado por familia profesional, de manera que en formación profesional, las mujeres representan una mayoría clara en sanidad, servicios sociales, imagen personal, servicios socioculturales y en la comunidad, textil, confección y piel. Los hombres, en cambio, acaparan transporte y mantenimiento de vehículos, informática y comunicaciones, mecánica, energía y agua[203].

La presencia de mujeres en los estudios universitarios STEM (ciencia, tecnología, ingeniería y matemáticas) es igualmente minoritaria y, como consecuencia, también lo es (y lo seguirá siendo) en los sectores tecnológicos punteros, sin duda más remunerados y con más posibilidades de ocupación. Sirva como muestra un dato: en el curso 2014/2015, un 54,3% de alumnos matriculados en la universidad española fueron mujeres, así como un 58,5% de egresados; sin embargo, solo un 25,8% de la matrícula y un 27,9% de la finalización de estudios corres-

---

203 MINISTERIO DE EDUCACIÓN Y FORMACIÓN PROFESIONAL: Sistema estatal de indicadores de la Educación, 2021, pp. 40 y ss. https://sede.educacion.gob.es/publiventa/sistema-estatal-de-indicadores-de-la-educacion-2021/espana-organizacion-y-gestion-educativa/25274

pondió a mujeres en los estudios de ingeniería y arquitectura[204]. En concreto, en los estudios de grado y máster, ellas solo representan un 25 % del alumnado en ingeniería y tecnología; en informática, un 12,9 %; y, son el 12 % de las investigadoras en ingeniería y arquitectura, según el Informe "Científicas en Cifras" 2021, de la Unidad de Mujeres y Ciencia del Ministerio de Ciencia e Innovación. Por mor de la pervivencia de estereotipos de género, ellas siguen orientándose hacia estudios tradicionalmente "femeninos" (señaladamente ciencias sociales y jurídicas y ciencias de la salud) y, en muchos casos, especialidades de difícil inserción laboral, descartando aquellas otras con más posibilidades de futuro por ser los más demandados en los nuevos contextos productivos, que requieren avanzados conocimientos tecnológicos.

Los datos ponen de manifiesto también una escasa presencia femenina en el diseño y generación de algoritmos e IA, a saber: más del 80 por 100 del profesorado universitario especializado en esta materia está integrado por hombres; sólo un 13,8 por 100 de féminas figuran como autoras de artículos científicos; y únicamente un 18 por 100 de las personas al frente de proyectos de investigación son mujeres. Lo mismo puede decirse en relación con la ciberseguridad, ámbito funcional donde es muy superior la presencia masculina, que alcanza a nivel europeo el 93 por 100.

Aun cuando en España hay un 53 % de doctoradas, por encima de la media de la Unión Europea (48 %), lo cierto es que a medida que avanzan en su trayectoria, la proporción de mujeres desciende: hoy, ellas son el 41 % de la comunidad in-

---

204 MINISTERIO DE EDUCACIÓN, CULTURA Y DEPORTE: *Datos y cifras del Sistema Universitario Español. Curso 2015/2016*, 2016, p. 6, recuperado de http://www.educacionyfp.gob.es/dms/mecd/servicios-al-ciudadano-mecd/estadisticas/educacion/universitaria/datos-cifras/datos-y-cifras-SUE-2015-16-web-.pdf (09/04/2019).

vestigadora en España y solo ocupan una cuarta parte de los puestos más altos. Concretamente, el porcentaje de catedráticas o profesoras de investigación es de un 24 %, y el de rectoras y directoras de institutos de investigación, de un 23 %. Las mujeres van abandonando la investigación por diversas causas, como los problemas para conciliar la vida personal y, sobre todo, familiar, con una carrera en investigación que cuenta con dificultades propias como la competitividad, la inestabilidad, la movilidad o las altas exigencias de dedicación, que precarizan y dificultan la entrada y permanencia de las mujeres en el ámbito investigador. Otros motivos que las llevan a desistir son las barreras visibles e invisibles, los sesgos de género y el sexismo que sufren en algunos entornos laborales (tal y como señala el "Estudio sobre la situación de las jóvenes investigadoras en España", 2021, del Observatorio de Mujeres, Ciencia e Innovación del Ministerio de Ciencia e Innovación) (Preámbulo del Real Decreto 669/2023).

Esta desalentadora realidad se traslada también al trabajo autónomo, pues las emprendedoras tecnológicas representan igualmente un porcentaje muy inferior al de los hombres[205]. Según el informe sobre "Mujer & Tecnología", elaborado por UGT en agosto de 2022, el volumen de mujeres en el conjunto de las especialidades técnicas no llega ni al 20 por 100 (parámetro semejante a 2013), sólo una de cada tres firmas españolas tiene una tecnóloga en plantilla y el 68 por 100 de las empresas no cuentan con la presencia de mujeres profesionalizadas en el sector de las TIC.

Al margen de la falta de consenso sobre las cifras exactas, no cabe duda que la brecha digital-tecnológica conlleva una acusada destrucción de empleos susceptibles de automatiza-

---

[205] https://www.inmujeres.gob.es/diseno/novedades/M_MUJERES_Y_DIGITALIZACION_DE_LAS_BRECHAS_A_LOS_ALGORITMOS_04.pdf

ción ocupados mayoritariamente por mujeres. Es más, no es que únicamente se incremente la demanda de personas trabajadoras especializadas en las tecnologías de la información y el conocimiento, sino que la cada vez mayor implantación de la tecnificación tiene un efecto transversal en la práctica totalidad de las ocupaciones, de modo que en la actualidad cualquier trabajo requiriere destrezas o habilidades complementarias en tales instrumentos, lo cual se convierte en un verdadero gap para el empleo femenino, máxime si se trata de mujeres que residen en el medio rural o que viven en situación de pobreza. La Encuesta de Condiciones de Vida desarrollada por el Instituto Nacional de Estadística (INE) determina que, en 2022, la tasa AROPE – *at risk of poverty and/or exclusión* – es dos puntos superior en mujeres, situándose en un 27,2% frente al 24,8% en los hombres. El 8,2% de las mujeres sufren carencia material severa frente a un 7,2% de los hombres, esto es, no disponen de ciertos elementos en el hogar o la vida cotidiana (la posibilidad de irse de vacaciones, comer proteínas al menos dos días por semana, tener una temperatura adecuada en casa, afrontar gastos imprevistos, etc.) o a nivel personal (sustituir ropa estropeada, disfrutar de momentos de ocio, tener conexión a internet, etc.).

Teniendo en cuenta esta realidad, a la que se une que las féminas siguen rezagadas en el acceso a la tecnología y carecen en mayor medida que los hombres de las competencias pertinentes, es necesario adoptar una política seria de atracción del talento femenino a los empleos tecnológicos, no sólo porque ello ayudaría a conseguir una empleabilidad más equitativa, sino porque actuaría como ariete para corregir la minusvaloración salarial que acompaña a las mujeres y a romper el techo de cristal. Pieza clave para conseguir estos objetivos es una formación profesional capaz de proporcionar estas nuevas capacidades y habilidades digitales a las mujeres, teniendo en cuenta la celeridad de los cambios tecnológicos que exige una recualificación constante en aras a evitar la obsolescencia. Con mayor amplitud de miras, dicha línea de actuación no sólo ha de centrarse en las trabajadoras ya ocupadas, sino que debe convertirse en una herramienta clave dentro de los programas de fomento del empleo de los colectivos más vulnerables como sucede *in casu* con las féminas. En estas ideas insiste la Estrategia España Digital 2025, uno de cuyos ejes principales es reforzar las competencias digitales en la línea marcada, a su vez, por el Plan de Acción de Educación Digital de la Comisión Europea. Es necesario afrontar la escasez de cualificaciones (*skill shortages*), el desajuste de competencias (*skill mismatches*), la brecha de cualificación (*skill gaps*) y la falta de aprendizaje permanente (*lack of lifelong learning*)[206].

Por su parte, la Ley 14/2011, de 1 de junio, de la Ciencia, la Tecnología y la Innovación, tras su modificación operada por la Ley 17/2022, de 5 de septiembre, prevé en su art. 33 un conjunto de medidas para asegurar entornos de investigación e innovación igualitarios, inclusivos, diversos y seguros, entre los que se encuentra la creación de un Distintivo de Igualdad de Género en I+D+I para centros de investigación, universidades y centros de innovación que acrediten alcanzar criterios de excelencia en igualdad de género en investigación, innovación y transferencia de conocimiento, e integración de la dimensión de género en los proyectos de I+D+I. Junto a ello, la Ley Orgánica 2/2023, de 22 de marzo, del Sistema Universitario, contempla en su art. 13, apartado 2, la incentivación, por parte del sistema universitario, de proyectos científicos con perspectiva de género, la paridad de género en los equipos de investiga-

---

206 SÁNCHEZ-URÁN AZAÑA, Y. y GARCÍA PIÑEIRO, N.P.: "Robótica inclusiva: retos y oportunidades en el empleo y en la ocupación", en AA.VV (GÓMEZ SALADO, M.A. y RUÍZ SANTAMARÍA, J.L., Dirs.): *El empleo de los colectivos vulnerables en el marco de la transformación tecnológica: una aproximación jurídico-social*, Granada, Comares, 2022, p. 39.

ción y los mecanismos que faciliten la promoción de un mayor número de mujeres investigadoras principales.

Para la concesión del distintivo, se valorará el trabajo realizado por las entidades solicitantes para reforzar estructuras y políticas específicas en aplicación del principio de igualdad de género, y de la perspectiva de género con enfoque interseccional en su ámbito de actuación en I+D+I, entendiendo la interseccionalidad como una "herramienta analítica para estudiar, entender y responder a las maneras en que el sexo y el género se cruzan con otras características o identidades y cómo estas intersecciones contribuyen a experiencias complejas y únicas de discriminación", según la definición que facilita el Instituto Europeo de la Igualdad de Género. También se valorarán las medidas implantadas para lograr una participación equilibrada entre mujeres y hombres a todos los niveles y en todos los ámbitos, incluida la toma de decisiones, así como las iniciativas para alcanzar el cambio en la cultura organizativa favorable a la igualdad de género y otras medidas que busquen incorporar la dimensión de género en el contenido de los proyectos de I+D+I. Es también fundamental que estas entidades puedan demostrar que las políticas de igualdad de género forman ya parte de una estrategia más amplia y estén integradas en el conjunto del ecosistema de I+D+I, docencia y transferencia de la entidad (Real Decreto 669/2023).

Al tiempo, resulta de interés el establecimiento en la negociación colectiva o en los planes de igualdad de cuotas de reserva en acciones formativas a favor del sexo con menor representación en el ámbito al que vayan dirigidas dichas actividades.

Junto a la señalada demarcación sexual de las actividades, quedando las mujeres relegadas de los avances científicos, tampoco cabe olvidar que las nuevas tecnologías pueden provocar discriminaciones derivadas, bien del propio entrenamiento del algoritmo que se alimenta de la observación de la realidad donde los colectivos desfavorecidos ocupan un lugar minoritario que no es atendido en la programación, o bien de las correlaciones con otras variables para predecir comportamientos. Un ejemplo puede resultar ilustrativo. La utilización de algoritmos para la organización de horarios (*just in time*) resulta muy eficiente desde el punto de vista empresarial por cuanto permite disponer del número exacto de personas necesarias en cada momento y, por tanto, ahorrar costes y tiempos de improductividad o inactividad. Sin embargo, afecta negativamente al colectivo de mujeres que asume significativamente mayores responsabilidades de cuidado de personas menores o dependientes con serias dificultades para asumir horarios intempestivos o sorpresivos. Igualmente las decisiones sobre asignación de pedidos o franjas horarias que utilizan las plataformas, en virtud de las cuales aquellas personas con más horas de conexión, mayor disponibilidad durante espacios de alta demanda o más servicios aceptados son beneficiadas con más o mejores encargos, perjudican igualmente a las mujeres[207].

---

[207] GINNES I FABRELLAS, A.: "Sesgos discriminatorios en la automatización de decisiones en el ámbito laboral: evidencias de la práctica", en AA.VV (RIVAS VALLEJO, P., Dir.): *Discriminación algorítmica en el ámbito laboral: perspectiva de género e intervención*, Pamplona, Aranzadi, 2022, p. 312. Puede mencionarse también el denominado caso "Amazon" que desarrolló una herramienta utilizando inteligencia artificial y algoritmos con la finalidad de dar a las personas candidatas en la selección de personal y la promoción profesional unas puntuaciones según los parámetros marcados. La propia compañía detectó que el sistema no calificaba a las mujeres en puestos técnicos, por lo tanto, no era neutral al género, pues el algoritmo se enseñó a sí mismo que los candidatos masculinos eran preferibles para determinados puestos de trabajo, penalizando los currículos que incluían palabras relacionadas con el género como eran "mujeres" o "femenino". MOLINA NAVARRETE, C.: Principio de precaución: ¿mejoras de eficiencia o riesgos de discriminación?", https://www.transformaw.com/descargas/Ficha_02.pdf

Es necesario, a la postre, tomar en consideración lo previsto la Carta española de Derechos Digitales de 2021, que reconoce en su parte 2 "el derecho a la igualdad y la no discriminación en el entorno digital", priorizando la igualdad entre mujeres y hombres y apostando por el fomento de medidas específicas para garantizar la ausencia de sesgos de género tanto en datos como en algoritmos empleados en los procesos de transformación digital (art. 8)[208].

[208] RIVAS VALLEJO, P.: "Análisis desde el derecho antidiscriminatorio", en AA.VV (RIVAS VALLEJO, P., Dir.): *Discriminación algorítmica en el ámbito laboral: perspectiva de género e intervención*, Pamplona, Aranzadi, 2022, p. 459.

11. Riesgos de los "macrodatos" en cuanto "sustento" de los algoritmos

El uso de algoritmos digitales en el mercado del trabajo implica de una manera u otra el uso y procesamiento por parte de las empresas de datos masivos de las personas trabajadoras hasta el punto que "su cuantificación ha postergado en el lenguaje los prefijos habituales del sistema internacional de medidas ya que tales magnitudes se mueven con soltura en la escala de los cuatrillones... (megas, gigas, petas, zetas, yotas), ...algo difícil de digerir con los cálculos mentales más rudimentarios"[209]. Confluyen, además, distintas tipologías de datos: los que sirven para diseñar el sistema, los que nutren su alimentación y los que se generan tras un aprendizaje automático[210].

Desde la premisa de que el acopio de datos es la antesala de la propia parametrización de cualquier sistema inteligente, no cabe olvidar que aun cuando la incidencia de la tecnología en determinados colectivos es harto preocupante por el sesgo discriminatorio que puede conllevar, tampoco hay que silenciar el elevado coste que conlleva en términos de debilitamiento de los derechos fundamentales (genéricos y específicamente laborales) de las personas trabajadoras. Y ello por el manejo de un enorme volumen de información que se cruza en tiempo real, lo cual hace que cobre especial relevancia la necesidad

---

209 FUERTES LÓPEZ, M.: *Metamorfosis del Estado. Maremoto digital y ciberseguridad*, Madrid, Marcial Pons, 2022, p. 157.

210 FERNÁNDEZ GARCÍA, A.: "Los algoritmos y la inteligencia artificial en la Ley 12/2021, de 28 de septiembre", en AA.VV (MORENO GENÉ, J. y ROMERO BURILLO, A.M., Coord.): *Los nuevos escenarios laborales de la innovación tecnológica*, Valencia, Tirant Lo Blanch, 2023, p. 176.

de proteger el interés legítimo de estas personas de controlar sus datos personales insertos en los sistemas inteligentes de comunicación empresariales porque sólo así van a poder evitar una afectación negativa a sus intereses profesionales. A tal fin, resulta del máximo interés que el responsable del tratamiento o el usuario del algoritmo, *in casu*, el empresario, lleve a cabo un acopio de datos respetuoso, aplicando las medidas técnicas y organizativas adecuadas, no solo para cumplir con la normativa de protección de datos, sino para demostrar su efectivo compromiso con tal sistema jurídico en todos los momentos de la relación laboral (acceso, desarrollo y extinción).

La tecnología de última generación permite recopilar una inmensidad de datos y manejarlos de forma rápida y sencilla, tomando decisiones laborales de manera automatizada sobre tal soporte (*people analytics*), posibilitando almacenar y tratar una cantidad enorme de información relativa a la persona del trabajador entremezclada con el quehacer laboral[211]. Su base es un sistema de aprendizaje automático alimentado por datos masivos y basado en distintos métodos técnicos, que permiten realizar clasificaciones y prioridades sobre un conjunto de conceptos prefijados o según un orden de relevancia predefinido, establecer relaciones entre datos e identificar patrones, así como inferir conclusiones de sus correlaciones, frecuencias, desviaciones y toda una serie de medidas estadísticas perfectamente definidas con el fin último de ordenar a las personas para ocupar un puesto de trabajo o evaluar su desempeño profesional[212].

---

[211] ÁLVAREZ CUESTA, H.: *El futuro del trabajo vs. el trabajo del futuro*, Madrid, Colex, 2017, p. 16.

[212] RIVAS VALLEJO, P.: "La gestión analítica de personas en la era digital: su impacto sobre los derechos fundamentales", en AA.VV (MOLINA NAVARRETE, C. y VALLECILLO GÁMEZ, M.R., Dirs.): *De la economía digital a la sociedad del e-work decente: condiciones sociolaborales*

Sin duda, la gestión informatizada del personal facilita que todos los datos concernientes al desarrollo del contrato de trabajo, desde el momento de la selección de personal, pasando por la constitución del vínculo contractual hasta su resolución, sean incluidos en los soportes técnicos de la empresa[213], provocando, en significativa denominación, una "hiperdatificación" de las relaciones laborales, con flujos constantes en la emisión y recepción de noticias, las cuales de forma simple, descontextualizadas o combinadas entre sí, a través del uso de ficheros y fórmulas matemáticas, pueden contribuir a definir el devenir completo de los trabajadores o candidatos a una ocupación[214], lo cual es capaz de afectar *in peius* a los derechos de las personas trabajadoras, no en vano son estas las que nutren los cálculos algorítmicos[215].

Cinco circunstancias principales avalan esta premisa:

En primer lugar, en la era de la digitalización, gran parte del trabajo de los especialistas en recursos humanos consiste en recopilar la máxima información sobre la persona trabajadora (habilidades, conocimientos, aptitudes, actitudes, formación, desempeño, dedicación, horas de entrada y salida, eventuales sanciones disciplinarias, movimientos en el interior de la empresa, socialización con los compañeros, mayor o menor vul-

---

para una industria 4.0 justa e inclusiva, Pamplona, Aranzadi, 2021, p. 263.

213 GOÑI SEIN, J.L.: "Vulneración de derechos fundamentales en el trabajo mediante instrumentos informáticos, de comunicación y archivo de datos", en AA.VV (ALARCÓN CARACUEL, M.R. y ESTEBAN LEGARRETA, R., Coords.): *Nuevas tecnologías de la información y la comunicación y Derecho del Trabajo*, Albacete, Bomarzo, 2004, p. 51.

214 MERCADER UGUINA, J.R.: "El mercado de trabajo y el empleo en un mundo digital", *Información Laboral*, núm. 11, 2018 (BIB 2018/3994).

215 RIVAS VALLEJO, P.: *La aplicación de la inteligencia artificial al trabajo y su impacto discriminatorio*, Pamplona, Aranzadi, 2020, p. 60.

nerabilidad a enfermedades, etc.), lo cual coadyuva mediante la aplicación de fórmulas matemáticas a la adopción de decisiones internas (contratación, ascensos, despidos, incremento de horas de trabajo, movilidad geográfica, pago de bonus salariales, etc.)[216]. Se utilizan además en muchas ocasiones técnicas de IA que pueden servir para crear rankings de personas aspirantes a un puesto de trabajo o de personas trabajadoras[217]. Muy significativo resulta que en muchas plataformas digitales la no consecución de objetivos, el descenso del rendimiento, la impuntualidad, el rechazo de tareas o las escasas valoraciones de los clientes, provoquen de forma automática, y sin posibilidad de explicación por parte de la persona trabajadora, la imposibilidad de acceso a la aplicación, lo que implica un despido por "desactivación"[218].

En segundo término, los soportes digitalizados se alimentan también con los datos suministrados directamente por el propio trabajador, contraparte débil del nexo contractual o, incluso, mero aspirante a una ocupación, que se verá compelido a facilitar informaciones personales con enormes dosis de sinceridad ante el temor reverencial derivado de la amenaza de la pérdida de un empleo o de la postergación para el acceso a un puesto de trabajo, sometiéndose sin posibilidad de

---

216 TODOLÍ SIGNES, I.: "La gobernanza colectiva de la protección de datos: algoritmos, decisiones automatizadas y discriminación", en AA.VV.: *El futuro del Trabajo: cien años de la OIT. XXIX Congreso Anual de la Asociación Española de Derecho del Trabajo y de la Seguridad Social*, Madrid, Ministerio de Trabajo, Migraciones y Seguridad Social, 2019, p. 1641.

217 RIVAS VALLEJO, P.: "Gestión algorítmica del trabajo", en AA.VV (RIVAS VALLEJO, P., Dir.).: *Discriminación algorítmica en el ámbito laboral: perspectiva de género e intervención*, Pamplona, Aranzadi, 2022, p. 143.

218 FERNÁNDEZ GARCÍA, A.: "Inteligencia artificial y discriminación en el trabajo", en AA.VV (ROMERO BURILLO, A.M., Dir.): *La mujer ante los retos del trabajo 4.0*, Pamplona, Aranzadi, 2023, p. 84.

protesta alguna a interminables cuestionarios y test indiscretos, máxime cuando los chabot (robots encuestadores o entrevistadores) permiten analizar el lenguaje no verbal, los algoritmos psicogénicos facilitan interpretar emociones[219] o la realidad virtual faculta para simular un entorno de trabajo comprobando las habilidades, competencias, conocimientos y aptitudes de un candidato (liderazgo, tolerancia al estrés, creatividad, agilidad, extroversión, reflejos...)[220]. Incluso, el recurso a la gamificación, es decir, la medición por un sistema de IA del comportamiento durante un juego puede servir para sopesar las dotes de un aspirante[221].

En tercer lugar, tampoco es difícil conseguir antecedentes de fuentes indirectas o paralelas, o bien generados por terceros, muchas veces fruto de la extensa "solidaridad empresarial" frente a trabajadores con los que ha existido una relación laboral previa, o de meros trasvases entre corporaciones vinculadas por intereses comerciales más o menos sólidos[222]. También son

---

219 MORENO CÁLIZ, S.: "Análisis del comportamiento de las plataformas de captación, selección y contratación de trabajadores que emplean algoritmos para la adopción de decisiones: evidencias", en AA.VV (RIVAS VALLEJO, P., Dir.).: *Discriminación algorítmica en el ámbito laboral: perspectiva de género e intervención*, Pamplona, Aranzadi, 2022, p. 213.

220 FERNÁNDEZ GARCÍA, A.: "Inteligencia artificial y discriminación en el trabajo", en AA.VV (ROMERO BURILLO, A.M., Dir.): *La mujer ante los retos del trabajo 4.0*, Pamplona, Aranzadi, 2023, p. 81.

221 FERNÁNDEZ GARCÍA, A.: "Los algoritmos y la inteligencia artificial en la Ley 12/2021, de 28 de septiembre", en AA.VV (MORENO GENÉ, J. y ROMERO BURILLO, A.M., Coord.): *Los nuevos escenarios laborales de la innovación tecnológica*, Valencia, Tirant Lo Blanch, 2023, p. 181.

222 DEL REY GUANTER, S.: "Tratamiento automatizado de datos de carácter personal y contrato de trabajo. Una aproximación a la intimidad informática del trabajador", *Relaciones Laborales*, 1993, Tomo II, pp. 21 y ss.

accesibles a través de internet donde de forma consciente o inconsciente todos los ciudadanos vuelcan reseñas que pueden ser recopiladas de forma indiscriminada y desproporcionada. Tanta es la información digital que hoy en día se puede obtener (huella digital), de forma rápida y libre a través de las redes sociales, que con mucha frecuencia las empresas recurren a programas informáticos para realizar, a través de patrones predeterminados, filtrados y rastreos (*recuiting 2.0*), con el fin de descubrir, entre otros posibles aspectos, la orientación sexual, la situación sentimental, las cargas familiares, la convicción política, las creencias religiosas, los hábitos, el historial de salud, las preferencias para el tiempo de ocio o la tendencia al consumo de alcohol[223]. A través de las redes sociales también se pueden exhibir comentarios en contra de la buena imagen de la empresa, su credibilidad, clientela o secretos industriales, fácilmente perceptibles y, por ende, punibles.

En cuarto término, concurren determinados elementos característicos de la relación laboral que conllevan una especial sensibilidad a los peligros derivados de la informática avanzada, singularmente su perdurabilidad, que convierte en importante la conservación de datos a lo largo de la vida del contrato de trabajo e incluso más allá; su carácter personal o *intuitu personae,* que hace más complejo y extenso el tipo de noticias a considerar; la diversidad de escenarios para los que pueden ser relevantes (nacimiento, desarrollo y extinción de la prestación de servicios, prevención de riesgos, prestaciones de Seguridad Social…); y, en fin, el número de sujetos tan elevado a los que se requiere o pueden aportar información, esto es, com-

---

223 SELMA PENALVA, A.: "Las redes sociales como forma de selección de personal: un nuevo reto para la sociedad digital", en AA.VV (FERNÁNDEZ COLLADOS, M.B., Dir.): *Relaciones laborales e industria digital: redes sociales, prevención de riesgos laborales, desconexión y trabajo a distancia en Europa,* Pamplona, Aranzadi, 2022, p. 66.

pañeros, clientes o usuarios de los servicios[224]. La posibilidad de evaluación por la clientela tiene un objetivo doble: por un lado, incrementar la satisfacción de los consumidores y permitir a éstos establecer sus preferencias hacia el futuro; por otra, obtener información sobre la conducta del trabajador con un coste ínfimo y utilizar dichos hallazgos para tomar decisiones. Es más, algunas empresas deciden publicar esas evaluaciones en la intranet. Ello implica, de un lado, la posibilidad de que el consumidor conozca la satisfacción que anteriores clientes han obtenido con ese empleado en concreto; de otro, con la publicación de esas evaluaciones, el trabajador es consciente de que un desempeño insatisfactorio para el cliente será no sólo utilizado por la empresa sino que será conocido por el resto de usuarios y potenciales empleadores futuros[225]. Sin duda, la reputación on line es objeto de valoración presente y diferida en el marco laboral.

En fin, las infinitas posibilidades de control que proporcionan los instrumentos digitales asistidos por IA (videovigilancia, micrófonos, geolocalización, seguimiento de correos electrónicos y navegaciones por internet, tiempos de espera en las descargas, tarjetas electrónicas, contadores de pasos, lectores digitales, interacción del ratón, cookies, sensores, microchips, wereables, ropa inteligente...) permiten obtener informaciones exhaustivas sobre el rendimiento, la cantidad y calidad de

---

224 MERCADER UGUINA, J.R.: "La transformación de la empresa en la era de la disrupción tecnológica", en AA.VV (LÓPEZ BALAGUER, M., Coord.): *Descentralización productiva y transformación del Derecho del Trabajo*, Valencia, Tirant Lo Blanch, 2018, p. 183.

225 TODOLÍ SIGNES, A.: "Prevención de riesgos laborales ante la inteligencia artificial y la reputación digital de las personas trabajadoras", en AA.VV (MOLINA NAVARRETE, C. y VALLECILLO GÁMEZ, M.R., Dirs.): *De la economía digital a la sociedad del e-work decente: condiciones sociolaborales para una industria 4.0 justa e inclusiva*, Pamplona, Aranzadi, 2021, p. 363.

las tareas realizadas, el tiempo empleado, las interrupciones habidas y su frecuencia, los patrones de comportamiento y, también, la personalidad de las personas trabajadoras (hábitos de ejercicio, alimentación, forma física, sueño...) dando forma a una perfecta trazabilidad de sus conductas presentes y futuras hasta el punto de hacerse plenamente transparentes[226].

El uso de algoritmos puede suponer un salto adelante en muchos de estos sistemas de vigilancia, permitiendo una mayor capacidad de transmisión y combinación de datos, con el peligro añadido de la descontextualización de la información, lo que puede crear un clima psicosociológico de control e invasión de la privacidad, esto es, la conciencia en las personas trabajadoras de poder ser conocidas en todos sus aspectos de su personalidad[227]. Es más, cada vez es más común que el empresario entregue a sus trabajadores equipos de trabajo o de software, que los empleados instalan, bien en los ordenadores de su casa, o bien en sus propios dispositivos móviles (BYOD), permitiéndoles acceder a la red, a los sistemas y a los recursos empresariales, implicando esta práctica un riesgo elevado para la vida privada porque los empleadores tienen un mayor acceso a datos personales del trabajador (fotografías, música, películas, fechas de consultas médicas, ...)[228].

Bajo tales premisas, "el trabajador se ha convertido en un terminal de corrientes de datos"[229], máxime cuando la mayor

---

[226] NARVÁEZ TURCI, G.: *El impacto social de la robotización y digitalización del mercado de trabajo*, Murcia, Laborum, 2022, p. 167.

[227] MERCADER UGUINA, J.R.: "Algoritmos y Derecho del Trabajo", *Actualidad Jurídica Uría Menéndez*, núm. 52, 2019, p. 65.

[228] GOÑI SEIN, J.L.: "Innovaciones tecnológicas, inteligencia artificial y derechos humanos en el trabajo", *Documentación Laboral*, núm. 117, 2019, vol. II, p. 70.

[229] FERNÁNDEZ RAMÍREZ, M.: "El código ético como mecanismo de autoregulación empresarial en la protección de derechos de sus em-

capacidad de transmisión y de combinación de los mismos de la mano de los algoritmos, provocan una total trazabilidad de la persona trabajadora susceptible luego de ser valorada, favorable o desfavorablemente, a efectos laborales. La dimensión plurilateral del fenómeno confluye en un vértice de fácil apreciación: el tratamiento automatizado de datos es extraordinariamente útil en la toma de decisiones en los procesos de selección y promoción del personal, así como en la organización de las prestaciones de trabajo, conllevando, a la postre, a una mejor configuración de la plantilla de una empresa, centro de trabajo o cualquiera de sus unidades, esto es, a una mayor eficiencia, competitividad y sintonía con la misión, visión y valores de la entidad[230], pero tales virtualidades no son siempre inocuas desde el punto de vista subjetivo.

En la ecuación "IA = algoritmos x datos", lo realmente distintivo de la I ("inteligencia") no depende tanto de la sofisticación del algoritmo sino de la cantidad (big data) y calidad (selección de fuentes y metadatación o etiquetado de documentos) de la variable "datos"[231]. Este modelo económico alimenta una espiral insaciable. Si el ingenio de las máquinas está limitado por el volumen de la dieta de datos que se le suministre, la arquitectura extractiva para adquirir esta materia prima

---

pleados: singularidades sobre su eficacia", *Lex Social*, vol. 13, núm. 1, 2023, p. 8.

230 ARGÜELLES BLANCO, A.R.: "Competencias y facilidades de la representación del personal frente a la irrupción de los algoritmos y la extensión del trabajo a distancia", en AA.VV (ARGUELLES BLANO, A.R. y FERNÁNDEZ VILLAZÓN, L.A., Dirs.): *Acción sindical y relaciones colectivas en los nuevos escenarios laborales*, Pamplona, Aranzadi, 2022, p. 145.

231 BERMEJO LATRE, J.L.: "La aplicación de la IA en la actividad formal e informal de la Administración", *XVIII Congreso de la Asociación Española de Profesores de Derecho Administrativo*, https://www.aepda.es/VerArchivo.aspx?ID=4186

debe permanecer en un estado de expansión continua porque es lo único que garantiza el crecimiento constante de su inteligencia. Como el suministro imparable de datos para aprender es un imperativo categórico innegociable de la inercia tecnológica, puede aventurarse que la gestión empresarial algorítmica tenderá a una expansión hipertrófica[232].

Como con acierto se ha dicho "los datos" se convierten en la "materia prima capital"[233], el "nutriente fundamental"[234], en el devenir empresarial, siendo procesados e interconectados a través de sistemas algorítmicos basados en fórmulas matemáticas de autoaprendizaje calculadas sobre parámetros de posibilidades que carecen de sentimientos y emociones en la adopción automatizada de decisiones deshumanizadas, opacas y alejadas, en muchos casos, del principio de la buena fe[235].

---

232 BELTRÁN DE HEREDIA RUÍZ, I: *Inteligencia artificial y neuroderechos: la protección del yo inconsciente de la persona*, Pamplona, Aranzadi, 2023, p. 158.

233 MERCADER UGUINA, J.R.: *Algoritmos e inteligencia artificial en el Derecho Digital del Trabajo*, Valencia, Tirant Lo Blanch, 2022, p. 28.

234 MERCADER UGUINA, J.R.: "La gestión laboral a través de algoritmos", en AA.VV.: *Digitalización, recuperación y reformas laborales. XXXII Congreso Anual de la Asociación Española de Derecho del Trabajo y de la Seguridad Social*, Madrid, Ministerio de Trabajo y Economía Social, 2022, p.236.

235 ARAGÜEZ VALENZUELA, L.: "Los algoritmos digitales en el trabajo. Brechas y sesgos", *Revista Internacional y Comparada de Relaciones Laborales y Derecho del Empleo*, Vol. 9, núm. 4, 2021, p. 133.

12. La "pluriofensividad" de la inteligencia artificial

La generalización de sofisticados utillajes técnicos inteligentes en el complejo universo de las organizaciones productivas acarrea una atribución de enormes potencialidades estratégicas en materia de gestión de personal al quedar exponencialmente ampliada la capacidad de obtención, acumulación, retención, elaboración y transmisión de información, permitiendo al empresario un conocimiento completo del perfil de los trabajadores actuales o futuros, en el que se incluyen (cual "teselas de un mosaico")[236] desde aspectos estrictamente profesionales a características individuales pertenecientes al ámbito de su privacidad, consecuencia del mero desarrollo de actividades ordinarias dentro de la empresa y, cómo no, de la multiplicación de las posibilidades conferidas para supervisar la ejecución de la prestación laboral concertada por los asalariados mediante el ejercicio de un poder dotado de mayor intensidad y amplitud respecto de sus modalidades precedentes[237].

La información más inocente puede servir de proxy para revelar aspectos verdaderamente sensibles. Así, existe evidencia de que el código o dirección postal es una variable reveladora del origen racial de las personas y de su capacidad económica. Igualmente, la distancia entre el domicilio y el trabajo permite

---

236 CASTELLS ARTECHE, J.M.: "La limitación informática", en AA.VV (MARTÍN RETORTILLO, S., Coord.): *Estudios sobre la Constitución Española. Homenaje al Profesor Eduardo García de Enterría,* Tomo II, Madrid, Civitas, 1991, p. 924.

237 VALDÉS DAL-RE, F.: "Doctrina constitucional en materia de videovigilancia y utilización del ordenador por el personal de la empresa", *Revista de Derecho Social,* núm. 79, 2017, p. 19.

deducir la renta de una persona teniendo en cuenta los astronómicos precios de la vivienda en determinados espacios de muchas ciudades[238]. Es más, si se entremezclan diferentes datos, aparentemente intrascendentes, los hallazgos conseguidos pueden aportar una semblanza integral sobre el devenir vital de la persona trabajadora.

Lo más característico del e-work radica en que el uso de la tecnología digital inteligente permite con gran facilidad acceder, almacenar, procesar y transmitir información sobre las personas asalariadas presentándola en forma de audio, texto y/o imagen[239]. El estado de la técnica actualmente en desarrollo no solamente provoca un abaratamiento del coste de acceso a la información sino que también conlleva una rebaja sin precedentes en el precio del procesamiento de dicha información aplicando una sencilla programación matemática (*machine learning*), lo cual redunda, a su vez, en una reducción sustancial de las partidas destinadas a la gestión de los recursos humanos aun a riesgo de agredir derechos fundamentales[240]. Incluso se pueden llegar a utilizar sistemas automatizados de detección de emociones (psicogenia), que permiten anticipar conductas,

---

238 GINÉS I FABRELLAS, A.: “La gestión algorítmica del trabajo: nuevos retos jurídicos, tecnológicos y éticos”, en AA.VV.: *Digitalización, recuperación y reformas laborales. XXXII Congreso Anual de la Asociación Española de Derecho del Trabajo y de la Seguridad Social, Alicante, 26 y 27 de mayo de 2022,* Madrid, Ministerio de Trabajo y Economía Social, 2022, p. 303.

239 MOLINA NAVARRETE, C.: “La gran transformación digital y bienestar en el trabajo: riesgos emergentes, nuevos principios de acción, nuevas medidas preventivas”, *Revista Trabajo y Seguridad Social (Centro de Estudios Financieros),* núm. Extraordinario 2019, p. 11.

240 TODOLÍ SIGNES, A.: “La gobernanza colectiva de la protección de datos en las relaciones laborales: big data, creación de perfiles, decisiones empresariales automatizadas y los derechos colectivos”, *Revista de Derecho Social,* núm. 84, 2018, pp. 69 y ss.

predecir el estado anímico y emocional, detectar rasgos psicológicos o enfermedades[241] o manipular la capacidad cerebral para conformar opiniones, convicciones o pensamientos[242].

Todos estos acontecimientos se ven favorecidos por la disponiblidad de avanzados sistemas *cloud computing* o *big data,* acompañados de diseños *multicriteria* capaces de permitir el análisis a gran escala de los datos procedentes de diferentes fuentes[243], que conllevan un ilimitado e indiscriminado acarreo de circunstancias subjetivas de la persona empleada o candidata a un empleo, facilitando que extremos anteriormente diseminados, aparezcan instantáneamente reunidos en un soporte digitalizado sin tener en cuenta en muchas ocasiones su relevancia en relación con los requisitos de aptitud o con las obligaciones derivadas del contenido de la prestación laboral. Se implementan, a la postre, métodos de recogida sin conocimiento por parte de la persona trabajadora afectada, de modo que el empresario puede acceder al contenido de las características personales con total ignorancia de éste[244], poniendo en riesgo el derecho al descanso ante la aceleración de los ritmos de trabajo, así como su intimidad y privacidad, todo ello agudizado

---

241 RIVAS VALLEJO, P.: "La gestión analítica de personas en la era digital: su impacto sobre los derechos fundamentales", en AA.VV (MOLINA NAVARRETE, C. y VALLECILLO GÁMEZ, M.R., Dirs.): *De la economía digital a la sociedad del e-work decente: condiciones sociolaborales para una industria 4.0 justa e inclusiva,* Pamplona, Aranzadi, 2021, p. 267.

242 MOLINA HERMOSILLA, O.: "La indemnidad mental: nueva dimensión del derecho fundamental a la intimidad de la persona trabajadora. Hacia el reconocimiento de neuroderechos como derechos básicos del ser humano", *Revista Crítica de Relaciones de Trabajo,* núm. 6, 2023, pp. 61 y ss.

243 ÁLVAREZ CUESTA, H.: *El futuro del trabajo vs. el trabajo del futuro,* Madrid, Colex, 2017, p. 16.

244 GOÑI SEIN, J.L.: "Vulneración de derechos fundamentales en el trabajo mediante instrumentos informáticos, de comunicación y archivo de datos", *Justicia Laboral,* núm. 17, 2004, p. 51.

por la existencia de sofisticados recursos digitales inteligentes al servicio del seguimiento y control del trabajo desarrollado[245].

La presunta objetividad (y su eficacia, rapidez y resultados) de la IA al tomar cualquier decisión ha encubierto durante mucho tiempo los puntos de fuga que su utilización en el marco de las relaciones laborales podría comportar. Así, las decisiones adoptadas conforme a un algoritmo y fundadas en el análisis de *big data* no eran objeto de revisión o contraste y mucho menos impugnadas por entenderse amparadas por fórmulas matemáticas[246]. Ahora bien, con el algoritmo como coadyuvante, el objetivo último de conseguir la conveniente adaptación de cada asalariado a su puesto de trabajo y, a la postre, una óptima planificación empresarial a medio y largo plazo capaz de incrementar los márgenes de beneficio, profundiza el desequilibrio natural de las partes de la relación laboral y puede provocar consecuencias negativas sobre valores y bienes esenciales de la personalidad como la privacidad, la protección de datos y la igualdad[247].

Estos modelos digitalizados y automatizados –permítase la reiteración– priorizan a las personas trabajadoras mejor calificadas a través de la aplicación de precisas métricas despersonalizadas que permiten adoptar decisiones automatizadas relativas a selección o contratación, distribución de tareas, configuración de horarios, fijación de salarios, promociones,

---

245 VALDEOLIVAS GARCÍA, Y.: "Derechos de información, transparencia y digitalización", en AA.VV.: *Digitalización, recuperación y reformas laborales. XXXII Congreso Anual de la Asociación Española de Derecho del Trabajo y de la Seguridad Social, Alicante, 26 y 27 de mayo de 2022,* Madrid, Ministerio de Trabajo y Economía Social, 2022, p. 190.

246 ÁLVAREZ CUESTA, H.: *El impacto de la inteligencia artificial en el trabajo: desafíos y propuestas,* Pamplona, Aranzadi, 2023, p. 45.

247 RODRÍGUEZ ESCANCIANO, S.: *Derechos laborales digitales: garantías e interrogantes,* Pamplona, Aranzadi, 2019, pp. 23 y ss.

formación, movilidad, modificaciones de las condiciones de trabajo o, incluso, despidos[248], sin tener en cuenta factores personales de calado como puede ser el pronóstico de una dolencia, el fallecimiento o la enfermedad de un familiar, un proceso de divorcio, etc., sin contar con posibilidad de defensa[249]. Sirva de ejemplo el supuesto de hecho de la sentencia del Tribunal Supremo de 25 de septiembre de 2018[250], donde la elección de los trabajadores afectados por un despido colectivo se llevaba a cabo a través del programa evaluativo "Skill Competence Matrix", que acoge 18 competencias valoradas en cinco niveles del 0 al 4, correspondiendo el 0 al menor valor y 4 al mayor, con el resultado siguiente: de los 25 despedidos, 17 son afiliados a CCOO (lo que supone el 68% del total). El pronunciamiento judicial entiende que dicho programa se sustentaba en parámetros objetivos, era conocido por la representación legal de los trabajadores, ya que estaba en el servidor de la empresa y

---

248 GINES I FABRELLAS, A.: "Sesgos discriminatorios en la automatización de decisiones en el ámbito laboral: evidencia práctica", en AA.VV (RIVAS VALLEJO, P., Dir.): *Discriminación algorítmica en el ámbito laboral: perspectiva de género e intervención*, Pamplona, Aranzadi, 2022, p. 295. Cabe mencionar el siguiente ejemplo: la aerolínea TAP en Portugal utiliza un sistema algorítmico predictivo para despedir a aquellos trabajadores que han tenido un mayor absentismo laboral. MEILÁN CHINEA, L.M.: "Autonomía colectiva e inteligencia artificial. La negociación colectiva de los algoritmos", en AA.VV.: *Digitalización, recuperación y reformas laborales. Comunicaciones del XXXII Congreso Anual de la Asociación Española de Derecho del Trabajo y de la Seguridad Social*, Alicante, 26 y 27 de mayo de 2022, Madrid, Ministerio de Trabajo y Economía Social, 2022, p. 1144.

249 TODOLÍ SIGNES, A.: "Prevención de riesgos laborales ante la inteligencia artificial y la reputación digital de las personas trabajadoras", en AA.VV (MOLINA NAVARRETE, C. y VALLECILLO GÁMEZ, M.R., Dirs.): *De la economía digital a la sociedad del e-work decente: condiciones sociolaborales para una industria 4.0 justa e inclusiva*, Pamplona, Aranzadi, 2021, p. 362.

250 Rec. 43/2018.

era accesible para toda la plantilla, sin que conste mala fe en el período de consultas[251].

En suma, el uso de la IA en el ámbito de las relaciones laborales provoca, pese a su aparente neutralidad, problemas de impacto inquietante, porque, si bien en teoría los modelos matemáticos debieran conducir a la equidad en dichas relaciones, en realidad no ocurre así. Ya solo por el hecho de trabajar con probabilidades y no con certezas, no es descartable que se produzcan errores, pero, si además se trabaja con claros prejuicios sobre las características del candidato/a o del trabajador/a, o se utilizan datos no inclusivos, las probabilidades de sesgo o discriminación son inevitables. Existe, así, el riesgo de que los sistemas de IA reflejen, incluso de forma involuntaria, los sesgos de sus programadores humanos, ya que, si se parte exclusivamente de la idea la productividad y el rendimiento laboral del programador, es probable que se favorezca a los más capaces, descartando o penalizando a colectivos con discapacidad o con características que difieren de las expectativas de los creadores. Además, no solo pueden surgir discriminaciones en el diseño sino en el entrenamiento de los datos y en la salida de las soluciones. En este sentido, el algoritmo no sólo puede afectar a las oportunidades de empleo, de promoción laboral o de estabilidad en el empleo si se utilizan criterios sesgados, sino que puede socavar la dignidad de la persona, porque el autómata toma el sitio del empleador generando resultados contrarios a la honorabilidad en el desarrollo de la relación laboral, sin que la persona trabajadora pueda participar en el

---

251 RODRÍGUEZ MARTÍN-RETORTILLO, R.: "La transparencia en el uso de algoritmos y su protección empresarial", en AA.VV.: *Digitalización, recuperación y reformas laborales, Congreso Anual de la Asociación Española de Derecho del Trabajo y de la Seguridad Social*, Madrid, Ministerio de Trabajo y Economía Social, 2022, p. 1189.

proceso de toma de decisión, ni manifestar su discrepancia con tal conclusión[252].

En este marco, si la emergencia de los avances tecnológicos inteligentes permite hablar de derechos humanos de cuarta generación, entonces habrá que analizar hasta qué punto están también surgiendo nuevos derechos laborales específicos e inespecíficos en el ámbito laboral y los cauces para su tutela[253].

---

252 GOÑI SEIN, J.L.: "Innovaciones tecnológicas, inteligencia artificial y derechos humanos en el trabajo", *Documentación Laboral*, núm. 117, 2019, vol. II, p. 70.

253 PÉREZ DEL PRADO, D.: *Derecho, Economía y Digitalización. El impacto de la inteligencia artificial, los algoritmos y la robótica sobre el empleo y las condiciones de trabajo*, Valencia, Tirant Lo Blanch, 2023, p. 182.

13. La necesidad de tejer una red de seguridad

El imparable y difícilmente previsible cambio tecnológico catalizado desde la IA debe superar la ingenuidad de oponerse sin más al proceso de innovación para apostar por una transición justa y equitativa, marcada por la utilidad de un buen gobierno de los adelantos técnicos en el marco empresarial no sin dejar de reconocer que la dependencia de los avances científicos intuitivos puede conllevar dos efectos perniciosos no por conocidos menos dignos de reiteración: de un lado, menguar los derechos laborales, sobre todo de aquellas personas trabajadoras que más dificultades presentan para el acceso al mercado de trabajo y el mantenimiento de su actividad; de otro, erosionar los espacios de libertad real en el desarrollo de la relación profesional, circunstancia particularmente manifiesta en el marco del empleo precario ante el mayor riesgo de pérdida de la ocupación. Es más, aquellos individuos que no están en situación de exclusión o precariedad también reciben el negativo efecto psicológico displicente de los avances de la IA, tanto en su forma externa –como amenaza de adquisición de la cualidad de parados ante una posible falta de adaptación u obsolescencia—, cuanto en su magnitud interna –como férrea auto-disciplina de la interfaz humano-máquina–[254].

---

[254] MONEREO PÉREZ, J.L.: "Derecho al trabajo y derechos profesionales ante la innovación tecnológica y las nuevas formas de empleo", en AA.VV (MONEREO PÉREZ, J.L.; VILA TIERNO, F.; ESPOSITO, M. y PERÁN QUESADA, S.): *Innovación tecnológica. Cambio social y sistema de relaciones laborales. Nuevos paradigmas para comprender el Derecho del Trabajo del siglo XXI*, Granada, Comares, 2021, p. 21.

A la hora de poner diques de contención, no se trata ni de vetar toda atribución contractual de facultades empresariales discrecionales ni tampoco de causalizar cualquier decisión empresarial, sino de garantizar su adopción bajo los parámetros de la racionalización y la razonabilidad. Dicho de otro modo, las decisiones empresariales que puedan adoptarse de manera unilateral en el ejercicio de determinadas potestades reservadas o atribuidas contractualmente deben contar con razones capaces de actuar como muros de contención de la arbitrariedad[255]. No debe haber espacio legal para las decisiones caprichosas, basadas en el mero arbitrio automatizado, siendo de gran ayuda la siguiente alocución: "si son los derechos fundamentales y la dignidad de la persona humana los que están en el origen de la alerta sobre las tecnologías convergentes, será desde los derechos fundamentales... desde donde debemos reconstruir y articular la defensa ante las tecnologías convergentes"[256].

Como no podía ser de otra manera, la discriminación algorítmica o los atentados a los derechos fundamentales de las personas trabajadoras por mor de los artilugios inteligentes, pueden ser objeto de reclamación judicial a través de la vía establecida en los arts. 177 y ss. Ley 36/2011, de 10 de octubre, reguladora de la Jurisdicción Social (LRJS), en los que rigen los principios de: a) inversión de la carga de la prueba (correspondiendo a la parte actora aportar indicios entendidos como factores o elementos que impliquen la posible violación de un derecho fundamental y a la parte demandada aportar

---

255 GÓMEZ ABELLEIRA, F.J.: *La interdicción de la arbitrariedad en la relación laboral*, Valencia, Tirant Lo Blanch, 2023, p. 17.

256 Citando a QUADRA- SALCEDO FERNÁNDEZ DEL CASTILLLO, T., ASQUERINO LAMPARERO, M.J.: "Algoritmos, procesos de selección y reputación digital. Una mirada antidiscriminatoria", *Documentación Laboral*, núm. 126, Vol. II, 2022, p. 123.

una causa objetiva, razonable y proporcional que demuestre la legalidad de la decisión); b) anulación de la actuación desencadenante; y c) reparación de los daños y perjuicios causados, cuya cuantía deberá ser suficiente no solamente en aras de compensar íntegramente el daño, sino de eludir el mismo al ser fijada tomando en consideración de manera expresa los principios de suficiencia y prevención. Por su parte, cuando la demanda se ejercite ante un despido y otras causas extintivas, modificaciones sustanciales del contrato de trabajo, suspensiones o reducciones de jornada, disfrute de vacaciones o derechos de conciliación de la vida personal, familiar y laboral, habrá de acudirse a la modalidad específica de cada una de ellas y acumular la pretensión de tutela de los derechos fundamentales (arts. 178.2 y 184 LRJS)[257].

El principal problema surge, empero, por la dificultad de formular los indicios de discriminación a partir de una evidencia estadística dada la complejidad técnica, supuesta objetividad y opacidad del algoritmo. Además, la concurrencia de terceros intervinientes (diseñadores, desarrolladores y programadores que proporcionan el software o herramientas digitales aplicadas) introducen nuevos factores de complejidad al afianzar el posible blindaje frente a una demanda de responsabilidad bajo los derechos de propiedad intelectual o secreto industrial (*know how*) sobre los algoritmos que dificultan el acceso al origen de la decisión automatizada[258]. De ahí que lo

---

257 LLORENS ESPADA, J.: "Responsabilidades civiles por discriminación por razón de género cuando medie un sistema de inteligencia artificial", en AA.VV (RIVAS VALLEJO, P., Dir.): *Discriminación algorítmica en el ámbito laboral: perspectiva de género e intervención*, Pamplona, Aranzadi, 2022, p. 586.

258 RIVAS VALLEJO, P.: "Análisis desde el derecho antidiscriminatorio", en AA.VV (RIVAS VALLEJO, P., Dir.): *Discriminación algorítmica en el ámbito laboral: perspectiva de género e intervención*, Pamplona, Aranzadi, 2022, p. 436.

importante sea que el órgano judicial tome en consideración, como supuesto verdaderamente relevante, los efectivos efectos discriminatorios para su oportuna corrección[259], permitiendo, en los casos de sesgos múltiples e interseccionales, la aportación de un solo indicio para invertir la carga de la prueba[260].

Ahora bien, sin olvidar la importancia de la perspectiva reparadora, deviene imprescindible potenciar la visión preventiva del daño mediante una acumulación de acciones que pivotan sobre los siguientes extremos:

Por una parte, la incorporación de la diversidad en la creación y codificación de los algoritmos y sistemas de IA, incluyendo no sólo medidas digitales indiscriminadas sino medidas de acción positiva en favor de los colectivos más desfavorecidos[261]. Según establece la Comisión Europea[262], en cada una de las fases de desarrollo de la IA debe estar garantizada la diversidad en cuanto al género, origen racial o étnico, la reli-

---

259 GINNES I FABRELLAS, A.: "Sesgos discriminatorios en la automatización de decisiones en el ámbito laboral: evidencias de la práctica", en AA.VV (RIVAS VALLEJO, P., Dir.): *Discriminación algorítmica en el ámbito laboral: perspectiva de género e intervención*, Pamplona, Aranzadi, 2022, p. 313.

260 PÉREZ DEL PRADO, D.: *Derecho, Economía y Digitalización. El impacto de la inteligencia artificial, los algoritmos y la robótica sobre el empleo y las condiciones de trabajo*, Valencia, Tirant Lo Blanch, 2023, p. 188.

261 GONZÁLEZ COBALEDA, E.: "Hacia un trabajo digital e inclusivo: ¿nuevo o constante desafío jurídico-laboral ante los colectivos especialmente vulnerables en el marcado de trabajo?, en AA.VV (MOLINA NAVARRETE, C. y VALLECILLO GÁMEZ, M.R., Dir.): *De la sociedad digital a la sociedad del e-work decente: condiciones laborales para una industria 4.0 justa e inclusiva*, Pamplona, Aranzadi, 2021, p. 192.

262 COMISIÓN EUROPEA: Generar confianza en la inteligencia artificial centrada en el ser humano. Comunicación de la Comisión al Parlamento Europeo, al Consejo, al Comité Económico y Social Europeo y al Comité de las Regiones, Bruselas 8 de abril de 2019 (COM (2019) 168 final).3

gión o las creencias, la discapacidad y la edad". Asimismo, en palabras del Informe España 2050, "avanzar en la reducción de la brecha digital será esencial si queremos aprovechar las oportunidades de la revolución digital y competir en igualdad de condiciones con las economías más avanzadas del mundo".

Por otra parte, la búsqueda de un equilibrio entre la lógica económica y la atribución de derechos sociales de ciudadanía a la persona trabajadora pasa por el diseño de un estatuto jurídico verdaderamente protector de la denominada "empleabilidad positiva, entendida como capacidad de mantener el empleo o de conseguir otro en caso de pérdida" ante los procesos de modernización tecnológica con la impronta de la IA[263], pero siempre dentro de un modelo de competitividad basado en la calidad del trabajo en la línea marcada por las iniciativas institucionales de la OIT[264]. Estamos en el campo donde la ponderación entre los bienes jurídicos esenciales en tensión exige que la dinámica de la empresa no pueda derivar en una organización interna de poder de dominio prácticamente ilimitado sobre las personas que prestan servicios profesionales bajo condiciones de dependencia o subordinación organizacional donde concurra una inadmisible neutralización funcional/instrumental de los derechos personalísimos en el marco de las relaciones de trabajo de la mano de la IA[265]. Como ha señalado la mejor doctrina, "no estamos ya en la etapa de crear cualquier tipo de empleo ni en aquellos momentos en los que se consideraba mejor un precario que un parado, sino en la

---

263 MONEREO PÉREZ, J.L.: *La protección de los derechos fundamentales. El modelo europeo*, Albacete, Bomarzo, 2019, pp. 126 y ss.

264 OIT: Declaración del Centenario de la OIT para el futuro del trabajo", adoptada en la 108ª Reunión de la Conferencia Internacional del Trabajo, celebrada en 2019.

265 MONEREO PÉREZ, J.L. y LÓPEZ INSÚA, B.M: "Protección de datos personales, intimidad y derechos digitales del trabajador: avance o retroceso", *Revista de Derecho Social y Empresa*, núm. 18, 2023, p. 27.

etapa de crear empleo digno, trabajo decente (objetivo del milenio dentro de los ODS), esto es, empleo con derechos, que integre socialmente y que evite la pobreza"[266].

Es necesario, por tanto, superar la visión apocalíptica de la inteligencia artificial con el objetivo último de potenciar las ventajas y neutralizar los inconvenientes, correspondiendo al ordenamiento jurídico y a los agentes sociales regular el marco de actuación de las nuevas tecnologías ingeniosas eliminando la opacidad en el proceso de adopción de decisiones empresariales y garantizando el debido respeto a los derechos fundamentales inherentes a un sistema democrático avanzado. Como es fácil adivinar, los principios de protección de datos juegan un papel fundamental en esta meta, pero sin olvidar tampoco la necesaria introducción de nuevos parámetros tuitivos ante una afectación en constante cambio. Se trata, por tanto, de afrontar viejos problemas vestidos con nuevos ropajes a través de la adaptación de conocidos mecanismos de respuesta y la incorporación de nuevas garantías[267], no en vano la problemática que orbita en rededor de la IA es una historia que puede convertirse en interminable dada la proteica mutación de las herramientas en las que van a surgir dudas renovadas donde será menester actuar con juicio casuístico sin perder el rigor jurídico.

En este sentido, procederá parar mientes para ponderar cómo afecta el componente tecnológico y los medios de materialización a través de decisiones empresariales automatizadas en la concreta prestación de servicios desarrollada desde un

---

266 ALFONSO MELLADO, C.: "La nueva Ley de Empleo: una Ley necesaria ¿y eficaz?, Brief AEDTSS, https://www.aedtss.com/la-nueva-ley-de-empleo-una-ley-necesaria-y-eficaz/

267 DE LA SIERRA MORÓN, S.: "Control judicial de los algoritmos: robots, administración y estado de Derecho", *Lefebvre. Derecho Local*, 21/05/2021.

eterno retorno a los pilares esenciales sobre los que pivota el trabajo digno al contar con unos estándares mínimos de protección proactiva, unas sólidas posibilidades de impugnación de las decisiones automatizadas y una adecuada red de seguridad. En la búsqueda de un equilibrio entre la garantía de la libertad de empresa (que incluye la libertad de innovación técnica avanzada) y los derechos de las personas trabajadoras, la propia Comisión Europea parece lanzar un mensaje optimista sobre la posibilidad real de una revolución industrial 4.0 (o, mejor, 5.0, "por su carácter híbrido de personas y máquinas"[268]), gobernada por la gestión algorítmica y las decisiones de la IA, pero bajo el paradigma del trabajo decente o de la dignidad y bienestar de la persona trabajadora[269].

No cabe sino compartir que los problemas y desafíos a encarar no surgen de la implementación de tecnologías inteli-

---

268 MOLINA NAVARRETE, C.: "Economía de datos, mercados digitales de empleo y gestión analítica de personas: retos para la transición a una sociedad del e-trabajo decente", *Revista Trabajo y Seguridad Social (Cetro de Estudios Financieros)*, núm. 459, 2021, p. 7. Según la Unión Europea, esta noción de industria va más allá de la Industria 4.0, ofreciendo una visión que no solamente cuenta con objetivos como la eficiencia y la productividad, sino que incide en la contribución a la sociedad, y, ubica a las personas trabajadoras en el centro de la producción, aludiendo a la necesidad de hacer uso de la tecnología también para coadyuvar a la prosperidad de todos los agentes de la sociedad. ÁLVAREZ DE LA ROSA, M.: "El Derecho del Trabajo en el principio de libertad de empresa", *Trabajo y Derecho*, núm. 57, 2019, pp. 12 y ss.

269 MOLINA NAVARRETE, C.: "Personas y rendimientos en la revolución industrial 4.0 y en la sociedad (inteligente) 5.0: ¿hacia una sociedad del e-trabajo con dos almas (digital y humana)?", en AA.VV (MOLINA NAVARRETE, C. y VALLECILLO GÁMEZ, M.R., Dir.): *De la economía digital a la sociedad del e-work decente: condiciones sociolaborales para una industria 4.0 justa e inclusiva*, Pamplona, Aranzadi, 2021, p. 44.

gentes, sino de su "inadecuado" uso en la dinámica de las decisiones empresariales[270], unido al surgimiento de espacios de ausencia de regulación legal o de ordenación a la baja de los mecanismos de protección de los derechos de los trabajadores, sin olvidar tampoco la falta de sensibilidad ante la exclusión. El Derecho del Trabajo no puede permanecer impasible, al menos si aspira a cumplir su finalidad de proporcionar equilibrio entre las legítimas aspiraciones empresariales y los derechos de las personas trabajadoras, y por ello se reclaman con insistencia avances en lo que se ha dado en llamar "gobernanza algorítmica", amén de la necesidad de elaborar reglas específicas de actuación *ex ante* y sólidos cauces de responsabilidad *ex post* para responder de los daños causados por estas tecnologías[271].

Por tales razones, es necesaria una certera intervención normativa para reconducir los márgenes de maniobra que puedan resultar invasivos o elusivos de medidas tuitivas, contando con el complemento ineludible de la negociación colectiva como elemento vertebrador primordial, no en vano los interlocutores sociales están en disposición de "establecer garantías adicionales de los derechos y libertades relacionados con la salvaguarda de derechos de las personas trabajadoras en los procesos de transformación digital y en la determinación de las consecuencias laborales que la misma puede implicar"[272],

---

270 GONZÁLEZ COBALEDA, E.: "Nuevas tecnologías, tiempo de trabajo y prevención de riesgos psicosociales", en AA.VV.: *Anuario internacional sobre prevención de riesgos psicosociales y calidad de vida en el trabajo*, Madrid, UGT, 2016, p 267.

271 RODRÍGUEZ CARDO, I.A.: "Decisiones automatizadas y discriminación algorítmica en la relación laboral: ¿hacia un Derecho del Trabajo de dos velocidades?", *Nueva Revista Española de Derecho del Trabajo*, núm. 253, 2022.

272 GOBIERNO DE ESPAÑA: *Carta de Derechos Digitales*, 2021, p. 23.

esbozando también acciones positivas para mitigar el factor exclusión asociado a la tecnología inteligente[273].

De ahí que en los últimos años se hayan intensificado los esfuerzos por establecer algunas reglas todavía incipientes tanto a nivel internacional como interno para contener irregularidades, errores, efectos nocivos, situaciones imprevistas y nuevos conflictos jurídicos, sobre los que es menester detener la atención siquiera brevemente[274].

---

273 Los interlocutores sociales son conscientes de los problemas laborales que derivan de la digitalización y la automatización. Expresamente, el Acuerdo Marco europeo de los interlocutores sociales cuando define el modelo de colaboración entre representantes de los trabajadores y empleadores, en el que van a quedar afectados los siguientes ámbitos: competencias digitales y empleabilidad; modalidades de conexión y desconexión; inteligencia artificial y garantía del principio del control humano; así como respeto a la dignidad humana y sistemas de vigilancia. VILA TIERNO, F.: "El impacto de la transformación digital en el ámbito laboral: una especial atención a los colectivos vulnerables", en AA.VV (GÓMEZ SALADO, M.A. y RUÍZ SANTAMARÍA, J.L., Dir.): *El empleo de los colectivos vulnerables en el marco de la transformación tecnológica: una aproximación jurídico-social*, Granada, Comares, 2022, p. 24.

274 FUERTES LÓPEZ, M.: *Metamorfosis del Estado. Maremoto digital y ciberseguridad*, Madrid, Marcial Pons, 2022, p. 179.

14. Marco normativo internacional y Europeo. Panorámica general

La Comisión Mundial de la OIT en el documento titulado "Trabajar para un futuro más prometedor", elaborado con motivo del centenario de la OIT, que se conmemoró en 2019, aboga por un "enfoque de la inteligencia artificial 'bajo control humano' que garantice que las decisiones finales que afectan al trabajo sean tomadas por seres humanos y no por algoritmos". Sin duda, este desiderátum constituye la piedra angular de la aplicación de la IA en el marco de la gestión laboral sobre la que redundan varios instrumentos internacionales, siquiera tangencialmente. Por citar solo algunos de los más significativos, cabe mencionar los seis siguientes:

1. Recientemente, en la cumbre del G-7 (integrada por Estados Unidos, Japón, Alemania, Reino Unido, Francia, Italia y Canadá), celebrada el 30 de octubre de 2023, se ha alcanzado un acuerdo que recoge un listado de orientaciones a las organizaciones que desarrollan, despliegan y utilizan sistemas avanzados de IA, a fin de promover la seguridad y la fiabilidad de la tecnología, que comprenden compromisos para mitigar los riesgos y el uso indebido, y para detectar puntos vulnerables, fomentar el intercambio responsable de información, la notificación de incidentes y la inversión en ciberseguridad, además de un sistema de etiquetado que permita a los usuarios identificar los contenidos generados por IA[275].

---

[275] https://ec.europa.eu/commission/presscorner/detail/es/ip_23_5379

2. Asimismo, el Órgano asesor sobre inteligencia artificial de la ONU, en su informe "Gobernanza de la IA para la Humanidad" de 2023, identifica los siguientes principios que deberían guiar la formación de nuevas instituciones mundiales de gobernanza de la IA: "a) Inclusividad. Todos los ciudadanos, incluidos los del Sur Global, deben poder acceder a las herramientas de IA y utilizarlas de forma significativa; b) Interés público. La gobernanza debe ir más allá del principio de no hacer daño y definir un marco de rendición de cuentas más amplio para las empresas que construyen, despliegan y controlan la IA, así como para los usuarios intermedios. c) Centralidad de la gobernanza de datos. La gobernanza de la IA no puede disociarse de la gobernanza de los datos y la promoción de los bienes comunes de datos; d) Universalidad, en red y con múltiples partes interesadas. La gobernanza de la IA debe dar prioridad a una participación universal de los países y las partes interesadas, aprovechando las instituciones existentes a partir de un enfoque basado en la red. e) Derecho internacional. La gobernanza de la IA debe basarse en la Carta de las Naciones Unidas, la legislación internacional sobre derechos humanos y los Objetivos de Desarrollo Sostenible". La resolución "Aprovechar las oportunidades de sistemas seguros, protegidos y fiables de Inteligencia Artificial para el desarrollo sostenible"[276] , respaldada por más de 120 Estados miembros, liderados por Estados Unidos, pide a los Estados que se abstengan de utilizar sistemas de IA que no puedan funcionar de conformidad con las normas internacionales de derechos humanos o los pongan en riesgo, planteando la necesidad de respeto, protección y promoción de los

---

[276] A/78/L.49.

derechos humanos en el diseño, el desarrollo, el despliegue y el uso de la IA.

3. Igualmente, en la OCDE, dentro del informe "La transición digital al servicio del desarrollo sostenible", se han suscrito los siguientes principios: a) La IA debe estar al servicio de las personas y del planeta, impulsando un crecimiento inclusivo, el desarrollo sostenible y el bienestar. b) Los sistemas de IA deben diseñarse de manera que respeten el Estado de derecho, los derechos humanos, los valores democráticos y la diversidad, e incorporar salvaguardias adecuadas —por ejemplo, permitiendo la intervención humana cuando sea necesario— con miras a garantizar una sociedad justa y equitativa. c) Los sistemas de IA deben estar presididos por la transparencia y una divulgación responsable a fin de garantizar que las personas sepan cuándo están interactuando con ellos y puedan oponerse a los resultados de esa interacción. d) Los sistemas de IA han de funcionar con robustez, de manera fiable y segura durante toda su vida útil, y los potenciales riesgos deberán evaluarse y gestionarse en todo momento. e) Las organizaciones y las personas que desarrollen, desplieguen o gestionen sistemas de IA deberán responder de su correcto funcionamiento en consonancia con los principios precedentes.

4. La nueva norma ISO/IEC 42001 tiene como objetivos: a) Promover el desarrollo y el uso de sistemas de IA fiables, transparentes y responsables; b) Hacer hincapié en principios y valores éticos como la equidad, la no discriminación y el respeto a la intimidad a la hora de desplegar sistemas de IA para satisfacer las expectativas de las partes interesadas; c) Ayudar a las organizaciones a identificar y mitigar los riesgos relacionados con la implantación de la IA, lo que a su vez mejora la eficiencia y reduce los costes; d) Cumplir la normativa, incluidos los requisitos de protección de datos; e) Generar una

mayor confianza en la gestión de la IA animando a las organizaciones a priorizar el bienestar humano, la seguridad y la experiencia del usuario en el diseño y despliegue de la IA.

5. La UNESCO aprobó una recomendación sobre la ética de la inteligencia artificial el 23 de noviembre de 2021 y convocó una nueva reunión para el mes de febrero de 2024 con objeto de actualizar dicha recomendación con atención a la cuestión de la gobernanza[277].

6. El Consejo de Europa ha concluido en marzo de 2024 la elaboración del Convenio marco internacional sobre IA, que establece el marco jurídico para todo el ciclo de vida de los sistemas de IA, de principio a fin, de manera que, por defecto, cubrirá las actividades dentro del ciclo de vida de los sistemas de IA que tengan el potencial de interferir con los derechos humanos, la democracia y el Estado de Derecho, pero sólo cuando las lleven a cabo en organismos públicos o agentes privados que actúan en su nombre. Cada Estado, al firmar o depositar el Convenio para su ratificación, tendrá que declarar si tiene intención de aplicar las obligaciones del convenio a los agentes privados o tomar otras medidas apropiadas[278].

---

277 2º Foro Global sobre Ética de la IA, "Cambiando el panorama de la gobernanza de la IA", organizado por Eslovenia y la UNESCO, el 5 y 6 de febrero de 2024.

278 De aplicación a los 46 Estados miembros del Consejo de Europa, Argentina, Australia, Canadá, Costa Rica, Estados Unidos de América, Israel, Japón, México, Perú, la Santa Sede y Uruguay. shttps://www.coe.int/es/web/portal/-/artificial-intelligence-human-rights-democracy-and-the-rule-of-law-framework-convention

Asimismo, en el marco de la Unión Europea, en un esfuerzo de síntesis, cabe destacar varios hitos nucleares[279]:

1. El Reglamento (UE) 2016/679, de Protección de Datos (RPD), cuyo art. 22 sienta una prohibición general de decisiones basadas "únicamente" en el tratamiento automatizado, incluida la elaboración de perfiles, que podría actuar como límite o barrera, pero solo en algunos casos, pues además de contemplar una serie de excepciones, su aplicación plena o sin modulación a las relaciones de trabajo suscita dudas legítimas, amén de que el derecho a la protección de datos no alcanza a todas las facetas de la gestión laboral algorítmica[280]. Según este precepto, la decisión jurídica prácticamente adoptada por un sistema de iA ("basada únicamente en el tratamiento automatizado") que recaiga sobre una persona física ("que produzca efectos jurídicos en él o le afecte significativamente de modo similar") solo es válida si el destinatario la acepta, si es necesaria para la celebración o la ejecución de un contrato entre el interesado y un responsable del tratamiento o si está amparada en una norma que además de habilitar el empleo del sistema, incorpore "medidas adecuadas para salvaguardar los derechos y libertades y los intereses legítimos del

279 GAMERO CASADO, E.: "El enfoque europeo de inteligencia artificial", *Revista de Derecho Administrativo*, núm. 20, 2021, pp. 268 y ss.; MIR PUIGPELAT, O.: "La automatización y el uso de algoritmos e inteligencia artificial en el Derecho Administrativo Comparado", *Revista General de Derecho Administrativo*, núm. 63, 2023 ó FERNÁNDEZ HERNÁNDEZ, C.: "El nuevo marco regulatorio digital de la Unión Europea", en AA.VV (VELASCO NUÑEZ, E., Dir.): *Marco normativo de la Unión para la transformación digital*, Madrid, La ley, 2023, pp. 25 y ss.

280 RODRÍGUEZ CARDO, I.A.: "Gestión laboral algorítmica y poder de dirección: ¿hacia una participación de los trabajadores más intensa?", *Revista Jurídica de Asturias*, núm. 45, 2022, p. 163.

interesado", entre las cuales se encuentra la apelación a una intervención humana ("el derecho a obtener intervención humana"), la alegación ("derecho a expresar su punto de vista") y el recurso ("derecho a impugnar la decisión"). En todo caso, dada su primacía y su especificidad, cabe considerar a este precepto como la cabecera de la disciplina de la IA[281].

2. El Reglamento UE 2018/1725, de 18 de octubre, relativo a la protección de las personas físicas en lo que respecta al tratamiento de datos personales por las instituciones, órganos y organismos de la Unión, y a la libre circulación de esos datos entre ellos o entre ellos y los destinatarios establecidos en la Unión, recoge igualmente en el art. 24 el derecho de todo interesado "a no ser objeto de una decisión basada únicamente en el tratamiento automatizado, incluida la elaboración de perfiles, que produzca efectos jurídicos en él o le afecte significativamente de modo similar". Este principio queda sujeto, empero, a varias excepciones en las que la decisión automatizada cumpla los siguientes requisitos: "a) es necesaria para la celebración o el cumplimiento de un contrato entre el interesado y el responsable del tratamiento; b) está autorizada por una normativa de la Unión que establezca asimismo medidas adecuadas para salvaguardar los derechos y las libertades y los intereses legítimos del interesado; o c) se basa en el consentimiento expreso del interesado. En los casos a los que se refieren las letras a) y c), el responsable del tratamiento adoptará las medidas adecuadas para salvaguardar los

---

[281] BERMEJO LATRE, J.L.: "La aplicación de la IA en la actividad formal e informal de la Administración", *XVIII Congreso de la Asociación Española de Profesores de Derecho Administrativo*, https://www.aepda.es/VerArchivo.aspx?ID=4186

derechos y libertades y los intereses legítimos del interesado, como mínimo el derecho a obtener intervención humana por parte del responsable, a expresar su punto de vista y a impugnar la decisión".

3. El Libro Blanco de Inteligencia Artificial publicado el 19 de febrero de 2020 basado en la configuración de la IA al servicio de las personas y como fuerza positiva para la sociedad[282], así como la Guía de Directrices éticas para una Inteligencia Artificial fiable, recogen los principios de respeto a la autonomía humana, prevención del daño, equidad y explicabilidad, unidos a los de supervisión humana, solidez y seguridad técnica, privacidad y gobernanza de datos, transparencia, diversidad, equidad y no discriminación, bienestar ambiental y social y responsabilidad[283].

4. Bajo el impulso de la Estrategia Europea de Datos de febrero de 2020[284], que se centra en colocar a las personas en primer lugar en el desarrollo de la tecnología y en la defensa y promoción de los valores y derechos europeos en el mundo digital, pretendiendo convertir a la Unión en líder de una sociedad dirigida por los datos mediante la creación de un mercado único de datos que permitirá

---

282 COM(2020) 65 final

283 La IA fiable tiene tres componentes: 1) debe ser lícita y cumplir todas las leyes y reglamentos aplicables; 2) ha de ser ética, de modo que se garantice el respeto de los principios y valores éticos, y 3) debe ser robusta tanto desde el punto de vista técnico como social, a fin de asegurar que los sistemas de IA, incluso si las intenciones son buenas, no provoquen daños accidentales. https://op.europa.eu/es/publication-detail/-/publication/d3988569-0434-11ea-8c1f-01aa75ed71a1

284 Comunicación de la Comisión al Parlamento Europeo, al Consejo, al Comité Económico y Social europeo y al Comité de las regiones. Bruselas, 19 de febrero de 2020. COM (2020) 66 final.

que estos fluyan libremente por la Unión y entre sectores, en beneficio de las empresas, los investigadores y las administraciones públicas[285], han sido adoptados tres instrumentos capitales:

A) En abril de 2022, se aprobó la Ley de Gobernanza de Datos (Reglamento UE 2018/1724), que crea los procesos y las estructuras para facilitar el intercambio de datos por empresas, particulares y sector público, permitiendo, por lo que aquí interesa, a las primeras "acceder a los datos a un coste más bajo y con menos barreras de entrada al mercado". El objeto de esta norma "es generar confianza en el intercambio de datos al hacerlo más seguro, fácil y en línea con la legislación sobre protección de datos. Esto se logrará a través de diferentes técnicas, como la anonimización de datos, la puesta en común de datos y los acuerdos jurídicamente vinculantes firmados por los reutilizadores de datos".

B) El 13 de diciembre de 2023, se ha aprobado el Reglamento UE 2023/2854, sobre normas armonizadas para un acceso justo a los datos y su utilización (Ley Europea de Datos), que establece pautas relativas a los siguientes extremos: a) la puesta a disposición de datos de productos y de datos de servicios relacionados en favor de los usuarios del producto conectado o servicio relacionado; b) la puesta a disposición de datos por parte de los titulares de datos en favor de los destinatarios de datos; c) la puesta

---

285 Las aplicaciones basadas en datos beneficiarán a los ciudadanos y a las empresas en diversos ámbitos: la atención de la salud; medios de transporte más seguros y limpios; nuevos productos y servicios; reducción de los costes de los servicios públicos; sostenibilidad y eficiencia energética.

a disposición de datos por parte de los titulares de datos en favor de los organismos del sector público, la Comisión, el Banco Central Europeo y los organismos de la Unión, cuando exista una necesidad excepcional de disponer de dichos datos para el desempeño de alguna tarea específica realizada en interés público; d) la facilitación del cambio entre servicios de tratamiento de datos; e) la introducción de salvaguardias contra el acceso ilícito de terceros a los datos no personales, y f) el desarrollo de normas de interoperabilidad para el acceso, la transferencia y la utilización de datos.

Este Reglamento incluye normas armonizadas para un acceso justo a los datos y su utilización, aclarando quién puede crear valor a partir de los datos y en qué condiciones, con aplicación a todos los sectores económicos. Impulsa el comercio de datos y el uso general de los datos, y abre nuevas oportunidades de mercado en beneficio de la ciudadanía y las empresas en toda Europa. Impone a los fabricantes y proveedores de servicios la obligación de permitir que sus usuarios, ya sean empresas o particulares, accedan y reutilicen los datos generados por el uso de sus productos o servicios. También permite a los usuarios compartir esos datos con terceros[286]. En fin, el presente Reglamento otorga a los particulares y a las empresas un mayor control sobre sus datos, mediante el fortalecimiento del derecho a la porta-

---

[286] Entre sus objetivos, cabe mencionar los siguientes: garantizar la equidad en la asignación del valor de los datos entre los agentes del entorno digital; estimular un mercado de datos competitivo; generar posibilidades para la innovación basada en los datos; y hacer que los datos sean más accesibles para todos.

bilidad de los datos, la copia y la transferencia de datos desde distintos servicios de forma simple cuando los datos se generen a través de objetos, máquinas y dispositivos inteligentes.

E) Con la misma fecha de 13 de diciembre de 2023, se ha aprobado el Reglamento UE 2023/2859, por el que se establece un punto de acceso único europeo, que proporciona un acceso centralizado a la información disponible al público, pertinente para los servicios financieros, los mercados capitales y la sostenibilidad. En concreto, a más tardar, el 10 de julio de 2027, la Autoridad Europea de Valores y Mercados, gestionará el punto único incorporando las siguientes circunstancias: "a) La información hecha pública en virtud de los actos legislativos de la Unión enumerados en el anexo[287] o de cualquier acto jurídicamente vinculante de la Unión ulterior que establezca un acceso electrónico centralizado a la información del PAUE; b) la información que cualquier entidad regida por el Derecho de un Estado miembro decida que sea accesible en el PAUE de forma voluntaria, de conformidad con el art. 3, apartado 1, y que esté contemplada en los actos legislativos de la Unión enumerados en el anexo o en cualquier acto jurídicamente vinculante ulterior de la Unión que establezca un acceso electrónico centralizado a la información del PAUE".

5. La Recomendación del Comité de Ministros del Consejo de Europa a los Estados miembros sobre los impactos de la inteligencia artificial frente a los derechos humanos de 8 de abril de 2020, donde se insta a los Estados miem-

---

[287] https://www.boe.es/buscar/doc.php?id=DOUE-L-2023-81873

bros a adoptar un enfoque de precaución y exigir el rechazo de determinados sistemas cuando su despliegue conlleve un alto riesgo de daños irreversibles o cuando, debido a su opacidad, el control y la supervisión humanos se vuelvan impracticables[288].

6. El 9 de diciembre de 2023, el Parlamento y el Consejo han llegado a un acuerdo sobre el denominado Reglamento de Inteligencia Artificial (Ley de Inteligencia Artificial), en el que se establecen un conjunto de principios, normas y derechos destinados a garantizar que el diseño, el desarrollo y la puesta en servicio de sistemas de IA sean plenamente compatibles con el respeto de los derechos humanos, el funcionamiento de la democracia y la del Estado de Derecho, entre los cuales se recogen los principios de igualdad y lucha contra la discriminación, privacidad y protección de datos personales, rendición de cuentas y responsabilidad, transparencia y supervisión, sostenibilidad, seguridad, innovación segura y consulta pública[289].

   Como se analizará en profundidad posteriormente, abarca varias actuaciones: 1) la prohibición absoluta de las aplicaciones de IA que generen riesgos inaceptables como la manipulación cognitiva conductual, el rastreo indiscriminado de imágenes faciales sacadas de internet

---

288 MUÑOZ RUÍZ, A.B.: "La inteligencia artificial y el uso de algoritmos para dirigir el trabajo: la deshumanización del trabajador", *El Foro de Labos*, 18/09/2020, https://www.elforodelabos.es/2020/09/la-inteligencia-artificial-y-el-uso-de-algoritmos-para-dirigir-el-trabajo-la-deshumanizacion-del-trabajador/

289 GARCÍA MARCOS, J.: "Inteligencia artificial, Reglamento Europeo y del Consejo por el que se establecen normas armonizadas en materia de inteligencia artificial", en AA.VV (VELASCO NUÑEZ, E., Dir.): *Marco normativo de la Unión Europea para la transformación digital*, Madrid, La Ley, 2023, pp. 425 y ss.

o de circuitos cerrados de televisión, el reconocimiento de emociones en los lugares de trabajo y en las instituciones de enseñanza, la puntuación ciudadana, la categorización biométrica para deducir datos sensibles como la orientación sexual o las creencias religiosas, así como algunos casos de vigilancia policial predictiva de personas; 2) la preceptiva evaluación de conformidad para las aplicaciones de alto riesgo; y 3) unas obligaciones de transparencia para las aplicaciones de riesgo limitado. En este sentido, de conformidad con su art. 9 y la remisión al Anexo III, se consideran de alto riesgo "los sistemas de IA que se utilizan en el empleo, la gestión de los trabajadores y el acceso al autoempleo, sobre todo para la contratación y la selección de personal; para la toma de decisiones relativas a la promoción y la rescisión de contratos; y para la asignación de tareas y el seguimiento o la evaluación de personas en relaciones contractuales de índole laboral, dado que pueden afectar de un modo considerable a las futuras perspectivas laborales y los medios de subsistencia de dichas personas".

7. La Propuesta de Directiva de Responsabilidad por Inteligencia Artificial, de 28 de octubre de 2022, de la que destacan la materia de la prueba para acreditar y reparar los daños generados por sistemas de IA calificados de alto riesgo, así como la presunción de relación de causalidad en caso de culpa —debido a la dificultad de la prueba por los demandantes—, la cual tiene carácter *iuris tantum* porque es refutable por el demandado[290].

8. En el plano más específicamente laboral, la Propuesta de Directiva relativa a la mejora de las condiciones labo-

[290] RODRÍGUEZ MARTÍN-RETORTILLO, R.: "Deber de transparencia y límites de la inteligencia artificial en las relaciones laborales", *Trabajo y Derecho*, núm. 102, 2023.

rales en el trabajo en plataformas digitales, incorpora, como después se verá, reglas sobre "gestión algorítmica", con una apuesta decidida por la transparencia a través de un derecho de información, medidas de "supervisión humana por personal cualificado de los sistemas automatizados" (art. 7) y una "revisión humana de decisiones importantes" (art. 8)[291]. También impide que las plataformas digitales de trabajo traten determinados tipos de datos personales mediante sistemas automatizados de supervisión o toma de decisiones. Entre estos datos se incluirán: a) datos personales sobre el estado emocional o psicológico de los trabajadores de plataformas; b) datos relacionados con conversaciones privadas; c) datos para predecir la actividad sindical real o potencial; d) datos utilizados para inferir el origen racial o étnico, la situación migratoria, las opiniones políticas, las creencias religiosas o el estado de salud de los trabajadores; y e) datos biométricos, distintos de los utilizados para la autenticación. En definitiva, prevé que cualquier decisión de terminar, restringir o suspender una relación laboral con una persona trabajadora no podrá ser tomada exclusivamente en base a un algoritmo.

9. Asimismo, tampoco conviene olvidar las iniciativas europeas sobre IA dentro del ámbito de "soft law". En concreto:

   A) La Resolución del Parlamento Europeo de 14 de marzo de 2017, sobre las implicaciones de los grandes datos para los derechos fundamentales: privacidad, protección de datos, no discriminación, seguridad y aplicación de la ley[292], se refiere en su párrafo 22 (sobre el impacto discriminatorio de los

---

291 COM(2021) 762 final.

292 2016/2225(INI).

algoritmos y los sistemas de conjuntos de datos) a la equidad como principio prevalente en el examen de las predicciones basadas en el análisis de datos[293].

B) La Carta Europea de Inteligencia Artificial en los sistemas judiciales, parte del necesario respeto a cuatro principios básicos[294]: 1) a los derechos humanos y no discriminación, para cuyas garantías es preciso adoptar esta óptica desde la fase de la concepción hasta la de aplicación, de forma que los resultados garanticen los derechos de la CEDH y el Convenio número 108 sobre protección de datos personales del Consejo de Europa; 2) a la seguridad y calidad, garantizando la integridad de los datos en todas las etapas del procesamiento; 3) a la transparencia de las metodologías y técnicas utilizadas en el procesamiento de las decisiones judiciales; 4) al control del usuario, traducido en el derecho a ser informado en un lenguaje claro y comprensible de la naturaleza vinculante o no vinculante de las soluciones propuestas, las diferentes opciones y la posibilidad de acceso a un tribunal.

C) El Dictamen del Comité Económico y Social Europeo sobre "Comunicación de la Comisión al Parlamento Europeo, al Consejo, al Comité Económico y Social Europeo y al Comité de las Regiones — Generar confianza en la Inteligencia Artificial centrada

---

293 RIVAS VALLEJO, P.: *La aplicación de la inteligencia artificial al trabajo y su impacto discriminatorio*, Pamplona, Aranzadi, 2020, pp. 53 y ss.

294 OLARTE ENCABO, S.: "Algoritmos retributivos y no discriminación salarial de las mujeres", en AA.VV (RIVAS VALLEJO, P., Dir.): *Discriminación algorítmica en el ámbito laboral: perspectiva de género e intervención*, Pamplona, Aranzadi, 2022, p. 246.

en el ser humano"[295]–, ha recordado "la necesidad de consultar e informar a los trabajadores y sus representantes a la hora de introducir sistemas de IA que pudieran provocar cambios en la organización del trabajo, la vigilancia y su control, así como en los sistemas de evaluación y contratación de los trabajadores".

D) El Informe final de la Comisión especial sobre Inteligencia Artificial en la Era Digital (AIDA), pretende conseguir una posición común a largo plazo que garantice los valores y objetivos principales de la Unión Europea sobre la IA, al tiempo que sea capaz de dar continuidad a los esfuerzos legislativos de la Unión Europea en este ámbito con el fin último de que la IA aporte enormes beneficios a todos los ámbitos de la Unión Europea, desde la transición ecológica y la salud hasta la industria, la gestión pública, la agricultura y –por lo que aquí interesa—el trabajo[296].

E) La Resolución del Parlamento Europeo, de 20 de octubre de 2020, con recomendaciones destinadas a la Comisión sobre un marco de los aspectos éticos de la Inteligencia Artificial, la robótica y las tecnologías conexas[297], considera que, dentro de los límites de lo técnicamente posible, los desarrolladores, los desplegadores y los usuarios, deben garantizar que la IA, la robótica y las tecnologías conexas se des-

---

[295] COM (2019) 168 final.

[296] GARCÍA QUIÑONES, J.C.: "Inteligencia artificial y relaciones laborales: entre la significación creciente de los algoritmos y el desmentido de su neutralidad aparente", *Temas Laborales*, núm. 167, 2021, p. 114.

[297] 2020/2012/INL.

plieguen y utilicen respetando plenamente los requisitos de transparencia y permitiendo la auditoría y trazabilidad. Además, las medidas de transparencia deben ir acompañadas, siempre que sea técnicamente posible, de explicaciones claras y comprensibles sobre los datos utilizados y el algoritmo, así como sobre su finalidad, sus resultados y sus riesgos potenciales[298].

F) El Programa Europeo Digital (2021-2027), insiste en la necesidad de garantizar la transparencia en la toma de decisiones de algoritmos, apostando por la implantación de auditorías como técnica de monitoreo de los procesamientos algorítmicos para tutelar su ajuste al ordenamiento jurídico y garantizar el respeto de un marco ético, además de informar, formar y sensibilizar a la ciudadanía[299].

G) La Resolución del Parlamento Europeo, de 3 de mayo de 2022, sobre la IA en la era digital, "pide a la Comisión y a los Estados miembros que garanticen la protección adecuada de los derechos y el bienestar de los trabajadores, como la no discriminación, la intimidad, la autonomía, la dignidad humana en el uso de la IA y en la gestión algorítmica, también con respecto a las prácticas de vigilancia indebida...", subrayando que, "a la hora de utilizar la IA en el trabajo, los empleadores deben ser transparentes en

---

298 ÁLVAREZ CUESTA, H.: "Inteligencia artificial: derecho de la UE y derecho comparado: la propuesta de una Ley sobre IA", en AA.VV (RIVAS VALLEJO, P., Dir.): *Discriminación algorítmica en el ámbito laboral: perspectiva de género e intervención*, Pamplona, Aranzadi, 2022, 2022, p. 394.

299 Propuesta de Reglamento del Parlamento Europeo y del Consejo, de 6 de junio de 2018 (COM 2018 0434).

cuanto a la forma en que se utiliza y a su influencia en las condiciones laborales", de manera que "los trabajadores deben ser siempre informados y consultados antes de utilizar dispositivos y prácticas basados en la IA"; destaca, además, "que los algoritmos deben estar sujetos a la supervisión humana y que sus decisiones deben ser responsables, impugnables y, si procede, reversibles", debiendo "impulsar la formación de los desarrolladores de algoritmos en cuestiones relativas a la ética, la transparencia y la no discriminación"[300].

H) La Declaración Europea sobre los Derechos y Principios Digitales para la Década Digital, de 15 de diciembre de 2022[301], adopta como premisa la promoción de la transformación digital centrada en las personas, el fomento de las capacidades digitales, el diseño de los productos digitales bajo el paradigma de la sostenibilidad ambiental, la privacidad y la protección de datos, así como la implantación de unas condiciones de trabajo justas y equitativas, saludables y seguras, contando con una protección adecuada en el entorno digital y en el puesto de trabajo físico con independencia de la modalidad o la duración del empleo[302].

---

300 ROJO TORRECILLA, E.: "Importante Resolución del Parlamento Europeo, de 3 de mayo de 2022, sobre la inteligencia artificial en la era digital. Unas notas descriptivas de su contenido laboral, y atención a la nueva bibliografía existente sobre IA", http://www.eduardorojotorrecilla.es/2022/05/importante-resolucion-de-parlamento.html

301 DOCE, 23 enero 2023.

302 PIÑAR MAÑAS, J.L. y PIÑAR REAL, A.: "Aproximación a la Declaración Europea de derechos y principios digitales para la década

l) La Brújula Digital 2030[303] pretende aplicar políticas digitales que capaciten a las personas y las empresas para aprovechar un futuro digital centrado en el ser humano, sostenible y más próspero, apostando por la dotación de infraestructuras y la transformación digital de las empresas y los servicios públicos.

10. En fin, es significativo que el Acuerdo Marco de los Interlocutores Sociales europeos sobre Digitalización (2020), contemple la posibilidad de introducir la IA al mundo laboral dentro del poder de dirección empresarial sin perjuicio de observar el derecho a la transparencia y el derecho de la persona trabajadora de solicitar la intervención humana y de impugnar la decisión.

---

digital", en AA.VV (VELASCO NUÑEZ, E., Dir.): *Marco normativo de la UE para la transformación digital,* Madrid, La Ley, 2023, pp. 147 y ss.

303 COM(2021) 118 final

15.- Contexto normativo interno: avances y asignaturas pendientes

La regulación laboral española ha prestado escasa atención desde el punto de vista cuantitativo a la gestión laboral algorítmica, pero, cuando lo ha hecho, ha adoptado previsiones de calado. Así:

1. Se ha centrado en indicar que la utilización de estas tecnologías es un indicio de dependencia, esto es, de inclusión de la persona trabajadora en el círculo rector de dirección y organización empresarial. Este indicio fue decisivo, para que la Ley 12/2021, de 28 de septiembre (que se ha dado en llamar "ley rider"), introdujera una presunción específica de laboralidad para el trabajo en plataformas[304], señalando que "se presume incluida en el ámbito de esta ley (en referencia al ET) la actividad de las personas que presten servicios retribuidos consistentes en el reparto o distribución de cualquier producto de consumo o mercancía, por parte de empleadoras que ejercen las facultades empresariales de organización, dirección y control de forma directa, indirecta o implícita, mediante la gestión algorítmica del servicio o de las condiciones de trabajo, a través de una plataforma digital".

2. No reconoce, sin embargo, ningún derecho individual específico de la persona trabajadora en esta materia,

---

304 RODRÍGUEZ CARDO, I.A.: "Decisiones automatizadas y discriminación algorítmica en la relación laboral: ¿hacia un Derecho del Trabajo de dos velocidades?", *Nueva Revista Española de Derecho del Trabajo*, núm. 253, 2022.

pero establece garantías desde el punto de vista colectivo en el art. 64 ET, que atribuye, como después se verá, al comité de empresa el derecho a ser informado por el titular de la organización productiva "de los parámetros, reglas e instrucciones en los que se basan los algoritmos o sistemas de inteligencia artificial que afectan a la toma de decisiones que pueden incidir en las condiciones de trabajo, el acceso y mantenimiento del empleo, incluida la elaboración de perfiles".

3. Tampoco hay que olvidar lo previsto en el art. 23.1 Ley 15/2022, de 12 de julio, integral para la igualdad de trato y la no discriminación, en virtud del cual se recoge el mandato a las Administraciones Públicas de poner en marcha mecanismos que obliguen a los algoritmos a tener en cuenta criterios de minimización de sesgos, transparencia y rendición de cuentas, siempre que ello resulte factible técnicamente. Estos mecanismos que habrán de estar presentes en el diseño de los algoritmos y datos de entrenamiento, abordando también su potencial impacto discriminatorio mediante la realización de las correspondientes evaluaciones de impacto, a efectos de determinar la presencia del posible sesgo discriminatorio. A ello le sigue la previsión, dirigida también a las Administraciones Públicas para, dentro de sus competencias en el ámbito de los algoritmos involucrados en procesos de toma de decisiones, priorizar la transparencia en el diseño y la implementación y la capacidad de interpretación de las decisiones adoptadas por los mismos (art. 23.2). Junto con un encargo, proyectado esta vez de manera conjunta hacia las Administraciones públicas y las empresas, prevé la promoción del uso de una IA ética, confiable y respetuosa con los derechos fundamentales, siguiendo especialmente las recomendaciones de la Unión Europea en este sentido (art. 23.3), en referencia implícita al Reglamento Europeo sobre In-

teligencia Artificial. Aunque hay que elogiar que la Ley 15/2022 no haya olvidado el potencial discriminatorio de la IA, lo cierto es que el art. 23 se puede resumir como una mera declaración de intenciones que apunta algunas ideas sobre las herramientas para la prevención de la discriminación algorítmica (minimización de sesgos, transparencia de los algoritmos o evaluaciones de impacto) y su control (rendición de cuentas), tanto en su diseño como en su entrenamiento[305].

4. Por su parte, el art. 17.4 Ley 3/2023, de 28 de febrero, de Empleo (LE), remite al desarrollo reglamentario "el conjunto de instrucciones que compondrán el algoritmo subyacente a las decisiones y recomendaciones basadas en el análisis de datos y las evidencias estadísticas" dentro del Portal Único de Empleo.

5. Asimismo, la Ley Orgánica 3/2022, de 31 de marzo, de ordenación e integración de la formación profesional, reseña en la disposición adicional novena la confección por el Gobierno de un plan de competencias en digitalización e IA en la formación profesional, que incluirá la propuesta de contenidos comunes transversales del currículo para todas las personas que se formen en tal sistema de capacitación profesional.

6. Igualmente, la Ley Orgánica 3/2018, de 5 de diciembre, de Protección de Datos Personales y Garantía de los Derechos Digitales (LOPDyGDD), además de formular una remisión general al art. 22 RPD sobre el régimen de tutela frente a la adopción de decisiones automatizadas (art. 18), reconoce el derecho del afectado, que haya

---

305 VICENTE PALACIO, A.: "La inteligencia artificial en la Ley integrar para la igualdad y no discriminación", *Revista General de Derecho del Trabajo y de la Seguridad Social*, núm. 64, 2023.

proporcionado datos que vayan a ser tratados para la elaboración de perfiles, a conocer la información básica al respecto, incluyendo "el derecho a ser informado de su derecho a oponerse a la adopción de decisiones individuales automatizadas que produzcan efectos jurídicos sobre él o le afecten significativamente de modo similar" de acuerdo con lo previsto en el anteriormente mencionado art. 22 RPD (art. 17.2).

En paralelo, más allá del marco normativo, cabe dar noticia, también, de algunos textos programáticos (soft law) sobre la materia:

1. La Estrategia Española de i+d+i en Inteligencia Artificial como primer paso hacia la Estrategia Nacional de Inteligencia Artificial, que constituye uno de los ejes de la Estrategia España Digital 2026. Su objetivo general es proporcionar un canal de referencia para el desarrollo de la IA con la finalidad de mejorar el tejido productivo español impulsando su competitividad, en el entendimiento de que esa IA debe ser inclusiva, sostenible y centrada en la ciudadanía. Contempla entre sus objetivos "el establecimiento de marcos regulatorios que delimiten y guíen el diseño de la inteligencia artificial para que las aplicaciones resultantes respeten los derechos de la ciudadanía".

2. La Carta de Derechos Digitales, adoptada por el Gobierno en junio de 2021 en el espacio de la citada Estrategia, recoge un conjunto de principios que deben inspirar la adopción de los proyectos normativos y el desarrollo de las políticas públicas, con la finalidad de garantizar los derechos individuales y colectivos a los que también se refiere la citada Carta en el contexto de la nueva realidad digital. En su apartado XIX (relativo a los derechos en el ámbito laboral), además de reconocer el "derecho de las personas trabajadoras a la protección de su inti-

midad personal y familiar, el honor, la propia imagen, la protección de datos y el secreto de las comunicaciones en el uso de los dispositivos digitales, así como frente al uso de dispositivos de vigilancia, de grabación de sonidos, así como en el caso de utilización de herramientas de monitoreo", señala que es pertinente también establecer garantías de los derechos de las personas trabajadoras "frente al uso por la entidad empleadora de procedimientos de analítica de datos, inteligencia artificial y, en particular, frente a decisiones automatizadas"[306].

3. La puesta en marcha del Programa Nacional de Algoritmos Verdes 2023-2025, en octubre de 2021, también dentro del ámbito de la Estrategia Nacional de Inteligencia Artificial, resulta esencial para la aplicación de la IA en clave de sostenibilidad, no en vano impulsará una IA respetuosa con el medio ambiente capaz de aportar soluciones inteligentes a los desafíos ecológicos, persiguiendo que la concepción y el desarrollo inicial de los algoritmos tengan como faro los criterios de sostenibilidad ambiental ("verde pro diseño").

En fin, el V Acuerdo para el empleo y la negociación colectiva de 2023 exige que el despliegue de sistemas de IA en las empresas siga el principio de control humano y sea seguro y transparente.

---

306 MERCADER UGUINA, J.R.: *Algoritmos e inteligencia artificial en el derecho digital del trabajo*, Valencia, Tirant Lo Blanch, 2022, p. 75.

16. Respuestas jurídicas

Como ya consta, los algoritmos predictivos no sólo determinarán con mayor exactitud las posibilidades de desarrollo empresarial y de viabilidad del negocio sino que ayudarán a atender las necesidades relativas a la contratación de personas trabajadoras, evaluación de su desempeño profesional y adopción de otras decisiones estratégicas en materia de gestión de los recursos humanos, pero en esta ecuación se deben incluir mecanismos legales expresos y efectivos tendentes a limitar su uso abusivo en aras a garantizar el principio de no discriminación y la salvaguarda de los derechos fundamentales de las personas trabajadoras.

La gestión de las relaciones de trabajo a través de instrumentos basados en IA constituye una realidad que necesita una ordenación jurídica que no puede limitarse al simple prohibicionismo ni tampoco puede pivotar sobre la libre admisión. Antes al contrario, es necesario adoptar una posición regulatoria dotada de referentes básicos de garantía de la efectividad de los derechos fundamentales en el actual marco infotecnológico.

Es más, advertidas las tensiones y preocupaciones críticas que las tecnologías digitales basadas en la IA plantean para los derechos de las personas trabajadoras, el marco normativo aplicable a la trazabilidad y construcción de predicciones con bancos de datos ha de anclarse en la adopción de reglas basadas, por un lado, en el ordenamiento de protección de los datos personales y, por otro, en su consideración como sistemas de alto riesgo a la luz del Reglamento del Parlamento Europeo y del Consejo por el que se establecen normas armonizadas en materia de IA (Ley de Inteligencia Artificial), acompañados de una pertinente traslación al entorno jurídico-laboral.

Es necesario, por ende, parar mientes en los avances normativos existentes, analizando sus bondades y defectos con el fin de detectar las principales lagunas a integrar en una regulación futura.

EL ORDENAMIENTO DE PROTECCIÓN DE DATOS Y SU APLICACIÓN A LAS DECISIONES AUTOMATIZADAS

Aun cuando la gestión algorítmica plantea desafíos que van mucho más allá de la protección de los datos personales de las personas trabajadoras, lo cierto es que teniendo en cuenta que los datos son el "alimento" de los algoritmos decisores, procede traer a colación la regulación existente sobre esta materia elaborada por el legislador europeo y español, pues si bien no está específicamente destinada (salvo en algún aspecto concreto) para su aplicación a la dirección del personal mediante IA, puede resultar altamente relevante para la garantía de los derechos de las personas trabajadoras, no en vano establece, con carácter transversal, cautelas esenciales, límites sustanciales y condicionamientos procedimentales, que "generan sobre la inteligencia artificial la necesidad de acotar sus potencialidades"[307].

Del estatuto de los derechos laborales digitales a la tutela frente a las resoluciones empresariales discriminatorias

La experiencia demuestra cómo el poder tecnológico del empresario, pese a sus virtualidades para el incremento de la rentabilidad empresarial derivado de la facilidad proporcionada a la hora de gestionar los recursos humanos a un bajo coste,

---

[307] LLORENS ESPADAS, J.: *Límites al uso de la Inteligencia Artificial en el ámbito de la salud laboral*, Madrid, La Ley, 2023, p. 43.

pone en peligro y ataca, al tiempo, numerosas libertades públicas de las personas trabajadoras, tales como el derecho a la intimidad, el secreto de las comunicaciones, el derecho a la propia imagen o la propia libertad informática, sin olvidar que ese poder puede ser adicionalmente utilizado, de manera directa o indirecta, con fines discriminatorios. Este carácter "multiagraviante" de los adelantos técnicos, particularmente manifiesto ante el ingente almacenamiento de datos que permite la reconstrucción de las señas e identidades más profundas de la profesionalidad y de la personalidad de las personas trabajadoras, obliga a buscar el difícil punto de equilibrio entre, de un lado, el derecho del empresario a optimizar las posibilidades que las nuevas tecnologías ofrecen no sólo a la actividad económica externa sino a la dirección interna del personal, y, de otro, el ejercicio por las personas asalariadas, en el seno de la relación laboral, de sus derechos de ciudadanía[308].

El precio en términos de debilitamiento de los derechos fundamentales ante la digitalización e informatización desde el paradigma de la IA de los procesos productivos hace que cobre especial relevancia la necesidad de proteger el interés legítimo de controlar los datos personales insertos en los sistemas de comunicación empresariales porque sólo así se va a poder evitar una afectación negativa a los intereses profesionales de las personas trabajadoras. A tal fin –permítase la reiteración–, resulta del máximo interés que el responsable del tratamiento (in casu, el empresario) o el encargado del trabamiento (por encomienda del empleador), lleven a cabo un acopio de datos respetuoso con los derechos fundamentales de las personas trabajadoras, aplicando las medidas técnicas y organizativas adecuadas, no solo para cumplir con la normativa, sino para demostrar su efectivo cumplimiento.

---

308 VALDÉS DAL-RE, F.: "Nuevas tecnologías y derechos fundamentales de los trabajadores", *Revista de Derecho Social*, núm. 2, 2019, p. 130.

Elemento esencial es, por ende –permítase la reiteración–, que las organizaciones productivas adopten las precauciones necesarias para encontrar la equidistancia entre en el legítimo tratamiento empresarial de datos de las personas trabajadoras y el respeto de los derechos constitucionales y legales. Tanto las grandes como a las pequeñas corporaciones deben contar con pautas de actuación claras en la materia, extraídas como conviene de la normativa vigente de protección de datos, debidamente depurada por los pronunciamientos judiciales.

Se trata de conseguir preventivamente que el bien jurídico, esto es, los derechos fundamentales de la persona trabajadora frente a eventuales abusos de la empresa, quede incólume, adoptando las evaluaciones de riesgos y medidas de refuerzo precisas para evitar reclamaciones posteriores y daños reputacionales para la empresa. Como ha señalado el Reglamento 2022/868 del Parlamento Europeo y del Consejo de 30 de mayo de 2022, relativo a la gobernanza europea de datos (Ley de gobernanza de datos), "la economía de los datos se tiene que desarrollar de manera que permita prosperar a las empresas, especialmente a las microempresas y medianas empresas (pymes)... y a las empresas emergentes, garantizando la neutralidad en el acceso a los datos", siendo imprescindible contar con herramientas de actuación que proporcionen la necesaria confianza en el actuar jurídico empresarial.

Algunos avances ha dado el ordenamiento jurídico en el diseño de un estatuto de derechos digitales laborales susceptibles de aplicación también en el marco de la IA, no en vano, como se explicará en las páginas siguientes, el reconocimiento del derecho a la protección de datos personales de la persona trabajadora, la desconexión digital, los límites a la grabación de imágenes y sonidos, la utilización de herramientas de monitoreo y geolocalización, la analítica masiva de datos e IA en los procesos de toma de decisión en materia de recursos humanos, así como su uso lícito, proporcionado y transparente por parte del empleador, actúan como barreras de defensa del derecho de privacidad, imponiendo limitaciones a los poderes directivos empresariales e introduciendo nuevos contenidos de más eficaz protección subjetiva[309].

Ahora bien, los pasos, aunque han sido de calado, todavía pueden calificarse de tímidos. Sigue existiendo un elevado casuismo judicial, pues el legislador adolece de facto de garantías exhaustivas y contundentes para evitar una intromisión desproporcionada en los derechos a la intimidad y privacidad de las personas trabajadoras, al tiempo que no impide una disponibilidad extenuante, ni tampoco que la utilización masiva de datos concluya con decisiones discriminatorias o faltas de objetividad, todo ello sumado (y acrecentado) a la intrínseca posición de desigualdad de las partes del contrato laboral[310].

El Reglamento Europeo de Protección de Datos: contenido laboral

La garantía de la protección de datos ha contado con un desarrollo importante a nivel internacional y europeo.

Así, el Convenio número 108 del Consejo de Europa para la protección de las personas respecto al tratamiento automatizado de datos de carácter personal, que ha sido el primer instrumento trasnacional jurídicamente vinculante, tiene como

309 VALDEOLIVAS GARCÍA, Y.: "Derechos de información, transparencia y digitalización", en AA.VV.: *Digitalización, recuperación y reformas laborales. XXXII Congreso anual de la Asociación Española de Derecho del Trabajo y de la Seguridad Social, Alicante, 26 y 27 de mayo de 2022*, Madrid, Ministerio de Trabajo y Economía Social, 2022, p. 194.

310 VALDEOLIVAS GARCÍA, Y.: "Derechos de información, transparencia y digitalización", en AA.VV.: *Digitalización, recuperación y reformas laborales. XXXII Congreso Anual de la Asociación Española de Derecho del Trabajo y de la Seguridad Social, Alicante, 26 y 27 de mayo de 2022*, Madrid, Ministerio de Trabajo y Economía Social, 2022, p. 203.

fin "garantizar...a cualquier persona física... el respecto a sus derechos y libertades fundamentales, concretamente su derecho a la vida privada, con respecto al tratamiento automatizado de los datos de carácter personal correspondientes a dicha persona".

Cabe mencionar también el art. 8 de la Carta de los Derechos Fundamentales de la Unión Europea, en virtud del cual "toda persona tiene derecho a la protección de datos de carácter personal que la conciernan", añadiendo que "estos datos se tratarán de modo leal, para fines concretos y sobre la base del consentimiento de la persona afectada o en virtud de otro fundamento legítimo previsto por la Ley".

Igualmente, es de interés el art. 16.1 del Tratado de Funcionamiento de la Unión Europea, que prevé que "toda persona tiene derecho a la protección de los datos de carácter personal que le conciernan", habilitando al Parlamento y al Consejo para determinar la protección de las personas físicas en virtud del art. 39 del Tratado de la Unión Europea.

No obstante estos pasos de gigante, ha habido que esperar al Reglamento UE 2016/679, de 27 de abril (RPD), que deroga la anterior Directiva 95/46, para encontrar un elenco de medidas cautelares muy oportunas al objeto de salvaguardar la privacidad de las personas trabajadoras, pues los textos anteriores carecían de referencia expresa a este efecto.

El citado Reglamento, que constituye la pieza fundamental del sistema europeo, siendo su eje nuclear el derecho de los ciudadanos (personas físicas identificadas o identificables) a ejercer un control efectivo sobre la información personal que les concierne (art. 4.1)[311], introduce tres pasajes relevantes en

---

311 RODRÍGUEZ ROCA, A.: "Un nuevo orden para proteger los datos personales", *Revista Acta Judicial*, núm. 3, 2019, p. 95.

el contexto de la prestación de servicios en régimen de ajenidad y dependencia:

En primer lugar, reconoce la posibilidad de establecer normas específicas relativas al tratamiento de datos personales en el ámbito laboral, sobre la base del consentimiento, del cumplimiento de obligaciones establecidas legalmente, de los fines de la contratación, de la ejecución del contrato, de la gestión, planificación y organización del trabajo y/o a efectos de la rescisión de la relación laboral (considerando 155).

En segundo término, excepciona de la prohibición de tratamiento de datos especialmente sensibles aquellos casos en que éste sea necesario para el cumplimiento de obligaciones y el ejercicio de derechos específicos del responsable del tratamiento o del interesado en el ámbito del Derecho Laboral, teniendo en cuenta no sólo la legislación nacional sino también los convenios colectivos y el Derecho de la Unión Europea, siempre y cuando se establezcan garantías adecuadas del respeto de los derechos fundamentales y de los intereses del afectado [art. 9. 2 b)].

En tercer lugar, señala que "los Estados miembros podrán, a través de disposiciones legislativas o de convenios colectivos, establecer normas más específicas para garantizar la protección de los derechos y libertades en relación con el tratamiento de datos personales de los trabajadores en el ámbito laboral, en particular a efectos de contratación de personal, ejecución del contrato laboral, incluido el cumplimiento de las obligaciones establecidas por ley o por convenio colectivo, gestión, planificación y organización del trabajo, igualdad y diversidad en el lugar de trabajo, salud y seguridad en el trabajo, protección de los bienes de empleados o clientes, así como a efectos del ejercicio y disfrute individual o colectivo de los derechos y prestaciones relacionadas con el empleo, a efectos de extinción de la relación laboral"[312] (art. 88.1). Añade, además, que "dichas normas incluirán medidas adecuadas y específicas para preservar la dignidad humana de los interesados así como sus intereses legítimos y sus derechos fundamentales, prestando especial atención a la transparencia del tratamiento, a la transferencia de los datos personales dentro de un grupo empresarial o de una unión de empresas dedicadas a una actividad económica conjunta y a los sistemas de supervisión en el lugar de trabajo" (art. 88.2)[313].

El RPD establece la obligación de las empresas de tener en cuenta la protección de datos desde el momento del diseño de sus procedimientos, productos y servicios (*privacy by desing*), siempre sin olvidar que, por defecto, solo serán objeto de tratamiento los datos personales mínimos que sean necesarios para alcanzar el fin legítimo perseguido (*privacy by default*)[314]. Al desarrollar, diseñar, seleccionar y usar aplicaciones, servicios y productos que están basados en el tratamiento de datos personales o que tratan datos personales para cumplir su función, ha de alentarse a los productores de los sistemas, servicios y aplicaciones a que tengan en cuenta el derecho a la protección de datos en su desarrollo y diseño, debiendo asegurar, con la debida atención al estado de la técnica, que los responsables y los encargados del tratamiento están en condiciones de cum-

---

312 GOÑI SEIN, J.L.: "Intimidad del trabajador y poder de vigilancia y control empresarial", en AA.VV (GARCÍA MURCIA, J., Coord.): *Jornada sobre derechos fundamentales y contrato de trabajo,* Oviedo, Principado de Asturias, 2017, p. 36.

313 MARTÍNEZ LÓPEZ-SÁEZ, M.: "La vigilancia electrónica en el contexto laboral europeo y estadounidense: perfilando el derecho a la protección de datos en el trabajo", *Revista General de Derecho del Trabajo y de la Seguridad Social,* núm. 47, 2017, p. 414.

314 FERNÁNDEZ FERNÁNDEZ, R.: *Selección de trabajadores y algoritmos: desafíos ante las nuevas formas de reclutamiento,* Pamplona, Aranzadi, 2021, p. 25.

plir sus obligaciones en materia de protección de datos. Bajo tal premisa, se ha aprobado la Norma UNE-EN 17529: 2022. Protección de Datos y de la Privacidad por diseño y por defecto, cuyo epígrafe 6.13 dispone que ninguna decisión individual que produzca efectos jurídicos o efectos significativos similares para el titular de los datos pueda tomarse únicamente de forma automatizada. El producto y/o proceso debe establecer un punto de interrupción con la necesidad de intervención humana en cualquier canal que apoye la toma de decisiones basado en información con consecuencias significativas[315].

Al definir, con amplios contornos, el tratamiento de datos como "cualquier operación o conjunto de operaciones realizadas sobre datos personales o conjuntos de datos personales, ya sea por procedimientos automatizados o no, como la recogida, registro, organización, estructuración, conservación, adaptación o modificación, extracción, consulta, utilización, comunicación por transmisión, difusión o cualquier otra forma de habilitación de acceso, cotejo o interconexión, limitación, supresión o destrucción" (art. 4.2 RPD), nada impide entender incluidos en tal operación los sistemas de IA.

Haciendo una interpretación cruzada, como fácilmente puede comprobarse, aunque dicho Reglamento no contiene una proclamación formal y solemne del derecho a la protección de datos personales de las personas trabajadoras capaz de atender a la pluralidad de situaciones que convergen en el contexto laboral, supone todo un reconocimiento implícito de la vigencia de tal derecho fundamental en dicho espacio. Los principios y normas relativas a la protección de las personas físicas en lo que respecta al tratamiento de sus datos de carácter personal, deben ser respetados en la actividad laboral como en

---

315 MUÑOZ RUÍZ, A.B.: *Biometría y sistemas automatizados de reconocimiento de emociones: implicaciones jurídico-laborales,* Valencia, Tirant Lo Blanch, 2023, p. 189.

cualquier ámbito de las relaciones sociales, porque el quehacer profesional no constituye un territorio franco o ajeno a la aplicación de los mismos[316].

El RPD constituye, por ende, un importante paso en la construcción de un derecho constitucional europeo referido a la implantación de una cultura común de valores y libertades de los ciudadanos que, con seguridad, contribuirá al reconocimiento a favor de las personas trabajadoras de una libertad informática, entendida en un doble sentido: como libertad de negar o de ocultar información (*the rigth to lie*) sobre los derechos privados, carentes de relevancia para el ejercicio de una actividad laboral, y como libertad de disponer y controlar el uso de los datos insertos en un soporte informático manejado por el empresario[317], utilizando, por lo que aquí interesa, el auxilio de la IA.

La Ley Orgánica 3/2018: tratamiento mecanizado de datos

Sobre las previsiones laborales del RPD, centradas en el encargo de diseñar reglas específicas para el tratamiento de los datos personales en la relación de trabajo contenidas en su art. 88, limitado a identificar las diversas fases de la relación laboral sensibles a ese tratamiento y la genérica garantía de preservación de los derechos de la persona trabajadora, nuestro derecho interno procede a través de la Ley Orgánica 3/2018, de 5 de diciembre (LOPDyGDD) a romper de forma clara el aislamiento jurídico que había venido manteniendo el entra-

---

316 GOÑI SEIN, J.L.: *La nueva regulación europea y española de protección de datos y su aplicación al ámbito de la empresa (incluido el Real Decreto-Ley 5/2018)*, Albacete, Bomarzo, 2018, p. 22.

317 VALDÉS DAL-RE, F.: "Nuevas tecnologías y derechos fundamentales de los trabajadores", *Derecho de las Relaciones Laborales*, núm. 2, 2019, p. 131.

mado laboral para incluirlo, aun cuando modalizadamente, en el espacio aplicativo de la protección general de datos personales[318].

Queda incorporado, así, al catálogo de derechos fundamentales inespecíficos de las personas trabajadoras el conocido bajo la clave de la "autodeterminación informativa" (art. 18.4 CE)[319], configurado como "derecho fundamental autónomo" que tiene por objeto "garantizar la facultad de las personas para conocer y acceder a las informaciones que les conciernen (no sólo íntimas), archivadas en bancos de datos (*habeas data*); controlar su calidad, lo cual implica la posibilidad de corregir o cancelar los asientos inexactos o indebidamente procesados; disponer sobre su transmisión... ; en definitiva, entraña una facultad de decidir sobre la revelación y el uso de los datos personales, en todas las fases de elaboración y utilización de los mismos, es decir, su acumulación, su transmisión, su modi-

---

318 MIÑARRO YANINI, M.: "Impacto del Reglamento comunitario de protección de datos en las relaciones laborales: un pretendido cambio cultural", *Revista Trabajo y Seguridad Social (Centro de Estudios Financieros),* núm. 423, 2018, p. 7.

319 SSTCo 254/1993, de 20 de julio y 290 y 292/2000, de 30 de noviembre. Por extenso, VILLAVERDE MENENDEZ, I.: "La jurisprudencia del Tribunal Constitucional sobre el derecho fundamental a la protección de datos de carácter personal", en AA.VV (FARRRIOLS i SOLA, A., Dir.): *La protección de datos de carácter personal en los centros de trabajo,* Madrid, Cinca, 2006, pp. 48 y ss. STCo 292/2000, de 30 de noviembre. En la línea de la Sentencia del Tribunal Europeo de Derechos Humanos 2000/130, de 4 de mayo, asunto *Rotaru.* También, en SSTJUE 8 abril 2014, asunto *Digital Rights Ireland* y 6 octubre 2015, asunto *Schrems.* Por extenso, GARRIGA DOMÍNGUEZ, A.: El derecho a la protección de datos en la jurisprudencia constitucional", en AA.VV.: *Nuevos retos para la protección de datos personales. En la era del big data y de la computación ubicua,* Madrid, Dykinson, 2016, pp. 94 y ss.

ficación y cancelación"[320]. Se trata, pues, de un derecho independiente, que ampara un poder de disposición y de control sobre los datos personales, sean íntimos o no, al facultar, de un lado, a su titular para decidir cuáles de esos datos se pueden proporcionar a un tercero o cuáles puede ese último recabar, y al permitir, de otro, saber quién posee tales datos y para qué, pudiendo oponerse a su detentación o uso[321].

Bajo el paraguas del RPD, la Ley Orgánica 3/2018 lleva a cabo dos actividades fundamentales: por un lado, extiende de forma transversal su marco objetivo a las relaciones laborales donde ahora, sin lugar a dudas, aunque con alguna matización, se aplica en toda su extensión; y, por otro, establece límites en el ejercicio del poder de supervisión empresarial para salvaguardar los denominados "derechos digitales", esto es: el derecho de la intimidad de los trabajadores tanto en el uso de los dispositivos informáticos puestos a disposición por su empresario (art. 87), como frente al recurso a los mecanismos de videovigilancia y de grabación de sonidos en el lugar de trabajo (art. 89) o también a raíz del establecimiento de sistemas de geolocación en el ámbito laboral (art. 90), sin dejar de mencionar la posibilidad de desconexión de la persona trabajadora para respetar sus tiempos de descanso (art. 88).

Es más, el presente texto legal, a través de su disposición final decimotercera, añade un nuevo párrafo bis en el art. 20 Real Decreto Legislativo 2/2015, de 23 de octubre, por el que se aprueba el texto refundido de la Ley del Estatuto de los Trabajadores (ET), precepto que hasta ese momento no había su-

---

320 STCo 292/2000, de 30 de noviembre. DE VICENTE PACHES, F.: "Las facultades empresariales de vigilancia y control en las relaciones de trabajo", *Tribuna Social*, núm. 157, 2004, p. 30.

321 RUBIO TORRANO, E.: "Del Reglamento europeo a la nueva Ley Orgánica de Protección de Datos", *Revista Aranzadi Doctrinal*, núm. 6, 2018, p. 3.

perado su vieja formulación inicial, que databa de 1980, pese a los adelantos tecnológicos que habían incrementado exponencialmente las posibilidades de inspección y pese a las innumerables modificaciones estatutarias que habían tenido lugar durante todo este tiempo[322]. En virtud de este nuevo precepto, las personas trabajadoras tienen derecho a la intimidad en el uso de los dispositivos digitales puestos a disposición por el empleador, a la desconexión digital y a la intimidad frente al uso de mecanismos de videovigilancia y geolocalización en los términos establecidos en la legislación vigente en materia de protección de datos y garantía de los derechos digitales.

Desde tales premisas, cabe distinguir dos partes bien diferenciadas dentro del articulado de la Ley 3/2018, con desigual impacto en el ámbito específico de las relaciones profesionales: por un lado, la regulación primeramente dicha de protección de datos personales (títulos I a IX), que guarda un claro paralelismo con la estructura del RPD, aunque acertadamente con un marcado propósito de evitar duplicidades y con un mayor grado de concisión, en la que se no se hace alusión explícita a la prestación de servicios dependiente y por cuenta ajena, pero que entraña sin duda las pertinentes obligaciones y compromisos para el empleador (responsable del tratamiento) o para quien actúe como encargado de tratamiento de datos de carácter laboral; por otro, la regulación de los llamados derechos digitales (título X), donde proporciona nuevas garantías para los ciudadanos en general y expresamente para los traba-

[322] IGARTÚA MIRÓ, M.T.: "El derecho a la desconexión en la Ley Orgánica 3/2018, de 5 de diciembre, de protección de datos personales y garantía de los derechos digitales", *Revista de Trabajo y Seguridad Social (Centro de Estudios Financieros)*, núm. 432, 2019, p. 72.

jadores en particular frente al ejercicio del poder de control empresarial[323].

La persona asalariada se beneficia, por ende, de un doble estatus protector en cuanto titular de datos personales manejados por el empresario, de un lado, con las garantías generales inherentes a la actividad desplegada por este último como cualquier sujeto responsable del tratamiento y, de otro, con los específicos derechos digitales laborales diseñados frente al ejercicio del poder de dirección empresarial[324]. Ambos extremos, pese a su diferencia formal, se encuentran directamente relacionados, no en vano todos los principios y garantías de la protección de datos afectan también a las prerrogativas de inspección empresarial a la luz del propio art. 20 bis ET.

De todas formas, tampoco cabe ocultar que las novedades introducidas pueden calificarse de escuetas porque, en primer lugar, el legislador se ha centrado únicamente en proteger la información personal ante los avances tecnológicos en el momento del desarrollo y ejecución del contrato de trabajo marginando los estadios previos a la contratación y también los problemas planteados ante la extinción del vínculo. Además, ha optado por no entrar a regular de forma pormenorizada los derechos esbozados, siendo patente la falta de concreción normativa y el carácter meramente programático de algunas de sus previsiones. Asimismo, parece estar redactada pensando

---

323 GARCÍA MURCIA, J. y RODRÍGUEZ CARDO, I.A.: "La protección de datos personales en el ámbito del trabajo: una aproximación desde el nuevo marco normativo", *Revista Española de Derecho del Trabajo*, núm. 216, 2019 (BIB 2019/1432).

324 VALDEOLIVAS GARCÍA, Y.: "Derechos de información, transparencia y digitalización", en AA.VV.: *Digitalización, recuperación y reformas laborales. XXXII Congreso Anual de la Asociación Española de Derecho del Trabajo y de la Seguridad Social*, Alicante, 26 y 27 de mayo de 2022, Madrid, Ministerio de Trabajo y Economía Social, 2022, p. 197.

en la gran empresa, olvidando que en el panorama empresarial español abundan las medianas y, sobre todo, las pequeñas corporaciones, donde la observancia de las cuantiosas obligaciones en materia de protección de datos devienen difíciles de cumplir por un doble cúmulo de razones: de un lado, por los costes que ello conlleva; de otro, por la complejidad técnica de la materia. Igualmente, centra gran parte de sus garantías en la tutela del derecho a la intimidad sin tener en cuenta que hay otros derechos fundamentales en juego. Presenta, en paralelo, un casi completo vacío en la regulación del Derecho colectivo digital en las relaciones laborales, dejando ayunos de regulación temas tan importantes como la transmisión de información sindical, las formas de representación en la empresa *on line*, la definición de los interlocutores sociales como cesionarios de datos personales, la necesaria ponderación entre protección de datos y libertad sindical o las acciones colectivas en defensa de los derechos a la protección de datos en la empresa y en auxilio de los derechos digitales[325]. En fin, adolece, a la postre, de una falta de proyección valiente *pro futuro*, al haber perdido la ocasión de adaptarse a la velocidad a la que la tecnología cambia las circunstancias productivas por las que se pueden comprometer los derechos fundamentales, obviando que el derecho a la protección de datos es un "derecho en construcción", de contornos no completamente acabados, y que por eso mismo no hay que descartar que en el horizonte más o menos próximo presente novedades o aspectos que hoy en día simplemente están debutando[326].

---

325 PRECIADO DOMENECH, C.H.: *Los derechos digitales de las personas trabajadoras. Aspectos laborales de la Ley Orgánica 3/2018, de 5 de diciembre, de Protección de Datos y Garantía de los Derechos Digitales*, Pamplona, Aranzadi, 2019, p. 19.

326 GARCÍA MURCIA, J. y RODRÍGUEZ CARDO, I.A.: "La protección de datos personales en el ámbito del trabajo: una aproximación des-

Sorprende, por tanto, la falta de mención de la LOPDyGDD a la IA y la alusión en tres únicas ocasiones a las decisiones individuales automatizadas: una, en relación con el derecho de información (art. 11); otra, en referencia al derecho de oposición (art. 18); y la última en lo que hace a su prohibición cuando no concurra intervención humana (art. 22).

Ahora bien, teniendo en cuenta que la IA permite adoptar decisiones de forma automática por medio del análisis avanzado de extensos conjuntos de datos, no cabe duda de que la delegación de la aludida competencia decisoria en las máquinas pertrechadas de fórmulas matemáticas debe de ir acompañada del respeto de los principios y garantías de la protección de datos[327].

Principios tuitivos de un uso confiable de los datos manejados mediante un sistema de inteligencia artificial

Aspecto sustancial del contenido del ordenamiento de protección de datos, concebido como normativa ómnibus aplicable a la gestión algorítmica del trabajo[328], es su delimitación bajo una serie de principios generales, que definen las pautas a las que deben atenerse la recogida, el registro y uso de los datos, que engloban toda la información (tanto objetiva como subjetiva) "sobre una persona física identificada o identifica-

---

de el nuevo marco normativo", *Revista Española de Derecho del Trabajo*, núm. 216, 2019 (BIB 2019/1432).

327 AEPD: *Adecuación al RGPD de tratamientos que incorporan inteligencia artificial. Una introducción*, 2020.

328 BAZ TEJEDOR, J.: "Responsabilidad algorítmica y gobernanza de la IA en el ámbito sociolaboral. Entre la perspectiva y la prospectiva", *Trabajo y Derecho*, núm. 89, 2022.

ble" (art. 4.1 RPD)[329]. Queda protegido, pues, cualquier extremo concerniente a la persona trabajadora, sea referido a su esfera profesional o personal, como vida familiar, estado civil, número de hijos, titulaciones, puestos desempeñados, trayectoria,... e incluso las valoraciones del rendimiento y productividad en forma de opiniones o juicios vertidos respecto de las personas candidatas o empleadas durante un proceso de selección o promoción[330].

Tales principios pueden resumirse en los siguientes fundamentales: licitud, transparencia, finalidad, adecuación, pertinencia, exactitud y actualización, temporalidad, seguridad a través de la confidencialidad, seudonimización o cifrado, evaluación de impacto y responsabilidad proactiva. A estos parámetros se unen una serie de garantías de la persona, que se configuran como derechos subjetivos encaminados a hacer operativos tales postulados genéricos: información, acceso, rectificación, supresión, bloqueo, limitación del tratamiento, portabilidad u oposición.

Como fácilmente puede colegirse del propio RPD, todos sus axiomas alcanzan plena virtualidad en el ámbito laboral, concretados, en algunos casos en la LOPDyGDD, con posibilidad de ser mejorados por los convenios colectivos[331].

---

329 Trasladado a la "Convention 108 plus, adoptada en la 128th session of the Committee of Ministers, Elsinore, 18 May 2018". CONCELLÓN FERNÁNDEZ, P.: "El concepto de dato personal en la Unión Europea: una pieza clave en su protección", *Revista General de Derecho Europeo*, núm. 48, 2018, pp. 236 y ss.

330 La STJUE 434/16, de 20 de diciembre de 2017, asunto *Peter Nowak/ Data Protection Commissioner*, ha considerado como datos personales las "respuestas escritas del aspirante durante un examen profesional y las posibles anotaciones del examinador en relación con ellas".

331 GOÑI SEIN, J.L.: "Vulneración de derechos fundamentales en el trabajo mediante instrumentos informáticos, de comunicación y archivo de datos", *Justicia Laboral*, núm. 17, 2004, p. 55.

Procede, pues, hacer un repaso de aquellos con mayor incidencia en el contexto de las relaciones laborales al objeto de asegurar, por lo que aquí interesa, un uso confiable de los datos manejados mediante un sistema de IA.

Consentimiento como regla general: fugas

El gran postulado (o base jurídica) a partir del cual aparece vertebrada ahora la regulación de protección de datos es, sin duda, la exigencia de una manifestación de voluntad libre, específica, informada e inequívoca por la que se acepta, ya sea mediante una declaración o una clara acción afirmativa, el tratamiento de datos personales por lo que aquí interesa mediante algoritmos (arts. 4.11 y 6 RPD y art. 6 LOPDyGDD)[332]. A diferencia del régimen anterior donde se admitía el consentimiento tácito, la nueva normativa requiere una manifestación o acción positiva del interesado que indique su conformidad con el tratamiento[333]. Debe ir referido a una determinada operación y para una finalidad específica y legítima del respon-

332 DAVARA RODRIGUEZ, M.A.: "La nueva Ley Orgánica de Protección de Datos de Carácter Personal", en AA.VV (DAVARA RODRIGUEZ, M.A., Coord.): *XIII Encuentro sobre Informática y Derecho*, Pamplona, Aranzadi, 2000, p. 23. La doctrina constitucional atribuye al consentimiento del afectado un valor fundamental, SSTCo 202/1999, de 8 de noviembre; 144/1999, de 22 de julio; 223/1998, de 24 de noviembre ó 106/1998, de 18 de mayo.

333 Ilustrativa es la SAN, Cont-Admtivo, 19 junio 2018 (rec. 936/2016), que considera que no concurre el consentimiento del asegurado y, por tanto, entiende que supone un tratamiento ilícito de datos personales el cargo en cuenta corriente de la cantidad correspondiente a la póliza de seguro, primero en la de titularidad del denunciante y después en la de una sociedad –que tenía otro vehículo asegurado con la misma entidad recurrente—y de la que el denunciante era administrador.

sable, sin que sea admisible para un conjunto indefinido de actividades sin concreción[334].

La Agencia Española de Protección de Datos ha aclarado que el consentimiento sólo se considera válido cuando: 1) la persona trabajadora pueda realmente elegir, sin que haya riesgo de engaño, intimidación, coerción o consecuencias negativas importantes si no se presta; 2) pueda ser retirado por parte de su titular, de ahí que deba incluirse una cláusula expresa en la declaración que se efectúe, en la que la retirada del consentimiento no conlleve ninguna desventaja para quienes lo retiren; 3) se ofrezca la posibilidad de no ser otorgado, dando a conocer posibles alternativas[335].

Ninguna duda cabe, por ejemplo, sobre la necesidad de consentimiento específico de las personas trabajadoras para que la empresa pueda publicar en la página web corporativa su nombre, apellidos, foto y perfil profesional al objeto de que los usuarios confíen en el negocio precisamente por la cualificación de sus empleados[336] o para aceptar como "amigo" al empresario en una red social[337].

Ahora bien, en tanto en cuanto el tratamiento de datos personales consiste en la agregación de los datos del interesado con datos de otros individuos para obtener a través de técnicas

---

334 GOÑI SEIN, J.L.: *La nueva regulación europea y española de protección de datos y su aplicación al ámbito de la empresa (incluido el Real Decreto Ley 5/2018)*, Albacete, Bomarzo, 2018, p. 85.

335 AGENCIA ESPAÑOLA DE PROTECCIÓN DE DATOS: Expediente núm. PS/00050/2021.

336 Informe jurídico de la Agencia de Protección de Datos 2010-0039: *Comunicación en internet de datos de empleados. No válido el consentimiento en el seno de la relación laboral.*

337 FERNÁNDEZ FERNÁNDEZ, R.: *Selección de trabajadores y algoritmos: desafíos ante las nuevas formas de reclutamiento*, Pamplona, Aranzadi, 2022, p. 44.

estadísticas matemáticas del *machine learning*, metadatos –inferencias– que proporcionan información adicional sobre el afectado, no es posible que este último pueda conocer, en el momento de prestar aquiescencia, cuáles son resultados probables de dicha agregación y, por lo tanto, cuál es la información que eventualmente se podrá obtener sobre él a través del tratamiento de sus datos en combinación con datos de otros individuos, su uso y el posible impacto para su bienestar[338]. Además, teniendo en cuenta las facilidades con las que contaría el empresario a la hora de obtener el *placet* de la persona trabajadora, dado la asimetría en su capacidad y posición negociadora y el temor o riesgo real de que su negativa produzca efectos perjudiciales[339], el propio ordenamiento de protección de datos establece algunas excepciones de singular aplicación en el ámbito laboral [art. 6.1 c) RPD], las cuales, en la práctica, llevan a prescindir de tal requisito, convirtiendo la excepción en regla general.

En este contexto, cabe mencionar las tres siguientes fundamentales:

1ª. La primera excepción se refiere al "cumplimiento de una obligación legal aplicable al responsable del tratamiento", expresión que concreta el art. 8 LOPDyGDD con la siguiente locución: "cuando así lo prevea una norma de Derecho de la Unión Europea o una norma con rango de ley", sin tener cabida, por tanto, una excusa derivada de una regulación convencional.

Como botones de muestra de una habilitación legal, cabe mencionar, por ejemplo, la obligación empresarial de entregar

---

338 ARTIGOT GOLOBARDES, M.: "Mercados digitales, inteligencia artificial y consumidores", *El Cronista del Estado Social y Democrático de Derecho,* núm. 100, 2022, p. 131.

339 Directrices 5/2020 del Comité Europeo de Protección de Datos.

copia básica[340] a los representantes de los trabajadores de todos los contratos que deban ser celebrados por escrito, con la excepción de los relativos a la relación laboral de alta dirección. Tal entrega no requiere –*ex lege*– consentimiento expreso y específico del trabajador contratante (art. 8.4 Real Decreto Legislativo 2/2015, de 23 de noviembre, por el que se aprueba el Estatuto de los Trabajadores –ET–), pues razones de legalidad (básicamente fundadas en la constatación jurídico-práctica de que las personas trabajadoras asumen de ordinario la condición de contratante más débil) llevan a pensar al legislador que la exigencia del consentimiento previo supondría, en realidad, un elemento decisivo para la inefectividad del deber, habida cuenta la incontestable y ya reseñada posición de supremacía contractual del empresario[341]. El contenido de este documento puede suscitar importantes problemas de interpretación a los efectos de este estudio, no en vano la revelación de ciertos datos del contrato también podría suponer un atentado a la intimidad de la persona trabajadora[342]. En efecto, el problema jurídico puede surgir cuando colisionan dos derechos constitucionales como son el individual de la persona trabajadora contratada a su intimidad personal (art. 18 CE) y el colectivo de los representantes de los trabajadores (fundado en un interés legítimo derivado de las funciones representativas reconocidas por los arts. 129.2 CE, en relación con los arts. 7, 9.2 y 28.1 CE y con las normas dictadas en su desarrollo) a evitar cualquier con-

340 *Rectius,* copias básicas, pues al menos una de ellas ha de quedar en poder de los representantes. DURÁN LÓPEZ, F.: "Derechos de información y control de la contratación: luces y sombras de una reforma", *Revista de Trabajo,* núm. 100, 1990, p. 435.

341 MONEREO PÉREZ, J.L.: *Los derechos de información de los representantes de los trabajadores,* Madrid, Civitas, 1992, p. 463.

342 SAGARDOY BENGOECHEA, J.A. y GIL Y GIL, J.L.: "Derechos de información de los representantes de los trabajadores en materia de contratación", *Revista de Trabajo,* núm. 100, 1990, p. 31.

tratación irregular[343]. Si la finalidad de la entrega de la copia básica encuentra justificación legal en la verificación de que el contrato cumple con la legalidad vigente para, si apreciada la inadecuación, efectuar las denuncias oportunas tendentes a facilitar la actuación inspectora de la Administración, es lógico pensar que los datos contenidos en la copia básica deben ser únicamente aquéllos que pueden ser objeto de la actuación inspectora[344], ciñéndose al momento preciso en el cual aquel contrato fue concertado[345].

En segundo término, el empresario debe de tratar, a la hora de confeccionar los recibos de salarios, sin necesidad de ningún tipo de *placet* por parte de la persona trabajadora, datos personales como el número de hijos, la existencia de discapacidad o la obligación de satisfacer determinadas prestaciones económicas por resolución judicial (art. 29.1 ET)[346].

En tercer lugar, el art. 28.2 ET, que regula la obligación empresarial de confeccionar un registro salarial, prevé el tratamiento por parte del empresario de los valores medios de las retribuciones, los complementos salariales y las percepciones extrasalariales de su plantilla, desagregados por sexo y distri-

---

343 PÉREZ AMORÓS, F.: *Derechos de información sobre empleo y contratación. Los derechos de los representantes de los trabajadores en la empresa, según la Ley 2/1991*, Barcelona, Bosch, 1993, pp. 82-83.

344 ALBIOL MONTESINOS, I.: *Comités de empresa y Delegados de personal*, Bilbao, Deusto, 1992, p. 109.

345 ESCUDERO RODRIGUEZ, R.: "La Ley de derechos de información: una Ley a medio camino", *Relaciones Laborales*, núm. 7, 1991, pp. 79-80.

346 TRONCOSO REIGADA, A.: "Libertad sindical, libertad de empresa y autodeterminación informativa de los trabajadores", en AA.VV (FARRIOLS i SOLA, A., Dir.): *La protección de datos de carácter personal en los centros de trabajo*, Cinca, Madrid, 2006, p. 106.

buidos por grupos profesionales, categorías profesionales o puestos de trabajo iguales o de igual valor[347].

En fin, en cuarto lugar –y para no hacer más largo el listado ejemplificativo–, el art. 39.4 ET recoge la obligación empresarial de confeccionar un registro horario, que deberá incluir el horario concreto de inicio y finalización de la jornada de trabajo de cada persona trabajadora sin necesidad de ningún tipo de aquiescencia[348].

2ª. Otra excepción va referida a la "satisfacción de intereses legítimos" del responsable o encargado del tratamiento, es decir, del empresario, tal y como sucede con la disposición de datos sobre circunstancias personales del trabajador a la hora de obtener una bonificación en el reclutamiento (mayor de una determinada edad, titulación, víctima de violencia de género, condición de discapacidad…).

3ª. La tercera excepción pone de manifiesto, con carácter general, que no hace falta aportar consentimiento cuando el tratamiento sea necesario para la ejecución de un contrato en el que el interesado es parte o para la aplicación, a su petición, de medidas precontractuales [art. 6.1 b) RPD]. El *placet* va implícito en la mera aceptación de la oferta o en la perfección del contrato[349]. No es

---

347 GARCÍA CAMPA, S.: "El registro salarial o retributivo", *Revista Trabajo y Seguridad Social (Centro de Estudios Financieros)*, núm. 455, 2021, pp. 79 y ss.

348 MONEREO PÉREZ, J.L. y GUINDO MORALES, S.: "Sobre la obligación de establecer un sistema de registro que permita computar la jornada laboral diaria realizada por cada trabajador", *La Ley Unión Europea*, núm. 72, 31 julio 2019, p. 6.

349 GOÑI SEIN, J.L.: "Vulneración de derechos fundamentales en el trabajo mediante instrumentos informáticos, de comunicación y archivo de datos", *Justicia Laboral*, núm. 17, 2004, p. 55.

> necesario, por tanto, para el tratamiento de los datos personales de la persona trabajadora en todo lo referido a la celebración del vínculo, a la ejecución de la prestación del servicio y a su extinción, quedando únicamente reducido el margen empresarial para obtener otros datos diferentes, es decir, salvo que pudiera acreditarse una causa distinta y legítima extramuros del ámbito contractual y precontractual donde efectivamente debería jugar la aquiescencia del trabajador afectado[350].

En definitiva, el título general para el tratamiento de los datos personales de las personas trabajadoras no se basa en el consentimiento, sino en el desarrollo del nexo contractual firmado entre las partes o de futura suscripción, al entenderse incluidos también los estadios donde se desarrolla el proceso de reclutamiento y selección[351].

La prohibición de decisiones individuales automatizadas: "reserva de humanidad" y excepciones

Este mismo esquema (regla general y excepciones) se sigue en el art. 22 RPD, referido a "decisiones individuales automatizadas, incluida la elaboración de perfiles", entendida esta última faceta como "toda forma de tratamiento automatizado de datos personales consistente en utilizar datos personales para evaluar determinados aspectos personales de una persona física, en particular para analizar o predecir aspectos relativos al rendimiento profesional, situación económica, salud, preferencias personales, intereses, fiabilidad, comportamiento, ubicación o movimientos de dicha persona física" (art. 4.4 RPD).

---

350 Informe de la Agencia Española de Protección de Datos núm. 0325/2009.

351 BLÁZQUEZ AGUDO, E.M.: *Aplicación práctica de la protección de datos en las relaciones laborales,* Madrid, Wolters Kluwer, 2018, p. 49.

La prohibición de adoptar decisiones basadas únicamente en el tratamiento automatizado de datos se recoge en el art. 22 RPD, que se ha convertido, de hecho, en la norma imperativa más relevante en el abordaje de la actividad automatizada y, por extensión, de la utilización práctica de la IA[352].

Este precepto, en su apartado primero indica, como regla general, que "todo interesado tendrá derecho a no ser objeto de una decisión basada únicamente en el tratamiento automatizado cuando pueda producir efectos jurídicos en él o le afecte significativamente de modo similar", como pudiera ser, en paradigmático ejemplo, la denegación de una oportunidad laboral, la colocación en gran desventaja o el impedimento para alcanzar una mejora profesional[353].

Por tanto, en una primera aproximación, se podría entender que este es el caso de aquellas decisiones automatizadas relacionadas con la selección de personal, la evaluación de rendimiento, la valoración de competencias, la progresión profesional, etc., porque todas ellas tienen un efecto jurídico claro sobre las aspiraciones laborales de la persona trabajadora, ya sea sobre la celebración de un contrato de trabajo, ya sea sobre la modificación de las condiciones laborales, incluida la extinción del vínculo.

Aclarado el extremo anterior, una cuestión primordial a dilucidar es el nivel de intervención humana pertinente para revertir la prohibición, surgiendo dos tesis posibles: de una parte, admitir cualquier grado por trivial que fuera; de otra —más correcta–, rechazar cualquier intervención humana que se limite a aplicar la decisión adoptada por el algoritmo sin ningún tipo

---

352 HUERGO LORA, A.: "De la digitalización a la IA: ¿evolución o revolución?, *XVIII Congreso de la Asociación Española de Profesores de Derecho Administrativo,* https://www.aepda.es/VerArchivo.aspx?ID=4184

353 MERCADER UGUINA, J.R.: *Algoritmos e inteligencia artificial en el derecho digital del trabajo,* Valencia, Tirant Lo Blanch, 2022, p. 191.

de influencia no solo en el resultado final sino en los estadios de trámite excluyentes, por ejemplo, de la posibilidad de seguir participando en un determinado proceso o de conseguir un determinado beneficio profesional[354]. El Tribunal de Justicia de la Unión Europea en su sentencia de 7 de diciembre de 2023[355] señala que el art. 22 RPD no sólo alcanza y obliga al responsable formal de la decisión sino también a quien materialmente efectúa para el responsable el tratamiento automatizado, perfilado o ponderación bajo otras posiciones jurídicas como pudiera ser la de encargado por cuenta de quien finalmente toma la decisión[356]. En la práctica, esta interpretación está ensanchando el ámbito de aplicación del art. 22, a través de una concepción amplia tanto de lo que se entiende por decisión que produce efectos jurídicos, como de cuándo se entiende que la decisión está "basada únicamente en el tratamiento automatizado". Se tiende a considerar incluido en el marco objetivo de este artículo todo supuesto de aplicación de IA (aunque no suponga automatización) y también los casos de influencia "casi decisiva" del sistema sobre el operador humano (sesgo de automatización), aunque tampoco haya automatización plena[357].

Ahora bien, aun cuando el art. 22.1 RPD prohíbe, como regla general, las decisiones automatizadas sin intervención humana cuando "produzcan efectos jurídicos" o "afecten de

---

354 TODOLÍ SIGNES, A.: *Algoritmos productivos y extractivos. Cómo regular la digitalización para mejorar el empleo e incentivar la innovación*, Pamplona, Aranzadi, 2023, p. 77.

355 C-700/22.

356 COTINO HUESO, L.: "La primera sentencia del Tribunal de Justicia de la Unión Europea sobre decisiones automatizadas y sus implicaciones para la protección de datos y el Reglamento de Inteligencia Artificial", *Diario La Ley*, núm. 80, 17 enero 2024.

357 HUERGO LORA, A.: "De la digitalización a la IA: ¿evolución o revolución?, *XVIII Congreso de la Asociación Española de Profesores de Derecho Administrativo*, https://www.aepda.es/VerArchivo.aspx?ID=4184

forma similar y significativa al interesado", lo cierto es que seguidamente el art. 22.2 RPD recoge tres excepciones. Así, en su apartado a), permite tales decisiones automatizadas "cuando el tratamiento sea necesario para la celebración o la ejecución de un contrato entre el interesado y un responsable del tratamiento". Nótese, asimismo, que el art. 28 LOPDyGDD admite los perfiles elaborados "para el análisis o la predicción de aspectos referidos al rendimiento en el trabajo".

El redactado del art. 22 a) RPD supone un primer obstáculo a la prohibición de decisiones automatizadas sin intervención humana, pues quedarían excluidas del veto tanto la selección de personal cuanto el desarrollo de la relación laboral[358]. No obstante, es pertinente acotar la expresión "necesario" utilizada en el tenor del párrafo a) del art. 22 RPD, en el bien entendido sentido de que al tratarse de una excepción merece una interpretación restrictiva. El Grupo de Trabajo del art. 29 ha considerado que para considerar que la toma de una decisión automatizada es necesaria, el responsable deberá demostrar que es la forma más apropiada para alcanzar el objetivo final, es decir, que no hay cauces menos intrusivos para lograr el objetivo, de manera que la intervención humana es imposible dado el elevadísimo número de datos procesados[359]. Si el tratamiento automatizado se asentase en el "interés legítimo" de la empresa ello no sería óbice para la necesidad de someterlo a la "prueba de sopesamiento", que deberá reparar específicamente en el nivel de detalle del perfil, el alcance o la extensión de la información del perfil, los efectos del perfilado sobre los interesados, y las salvaguardias destinadas a garantizar la equi-

---

358 RIVAS VALLEJO, P.: *La aplicación de la inteligencia artificial al trabajo y su impacto discriminatorio,* Pamplona, Aranzadi, 2020, p. 337.

359 TODOLÍ SIGNES, A.: *Algoritmos productivos y extractivos. Cómo regular la digitalización para mejorar el empleo e incentivar la innovación,* Pamplona, Aranzadi, 2023, p. 80.

dad, la no discriminación y la exactitud en el proceso de elaboración de perfiles[360].

Por otra parte, el apartado c) del art. 22.2 RPD, añade otra excepción a la prohibición de decisiones automatizadas sin intervención humana, en referencia al "consentimiento explícito del interesado", definido en el art. 4.4 RPD como "toda manifestación de voluntad libre, específica, informada e inequívoca por la que el interesado acepta, ya sea mediante una declaración o una clara acción afirmativa, el tratamiento de datos personales que le conciernen".

De la confluencia de ambas acotaciones, recogidas en los párrafos a) y c) del art. 22 RPD, no cabe deducir sin más la nulidad de una decisión automatizada sin intervención humana, incluida la elaboración de perfiles, si se ha producido en el ámbito de una relación de trabajo o si ha sido consentida, opción esta última descartada, de conformidad con el propio art. 22 RPD, cuando el tratamiento vaya referido a datos relativos origen racial, étnico, opinión política, confesión religiosa o filosófica, afiliación sindical, datos genéticos, biométricos, de salud, vida sexual o la orientación sexual de una persona física[361]. Todo ello sin olvidar las dudas sobre la aplicación del principio de consentimiento en el marco de la relación laboral dada la posición de inferioridad de la parte trabajadora.

En fin, la previsión general por la que "todo interesado tendrá derecho a no ser objeto de una decisión basada únicamente en el tratamiento automatizado, incluida la elaboración de per-

---

360 LLORENS ESPADA, J.: "El interés legítimo de la empresa como base de licitud para el tratamiento de datos personales de la persona trabajadora", *Documentación Laboral*, núm. 126, 2022, p. 39.

361 OLARTE ENCABO, S.: "La aplicación de inteligencia artificial a los procesos de selección de personal y ofertas de empleo: impacto sobre el derecho a la no discriminación, *Documentación Laboral*, núm. 119, 2020, Vol, 1, p. 89.

files, que produzca efectos jurídicos en él o le afecte significativamente de modo similar" quiebra también a la luz del apartado b) del art. 22 referido a la autorización "por el Derecho de la Unión o de los Estados miembros que se aplique al responsable del tratamiento y que establezca asimismo medidas adecuadas para salvaguardar los derechos y libertades y los intereses legítimos del interesado" (art. 22.2 b) RGPD), lo que podría sustentar un procesamiento completamente automatizado, incluida la elaboración de perfiles, cuando el interés legítimo de la empresa encuentre un amparo normativo para ello, pero no así, ante una ausencia de habilitación normativa expresa.

La transparencia como núcleo esencial. Contenido de la información algorítmica desde el punto de vista individual

Un principio clave del sistema de protección de datos es aquél en virtud del cual el interesado pueda conocer en todo memento quién, cómo y para qué se están tratando, así como cuáles son los extremos que están siendo almacenados y si ha habido incidencias que afecten a sus derechos como titular de los mismos, siendo consciente de la existencia del derecho a solicitar al responsable del tratamiento el acceso a sus datos personales, su rectificación o supresión, la limitación de su tratamiento o la posibilidad de oponerse[362]. Bajo tal premisa, aunque no se exija el consentimiento del asalariado en el marco del contrato de trabajo, sigue siendo necesario que el empresario observe el deber de información.

El principio de transparencia se aplica sobre la recogida de datos, tratamiento, uso, plazo de conservación y destino (arts. 13 y 14 RPD), distinguiendo dos posibles circunstancias: si los datos personales se obtienen o no del propio interesado. En

---

362 RODRÍGUEZ ROCA, A.: "Un nuevo orden para proteger los datos personales", *Revista Acta Judicial*, núm. 3, 2019, p. 105.

el primer caso, en el mismo momento en que se consigan, el empresario habrá que alertar a la persona trabajadora sobre el fichero, siempre que no disponga ya de dicha información. En el segundo supuesto, cuando los referentes no son aportados por el interesado, dicha información ha de suministrarse dentro de un plazo razonable (como máximo de un mes) a contar desde el momento en que se alcancen, quedando únicamente eximido cuando la información ya la tenga el afectado o sea muy complicado trasmitirla de forma personal.

El art. 13 LOPDyGDD añade que en el primer caso, la información básica deberá contener, al menos: a) La identidad del responsable del tratamiento y de su representante, en su caso. b) La finalidad del tratamiento. c) La posibilidad de ejercer los derechos de acceso, cancelación, oposición y rectificación. En el segundo, además de los extremos anteriores, se debe indicar una dirección electrónica u otro medio que permita acceder de forma sencilla e inmediata a la restante información aludiendo a las siguientes circunstancias: a) Las categorías de datos objeto de tratamiento; b) Las fuentes de las que procedieran los datos.

Las decisiones algorítmicas en el ámbito de las relaciones laborales no suponen una excepción a estas reglas y la información proporcionada al respecto debe ser suficiente, entendible y transparente (arts. 12-14 RPD). Manifestación especial de este principio se encuentra en el art. 14.2 g) en relación con el art. 22.1 RPD, que recuerda que si se toman decisiones automatizadas fundadas únicamente en el tratamiento de datos (sin participación humana), el responsable ha de informar al afectado, con carácter previo al tratamiento de datos, sobre el razonamiento que subyace, aportando detalles sobre la lógica y explicando la importancia y consecuencias del proceso de almacenamiento, con el fin de que este último pueda formular alegaciones e impugnar una decisión final marcada por un sesgo o desviación de carácter discriminatorio[363]. Todo ello sin olvidar que el art. 15.1 h) RPD recoge el derecho de acceso a la existencia de decisiones automatizadas, incluida la elaboración de perfiles, debiendo conocer la "información significativa sobre la lógica aplicada, así como la importancia y las consecuencias previstas de dicho tratamiento para el interesado".

Cierto es que el art. 22 RPD hace necesaria la existencia de una información significativa no solo sobre los datos que se consideran sino también sobre la estructura de los programas (esto es, sobre la "lógica aplicada"), naciendo así un derecho a la transparencia en el diseño de los algoritmos. No menos verdad es que tal pauta no necesariamente supone una compleja explicación de los códigos-fuente utilizados o la revelación de todas las fórmulas. Y ello porque aun cuando la tensión entre la opacidad y la transparencia se decanta a favor de la segunda, que se convierte en un derecho fundamental de la nueva ciudadanía digital[364], tampoco se desconocen los derechos de propiedad intelectual e industrial, secreto empresarial u ocultación del diseño, cuya salvaguarda resulta fácilmente atendible, máxime cuando la difusión de la estructura intrínseca del sistema informático no sólo puede resultar ininteligible por parte de los profanos que ignoramos los conceptos elementa-

---

363 GOÑI SEIN, J.L.: *La nueva regulación europea y española de protección de datos y su aplicación al ámbito de la empresa (incluido el Real Decreto-Ley 5/2018)*, Albacete, Bomarzo, 2018, p. 38 ó GONZÁLEZ RUÍZ, F.J.: "Inteligencia artificial: implicaciones en materia de protección de datos", *Actualidad Jurídica Aranzadi*, núm. 950, 2019, p. 2.

364 MERCADER UGUINA, J.R.: "Discriminación algorítmica en el trabajo y derecho fundamental a la transparencia: ¿debemos (podemos) regular los algoritmos?", *El Foro de Labos*, 15/10/2021, https://www.elforodelabos.es/2021/02/discriminacion-algoritmica-en-el-trabajo-y-derecho-fundamental-a-la-transparencia-debemos-podemos-regular-los-algoritmos

les de la programación sino compleja también para los propios expertos[365].

A la hora de aquilatar las premisas de este parámetro, la interpretación del Grupo de Trabajo del Art. 29, actual Comité Europeo de Protección de Datos, aclara que debe quedar salvaguardada la facultad de obtener información clara y simple (suficientemente comprensible) sobre el funcionamiento del proceso de elaboración de perfiles o adopción de decisiones de forma automatizada capaz de permitir formular impugnaciones. En concreto, el interesado tiene derecho a recibir información sobre el procesamiento automatizado en tres extremos: 1) qué aspecto va a ser objeto de una decisión total o parcialmente automatizada; 2) la lógica del algoritmo, es decir, los parámetros evaluados y su ponderación; y 3) las consecuencias del proceso para la persona afectada[366].

Además, también se ha de dar noticia al afectado sobre: 1) las categorías de datos que se han utilizado o se utilizarán en la elaboración de perfiles o el proceso de toma de decisiones; 2) por qué tales categorías se consideran pertinentes; 3) cómo se elaboran los perfiles utilizados en el proceso de decisiones automatizadas, incluidas las estadísticas aplicadas en el análisis; 4) por qué un determinado perfil es pertinente para el proceso de decisiones automatizadas; y 5) cómo se utiliza para una decisión relativa a una concreta persona.

---

365 FUERTES LÓPEZ, F.: *Metamorfosis del Estado. Maremoto digital y ciberseguridad*, Madrid, Marcial Pons, 2022, pp. 184 y 185.

366 TODOLÍ SIGNES, A.: *Algoritmos productivos y extractivos. Cómo regular la digitalización para mejorar el empleo e incentivar la innovación*, Pamplona, Aranzadi, 2023, p. 82.

Con mayor detalle, siguiendo las indicaciones de la Agencia Española de Protección de Datos[367], debe facilitarse aquella información que permita entender el comportamiento del tratamiento, y aunque su contenido dependerá del tipo de IA empleada, parece necesario incorporar las siguientes referencias: 1) El detalle de los datos gestionados para la toma de decisión, más allá de la categoría, y en particular las especificaciones sobre los plazos de uso de los datos (su antigüedad). 2) La importancia relativa que cada uno de ellos tiene en la toma de decisión. 3) La calidad de los datos de entrenamiento y el tipo de patrones dispuestos. 4) Los perfilados realizados y sus implicaciones; 5) Los valores de precisión o error según la métrica adecuada para medir la bondad de la inferencia; 6) La existencia o no de supervisión humana cualificada; 7) La referencia a auditorías, especialmente sobre las posibles desviaciones de los resultados de las interferencias, así como la certificación o certificaciones realizadas sobre el sistema de la IA; 8) En el caso de sistemas adaptativos o evolutivos, la última auditoría realizada; 9) Cuando el sistema de IA contenga información sobre terceros identificados, la prohibición de tratar esa información sin legitimación y las consecuencias de realizarlo.

La explicación, por consiguiente, debe ir más allá de una formulación general suministrada ex ante sobre la lógica del modelo (*model-based explanation*), debiendo precisar también, a posteriori o ex post, aquellos aspectos de la decisión que han afectado al interesado una vez adoptada la misma (*subject based explanation*). De lo contrario, resultaría irrealizable el derecho a recurrir la decisión (art. 22.3 RPD), particularmente por razones discriminatorias, así como el propio derecho a un tratamiento justo de los datos de manera transparente [art. 5.1

367 AEPD: Adecuación al Reglamento de Protección de Datos de tratamientos que incorporan inteligencia artificial, Madrid, AEPD, 2020, p. 34.

a) RPD]. Y todo ello con independencia, por otra parte, de la información, cualitativamente superior en cuanto a aspectos técnicos, que deba ofrecerse no ya a los afectados, sino a las instancias de control (comités técnicos o expertos competentes), para que puedan entrar a dilucidar, ya desde una perspectiva más cualificada, si su uso produce discriminación[368].

Además de la exigencia de una información significativa sobre la lógica aplicada, en línea con la existencia de un "derecho a la transparencia algorítmica", el art. 22 RPD recoge también la obligación de efectuar auditorías algorítmicas a cargo de los responsables del tratamiento, garantizando la evaluación periódica de los conjuntos de datos, del mismo modo que corresponde también a esos mismos responsables del tratamiento la introducción de procedimientos y medidas adecuados para evitar errores, imprecisiones o discriminaciones.

Ahora bien, pese a los adelantos tuitivos que en una primera aproximación derivan de esta regulación, una reflexión más detenida lleva a considerar que la utilización de IA basada en aprendizaje automático sin supervisión o control humano en la toma de decisiones, en lugar de corregir el posible efecto discriminatorio y perjudicial, lo incrementa, a la vez que dificulta la identificación del elemento que lo desencadena[369], máxime cuando no existe una protección sólida que garantice los derechos de las personas sujetas a decisiones basadas en algoritmos, ni siquiera la posibilidad de oponerse a que le sea aplicable un algoritmo, pues el marco europeo de la protec-

---

368 BAZ TEJEDOR, J.: "Responsabilidad algorítmica y gobernanza de la IA en el ámbito sociolaboral. Entre la perspectiva y la prospectiva", *Trabajo y Derecho,* núm. 89, 2022.

369 OLARTE ENCABO, S.: "Algoritmos retributivos y no discriminación salarial de las mujeres", en AA.VV (RIVAS VALLEJO, P., Dir.): *Discriminación algorítmica en el ámbito laboral: perspectiva de género e intervención,* Pamplona, Aranzadi, 2022, p. 341.

ción de datos limita su alcance al derecho a la información o explicación frente a la elaboración de perfiles[370].

Descendiendo al sistema español, el art. 11 LOPDyGDD añade que "si los datos obtenidos del afectado fueran a ser tratados para la elaboración de perfiles, la información básica (a facilitar a la persona) comprenderá asimismo esta circunstancia", de manera que el afectado deberá ser informado de su derecho a oponerse a la adopción de decisiones individuales automatizadas que produzcan efectos jurídicos sobre él o le afecten significativamente de modo similar. Sobre tal previsión, la Agencia Española de protección de Datos admite el recurso a decisiones automatizadas con las siguientes salvaguardas: que se prevea algún mecanismo de intervención humana significativa si la persona afectada así lo solicita; que exista algún cauce para que esta persona exprese su opinión e impugne la decisión; que se garantice el derecho a recibir una explicación de la información tomada después; y que se realice una evaluación de impacto en el diseño e implementación del algoritmo (AEPD, 2022)[371].

A modo de recapitulación, pese a los amplios contornos conferidos a este derecho de transparencia por el RPD y por la LOPDyGDD, lo cierto es que no conlleva la posibilidad de acceder al sustrato del algoritmo (concretas fórmulas matemáticas utilizadas para su programación, instrucciones de entrenamiento, etiquetas de organización de los datos o reconfigu-

---

370 RIVAS VALLEJO, P.: *La aplicación de la inteligencia artificial al trabajo y su impacto discriminatorio*, Pamplona, Aranzadi, 2020, p. 108.

371 RODRÍGUEZ-PIÑERO ROYO, M.: ·Acceso al empleo, formación y contratación en el contexto de la digitalización", en AA.VV.: *Digitalización, recuperación y reformas laborales. XXII Congreso Anual de la Asociación Española de Derecho del Trabajo y de la Seguridad Social, Alicante, 26 y 27 de mayo de 2022*, Madrid, Ministerio de Trabajo y Economía Social, 2022, p. 69.

raciones a partir de los resultados), sino solamente alcanza al conocimiento sobre las variables o métricas utilizadas para la elaboración de perfiles o toma de decisiones automatizadas, su ponderación en la ecuación final y las consecuencias laborales que pueden derivarse para la persona trabajadora[372]. Como lógica contrapartida, debe conllevar el conocimiento de los datos agregados y los perfiles elaborados[373]. En definitiva, ha de facilitar comprensión certera y clara de cómo funciona el algoritmo y su impacto en las condiciones de trabajo.

Así, sin negar la virtualidad de estos avances normativos, la falta de información y transparencia continúa siendo un reto jurídico que debe abordarse, pues el art. 14.2 g) RPD se refiere a decisiones íntegramente automatizadas, excluyendo aquellas en las que también hay alguna intervención humana (semiautomatizadas) y para las cuales este derecho a la información no se ha reconocido. Es imprescindible, a la postre, introducir sólidos rudimentos jurídicos para garantizar la transparencia de los sistemas de IA, debiendo aportar información completa sobre la existencia de decisiones automatizadas, los datos recolectados, las variables utilizadas y sus efectos[374]. El Grupo de

---

372 GINNES I FABRELLAS, A.: "Sesgos discriminatorios en la automatización de decisiones en el ámbito laboral: evidencias de la práctica", en AA.VV (RIVAS VALLEJO, P., Dir.): *Discriminación algorítmica en el ámbito laboral: perspectiva de género e intervención*, Pamplona, Aranzadi, 2022, p. 319.

373 ÁLVAREZ CUESTA, H.: "La inteligencia artificial, el big data y los algoritmos: un paso más para ampliar la facultad de los representantes de los trabajadores", en AA.VV (FERNÁNDEZ DOMÍNGUEZ, J.J. y FERNÁNDEZ FERNÁNDEZ, R., Dirs.): *Seminario internacional sobre nuevos lugares, distintos tiempos y modos diversos de trabajar: innovación tecnológica y cambios en el ordenamiento social*, Pamplona, Aranzadi, 2021, p. 383.

374 GINNES I FABRELLAS, A.: "Sesgos discriminatorios en la automatización de decisiones en el ámbito laboral: evidencias de la práctica", en AA.VV (RIVAS VALLEJO, P., Dir.): *Discriminación algorítmica en el*

Trabajo del art. 29 recomienda ofrecer información al interesado sobre[375]: 1) las categorías de datos que se han utilizado o se utilizarán en la elaboración de perfiles o el proceso de toma de decisiones; 2) por qué estas categorías se consideran pertinentes; 3) cómo se elaboran los perfiles utilizados en el proceso de decisiones automatizadas, incluidas las estadísticas utilizadas en el análisis; 4) por qué este perfil es pertinente para el proceso de decisiones automatizadas; y 5) cómo se utiliza para una decisión relativa al interesado. Este debe ser el estándar común a observar en todos los casos.

Manifestaciones del principio de transparencia en el ejercicio del poder de control empresarial con tecnología de aprendizaje automático

Aun siendo lícitamente aceptable que la empresa verifique el recto cumplimiento de la prestación laboral, dentro del tenor del art. 20.3 ET, no es admisible que incorpore técnicas exhaustivas (por ilimitadas) con auxilio de la IA capaces de eliminar cualquier resquicio de intimidad. Antes al contrario, el cumplimiento del principio de información adquiere protagonismo destacado en el ejercicio de los poderes empresariales de vigilancia y control mediante recursos automatizados regulados en los arts. 87 a 91 LOPDyGDD, que cuentan con un denominador común cual es que el entorno digital ha vuelto transparente a la persona trabajadora, tensionando su

---

ámbito laboral: perspectiva de género e intervención, Pamplona, Aranzadi, 2022, p. 325.

375 KAHALE CARRILLO, D.T.: "Los algoritmos en las relaciones laborales", en AA.VV (FERNÁNDEZ COLLADOS, M.B., Dir.): *Relaciones laborales e industria digital: redes sociales, prevención de riesgos laborales, desconexión y trabajo a distancia en Europa*, Pamplona, Aranzadi, 2022, p. 53.

autonomía privada y los derechos de la personalidad[376]. Los variados sistemas de control utilizados por las empresas persiguen la medición del rendimiento de los trabajadores para tomar decisiones a la hora de planificar el trabajo de la forma más óptima posible de cara a la obtención de beneficios o, en su caso, de adoptar medidas sancionadoras por incumplimientos contractuales o pérdidas de productividad[377], alcanzando la operatividad máxima cuando la definición del trabajo está predeterminada por una aplicación automática o algoritmo que distribuye las tareas y sus requerimientos[378]. Ciertamente, la idea de la empresa panóptica se hace cada vez más fuerte y los mecanismos de control y seguimiento empresarial adquieren nuevos contenidos y también nuevas dimensiones en un remozado feudalismo virtual. [379]. A través de la IA, incorporada a las herramientas tecnológicas más clásicas, resulta posible controlar a más personas, más tiempo y en relación con

376 VALDEOLIVAS GARCÍA, Y.: "Derechos de información, transparencia y digitalización", en AA.VV.: *Digitalización, recuperación y reformas laborales. XXXII Congreso Anual de la Asociación Española de Derecho del Trabajo y de la Seguridad Social, Alicante, 26 y 27 de mayo de 2022,* Madrid, Ministerio de Trabajo y Economía Social, 2022, p. 195.

377 NARVÁEZ TURCI, G.: *El impacto social de la robotización y digitalización del mercado de trabajo,* Murcia, Laborum, 2022, p. 149.

378 LANZADERA ARENCIBIA, E. y DE LAS HERAS GARCÍA, A.: "El smart working como fórmula innovadora en la gestión empresarial: entre la libertad de empresa digital y los derechos laborales", en AA.VV (MOLINA NAVARRETE, C. y VALLECILLO GÁMEZ, R.M., Dirs.): *De la economía digital a la sociedad del e-work decente: condiciones sociolaborales para una industria 4.0 justa e inclusiva,* Pamplona, Aranzadi, p. 150.

379 MERCADER UGUINA, J.R.: "En busca del empleador invisible: algoritmos e inteligencia artificial en el derecho digital del trabajo", *El Cronista del Estado Social y Democrático de Derecho,* núm. 100, 2022, p. 147.

muchas más actividades[380], con gran regularidad y sofisticación omnipresente[381].

Un ámbito en el que, sin duda, el control algorítmico está llamado a tener un papel relevante es el trabajo a distancia. En el teletrabajo interactivo, el trabajador se encuentra expuesto a vigilancia directa en tiempo real y, en otros casos, sin conexión telemática, este control también es posible, aunque diferido en el tiempo, mediante la utilización de determinados programas in accounting[382]. Muy significativo es que el art. 7 h) Ley 10/2021, de 9 de julio, reguladora del teletrabajo, señale que en el acuerdo individual suscrito entre el trabajador y la empresa debe de hacerse referencia obligatoria a los "medios de control empresarial de la actividad" [art. 7 h)], así como a las "instrucciones empresariales en materia de protección de datos" o "sobre seguridad de la información" [art. 7 j) y k)][383]. Pero tales cautelas no dejan de ser vagos desiderátum ante la imparable evolución de los artilugios ingeniosos disponibles.

---

380 PÉREZ DEL PRADO, D.: *Derecho, Economía y Digitalización. El impacto de la inteligencia artificial, los algoritmos y la robótica sobre el empleo y las condiciones de trabajo*, Valencia, Tirant Lo Blanch, 2023, p. 178.

381 BELTRÁN DE HEREDIA RUÍZ, I.: *Inteligencia artificial y neuroderechos: la protección del yo inconsciente de la persona*, Pamplona, Aranzadi, 2023, p. 160.

382 MERCADER UGUINA, J.R.: "En busca del empleador invisible: algoritmos e inteligencia artificial en el derecho digital del trabajo", *El Cronista del Estado Social y Democrático de Derecho*, núm. 100, 2022, p. 142.

383 TALENS VISCONTI, E.E.: "La jornada laboral en el trabajo a distancia", en AA.VV (LÓPEZ BALAGUER, M., Dir.): *El trabajo a distancia en el Real Decreto Ley 28/2020*, Valencia, Tirant Lo Blanch, 2021, p. 227.

A) Dispositivos digitales

Siguiendo la doctrina vertida en la sentencia del Tribunal Europeo de Derechos Humanos en sentencia de 5 de septiembre de 2017 (asunto 217/61, caso *Barbulescu II)*, el art. 87 LOPDyGDD *in fine* prevé la obligación empresarial de informar a los trabajadores sobre los criterios de utilización de los dispositivos digitales, que habrán de respetar en todo caso los estándares mínimos de protección de su intimidad de acuerdo con los usos sociales y los derechos reconocidos constitucional y legalmente, debiendo participar en su elaboración, como requisito *sine qua non*, los representantes de los trabajadores[384]. Así:

1. En dicha información se han de especificar "de modo preciso los usos autorizados" y establecer "garantías para preservar la intimidad de los trabajadores, tales como, en su caso, la determinación de los períodos en que los dispositivos podrán utilizarse para fines privados"[385].

   Ya no cabe una regulación genérica ni una referencia como falta sancionable en convenio colectivo sobre el uso indebido de las herramientas informáticas, tal y como había sido admitido por el Tribunal Constitucional en la sentencia 170/2013, de 17 de octubre, en el caso Alcaliber, donde la previsión convencional en virtud de la cual se tipifica como falta leve el uso privado de medios tecnológicos de la empresa legitima el control empresarial sin necesidad de informar al trabajador. Parece que no cabe tampoco una prohibición absoluta de

---

[384] La STS 6 febrero 2024 (rec. 263/2022) reseña la obligación de elaboración conjunta por la empresa y los representantes de los trabajadores de los criterios de uso de los dispositivos digitales.

[385] BEL ANTAKI, J.: "Nuevos derechos digitales de los trabajadores: las claves en cinco preguntas y respuestas", *Actualidad Jurídica Aranzadi*, núm. 948, 2019 (BIB 2019\604).

usos privados de tales medios propiedad de la empresa que legitimaba, según reiterada interpretación judicial, el acceso empresarial al contenido de los soportes informáticos al decaer cualquier expectativa de intimidad[386]. Quedaría, por ende, hoy superada la admisión del control de la mensajería instantánea instalada en un ordenador de uso común contraviniendo la prohibición empresarial de tal instalación al entender que el trabajador ya no tenía ninguna expectativa de intimidad por la que apostó la sentencia del Tribunal Constitucional 242/2012 en el asunto Trillian.

2. A partir de la LOPDyGDD se impone el derecho a usos sociales razonables, así como, *mutatis mutandis*, a utilizar,

---

[386] El Tribunal Supremo había entendido en doctrina superada que la orden expresa de prohibición lleva implícita la advertencia sobre la posible instalación de sistemas de control, sin que sea posible admitir que surja un derecho a que se respete la intimidad porque no existe tolerancia empresarial del uso personal sino que éste es ilícito. "Si no hay derecho a utilizar el ordenador para usos personales, no habrá tampoco derecho para hacerlo en unas condiciones que impongan un respeto a la intimidad o al secreto de las comunicaciones, porque, al no concurrir una situación de tolerancia del uso personal, tampoco existe ninguna expectativa razonable de intimidad". Se bajan, por tanto, las barreras de la protección de la intimidad o el secreto, pues la tolerancia de la empresa es la que crea una expectativa de confidencialidad, de forma que si hay prohibición de uso personal, deja de haber tolerancia, y ya no existirá esa expectativa, con independencia de la información que la empresa haya podido proporcionar sobre el control y su alcance, que deviene innecesaria. Basta, por tanto, que haya prohibición para eliminar la expectativa de confidencialidad, sin que sea necesario que la corporación haya advertido de la posibilidad de control y de su alcance. STS 6 octubre 2011 (rec. 4053/2010). También, STCo 241/2012, de 17 de diciembre, En la doctrina, NORES TORRES, L.E.: "Algunas cuestiones sobre la utilización de las redes sociales como medio de prueba en el proceso laboral", *Actualidad Laboral*, núm. 3, 2014, p. 315.

también de forma razonable los medios propios en el tiempo de trabajo[387]. Con la naturalidad, habitualidad y necesidad con la que se emplean los medios tecnológicos hoy en día, este tipo de prohibición absoluta se podría asemejar a un veto total de tener conversaciones orales no relacionadas con el trabajo con los compañeros convirtiendo las oficinas, fábricas y despachos en "monasterios benedictinos"[388]. En conexión con esos usos sociales a que refiere la normativa, cabe entender –permítase la reiteración– que queda superada en la práctica la teoría judicial que dejaba fuera del ámbito de cobertura del derecho a la intimidad por excluir la expectativa razonable de privacidad o confidencialidad aquellos supuestos en que existían órdenes empresariales expresas o implícitas de prohibición absoluta de uso particular de los dispositivos facilitados, bajo el argumento de que "si el uso personal es ilícito, no puede exigirse al empresario que lo soporte y se abstenga de controlarlo[389].

387 MOLINA NAVARRETE, C.: "El derecho a la vida privada del trabajador en el Tribunal Europeo de Derechos Humanos: ¿diálogo o conflicto con la jurisprudencia nacional?", *Temas Laborales*, núm. 145, 2018, p.157.

388 TODOLÍ SIGNES, A.: "Control tecnológico: una propuesta de aplicación del triple juicio de proporcionalidad conforme a la normativa europea de protección de datos", en AA.VV.: *Digitalización, recuperación y reformas laborales. XXXII Congreso Anual de la Asociación Española de Derecho del Trabajo y de la Seguridad Social, Alicante, 26 y 27 de mayo de 2022*, Madrid, Ministerio de Trabajo y Economía Social, 2022, p. 234.

389 VALDEOLIVAS GARCÍA, Y.: "Derechos de información, transparencia y digitalización", en AA.VV.: *Digitalización, recuperación y reformas sociales: XXXII Congreso Anual de la Asociación Española de Derecho del Trabajo y de la Seguridad Social, Alicante, 26 y 27 de mayo de 2022*, Madrid, Ministerio de Trabajo y Economía Social, 2022, p. 211.

A la luz de estas reflexiones, resultan abusivas aquellas cláusulas incluidas en el contrato de trabajo o en un documento anexo en virtud de las cuales la persona trabajadora autoriza a la empresa a controlar y supervisar cuando crea conveniente los correos electrónicos enviados y recibidos desde los ordenadores o dispositivos móviles de la empresa. Otra cosa distinta sucedería, tal y como ha reconocido recientemente la doctrina judicial, si la persona trabajadora presta su consentimiento para que la empresa realice una monitorización de los ordenadores para resolver problemas de conexión a internet y de funcionamiento del sistema, descubriendo, por ejemplo, una carpeta con contenido pornográfico[390].

3. De todas formas, la matización que realiza el propio párrafo 3º del art. 87 LOPDyGDD, en virtud del cual "el acceso por el empleador al contenido de dispositivos digitales respecto de los que haya admitido su uso con fines privados requerirá que se especifiquen de modo preciso los usos autorizados y se establezcan garantías para preservar la intimidad de los trabajadores, tales como, en su caso, la determinación de los períodos en que los dispositivos podrán utilizarse para fines privados", puede llevar a entender –y así lo atestigua algún pronunciamiento judicial– que todavía a día de hoy caben prohibiciones absolutas[391], las cuales estarían únicamente jus-

390 STSJ, Cantabria, de 26 de julio de 2023 (núm. 578/2023).

391 STSJ Madrid 26 abril 2023 (rec. 1451/2022), que considera pertinente la monitorización del equipo informático donde se descubre el acceso a páginas web, estando prohibido el uso para fines extralaborales. También, STSJ Madrid 8 junio 2023 (rec. 207/2023), que entiende que no se vulnera el derecho de la intimidad de empleado por la revisión del sistema de mensajería whatsapp si en el contrato se especifica que el teléfono es para uso profesional y solo se han mirado los mensajes entre trabajador y clientes.

tificadas por razones de la actividad desarrollada capaz de exigir una dedicación y atención constante[392].

4. Sea como fuere, nada se dice en el art. 87 LOPDyGDD de qué ocurrirá y qué valor probatorio podrá tener el acceso del empleador a los contenidos derivados del uso de medios digitales cuando infrinja el deber de elaborar criterios de utilización o vulnere el deber de informar a las personas trabajadoras de dichos criterios. En una primera aproximación, ambas irregularidades conllevan la vulneración del derecho a la intimidad del trabajador y/o de su derecho a la protección de datos o, en su caso, del secreto de las comunicaciones, lo que habría de determinar la nulidad de la prueba así obtenida[393]. Ahora bien, no hay que desconocer la posibilidad de realizar controles extraordinarios "ad hoc", esto es, frente a determinadas emergencias relacionadas, en muchos casos, con sospechas de actuaciones ilícitas del trabajador (hurtos, revelaciones de información confidencial, acoso, etc.). Hay que tener en cuenta que en estos casos el desconocimiento del control es la garantía de su eficacia.

   A diferencia de lo que ocurre en el ámbito penal, en el ordenamiento social no está prevista una autorización judicial para estos controles. El art. 76.5 Ley 36/2011, de 10 de octubre, reguladora de la Jurisdicción Social (LRJS), sólo diseña este instrumento para la entrada de

---

392 Tal y como sucede cuando se trata de un vigilante de seguridad asignado a un puesto de barrera. STSJ, Canarias, 12 julio 2023 (rec. 562/2022).

393 PRECIADO DOMENECH, C.H.: *Los derechos digitales de las personas trabajadoras. Aspectos laborales de la Ley Orgánica 3/2018, de 5 de diciembre, de Protección de Datos y Garantía de los Derechos Digitales*, Pamplona, Aranzadi, 2019, p. 120.

la Inspección de Trabajo en el domicilio de los afectados y "tampoco cabe recurrir a las diligencias preliminares ni a la prueba anticipada, en los términos de los arts. 76.4 y 90.4 LRJS y art. 256 LEC porque, aparte de que su tramitación comprometería la eficacia de la investigación, son medidas de preparación del proceso que no pueden aplicarse a un control laboral típico, ni (menos aún) a la investigación de un hecho futuro sobre el que ni siquiera hay certeza de que vaya a dar origen a un proceso"[394]. Por tanto, los controles extraordinarios, es decir, los que excedan del marco normal establecido para la supervisión habitual, tendrán que valorarse en función de los criterios tradicionales de ponderación (justificación, idoneidad, necesidad y proporcionalidad), siempre y cuando haya sospechas fundadas de un incumplimiento laboral grave.

Procede recordar, no obstante, que en el ámbito penal se ha extendido la garantía más allá de lo que sucede en el proceso social, tal y como se deduce de la Sentencia de 23 de octubre de 2018[395], donde se analiza la nulidad del examen efectuado del ordenador del acusado (trabajador de alta dirección) y, consiguientemente, la inutilidad de todas las pruebas derivadas de ese escrutinio aun existiendo fundadas razones para sospechar y entender que el examen del terminal era una medida proporcionada para establecer la conducta desleal y evaluar los perjuicios y que, además, se buscó una fórmula lo menos invasiva posible, pues faltaba el requisito de

---

394 DESDENTADO BONETE, A. y DESDENTADO DAROCA, E.: "La segunda sentencia del Tribunal Europeo de Derechos Humanos en el caso Barbulescu y sus consecuencias sobre el control del uso laboral del ordenador", *Información Laboral*, núm. 1, 2018, p. 6.

395 Rec. 1674/2017.

información al trabajador sobre la política de uso del ordenador y sobre la posibilidad de registrar su contenido[396]. No obstante, esta doctrina ha sido rectificada en parte por la Sentencia de la sala de lo Penal de 14 de octubre de 2022[397], en la cual se considera adecuado y necesario el control del ordenador, no advertido y sin presencia de la persona trabajadora ni de un representante, al existir una razón fundada que hacía sospechar a la empresa que se estaba produciendo un ilícito penal.

5. En fin, con mayor rotundidad, el art. 17.1 Ley 10/2021, de 9 de julio, reguladora del teletrabajo, no sólo remite a lo dispuesto en el art. 87 LOPDyGDD[398], que, como ya consta, permite al titular de la organización empresarial acceder al contenido de los dispositivos digitales, siempre que se especifiquen de modo preciso las posibilidades de utilización autorizadas y se establezcan garantías aplicables[399], sino que además, con mayor rigor ténico-jurídico, reconoce dos mecanismos tuitivos adicionales: el respeto al "derecho a la intimidad", como también hace indirectamente el art. 87 LOPDyGDD, y el derecho "a la protección de datos" en los términos de la propia

---

396 PRECIADO DOMENECH, C.H.: *Los derechos digitales de las personas trabajadoras. Aspectos laborales de la Ley Orgánica 3/2018, de 5 de diciembre, de Protección de Datos y Garantía de los Derechos Digitales*, Pamplona, Aranzadi, 2019, p. 140.

397 Núm. 817/2022.

398 GARCÍA MURCIA, J. y RODRÍGUEZ CARDO, I.A., "La protección de datos personales en el ámbito del trabajo: una aproximación desde el nuevo marco normativo", *Revista Española de Derecho del Trabajo*, núm. 216, 2019, (BIB 2019/1432).

399 PRECIADO DOMENECH, C.H., *Los derechos digitales de las personas trabajadoras. Aspectos laborales de la Ley Orgánica 3/2018, de 5 de diciembre, de Protección de Datos y Garantía de los Derechos Digitales*, Pamplona, Aranzadi, 2019, p. 141.

LOPDyGDD, lo cual convierte, por remisión, en aplicables todos sus principios: desde la simple transparencia informativa, pasando por las garantías de "idoneidad, temporalidad, finalidad, responsabilidad proactiva, necesidad y proporcionalidad de los medios utilizados", hasta la necesidad de asegurar, a la postre, que no se utilice un determinado instrumento de control si puede haber otro menos invasivo de los derechos fundamentales del trabajador[400].

B) Videovigilancia

El art. 89 LOPDyGDD exige igualmente a los empleadores que informen "con carácter previo, y de forma expresa, clara y concisa, a los trabajadores... y, en su caso, a sus representantes", acerca del control establecido a través de cámaras o videocámaras, esto es, alerten sobre el tratamiento cada vez más sofisticado de las imágenes[401]. Recoge, por tanto, la doctrina del Tribunal Europeo de Derechos Humanos en la sentencia de 17 de octubre de 2019, en el asunto *López Ribalta II,* que procede a deslegitimar todo tipo de videovigilancia encubierta, pues exige, en todo caso, información previa de la supervisión practicada.

Ahora bien, cabe preguntarse si el deber de transparencia se debe aplicar siempre y en cualquier caso en el que se utilicen cámaras. El simple recurso a la lógica lleva a una respuesta negativa, pues el carácter absoluto de tal deber privaría, en mu-

---

[400] En línea con la STEDH de 5 de septiembre de 2017, asunto *Barbulescu II.*

[401] QUILEZ MORENO, J.M.: "La garantía de derechos digitales en el ámbito laboral: el nuevo artículo 20 bis del Estatuto de los Trabajadores", *Nueva Revista Española de Derecho del Trabajo,* núm. 217, 2019, (BIB 2019/1558).

chas hipótesis, de eficacia a la finalidad de obtención de pruebas de ilícitos graves cometidos por los propios empleados al servir de alerta disuasoria. De ahí que se admita la vigilancia secreta individualizada y ex post, centrada en comportamientos de las personas trabajadoras que pudieran lesionar bienes de relevancia constitucional. Es decir, no se extiende a cualquier hipótesis de necesidad de protección del patrimonio empresarial; antes al contrario, sólo cabe cuando concurran sospechas fundadas de ilícitos graves que apuntan a determinados sujetos (robos, hurtos, apropiaciones indebidas de productos concretos, revelación de secretos…), quedando limitado el control al tiempo estrictamente necesario[402].

Dicho en otros términos, siguiendo a la mejor doctrina se entenderá pertinente el control oculto extraordinario sólo cuando "venga precedido de actos ilícitos y determinado por exigencias circunstanciales y puntuales de verificación del ilícito, lo que hace que el recurso a la vídeo vigilancia secreta, cuando concurran las señaladas exigencias, no deba extenderse más allá del cumplimiento de su finalidad de verificar

---

402 ORELLANA CANO, A.M.: *El derecho a la protección de datos personales como garantía de la privacidad de los trabajadores*, Pamplona, Aranzadi, 2019, p. 142; GARCÍA MURCIA, J. y RODRÍGUEZ CARDO, I.A.: "La protección de datos personales en el ámbito del trabajo: una aproximación desde el nuevo marco normativo", *Revista Española de Derecho del Trabajo*, núm. 2016, 2019, (BIB 2019/1432); FABREGAT MONFORT, G.: "El control empresarial de los trabajadores a través de las nuevas tecnologías: algunas ideas clave", *Trabajo y Derecho*, núm. 5, 2015, p. 76; LOUSADA AROCHENA, J.F.: "Derecho fundamental a la protección de datos personales vs facultad empresarial de vidovigilancia", en AA.VV (BORRAJO DACRUZ, E., Dirs.): *Controversias vivas del nuevo Derecho del Trabajo*, Madrid, La Ley, 2015, p. 418 o SÁEZ DE MARCO, I.M.: "¿Adiós a las cámaras ocultas?", *Jurisdicción Social*, núm. 197, 2019, pp. 4 y ss.

si el trabajador cometía efectivamente las irregularidades sospechadas"[403].

En este sentido, la propia LOPDyGDD también incorpora en este contexto el peldaño intermedio de la videovigilancia de seguridad recogiendo el parecer del Tribunal Europeo de Derechos Humanos en la mencionada sentencia *López Ribalta II*, así como del Tribunal Constitucional en su sentencia 39/2016, de 3 de marzo, ya que en el supuesto enjuiciado, precisamente, la trabajadora despedida había sido mostrada por una cámara, quedándose con dinero de la caja y ocultando su acción mediante tickets de devoluciones falsas de mercancías[404]. Como señala el art. 89 LOPDyGDD, "en el supuesto de que se haya captado la comisión flagrante de un acto ilícito por los trabajadores se entenderá cumplido el deber de informar cuando existiese al menos el dispositivo al que se refiere el art. 22.4" (esto es, se haya colocado un distintivo informativo en lugar suficientemente visible, indicando al menos la existencia del tratamiento, la identidad del responsable y la posibilidad de ejercitar los derechos previstos en los arts. 15 a 22 RPD, esto es acceso, rectificación, limitación del tratamiento y supresión). En este mismo sentido, el Tribunal Supremo en sentencia de 13 de octubre de 2021[405] considera procedente el despido de un conductor de autobús al que las cámaras captaron en varias ocasiones fumando, orinando desde el vehículo, y haciendo "tocamientos" a una pasajera a la que le permitía viajar sin pagar el billete, pues existía un distintivo informativo que advertía de la presencia del tomavistas. Asimismo, cabe mencionar

---

[403] GOÑI SEIN, J.L.: "Video vigilancia empresarial mediante cámaras ocultas: su excepcional validez como control defensivo ex post", *Trabajo y Derecho*, núm. 47, 2018, p. 81.

[404] ORELLANA CANO, A.M.: *El derecho a la protección de datos personales como garantía de la privacidad de los trabajadores*, Pamplona, Aranzadi, 2019, p. 142.

[405] Núm. 2003/2021.

la sentencia del Tribunal Supremo de 1 de junio de 2022[406], en la que se admite la prueba videográfica de una cámara de seguridad relativa a la infracción de una trabajadora de la cadena Starbucks consistente en atender a unos amigos a los que no se cobra la consumición antes que a un cliente, dado que la empresa recibe una queja en tal sentido.

En estos dos pronunciamientos el Tribunal Supremo responde, con apoyo en la mencionada sentencia del Tribunal Europeo de Derechos Humanos de 17 de octubre de 2019 (López Ribalda II), entendiendo que la videovigilancia encubierta con distintivo es pertinente cuando esta medida esté justificada atendiendo a los tres extremos siguientes: a) la sospecha legítima, seria y consistente, es decir, basada en una conducta previa de la persona trabajadora, que resulte perjudicial para el empleador; b) la cámara enfoque muy restrictivamente a un lugar concreto y por un tiempo muy limitado, determinado por las circunstancias del supuesto (no cabe una videovigilancia oculta permanente); y c) porque ninguna otra medida alternativa menos agresiva permita acreditar la infracción.

En este mismo sentido, la Sentencia del Tribunal Constitucional 119/2022, de 29 de septiembre, admite, si bien con un voto particular al que se adhieren cinco magistrados, la prueba videográfica para justificar un despido ante la puesta en conocimiento por parte de la gerencia de un hecho irregular (guardar un producto de la empresa dentro de una bolsa con el logotipo de una firma de la competencia, en un lugar no habilitado a tal efecto, del que desapareció al día siguiente), que dio pie al visionado de las cámaras de seguridad, instaladas en los lugares de atención al público. No consta que las personas trabajadoras hubieran recibido la información previa y expresa de la instalación de las cámaras y de su eventual uso con fines

---

406 Núm. 2252/2022.

disciplinarios, pero la instalación contaba con el pertinente distintivo y se trataba de un hecho conocido por los trabajadores, ya que en el año 2014 se había acordado el despido de un empleado de la empresa, motivado por la constatación de una conducta ilegal mediante la utilización de las imágenes captadas por el sistema de videovigilancia. Entiende el Tribunal Constitucional que no tendría sentido que la instalación de un sistema de seguridad en la empresa pudiera ser útil para verificar la comisión de infracciones por parte de terceros y, sin embargo, no pudiera utilizarse para la detección y sanción de conductas ilícitas cometidas en el seno de la propia empresa. Si cualquier persona es consciente de que el sistema de videovigilancia puede utilizarse en su contra, cualquier trabajador ha de ser consciente de lo mismo. Con todo, no se quiere excluir la responsabilidad de la empresa en el incumplimiento de su deber de información, pero de ese extremo no se puede deducir la invalidez de la utilización de esas imágenes en los casos de conducta ilícita flagrante,

El art. 89 LOPDyGDD distingue, por tanto, dos tipos de videovigilancia: la permanente respecto a la que se exige información previa, expresa, clara e inequívoca[407] y la encubierta que se permite únicamente en los supuestos de "flagrante acto ilícito" contando la cámara con el distintivo informativo[408].

---

[407] STS 1 febrero 2022 (rec. 3482/2019), que desestima un recurso de casación para la unificación de doctrina frente a una sentencia que había declarado la nulidad de un despido de un trabajador (reponedor) que, en su jornada laboral, en días sucesivos había sustraído dos latas de refresco y dos botellas de agua. Dichas conductas fueron justificadas a través de las imágenes de una cámara sobre la que no había ninguna identificación en la dependencia donde se produjeron los hechos.

[408] SEMPERE NAVARRO, A.V. y HIERRO HIERRO, F.J.: "Disposiciones laborales al cierre de 2018", *Aranzadi Digital*, núm. 1, 2019.

Siendo clara esta doctrina, el Tribunal Supremo da un paso más, en sentencia de 22 de julio de 2022[409], reconociendo incluso la validez de la prueba de videovigilancia aportada por una empresaria para justificar el cese de la empleada de hogar por sustracción de dinero y joyas, derivada de la instalación de una cámara que enfocaba directamente el armario donde se encontraba una caja fuerte sin informar previamente a la trabajadora y sin distintivo identificativo, toda vez que en la grabación se observa que la trabajadora manipula dicho elemento y que previamente se había denunciado un robo de 30.000 euros en dicho domicilio[410]. En sentido contrario, el Tribunal Supremo, en sentencia de 26 de julio de 2022[411], rechazó la prueba volcada por una cámara oculta y camuflada al lado de la máquina de fichar la entrada y salida, que captó a un trabajador registrando fraudulentamente el fichaje de dos compañeros e inutilizando (otro día posterior) mediante un adhesivo la referida cámara.

La solución adoptada en uno y otro caso, como puede comprobarse, corre suerte distintas, no en vano difieren en varios aspectos clave. Así, mientras en el caso de la empleada de hogar existían sospechas razonables previas (habían desaparecido 30.000 euros de la caja fuerte que había dentro del armario de la habitación, que apareció abierto, y era aquella empleada la única que tenía acceso con llaves a la vivienda y se quedaba en muchas ocasiones sola para limpiar), en el supuesto de la cámara oculta instalada junto a la máquina de fichar, no exis-

---

409 Rec. 701/2021.

410 En parecido sentido, la STSJ Madrid 3 noviembre 2023 (rec. 678/2023) considera legítima la instalación oculta durante escasos días de una cámara de vigilancia ante una continua perpetración de un ilícito penal que afectaba al patrimonio empresarial, pues había fundadas sospechas de que el trabajador despedido venía sustrayendo cartuchos de tinta de las impresoras.

411 Rec. 1675/2021.

tían sospechas de incumplimiento, ni perjuicios notables, ni significativas irregularidades en la actuación de la plantilla, ni comisión flagrante de actos ilícitos o algún motivo especial que comprometiera la seguridad. Esta circunstancia diferenciadora va a llevar a que, en el primer despido, la prueba sí pueda ser tenida en cuenta, y conduzca aquí a confirmar la procedencia del despido, mientras que, en el segundo caso, la grabación no pueda utilizarse[412].

Siguiendo la doctrina de la Sentencia del Tribunal Supremo de 22 de julio de 2022, el Tribunal Superior de Justicia de Madrid, en pronunciamiento de 3 de noviembre de 2023[413], admite la videovigilancia encubierta ante la sospecha de una grave irregularidad y pérdidas (el jefe de la sección de impresión había advertido la sustracción de al menos en tres ocasiones precedentes de los cartuchos de tinta de las impresoras), pues la medida adoptada por la empresa se estima idónea, necesaria y proporcionada: idónea, para la finalidad pretendida, esto es, verificar efectivamente la realidad de las irregularidades sospechadas y, en tal caso, adoptar las medidas disciplinarias correspondientes; necesaria, puesto que la grabación serviría de prueba de tales irregularidades; y proporcionada, ya que la grabación de imágenes se limitó a la zona afectada y a una duración temporal limitada, la suficiente para comprobar que no se trataba de un hecho aislado o de una confusión, sino de una conducta ilícita reiterada[414].

---

412 LACOMBA PÉREZ, F.R.: "Despidos basados en cámara oculta", *Iuslabor*, núm. 3, 2022, p. 144.

413 Rec. 678/2023.

414 BADIOLA COCA, S.: "Criterios jurisprudenciales para el uso de las imágenes obtenidas mediante sistemas de videovigilancia instaladas por parte de la empresa a efectos de actividades susceptibles de despido", *La Ley Probática*, núm. 15, 2024.

C) Audiovigilancia

El control empresarial de las conversaciones de la persona trabajadora es, en principio, una hipótesis descartada porque se hallan amparadas por el secreto de las comunicaciones (art. 18.3 CE) y el propio derecho a la intimidad (art. 18.1 CE), de manera que solo mediante autorización judicial es posible una injerencia en las mismas[415]. La grabación de una conversación suele ser más sensible para la privacidad que la de una imagen porque las palabras pueden revelar pensamientos y sentimientos internos, permitiendo comprobar fácilmente incumplimientos en el trabajo, adoptar medidas disciplinarias y probarlas en juicio. Sobre la intervención de las llamadas telefónicas efectuadas por la persona trabajadora, existe una jurisprudencia bastante asentada que admite únicamente el control de los datos externos de las llamadas realizadas desde el lugar de trabajo (número de destinatario, duración...), si bien no faltan pronunciamientos que ponen incluso en duda esta práctica aparentemente neutra, pues el Tribunal Europeo ha declarado que podría vulnerar el art. 8 de la Convención Europea de Derechos Humanos que protege el derecho al secreto de las comunicaciones[416], opinión que ha sido acogida por alguna Sentencia del Tribunal Constitucional[417].

A pesar de ello, la doctrina judicial ordinaria es favorable y la admite en el ámbito de las relaciones de trabajo por entender que cumple con el requisito de proporcionalidad, considerando pertinente el control de los dígitos marcados y de la frecuencia, pero limitando muy estrictamente la posibilidad de

---

415 GOÑI SEIN, J.L.: "Intimidad del trabajador y poderes de vigilancia y control empresarial", en AA.VV (GARCÍA MURCIA, J., Coord.): *Jornada sobre derechos fundamentales y contrato de trabajo*, Oviedo, Principado de Asturias, 2017,cit., p. 14.

416 Sentencia de 2 de agosto de 1984, caso *Malone versus Reino Unido.*

417 STCo 34/1996, de 11 de marzo.

intervenir el contenido de las interlocuciones en aras a garantizar el derecho al secreto de las comunicaciones[418]. Ahora bien, este veto quiebra cuando la prestación de trabajo consiste precisamente en la atención telefónica (teleoperadores) o cuando se trata del sector de la actividad de telemarketing (promoción de productos a través de llamadas telefónicas), pues –como se ha encargado de reconocer algún pronunciamiento judicial– la comprobación de los datos externos resulta notoriamente insuficiente, teniendo en cuenta que el destinatario es determinado por la empresa, siendo necesario también que la organización productiva conozca el contenido de los diálogos no sólo para evitar que se efectúen contactos no permitidos sino también como medio de prueba de las operaciones comerciales realizadas[419].

La LOPDyGDD establece restricciones adicionales a la grabación de sonidos, más allá de las previstas para los sistemas de videovigilancia, pues refleja como regla general la prohibición de registrar audios en el lugar de trabajo, que sólo se admite en caso de riesgos relevantes para "la seguridad de las instalaciones, bienes y personas" derivados de la actividad que se desarrolle en el centro de trabajo, y siempre respetando el principio de proporcionalidad, el de intervención mínima y todas las garantías previstas en los apartados anteriores del art. 89 en alusión fundamental, por lo que aquí interesa, al principio de información previa[420]. Por tanto, el empleador no solo tendrá que justificar la existencia del riesgo para la seguridad

---

[418] STCo 114/1984, de 29 de noviembre y STS 10 marzo 1990 (Ar. 2045). En la doctrina judicial menor, SSTSJ Madrid 9 junio 2004 (JUR 2005/20495) y Castilla y León 11 abril 2018 (rec. 407/2018).

[419] STS 5 diciembre 2003 (Ar. 313/2004).

[420] QUILEZ MORENO, J.M.: "La garantía de derechos digitales en el ámbito laboral: el nuevo artículo 20 bis del Estatuto de los Trabajadores", *Nueva Revista Española de Derecho del Trabajo*, núm. 217/2019 (BIB 2019/1558).

sino también la proporcionalidad de la medida, eligiendo la vía menos invasiva posible de los derechos de las personas trabajadoras afectadas[421].

Pese a todos estos límites, la Sentencia del Tribunal Constitucional 160/2021, de 4 de octubre, deniega el amparo en un supuesto en el que una empresa de atención telefónica despide a un trabajador al constatar, realizando escuchas y monitorizando las llamadas con los clientes, que no desempeñaba correctamente su trabajo, teniendo en cuenta que los asesores telefónicos conocen, desde 2003, que sus conversaciones con los clientes son grabadas y que entre las obligaciones de la coordinadora del servicio está proceder a las escuchas de las conversaciones de los asesores. Aunque la empresa firmó el 18 de noviembre de 2003 con la representación de los trabajadores un documento de desarrollo de compromisos en que, en relación con la monitorización de las llamadas de los asesores, "la dirección de la empresa manifiesta que la finalidad del proyecto es la identificación de carencias formativas para la prestación de los servicios de atención y ventas, que permita la elaboración de planes individuales de formación y mejora de competencias capaces de superar las referidas carencias [...] asumiendo la empresa el compromiso de que la monitorización no tendrá en ningún caso como objetivo su utilización como un mecanismo disciplinario", lo cierto es que nada impide a la empresa ejercer su poder disciplinario como derecho irrenunciable.

---

[421] MOLINA NAVARRETE, C.: "Régimen legal de los sistemas de control laboral basados en la videovigilancia: lagunas y antinomias a la luz del Derecho Comunitario", en AA.VV (RODRÍGUEZ-PIÑERO ROYO, M. y TODOLÍ SIGNES, A., Dirs.): *Vigilancia y control en el Derecho del Trabajo Digital*, Pamplona, Aranzadi, 2020, p. 97.

D) Geolocalización

Cada vez es más frecuente la utilización de variados sistemas de localización a distancia como instrumentos de control en el marco empresarial. La información básica proporcionada por tales canales es amplia, pues no solo permite establecer en cada momento la posición del dispositivo electrónico de que se trate y, por tanto, la localización indirecta del trabajador, sino también sus movimientos, el trayecto realizado, el tiempo invertido en cada recorrido y el de espera, las pausas y, en muchos casos, los resultados. Tales datos pueden obtenerse, bien porque la aplicación geolocalizadora forma parte de un dispositivo electrónico móvil como un smartphone, una tablet o un ordenador portátil, bien por la incorporación del concreto sistema de geolocalización (un navegador o un GPS) a un elemento móvil (un vehículo o medio de transporte), o bien, en fin, porque se trate de los llamados wearable device (WD), es decir, dispositivos de geolocalización diseñados para ser llevados o vestidos tales como pulseras, anillos, gafas, relojes, prendas de vestir o de trabajo. Sin duda, el recurso empresarial a este tipo de dispositivos puede tener una justificación organizativa, técnica o productiva en términos de eficiencia, de control y de seguridad, pero también puede invadir la esfera personal de reserva, de privacidad o de intimidad ante el manejo tecnificado de ingentes volúmenes de datos[422].

El art. 90 LOPDyGDD establece que, "con carácter previo, los empleadores habrán de informar de forma expresa, clara e inequívoca a los trabajadores... y, en su caso, a sus representantes, acerca de la existencia y características de estos dispositivos" de geoposicionamiento. A diferencia de los supuestos

---

[422] GONZÁLEZ ORTEGA, S.: "Las facultades de control a distancia del trabajador. Geolocalizadores y tacógrafos", *Temas Laborales,* núm. 150, 2019, pp. 45 y ss.

anteriores donde no se menciona expresamente aunque sin duda tal contenido va incluido, también prevé que "igualmente deberán informarles acerca del posible ejercicio de los derechos de acceso, rectificación, limitación del tratamiento y supresión"[423]. En tanto en cuanto se trata de principios aplicables a cualquier tratamiento de datos personales de las personas trabajadoras que se haga en la empresa, no se considera precisa su concreción expresa para poder ejercerlos[424].

Para valorar en sus justos términos el deber de informar sobre los instrumentos de geolocalización, cabe dar cuenta, a la postre, de una reciente sentencia del Tribunal Supremo[425], en la que se analiza la aplicación por una empresa de reparto de comida a domicilio del denominado "Proyecto tracker", que supone "la obligación para el trabajador con categoría de repartidor de aportar a la actividad empresarial un teléfono móvil con conexión a internet de su propiedad, instalando la aplicación informática de la empresa que permite la geolocalización del dispositivo y del trabajador durante la jornada laboral, de manera que la negativa reiterada o imposibilidad sobrevenida de aportación de esta herramienta por parte del trabajador, o de la aplicación informática, será causa suficiente para la extinción del contrato". Teniendo en cuenta lo previsto en el art. 65.4.3 ET, en virtud del cual "el comité de empresa tendrá derecho a emitir informe con carácter previo a la ejecución por parte del empresario de las decisiones adoptadas por este", sobre "la implantación y revisión de sistemas de organi-

---

423 ORELLANA CANO, A.M.: *El derecho a la protección de datos personales como garantía de la privacidad de los trabajadores*, Pamplona, Aranzadi, 2019, p. 148.

424 BLÁZQUEZ AGUDO, M.A.: "Nuevas formas de control empresarial: desde los GPS hasta el más allá", en AA.VV (RODRÍGUEZ-PIÑERO ROYO, M. y TODOLÍ SIGNES, A., Dirs.): *Vigilancia y control en el Derecho del Trabajo Digital*, Pamplona, Aranzadi, 2021, p. 160.

425 STS 8 febrero 2021 (núm. 161/2021).

zación y control del trabajo, estudios de tiempos…" (apartado f) y precisando el párrafo 6 del art. 64 que "la información se deberá facilitar por el empresario al comité de empresa, sin perjuicio de lo establecido específicamente en cada caso, en un momento, de una manera y con un contenido apropiados, que permitan a los representantes de los trabajadores proceder a su examen adecuado y preparar, en su caso, la consulta y el informe", el órgano judicial llega a la conclusión de que la información facilitada a los representantes de los trabajadores fue insuficiente a los efectos de que estos pudieran emitir el informe, no en vano la geolocalización es una medida que afecta a datos personales del trabajador protegidos por el art. 18.4 CE. Hubiera sido necesario explicar el concreto funcionamiento de la aplicación, esto es, cómo se instala en el teléfono móvil, a qué datos del terminal debe acceder, qué concretos datos propios ha de aportar el trabajador para entrar a la aplicación, qué extremos, en su caso, ha de archivar y cómo van a ser tratados. El órgano juzgador entiende que no sólo no se ha informado debidamente a la representación legal sino que tampoco se ha hecho a las personas trabajadoras afectadas.

Por último, resta añadir que la geolocalización encuentra su principal potencial invasivo cuando, como en actividades móviles o itinerantes, acompaña de forma continua y permanente al trabajador como instrumento de registro horario y control de su prestación de trabajo, pudiendo dar prueba del incumplimiento por realizar actividades privadas, por lo que las cautelas resultan especialmente exigibles para acotar su operatividad a la jornada laboral y obligaciones contractuales, asegurando mecanismos de desconexión del dispositivo fuera de las franjas de tiempo efectivo de trabajo[426]. Así, cabe hacer referencia a la Sentencia del Tribunal Supremo de 15 de septiembre de

---

426 VALDEOLIVAS GARCÍA, Y.: "Derechos de información, transparencia y digitalización", cit., p. 218.

2020[427], que confirma la procedencia del despido disciplinario, con base en datos del instrumento de geolocalización del vehículo de empresa que constatan su utilización fuera de la jornada laboral, pese a las instrucciones expresas al respecto; pues la trabajadora conocía la existencia del control por GPS por parte de la empresa. Recientemente, el propio Tribunal Europeo de Derechos Humanos, en su sentencia de 13 de diciembre 2022[428], no aprecia vulneración del derecho a la vida privada del trabajador despedido disciplinariamente, por los datos revelados por el sistema de geolocalización instalado en el vehículo de empresa puesto a su disposición en los que se pone de manifiesto que el trabajador ha falseado el número de kilómetros recorridos por asuntos profesionales, no en vano "la utilización como prueba de los datos de geolocalización relativos a la distancia recorrida por el demandante en su vehículo de empresa no menoscabó la equidad del procedimiento" aunque el dispositivo está activo 24 horas los 7 días de la semana e incluso se instala un segundo GPS oculto ante las dudas sobre la manipulación del primero por parte del trabajador.

Finalidad

De forma harto ilustrativa, el art. 5.1 b) RPD establece que los datos de incorporación al algoritmo habrán de ser "recogidos con fines determinados, explícitos y legítimos"[429]. La

---

427 Rec. 528/2018.

428 Asunto Florindo de Almeida Vasconcelos Gramaxo v. Portugal, demanda núm. 26968/16.

429 MARTÍNEZ FONS, D.: "El poder de control empresarial ejercido a través de medios audiovisuales en la relación de trabajo (a propósito de las SSTC 98/2000 y 186/2000, de 10 de julio)", *Relaciones Laborales*, 2002, Tomo I, p. 42 ó TASCÓN LÓPEZ, R.: "Los ficheros empresariales sobre trabajadores y los derechos de los mismos en el marco de la relación contractual con el empleador", en AA.VV (TRONCOSO

finalidad debe definirse, pues, de la manera más precisa posible. Así, se prohíbe la creación de grandes bancos de datos personales alimentados para fines más o menos indeterminados, de modo que no será acorde con la norma una definición o descripción vaga del objeto del tratamiento, como pudiera ser "fines laborales". Antes al contrario, el empresario deberá precisar cuál es la decisión profesional última que justifica el manejo de la información: selección de personal, contabilidad, gestión de horarios, progresión en la carrera, formación, seguridad, control, etc.

A) Indicación específica

El principio de finalidad acota, en primer lugar, las posibilidades en la obtención y manejo de datos en los procesos de reclutamiento, pues solo estará permitido comprobar las aptitudes profesionales relacionadas con las tareas del puesto de trabajo, sin que sea posible utilizar datos biológicos, realizar preguntas indiscretas o ni siquiera test psicotécnicos que no sean adecuados en atención a las funciones a desarrollar. Así, por ejemplo, solo cabe recabar antecedentes penales cuando una disposición normativa contemple dicha exigencia, tal y como sucede con determinadas profesiones como jueces, fiscales, policías, empleados de entidades de crédito, etc.[430]; asimis-

---

REIGADA, A., Dir.): *Comentario a la Ley Orgánica de Protección de Datos de Carácter Personal,* Madrid, Civitas, 2010, pp. 502 y ss.

430 La AEPD ha tenido ocasión de pronunciarse respecto a la prohibición de solicitar en un proceso de contratación de trabajadores autónomos, repartidores de Amazon en este caso, la presentación de un informe en negativo de los antecedentes penales de los candidatos. La práctica vendrá proscrita y sancionada en tanto no existe para el caso de los repartidores de mercancías una habilitación legal para el tratamiento de un dato especialmente sensible, como el de los antecedentes penales, de modo que ni el consentimiento, ni el

mo sucede con los certificados negativos del registro central de delincuentes sexuales, que únicamente podrán obtenerse cuando el trabajo se desarrolle de forma habitual con menores[431]; e igualmente con otras autorizaciones como permisos de conducción o licencias de armas que actúan como requisito *sine qua non* para ejercer determinados oficios[432]. La sentencia del Tribunal Supremo de 12 de mayo de 2022[433] condena, en paradigmático ejemplo, a una empresa de seguridad a eliminar la práctica de todos sus centros de trabajo de solicitar a los trabajadores de nueva incorporación un certificado o declaración de no estar incurso en antecedentes penales. La razón es que no existe habilitación legal para tratar dicha información, ni siquiera cuando se remite voluntariamente por las personas trabajadoras, correspondiendo únicamente a las autoridades públicas competentes otorgar las habilitaciones para el ejerci-

---

contrato, ni el interés legítimo son base suficiente para ello. Proc. Núm E/05033/2017. LLORENS ESPADA, J.: "El interés legítimo de la empresa como base de licitud para el tratamiento de datos personales de la persona trabajadora", *Doctumentación Laboral*, núm. 126, 2022, p. 42.

431 MERCADER UGUINA, J.R.: *Protección de datos en las relaciones laborales*, Madrid, Francis Lefebvre, 2018, p. 80. El Informe 2015-0401 de la Agencia de Protección de Datos aclara que será aplicable a quienes desempeñen funciones docentes para los menores de edad, pero no en aquellas profesiones que aun teniendo un contacto habitual con el público en general, entre el que se encuentran los menores de edad, no están por su propia naturaleza destinadas exclusivamente a un público menor de edad, como sucede, por ejemplo, con una empresa de transporte público de viajeros por carretera en lo que se refiere a conductores, azafatas, agentes de ventas, personal de estaciones de servicios, etc.

432 PRECIADO DOMENECH, C.H.: *El derecho a la protección de datos en el contrato de trabajo. Adaptado al nuevo Reglamento 679/2016, de 27 de abril*, Pamplona, Aranzadi, 2018, p. 173.

433 Rec. 70/2020.

cio de la profesión de vigilante de seguridad donde ya se tienen en cuenta dichos antecedentes penales.

Así pues, a tenor del art. 16.1 c) LISOS, que tipifica como falta muy grave, "solicitar datos de carácter personal en los procesos de selección", y de los arts. 4 g) y 16 LE, que recogen como principio esencial de la política de colocación el respeto a la normativa de protección de datos por cualquiera de los agentes intervinientes (públicos o privados), la regla podría ser esta: las averiguaciones empresariales solo estarían justificadas en la fase de acceso al empleo si fueran dirigidas directa o inmediatamente a conocer la capacidad del trabajador para el desempeño concreto del trabajo ofertado atendiendo a las características de la vacante y no lo estarían para saber el previsible comportamiento laboral de este sujeto en el futuro[434]. El Reglamento de IA prohíbe la comercialización, puesta en servicio o utilización de sistemas de IA destinados a ser utilizados para detectar el estado emocional de las personas en situaciones relacionadas con el trabajo (art. 5.1).

En segundo lugar, entrando en el desarrollo de la relación laboral, el principio de finalidad se aplica a las posibilidades de control empresarial. Así, el art. 87 LOPDyGDD define con claridad las finalidades justificativas del acceso del empresario a los dispositivos digitales puestos a disposición del trabajador sobre la base de "controlar el cumplimiento de las obligaciones laborales o estatutarias y de garantizar la integridad de dichos dispositivos". Centrado solo en la primera hipótesis, el art. 89.1 LOPDyGDD admite los aparatos de vídeovigilancia "para el ejercicio de las funciones de control de los trabajadores", al igual que lo hace el art. 90 LOPDyGDD para desplegar los

---

[434] SALA FRANCO, T.: "El derecho a la intimidad y a la propia imagen y las nuevas tecnologías de control laboral", en AA.VV (BORRAJO DACRUZ, E., Coord.): *Trabajo y libertades públicas*, Madrid, la Ley, 1999, p. 214.

mecanismos de geolocalización. Una fórmula mucho más limitada utiliza, sin embargo, el art. 89.3 LOPDyGDD para los sistemas empresariales de grabación de sonidos: "cuando resulten relevantes los riesgos para la seguridad de las instalaciones, bienes y personas derivados de la actividad que se desarrolle en el centro de trabajo"[435].

Como norma común a la audio y videovigilancia se prohíbe la instalación de tales canales en los lugares destinados al descanso o esparcimiento, citando vestuarios, aseos, comedores y análogos, pues se trata de lugares con una específica finalidad, los cuales, aun dentro de la empresa, no están habilitados para la ejecución de la actividad laboral (art. 89)[436]. Sirva de ejemplo la sentencia del Tribunal Superior de Justicia de Cataluña de 23 de junio de 2023[437], que considera inapropiada la prueba vertida por una cámara instalada en el obrador de una cafetería donde se descubre a una empleada orinando en botellas de plástico, pues se trata de una zona donde las personas trabajadores se cambiaban de ropa antes y después de su turno; o la Sentencia del Tribunal de Justicia de Castilla-La Mancha de 2 de noviembre de 2023[438], en la que se considera desproporcionada la instalación de unas cámaras en determinados espacios de la empresa porque no queda probado si enfocan o pueden enfocar con una manipulación simple a las taquillas, vestuarios, acceso a baños y comedor social.

---

435 TERRADILLOS ORMAETXEA, E.: "Los poderes de dirección y de control de la empresa y el derecho a la protección de datos", *Documentación Laboral*, núm. 126, Vol. 2, 2022, p. 73.

436 VALDEOLIVAS GARCÍA, Y.: "Derechos de información, transparencia y digitalización", en AA.VV.: *Digitalización, recuperación y reformas laborales. XXXII Congreso Anual de la Asociación Española de Derecho del Trabajo y de la Seguridad Social, Alicante, 26 y 27 de mayo de 2022*, Madrid, Ministerio de Trabajo y Economía Social, 2022, p. 217.

437 Rec. 573/2023.

438 Núm. 1517/2023.

El principio de finalidad pivota también como elemento clave en la solución aportada por la Sentencia del Tribunal Europeo de Derechos Humanos de 28 de noviembre de 2017 (asunto *Antovic and Mirkovic contra Montenegro*)[439], que considera inadecuada, al no quedar acreditado el efectivo interés empresarial, la instalación de cámaras en los auditorios universitarios donde se imparten clases por invadir el derecho a la vida privada de los profesores demandantes, quienes únicamente conocieron la instalación por el informe que proporcionó el Decano en la Junta de Facultad con el fin de garantizar la seguridad de los bienes y las personas, incluidos los estudiantes[440].

Sin embargo, no se observa, aplicando la doctrina ya conocida de la vigilancia de seguridad, en la Sentencia del Tribunal Supremo de 21 de julio de 2021[441], en la cual se admite la validez de la videovigilancia desarrollada por la empresa a un vigilante de seguridad de Ifema que incumple las instrucciones recibidas en relación con el acceso de vehículos al recinto ferial a raíz del incremento de la amenaza terrorista, hechos que son conocidos por la empresa a través del visionado de las imágenes grabadas por las cámaras de control de acceso. Este mismo razonamiento se incorpora a la Sentencia del Tribunal Supremo de 30 de marzo de 2022[442] en relación con una persona empleada de una cafetería de un aeropuerto, donde existían cámaras señalizadas con carteles adhesivos que permitían que todas las personas presentes en la cafetería, tanto trabajadores como clientes, tuvieran conocimiento de su presencia.

---

439 Aplicattion nº 70838/13.

440 MOLINA NAVARRETE, C.: "El derecho a la vida privada del trabajador en el Tribunal Europeo de Derechos Humanos: ¿diálogo o conflicto con la jurisprudencia nacional?", *Temas Laborales*, núm. 145, 2018, p. 138.

441 Rec. 4877/2018.

442 Rec. 1288/2020.

En parecido sentido se pronuncia la Sentencia del Tribunal Supremo de 26 de abril de 2021[443], de la Sala de lo Contencioso-Administrativo, que precisa los límites en el ejercicio de la potestad videográfica de la Administración empleadora entendiendo justificado el control realizado utilizando cámaras instaladas para realizar esas tareas de seguridad y de vigilancia en el control general de acceso, aunque la afectada no conocía su utilización a efectos disciplinarios, detectando conductas tendentes a eludir el cumplimiento horario falseando fichajes a la entrada o salida y sustituyendo en esa función a otro funcionario. Se sigue aquí la doctrina vertida en la Sentencia del Tribunal Europeo de Derechos Humanos de 17 de octubre de 2019 (asunto López Ribalda II), que admite la videovigilancia con fines disciplinarios sobre la base de que el trabajador conocía la existencia de las cámaras, aunque no su verdadera finalidad.

B) Fines compatibles

No procede olvidar tampoco que el art. 5.1 b) RPD señala, como matización a la regla general, que las informaciones de carácter personal no podrán utilizarse para finalidades "incompatibles" con aquéllas para las que hubieran sido recogidas, lo que, a sensu contrario, no significa que no puedan utilizarse para finalidades "diferentes"[444]. A la hora de valorar la compatibilidad de usos posteriores con la finalidad original, procede tener en cuenta los siguientes criterios recogidos en el propio RPD: debe existir una relación entre la finalidad primigenia y las ulteriores; el tratamiento posterior debe encontrarse dentro de las expectativas razonables del interesado; han de tenerse en cuenta la naturaleza de los datos objeto de almacena-

---

443 Núm. 557/2021.

444 AA.VV.: *Código de buenas prácticas en protección de datos para proyectos big data*, AEPD, 2017, p. 11.

miento y la sensibilidad de los mismos; es menester considerar el impacto que este acopio va a provocar en los interesados; y deben atenderse las medidas de protección que el responsable del tratamiento establece, en particular, las medidas técnicas y organizativas como la encriptación, seudonimización, separación funcional, transparencia u oposición al tratamiento[445].

Tanto la Recomendación núm. 89 del Consejo de Europa como el Código de Conducta aprobado por la OIT entienden, además, que la utilización de las informaciones personales para otras finalidades es compatible con la inicial sólo cuando se deriven beneficios para la persona trabajadora o no se rompan las garantías. Lo importante es que el nuevo uso se justifique también en función del contrato de trabajo y que la persona empleada sea debidamente informada para que pueda ejercer sus derechos. Se admite, así, por ejemplo, la compatibilidad en la utilización del dato sobre la afiliación sindical de la persona trabajadora para conceder el trámite de audiencia a los representantes sindicales en un despido, pese a que ese extremo se proporcionó para el descuento de la cuota sindical[446]. O también el uso de los datos personales (nombre y apellidos) de los trabajadores por parte de su antigua empleadora, previo cese voluntario de los mismos, para la creación por ellos de una nueva empresa, con el fin de advertir a los clientes sobre la terminación de la relación laboral y la inexistencia de vinculación con la entidad de origen[447].

Sin embargo, si se anotan "partes de baja" para el cuidado de la salud de los trabajadores no pueden usarse después, como

---

445 Grupo de Trabajo del Art. 29: Opinión 03/2013 on purpose limitation, 2 April 2013.

446 Informe de la Agencia de Protección de Datos sobre la Utilización de la afiliación sindical en los procedimientos de despido del año 2002.

447 SAN 15 junio 2005 (TOL1.732.432).

ha señalado el Tribunal Constitucional, para adoptar medidas de control del absentismo laboral[448]; al igual que tampoco puede cederse el reconocimiento médico practicado por una empresa a una Mutua para la elaboración de un informe sobre el mismo trabajador destinado a otra empresa, que provocó la extinción del contrato en período de prueba[449]; no pueden crearse igualmente archivos donde aparezca sólo la fecha de la incapacidad temporal a los efectos de controlar el absentismo[450]; ni practicarse el descuento empresarial de los salarios a todas aquellas personas trabajadoras respecto de las que constaba la afiliación a los sindicatos convocantes de la huelga, sin verificar previamente su participación en ésta y pese a que los datos se habían proporcionado exclusivamente para el descuento de la cuota sindical[451].

También cabe dejar constancia de que el GT29 ha precisado que un sistema de geolocación, denominado "*event data records*" (registradores de datos de incidencias para la reconstrucción de accidentes, que graban vídeo y sonido, activándose por un frenado brusco o un cambio repentino de dirección), "no pueden utilizarse para comprobar las habilidades de conducción de los trabajadores, dado que ello interfiere con el derecho de privacidad, pues tiene una alta probabilidad de dar

---

448 STCo 202/1999, de 16 de diciembre, comentada por RODRIGUEZ ESCANCIANO, S.: "La intimidad del trabajador en el uso de diagnósticos médicos informatizados", *Revista Española de Derecho del Trabajo*, núm. 101, 2000, pp. 586 y ss.

449 Resolución de la Agencia de Protección de Datos 00740/2005.

450 STS, Cont-Admtivo, 5 marzo 2012 (TOL2.483.599).

451 SSTCo 11/1998, 33/1998, 45/1998, 60/1998, 77/1998, 104/1998, 105/1998, 106/1998, 123/1998, 124/1998, 125/1998, 126/1998, 158/1998, 223/1998, 30/1999, 44/1999 y 45/1999.

lugar al tratamiento de datos personales de terceros (como los peatones)"[452].

Acotación temporal

El principio de congruencia despliega su eficacia durante todo el tiempo en el que los datos recabados permanecen conservados, por lo que deben suprimirse una vez que cesa la finalidad para la que fueron recogidos y registrados, no en vano el art. 5 e) RPD exige que los datos sean "mantenidos de forma que se permita la identificación de los interesados durante no más tiempo del necesario para los fines del tratamiento". Es más, el RPD además de limitar el período de conservación impone al responsable la obligación de incluir plazos para la destrucción o actualización con frecuente cadencia, no en vano el considerando 39 indica que "para garantizar que los datos personales no se conservan más tiempo del necesario, el responsable del tratamiento ha de establecer plazos para su supresión o revisión periódica"[453].

Incluso el art. 22.3 LOPDyGDD fija un plazo máximo de un mes desde la captación de imágenes por cámaras para su mantenimiento, "salvo cuando hubieran de ser conservados para acreditar la comisión de actos que atenten contra la integridad de personas, bienes o instalaciones. En tal caso, las imágenes deberán ser puestas a disposición de la autoridad competente en un plazo máximo de setenta y dos horas desde que se tuviera conocimiento de la existencia de la grabación". Cabe

---

[452] MERCADER UGUINA, J.R.: *Algoritmos e inteligencia artificial en el Derecho Digital del Trabajo*, Valencia, Tirant Lo Blanch, 2022, p. 100.

[453] El Tribunal Supremo, en Sentencia, Sala Civil, 27 noviembre 2023 (rec. 1684/2023), ha confirmado la imposición de la condena a pagar 30.000 euros a una cadena de hipermercados por incumplir la obligación de custodiar una grabación en uno de los establecimientos.

mencionar un reciente pronunciamiento judicial del Tribunal Supremo que entiende válida la prueba videográfica aunque el visionado de las grabaciones no se limite al día en el que se produce la queja del cliente sino a quince días antes para averiguar los hechos, entendiendo que se respeta un lapso temporal apropiado[454].

En suma –permítase la reiteración–, la finalidad esgrimida determina el período máximo durante el cual los datos podrán ser almacenados, esto es, sólo el estrictamente imprescindible, admitiéndose, no obstante, su preservación durante el tiempo en que pueda exigirse algún tipo de responsabilidad o permitan aportar pruebas para el ejercicio del derecho de defensa[455].

Parece claro, pues, que en el supuesto de que la persona trabajadora cambie de empresa (por propia voluntad o habiendo sido despedida), o cuando concluido el proceso de selección la persona solicitante de empleo no haya sido aceptada (y, por consiguiente, no haya formalizado un vínculo de trabajo con el empresario responsable del fichero), desaparecerá el fin para el cual fueron recabados los datos y, en consecuencia, carecerá de sentido mantener tales informaciones en poder de la parte fuerte del contrato. Distinta interpretación supondría una intolerable "apropiación perpetua de amplias facetas de la vida

---

454 La trabajadora fue despedida por pérdida de confianza, transgresión de la buena fe contractual, daño a la imagen de la compañía, porque antes de la apertura de la cafetería, accede con otra compañera, se preparan dos zumos y calientan un sándwich, proporcionando productos a otra persona sin haber registrado las consumiciones en la caja y negando a un cliente la atención porque todavía no era la hora de abrir. STS 1 junio 2022 (rec. 1993/2020).

455 ÁLVAREZ CIVANTOS, O.J.: *Normas para la implantación de una eficaz protección de datos de carácter personal en empresas y entidades*, Granada, Comares, 2002, pp. 36 y ss.

personal" de la persona aspirante a ser contratada o de la antigua persona trabajadora[456].

Cualquier conservación por más tiempo del estrictamente necesario para "liquidar" los posibles efectos pendientes del contrato de trabajo deberá ser considerada excesiva y, por tanto, ilícita. Elementos distintos confluyen, sin embargo, en el supuesto de personas candidatas que hayan superado las pruebas de selección y, en consecuencia, hayan llegado a formalizar un contrato de trabajo con quien es responsable del fichero. Como observa la doctrina[457], y, en línea de principio, la solución debería buscarse en la aplicación de la regla general y, en consecuencia, procedería entender que, si el fin originario de la recogida de datos no era otro sino el de determinar la aptitud profesional de la persona trabajadora y ésta ya había sido comprobada, tales datos deberían ser cancelados. Ahora bien, como fácilmente procede colegir, es imposible ignorar, empero, el interés empresarial en conservar los datos obtenidos en el proceso de reclutamiento del candidato seleccionado para, con ellos, organizar y dirigir posteriormente su prestación como persona trabajadora en el seno de su unidad productiva, debiendo lógicamente recabar su *placet*.

Un supuesto especial se plantea también cuando el empresario quiera conservar los datos recabados de una persona trabajadora para fines legítimos a desarrollar en el futuro, como, por ejemplo, la posibilidad de concertar nuevos vínculos contractuales con el mismo (lo cual muchas empresas

---

456 MURILLO DE LA CUEVA, P.L.: *Informática y protección de los datos personales*, Centro de Estudios Políticos y Constitucionales, Madrid, 2003, p. 69.

457 Se sigue aquí el razonamiento de FERNÁNDEZ VILLAZÓN, L.A.: "Tratamiento automatizado de los datos personales en los procesos de selección de los trabajadores", *Relaciones Laborales*, núm. 11, 1994, p. 537.

hacen mediante la incorporación a una bolsa de trabajo de quienes no superaran un determinado proceso de selección o que habiendo suscrito un contrato de duración determinada han finalizado su vinculación presente con la empresa pero sin descartar concertar una nueva en el futuro), circunstancia ésta que legitima la conservación de los datos, pero, con seguridad, requiere del consentimiento de la persona trabajadora[458].

Portabilidad y, su envés, prohibición de cesión no autorizada

El art. 20 RPD reconoce al interesado, de un lado, el derecho a recibir copia de sus datos personales en un formato electrónico estructurado y de uso común y, de otro, la facultad de que sea admitida su petición de transmitir los datos a otro responsable del tratamiento sin que lo impida el primer titular, permitiendo que las referencias pasen, a instancia del afectado, de responsable a responsable cuando fuera posible.

El derecho a la portabilidad puede ser ejercido por la persona trabajadora no sólo respecto de los datos que hubiera proporcionado al empresario de manera consciente y activa en el momento de formalizar el contrato (nombre, apellidos, edad, dirección postal, datos familiares, cuenta bancaria, etc.) o a lo largo del desarrollo de la relación contractual, sino también frente a los que procedan del seguimiento de sus actividades profesionales, pero no alcanza a los datos creados y confeccionados por el responsable del tratamiento (elaborando perfiles de interés productivo, en paradigmático ejemplo)[459]. Tenien-

---

458 TASCÓN LÓPEZ, R.: *El tratamiento por la empresa de datos personales de los trabajadores. Análisis del estado de la cuestión*, Madrid, Civitas, 2005, p. 94.

459 GOÑI SEIN, J.L.: *La nueva regulación europea y española de protección de datos y su aplicación al ámbito de la empresa (incluido el Real Decreto Ley 5/2018)*, Albacete, Bomarzo, 2028, p. 132.

do en cuenta que en el trabajo en plataformas, el algoritmo lleva a cabo la evaluación del rendimiento de las personas trabajadoras en función de la aceptación o rechazo de los pedidos y de la valoración obtenida por las personas usuarias, la Resolución del Parlamento Europeo, de 15 de junio de 2017, sobre una Agenda Europea para la economía colaborativa[460], destaca que las personas trabajadoras de las plataformas deben poder "beneficiarse de la portabilidad de las evaluaciones y calificaciones, que constituyen su valor en el mercado digital, así como de facilitar la transferibilidad y acumulación de las evaluaciones y calificaciones en las diferentes plataformas al tiempo que se respetan las normas relativas a la protección de datos y la privacidad de todas las partes implicadas"[461].

En todo caso, esta prerrogativa tendente a facilitar el traspaso de información no viola el derecho de preservar la intimidad de los datos informatizados[462], pues la regla general parte, como no podía ser menos, de la imposibilidad de ceder tales datos a terceros sin solicitud o sin consentimiento del afectado[463]. Ilustrativa es la reciente sentencia de la Sala Civil del Tribunal Supremo de 9 de enero de 2024[464], en la que se considera ilícito el trasvase entre dos entidades bancarias tras una fusión empresarial de un fichero de riesgo reputacional del director de una sucursal, obligando a la corporación transmisora a indemnizar al afectado y a dar publicidad al pronunciamiento judicial a través del correo interno.

---

460 2016/0000/(INI).

461 POQUET CATALÁ, R.: "Algoritmos, inteligencia artificial y condiciones de trabajo: ¿son compatibles?", *Revista General de Derecho del Trabajo y de la Seguridad Social*, núm. 66, 2023.

462 STSJ Madrid 26 septiembre 2006 (AS 2005/2773).

463 STCo 466/2000, de 30 de noviembre.

464 Rec. 572/2021.

Según el art. 8 LOPDyGDD, se admitirán, no obstante, como excepciones a la regla general, cesiones de datos por parte del empresario derivadas del cumplimiento de una obligación legal[465], tal y como sucede con la información a proporcionar a la Inspección de Trabajo, al Ministerio Fiscal, a Hacienda, a la Seguridad Social o, cómo no, a la autoridad judicial[466]. Así mismo, queda amparado el trasvase de datos de las personas trabajadoras entre una empresa de trabajo temporal y una empresa usuaria al calor del contrato de puesta a disposición regulado en el art. 6 Ley 14/1994, de 1 de junio. Igualmente, los arts. 40, 41, 44.9, 47, 47 bis, 51 y 82.3 ET habilitan la transmisión de información a los representantes de los trabajadores para el desarrollo de los períodos de consultas. Igualmente sucede con los derechos de información y audiencia de los representantes de los trabajadores sobre diversas materias, recogidas mayoritariamente en el art. 64 ET, entre las cuales cabe citar como más novedoso el derecho a "ser informados por la empresa de los parámetros, reglas e instrucciones en los que se basan los algoritmos o sistemas de inteligencia artificial que afectan a la toma de decisiones que pueden incidir en las condiciones de trabajo, el acceso y mantenimiento del empleo, incluida la elaboración de perfiles" [art. 64.4.d) ET, introducido por la Ley 12/2021]. Por su parte, el art. 48 LE, relativo a la colaboración institucional entre los distintos agentes participantes en el sistema nacional de empleo y entre los órganos competentes en el desarrollo de las políticas activas y pasivas de empleo,

---

465 Tal y como expresamente refieren el Art. 43 del Convenio Colectivo del sector de Orquestas de verbena de Galicia (Resolución 9/01/2017) o Disposición Adicional 3ª del Convenio Colectivo de las Empresas privadas que gestionan Equipamientos y servicios públicos, afectos a la actividad deportiva y de Ocio de Cataluña (DO Cataluña núm. 7663, 13/07/2018).

466 Para este último supuesto, SAN, Cont-Admtivo, 15 octubre 2013 (JUR 2013/347085).

permite la cesión de datos sobre las personas trabajadoras, desempleadas o candidatas a un puesto de trabajo, con el debido respeto a los principios de la LOPDyGDD.

Minimización

La información que por vía informática se pretende recabar o acumular ha de ser adecuada y pertinente [art. 5.1 c) RPD], esto es, no sólo debe ser legítima por la probidad de los medios utilizados, sino también proporcionada, entendiendo por tal un nivel de recogida y almacenamiento de datos "no excesivo" respecto a la finalidad pretendida[467]. Quien recoja los datos personales ha de obtener los mínimos necesarios para cumplir con los objetivos legítimos para los que se obtienen. Según el art. 25.2 RPD, el responsable del tratamiento deberá aplicar las medidas técnicas y organizativas apropiadas para garantizar que "por defecto, solo sean objeto de tratamiento los datos personales que sean necesarios para cada uno de los fines específicos del tratamiento". En particular, esta obligación se aplicará a la cantidad de datos personales recogidos, a la extensión de su manejo, a su plazo de conservación y a su accesibilidad. El postulado de minimización se tendrá en cuenta, además, tanto en el momento de determinar los medios de tratamiento como en el del propio tratamiento llevado a cabo[468].

Así, el principio de minimización es una especie de test de proporcionalidad o técnica de ponderación, por el cual so-

---

467 DEL PESO NAVARRO, E.: *Ley de Protección de Datos*, Madrid, Díaz de Santos, 2000, pp. 78 y ss.

468 RODRÍGUEZ-PIÑERO ROYO, M. "Registro de jornada mediante controles biométricos: un caso de incoherencia en el Derecho del Trabajo Digital", en AA.VV (RODRÍGUEZ-PIÑERO ROYO, M. y TODOLÍ SIGNES, A., Dirs.): *Vigilancia y control en el Derecho del Trabajo Digital*, Pamplona, Aranzadi, 2021, p. 285.

lamente si los datos son necesarios, en el sentido de imprescindibles, podrán legalmente ser obtenidos y procesados[469]. Siguiendo esta pauta, el art. 9.5 Ley 15/2022 prohíbe "al empleador preguntar sobre las condiciones de salud del aspirante al puesto". Asimismo, por citar algunos ejemplos, se considera impertinente solicitar información sobre la "realización de cualquier actividad para entidades no competidoras"[470] o "el contenido del dictamen técnico de la enfermedad padecida por una persona con discapacidad"[471].

El principio de proporcionalidad ha sido dibujado por el Tribunal Constitucional a partir de un triple test gradualista: si tal medida es susceptible de conseguir el objetivo propuesto (juicio de idoneidad); si, además, es necesaria en el sentido de que no exista otra más moderada para la consecución de tal propósito con igual eficacia (juicio de indispensabilidad o estricta necesidad); y, finalmente, si es ponderada o equilibrada, por derivarse de ella más beneficios o ventajas para el interés empresarial que perjuicios sobre otros bienes o valores en conflicto (juicio riguroso de adecuación)[472]. Siguiendo a la mejor doctrina, los derechos fundamentales de los trabajadores solo pueden ser objeto de limitación por el poder empresarial en casos excepcionales, en los que resulte claro que existe un interés extraordinario del empresario de suficiente intensidad

---

[469] TODOLÍ SIGNES, A.: *Algoritmos productivos y extractivos. Cómo regular la digitalización para mejorar el empleo e incentivar la innovación*, Pamplona, Aranzadi, 2023, p. 144.

[470] SAN 26 abril 2023 (rec. 381/2022).

[471] SJS núm. 2 Valladolid 14 marzo 22 (rec. 366/2021).

[472] Por todas, STCo 320/1994, de 28 de noviembre. RODRIGUEZ-PIÑERO Y BRAVO-FERRER, M.: "Intimidad del trabajador y contrato de trabajo", *Relaciones Laborales*, núm. 8, 2004, p. 48. Sobre la importancia de este principio, ARRABAL PLATERO, P.: "La videovigilancia laboral como prueba en el proceso", *Revista General de Derecho Procesal*, núm. 37, 2015, www.iustel.com

como para prevalecer sobre ellos, asociado por lo general al hecho de que se les ocasiona un daño inferior al que sufriría el empresario de no ver satisfecha su pretensión[473].

La ausencia de jurisprudencia unánime no impide *a priori* poder colegir cuáles serán los parámetros generales para medir la proporcionalidad de los datos automatizados requeridos o acumulados en el marco de las relaciones laborales bajo el prisma de la "subsidiariedad" o de la "alternativa menos gravosa"[474]: el empresario tendrá que restringir el tratamiento de los datos de sus empleados, manejando los estrictamente necesarios por el tiempo imprescindible, teniendo en cuenta que la finalidad del tratamiento no pueda conseguirse por otros medios menos invasivos, recurriendo además a procesos de seudomización, si fuese posible, y diseñando medidas de seguridad eficaces en función de los riesgos a los que se someten los datos[475].

Como ya consta, en cuanto a la fase de selección hace, quedará prohibida la recogida de aquellos extremos no estrictamente necesarios para llevar a cabo la valoración de la capacidad profesional del candidato en función de las tareas a realizar, siendo "impertinente" (y, en consecuencia, prohibida) cualquier otra averiguación sobre hechos no imprescindibles, en tanto supone –en esa medida– un abuso en el proceso de obtención de información de la persona trabajadora. En lo relativo a la recogida o acumulación de datos informáticos durante la vida laboral, parece clara la exigencia de que obedezca a efectivas y reales exigencias organizativas, productivas o de

473 SANGUINETI RAYMOND, W.: "Derechos de la persona del trabajador y libertad de empresa en la era de ponderación entre derechos constitucionales", *Trabajo y Derecho,* núms. 103-104, 2023.

474 MERCADER UGUINA, J.R.: *Protección de Datos en las Relaciones Laborales,* Madrid, Francis Lefebvre, 2018, p. 28.

475 BLÁZQUEZ AGUDO, E.M.: *Aplicación práctica de la protección de datos en las relaciones laborales,* Madrid, La Ley, 2018, p. 89.

seguridad en el trabajo, es decir, a un interés empresarial serio y, por tanto, legítimo, siempre y cuando no lleve aparejado un abuso o invasión injustificada en la esfera privada del individuo al no existir otro cauce menos agresivo[476].

Este principio ha sido aplicado tradicionalmente por los órganos judiciales para resolver, de una forma casuística, los problemas planteados en la práctica, pudiendo mencionar, como pronunciamientos más significativos, las Sentencias del Tribunal Constitucional 98/2000, de 10 de abril y 186/2000, de 10 de julio, relativas, respectivamente, a la instalación de un circuito cerrado de televisión y una red de micrófonos en el espacio de la ruleta del Casino de Latoja ante la sospecha de robos, y a la colocación de una cámara de vídeo en la zona de calzado y textil de un economato de la empresa Ensidesa consecuencia de un llamativo descuadre. Muy significativa es también la Sentencia del Tribunal Supremo de 2 de febrero de 2017[477], que considera procedente el despido de un trabajador de un gimnasio, denunciado por sus compañeros por permitir la entrada al recinto de personas ajenas al club, utilizando para acreditar los hechos justificativos de tal decisión las imágenes de una cámara[478].

Sin embargo, bajo el mismo principio de ponderación, la Sentencia del Tribunal Supremo de 8 febrero 2021[479] reconoce que la medida adoptada por la empresa de localización remota de los repartidores de comida rápida mediante la instalación

---

476 TASCÓN LÓPEZ, R.: "La protección de datos personales de los trabajadores", *Revista Jurídica de Castilla y León*, núm. 16, 2008, pp. 455 y ss.

477 Rec. 554/2016.

478 Una visión crítica en PRECIADO DOMENECH, C.H.: "La vídeo vigilancia en el lugar de trabajo y el derecho fundamental a la protección de datos de carácter personal", *Revista de Derecho Social*, núm. 77, 2017, p. 194.

479 Núm. 161/2021.

de una aplicación en sus teléfonos móviles no supera el juicio de proporcionalidad, pues la misma finalidad (control del empleado en el desempeño de su puesto de trabajo y oferta de un mejor servicio al cliente) se podría haber obtenido con medidas que supongan una menor injerencia en los derechos fundamentales de los empleados como pudiera ser la instalación de sistemas de geolocalización en las motocicletas o en unas pulseras con tales dispositivos que no suponen para el empleado la necesidad de aportar medios propios y lo que es más importante ni datos de carácter personal como son el número de teléfono o la dirección del correo electrónico en la que han de recibir el código de descarga de la aplicación informática que activa el sistema. Además, el órgano juzgador considera un abuso empresarial la exigencia de la aportación de un teléfono móvil con conexión de datos para desarrollar el trabajo con la exigencia de activación del sistema y con una compensación económica insuficiente, introduciendo un régimen disciplinario al margen del convenio.

Ahora bien, como ya consta, de la mano de la evolución de la innovación técnica, los sistemas para la adquisición de referencias de los trabajadores adquieren nuevos contenidos y nuevas dimensiones. El control a través de herramientas de videovigilancia, microfónicos y terminales telefónicos, el rastreo a través de mecanismos de geolocalización; los controles biométricos, la monotorización de los niveles de productividad de los trabajadores en tiempo real, el seguimiento de los correos electrónicos y de las navegaciones por internet; o, por no seguir, el impacto de la información vertida en las redes sociales... hacen que la vigilancia empresarial y la obtención de datos inherentes sea mucho más invasiva. En este contexto, deviene imprescindible la búsqueda de un equilibrio de intereses en juego: entre la dignidad personal y los derechos fundamentales (intimidad, propia imagen, secreto de las comunicaciones y protección de datos), de un lado, y el principio de libertad de empresa, de otro[480]. Tal propósito ha llevado a superar la técnica equidistante del conocido "principio de proporcionalidad" o "de minimización" para pasar a reconocer un elenco de "derechos digitales de los trabajadores", en los que, como se ha podido comprobar, se vienen aplicando de forma conjunta los principios de protección de datos, cuyo cumplimiento augura un tratamiento lícito.

Como exponente de esta combinación de principios, procede mencionar la Sentencia del Tribunal Constitucional 29/2013, de 11 de febrero, que ha exigido que se proporcione noticia al trabajador de la utilidad de la supervisión laboral en todo caso aunque se pudiera cumplir el principio de proporcionalidad, pues aquí fue sancionado en virtud de las imágenes obtenidas por cámaras de vídeo-grabación instaladas en los accesos y en los recintos universitarios para evitar robos, sin poner en conocimiento del afectado su posible uso para controlar las horas de entrada y de salida. Entiende el Máximo Intérprete de la Norma Fundamental que la instalación de cámaras en el lugar de trabajo sin conocimiento del empleado no sólo constituye una ilegítima privación del derecho a disponer de los propios datos personales, no en vano las imágenes grabadas en un soporte físico quedan integradas en la cobertura del art. 18.4 CE, sino también una intromisión en el ámbito protegido por el derecho a la esfera privada del trabajador. El Tribunal Constitucional da un giro radical olvidando cualquier análisis sobre la proporcionalidad y adecuación de la medida empresarial para pasar a valorar el respeto al ordenamiento de protección de datos, en concreto, lo previsto en el entonces vigente art. 5 Ley 15/1999, que exigía (al igual que ahora) un deber de

480 MERCADER UGUINA, J.R.: "La transformación de la empresa en la era de la disrupción tecnológica", en AA.VV (LÓPEZ BALAGUER, M., Dir.): *Descentralización productiva y transformación del Derecho del Trabajo*, Valencia, Tirant Lo Blanch 2018, p. 183.

información de modo expreso preciso e inequívoco de que las imágenes grabadas a través de las cámaras podían ser utilizadas con fines disciplinarios incluso aunque hubiera resultado acreditado que el sistema contara con todas las autorizaciones de la Agencia de Protección de Datos y estuviera debidamente señalizado. Teoría seguida por algunos pronunciamientos de los Tribunales ordinarios que expresamente exigen, sin matizaciones, como previo y preceptivo, el informe a los representantes de los trabajadores y a los propios trabajadores afectados de la instalación y de la existencia de videocámaras cuando constituyan elementos de control de la actividad laboral, en uso de la facultad empresarial del art. 20.3 ET[481].

Recientemente, la Sentencia del Tribunal Constitucional 119/2022, después de admitir el respeto del ordenamiento de protección de datos por una decisión empresarial de despido justificada por las imágenes de una cámara de seguridad, instalada en lugar visible y contando con el distintivo homologado, ante la sospecha fundada de una conducta irregular, procede a analizar la posible vulneración del derecho a la intimidad aplicando el principio de proporcionalidad, entendiendo que la medida empresarial es idónea, necesaria y proporcional, a saber: a) está justificada, porque concurrían sospechas indiciarias suficientes de una conducta irregular del trabajador que debía ser verificada; b) es idónea para la finalidad pretendida, que no era otra que la constatación de la eventual ilicitud de la conducta, lo que fue confirmado precisamente mediante el visionado de las imágenes; c) es necesaria, ya que no parece que

---

481 STS 13 mayo 2014 (rec. 1685/2013), en la cual se considera que la existencia en el supermercado donde presta servicios la trabajadora de un sistema de cámaras dirigido a evitar robos por parte de los clientes hace que el despido, aun quedando constatado que no había escaneado algunos productos en beneficio de un tercero, sea considerado nulo al ser contrario al derecho fundamental a la intimidad personal y a la propia imagen.

pudiera adoptarse ninguna otra menos invasiva e igualmente eficaz para acreditar la infracción laboral, pues cualquier otra medida habría advertido al trabajador, haciendo entonces inútil la actuación de la empresa; d) es proporcionada porque las cámaras, además de estar ubicadas en lugares visibles, tanto para los trabajadores del establecimiento como para el público en general, fueron utilizadas únicamente para verificar la posible existencia de la conducta irregular.

Licitud: validez probatoria

El art. 5 f) RPD deja claro que los datos deben ser "tratados de tal manera que se garantice una seguridad adecuada, incluida la protección contra tratamiento no autorizado o ilícito y contra su pérdida, destrucción o daño accidental, mediante la aplicación de medidas técnicas u organizativas apropiadas"[482]. Como es obvio, esta previsión tiene un *prius* lógico en cuanto a los medios a través de los cuales los datos pueden ser obtenidos[483]: la utilización de vías fraudulentas, engañosas o ilícitas viciará de raíz la información y, sin perjuicio de las responsabilidades de otro tipo a las que pudiera dar lugar (singularmente penales, civiles o administrativas), queda terminantemente prohibido su acopio automatizado, en este caso, por el titular de la organización productiva[484].

---

482 CARDONA RUBERT, M.B.: "Tutela de la intimidad informática en el trabajo", *Revista de Derecho Social*, núm. 6, 1999, p. 24.

483 Calificado como principio de legalidad por DEL REY GUANTER, S.: "Tratamiento automatizado de datos de carácter personal y contrato de trabajo (una aproximación a la intimidad informática del trabajador)", *Relaciones Laborales*, núm. 2, 1993, p. 20.

484 SAGARDOY DE SIMON, I.: "Datos personales, datos profesionales y su tratamiento automatizado", *Relaciones Laborales*, 1995, Tomo I, p. 1463. Aplicando esta doctrina, STSJ Cantabria 14 diciembre 2005 (AS 2006/60).

Ahora bien, los canales tecnológicamente avanzados permiten dejar constancia de conductas irregulares de las personas trabajadoras que quedan debidamente registradas y que pueden ser utilizadas en el acto de juicio como medio de prueba, en lo que se ha conocido como prueba digital, entendida como aquella información contenida en un artilugio electrónico a través del cual se adquiere el conocimiento de un hecho controvertido.

El art. 90.1 LRJS admite como medios de prueba "los procedimientos de reproducción de la palabra, de la imagen y del sonido o de archivo y reproducción de datos"[485], a los que hay que añadir los denominados "innominados" [art. 299.3 Ley 1/2000, de 7 de enero, de Enjuiciamiento Civil (LEC)], entendiendo, por tanto, incluido el algoritmo, bien como prueba documental[486], bien como prueba electrónica (art. 299.2

---

485 Estos canales de prueba "deberán ser aportados por medio de soporte adecuado y poniendo a disposición del órgano jurisdiccional los medios necesarios para su reproducción y posterior constancia en autos", previsión esta última que seguramente no sea ya tan necesaria al disponer generalmente los juzgados de lo social de estos cauces. GARCÍA-PERROTE ESCARTÍN, I.: "La prueba en el proceso laboral: algunos puntos críticos", *Revista Galega de Direito Social*, núm. 13, 2001, p. 22.

486 Como prueba documental, se ha calificado el correo electrónico siempre que goce de integridad y literosuficiencia, STS 23 julio 2020 (rec. 239/2018). No, en cambio, una grabación de imagen (STS 16 junio 2011 –rec. 3983/2010- -) o sonido (STS 6 abril 2022 –rec. 1370/2020–), aunque sí una foto. DE LA CASA QUESADA, S.: "Retos del régimen de la prueba en el proceso social y sus recursos, en especial ante la transformación digital", *Revista Trabajo y Seguridad Social (Centro de Estudios Financieros),* núm. 474, 2023, pp. 119 y ss. Faltan, empero, muchas otras cuestiones por dilucidar, como, por ejemplo, la relativa al Whasapp, lo que genera resultados contradictorios en los pronunciamientos de suplicación [TASCÓN LÓPEZ, R.: *Hacia la eficiencia procesal en el orden social de la jurisdicción,* Pamplona, Aranzadi, 2024, p. 53] e incluso *google maps* para controlar el

LEC), o bien –en interpretación más certera– como prueba pericial (el informe técnico de persona especializada en la materia que acompañe el análisis que realizó este instrumento)[487], pues la aportación del software en sí mismo en sede judicial como medio probatorio autónomo poca luz puede arrojar al esclarecimiento de los hechos discutidos[488].

En todo caso, la consideración o no como prueba documental o pericial no es una cuestión intrascendente, ya que afecta a la posibilidad de revisión de los hechos declarados probados en la sentencia a través de los recursos de suplicación o de casación ordinaria[489]. Y es que según el art. 193.b) de la LRJS, el recurso de suplicación tendrá por objeto "revisar los hechos declarados probados, a la vista de las pruebas documentales y periciales practicadas", sin hacer mención a la prueba electrónica. Y según el artículo 207.d) de la LRJS, el recurso de casación habrá de fundarse en un error en la apreciación de la prueba "basado en documentos obrantes en autos que demuestren la equivocación del juzgador", sin hacer tampoco mención a la prueba electrónica[490]. De esta regulación se desprende que,

---

tiempo indispensable para ir al médico [STSJ Madrid 20 octubre 2023 (núm. 918/2023)].

487 En cualquier caso, será necesario que el informe pericial sea ratificado en juicio por parte del perito informático que lo haya elaborado, al exigirlo así el art. 93 LRJS, que dispone expresamente que la práctica de la prueba pericial se llevará a cabo en el acto de juicio presentando los peritos su informe y ratificándolo.

488 RIVAS VALLEJO, P.: "Gestión algorítmica del trabajo", en AA.VV (RIVAS VALLEJO, P., Dir.): *Discriminación algorítmica en el ámbito laboral: perspectiva de género e intervención, Pamplona, Aranzadi, 2022,* p. 154.

489 VALLE MUÑOZ, F.A.: "Las redes sociales como medio de prueba en el proceso laboral", *Revista de Estudios Jurídico Laborales y de Seguridad Social,* núm. 6, 2023, p. 130.

490 FALGUERA BARÓ, M.A.: "Nuevas tecnologías y trabajo (y III): perspectiva procesal", *Trabajo y Derecho. Nueva revista de actualidad y rela-*

si las pruebas obtenidas son aportadas como medio de reproducción de la palabra, imagen o sonido, los hechos declarados probados en la sentencia no podrán ser revisados mediante el recurso de suplicación o de casación ordinaria, al no tener la naturaleza de prueba documental o pericial. Por el contrario, de entenderse que es una prueba documental o pericial, sí que tendrían eficacia revisoria[491].

Para que la prueba electrónica venga aceptada con garantías se requiere su certificación por otros medios como el reconocimiento judicial, la aportación directa en sede jurisdiccional para su valoración por el juez, acta de diligencia del letrado de la Administración de Justicia, acta notarial o prueba pericial[492]. Ahora bien, la LRJS lógicamente rechaza la consecución de información sobre comportamientos de los trabajadores en sus puestos de trabajo utilizando cauces técnicos lesivos de sus derechos fundamentales (art. 90.2 LRJS), lo que va a conducir a la inadmisión de la prueba aportada o, en su caso, a su no valoración en el juicio si en su momento fue admitida de forma provisional[493].

Es necesario tener en cuenta, a estos efectos, que la calificación de una prueba como ilícita exige la concurrencia de tres requisitos: de un lado, vulneración de un derecho fundamental, sin que sea suficiente que en el control empresarial que está en el origen se pudiera haber incurrido en cualquier otra

---

ciones laborales, núm. 22, 2016, p. 10.

491 VALLE MUÑOZ, F.A.: "Las redes sociales como medio de prueba en el proceso laboral", *Revista de Estudios Jurídico Laborales y de Seguridad Social*, núm. 6, 2023, p. 130.

492 LÓPEZ FERNÁNDEZ, R.: "Dispositivos de geolocalización de la persona trabajadora y despido disciplinario", *Lan Harremanak*, núm. 50, 2023, p. 30.

493 LOUSADA AROCHENA, J.F.: "La prueba ilícita en el proceso laboral", *Aranzadi Social*, núm. 11, 2006, p. 110.

irregularidad; de otro, tiene que haber conexión funcional –directa o indirecta— entre la vulneración de los derechos fundamentales y el resultado probatorio; en fin, el hecho excluido como consecuencia de esa ilicitud puede probarse a partir de otras pruebas legítimas, siempre que no se relacionen directa o indirectamente con la prueba ilícita de origen[494]. Debe descartarse, sin embargo, la calificación de ilicitud de la prueba sobre existencia previa de indicios relevantes de los eventuales incumplimientos en la prestación de servicios[495].

Partiendo de lo previsto en el art. 299.2 LEC, en virtud del cual se aceptarán los medios de prueba tecnológicos siempre que no se vulneren los derechos fundamentales recogidos en el art. 18 CE[496], la supuesta obtención de las pruebas con violación de tales derechos es una cuestión que, según el art. 90.2 LRJS, puede ser suscitada por cualquiera de las partes o de oficio por el tribunal, en el momento de la proposición de la prueba, que será frecuentemente en el mismo juicio oral, tras las alegaciones de las partes en la fase de proposición y admisión de prueba, a menos que se hubiera solicitado la práctica anticipada o se hubiera anunciado su utilización y solicitado su admisión con anterioridad al juicio oral, en el escrito de la demanda o en otro posterior del actor o demandado[497]. A partir de ahí se oiría a las partes, se practicarían las diligencias en el acto del juicio sobre este extremo, recurriendo a las finales sólo cuando fuera imprescindible y la cuestión apareciera suficientemente fundada. En todo caso, esta actuación va dirigida a suministrar al juzgador

---

494 DESDENTADO BONETE, A. y MUÑOZ RUIZ, A.B.: *Control informático, videovigilancia y protección de datos en el trabajo,* Valladolid, Lex Nova, 2012, p. 144.

495 STS 12 septiembre 2023 (rec. 2261/2022).

496 STCo 298/2013, de 13 de marzo.

497 NORES TORRES, L.E.: "Algunas cuestiones sobre la utilización de las redes sociales como medio de prueba en el proceso laboral", *Actualidad Laboral,* núm. 4, 2014, p. 315.

criterios sobre la pertinencia o no de la prueba discutida, resolviéndose oralmente en el acto de juicio.

Sin embargo, en la realidad tal *iter* plantea problemas evidentes, puesto que, en muchos casos, la ilicitud en la obtención de la prueba no se apreciará en el momento de su admisión, sino durante la práctica de la misma[498], de modo que parece necesario que no se excluya la posibilidad de que si el juez obtuviese la certeza sobre la vulneración en un momento posterior a la admisión y práctica, deberá razonarlo en la sentencia rechazando consiguientemente la eficacia de la prueba[499].

La resolución que se dicte sobre la pertinencia de la práctica de la prueba y en su caso de la unión a los autos de su resultado o del elemento material que incorpore a la misma, se puede recurrir sólo por medio del cauce de reposición, que se interpondrá, se dará traslado a las partes y se resolverá oralmente en el mismo acto del juicio o comparecencia, quedando a salvo el derecho de las partes a reproducir la impugnación de la prueba ilícita en el recurso que, en su caso, procediera contra la sentencia (recurso de suplicación o de casación)[500]. Si la sentencia desestima el recurso, se confirma la decisión de instancia. Si la sentencia es estimatoria del recurso, los posibles pronunciamientos son los siguientes: 1°) Si la prueba no se admitió, se anularán las actuaciones posteriores al momento del

---

498 ESTEVE SEGARRA, A.: "Pruebas", en AA.VV (BLASCO PELLICER, A. y GOERLICH PESET, J.M., Dirs.): *La reforma del proceso laboral: La Ley Reguladora de la Jurisdicción Social*, Valencia, Tirant Lo Blanch, 2012, p. 258.

499 JUANES FRAGA, E.; GARCIA-PERROTE ESCARTIN, I. y ALOS, A.: "De las pruebas", en AA.VV (MONEREO PEREZ, J.L., Dir.): *Ley de la Jurisdicción Social. Estudio técnico-jurídico y sistemático de la Ley 36/2011, de 10 de octubre*, Granada, Comares, 2013, p. 497.

500 NORES TORRES, L.E.: "Algunas cuestiones sobre la utilización de las redes sociales como medio de prueba en el proceso laboral", *Actualidad Laboral*, núm. 4, 2014, p. 315.

acto del juicio y se ordenará admitir la prueba y estar a lo que resulte de su práctica. 2º) Si se ha practicado y no se ha valorado, la anulación alcanzará al momento de dictar sentencia para que la prueba se valore como lícita[501].

En todo caso, la nulidad del medio de prueba no es subsanable, de manera que no puede volver a practicarse observando los derechos fundamentales anteriormente vulnerados, ni puede solventarse a través de otro medio de prueba. Ahora bien, tal conclusión debe matizarse atendiendo al principio de conservación de los actos [art. 243.2 Ley Orgánica 6/1981, de 1 de julio (LOPJ)], en virtud del cual la nulidad parcial de un acto no supone la de las partes del mismo independientes de la declarada nula[502], de manera que una prueba lícita será excluida del cuadro probatorio únicamente cuando está conectada causalmente con la prueba ilícita. Esta conexión de antijuridicidad queda excluida cuando se trate de fuentes independientes o cuando el descubrimiento obtenido con la vulneración del derecho fundamental no es indispensable ni determinante para la obtención de otra prueba lícita e incriminatoria[503].

Detrás de todo este debate subyace, a la postre, un dilema capital, cual es el de dilucidar si la obtención de las pruebas aportadas ha podido implicar, directa o indirectamente, violación de derechos fundamentales o libertades públicas. Si la res-

---

501 DESDENTADO BONETE, A. y MUÑOZ RUIZ, A.B.: "Control informático, videovigilancia y protección de datos en el trabajo", *Revista Latinoamericana de Derecho Social*, núm. 19, 2014, p. 144.

502 PRECIADO DOMENECH, C.H.: "Monitorización: GPS, wereables y especial referencia a los controles biométricos para el registro horario. Aspectos procesales", en AA.VV (RODRÍGUEZ-PIÑERO ROYO, M. y TODOLÍ SIGNES, A., Dirs.): *Vigilancia y control en el Derecho del Trabajo Digital*, Pamplona, Aranzadi, 2021, p. 256.

503 PRECIADO DOMENECH, C.H.: "Monitorización: GPS, wereables y especial referencia a los controles biométricos para el registro horario. Aspectos procesales", cit., p. 263.

puesta a este interrogante fuera positiva, las consecuencias se presentan variadas: en la mayor parte de los casos, lo único que hace el órgano judicial es, al declarar la ilicitud de la fuente de prueba, no tener por ciertos los hechos alegados y basados en dicha fuente y reconocer la improcedencia del despido[504] o incluso la procedencia si puede demostrarse por las restantes pruebas, mientras en algunos otros pronunciamientos la ilicitud de la fuente irradia a la nulidad del despido o de la sanción, pudiendo tener derecho el trabajador a una indemnización adicional (art. 183 LRJS)[505].

No queda, por tanto, suficientemente clara la calificación de nulidad o improcedencia de las decisiones empresariales de despido (y, por extensión, de cualquier medida sancionadora), cuya prueba se ha obtenido con violación de derechos fundamentales. Aunque algunos pronunciamientos judiciales consideran que la nulidad de la prueba irradia sus efectos al despido (y otras medidas sancionadoras) que ha de calificarse como nulo[506], lo cierto es que otras sentencias entienden que si existen otras pruebas independientes que acrediten el despido que no tengan conexión de anitjuridicidad con la prueba ilícita puede declararse la procedencia del mismo o la improcedencia cuando una falta muy grave originadora del despido tiene su origen en una prueba ilícita, pero hay otras faltas acre-

---

504 En paradigmático ejemplo, STSJ Castilla-La Mancha 16 noviembre 2020 (rec. 1111/2020), que declara el despido improcedente de una empleada, cuyo bolso fue fotografiado por un compañero, prueba que fue declarada contraria al derecho a la intimidad personal.

505 GIL PLANA, J.: "La prueba ilícita y sus efectos en la calificación del despido", en AA.VV (CABEZA PEREIRO, J. y MARTINEZ YAÑEZ, N.M., Coord.): *La tutela de los derechos fundamentales de los trabajadores en tiempos de crisis,* Albacete, Bomarzo, 2014, p. 249 y ss.

506 SSTSJ Galicia 3 marzo 2008 (num. 1607/2008) o País Vasco 12 septiembre 2006 (AS 2006/2602).

ditadas, por medios lícitos, de menor entidad que no merecen la sanción de despido[507].

De interés es una reciente Sentencia del Tribunal Supremo de 8 de marzo de 2022[508] que considera ilícita la utilización de datos procedentes de las cuentas y tarjetas que la trabajadora tenía en la entidad bancaria para la que prestaba servicios deduciendo que se apropiaba de dinero ante los descuadres detectados, pues dicha información nada tiene que ver con el contrato de trabajo. Asimismo, la Sentencia de 25 de mayo de 2023[509] declara ilegales las fotografías realizadas por una empresa a un empleado que estaba de baja por cervicalgia, para comprobar que realmente tal dolencia le impedía trabajar en las que le sorprendió realizando esfuerzos incompatibles en el huerto de su casa por atentar contra la intimidad de su domicilio. Muy garantista se muestra la Sentencia del Tribunal Supremo de la Sala de lo Penal de 22 de abril de 2021[510], que condena a un año de prisión a una empresa, por un delito de revelación de secretos, que en su afán de buscar una prueba de deslealtad laboral, accedió al correo particular de la persona trabajadora.

Sin embargo, la Sentencia del Tribunal Supremo de 12 de enero de 2022[511] considera lícita la obtención de pruebas en el despacho de un director de una sucursal bancaria donde se pudo constatar que almacenaba sin llave expedientes y contraseñas de los clientes, así como efectivo y joyas, aprovechando que estaba de vacaciones. O recientemente, la STSJ de Castilla-La Mancha de 17 de octubre de 2023[512], considera lícito el

---

[507] SSTSJ Cantabria 18 enero 2007 (núm. 48/2007) o Cataluña 14 mayo 2019 (núm. 2402/2019).

[508] Núm. 194/2022.

[509] Rec. 2339/2022.

[510] Núm. 328/2021.

[511] Num. 2488/2022.

[512] Rec. 585/2023.

despido de un camionero que publicaba vídeos en Tiktok en su perfil público y de acceso libre donde se podía comprobar que algunos se grabaron mientras conducía. También, la STSJ de Cataluña de 17 de abril de 2023[513] entiende lícita a la hora de justificar un despido la prueba de grabación de vídeo efectuada por una trabajadora en el centro de trabajo que acredita una situación de acoso laboral de un compañero.

En todo caso, procede tener en cuenta el efecto de la vulneración de derechos fundamentales consistente en el restablecimiento del demandante en la integridad de su derecho y la reposición de la situación al momento anterior a producirse la lesión del derecho fundamental, así como la reparación de las consecuencias derivadas de la acción u omisión del sujeto responsable incluida la indemnización procedente (art. 183 LRJS), extensible al daño moral[514], lo cual debería conllevar la nulidad del despido realizado en base a una prueba ilícita obtenida con vulneración de los derechos fundamentales, quedando extramuros de esta tesis lógicamente las pruebas independientes de la causa de despido que hayan sido obtenidas lícitamente y que, en ningún modo estén casual y jurídicamente conectadas con la prueba ilícita[515], cuya consideración pu-

---

513 Rec. 6195/2022.

514 El Tribunal Supremo viene entendiendo que “los daños morales resultan indisolublemente unidos a la vulneración del derecho fundamental”, de manera que si bien es exigible identificación de “circunstancias relevantes para la determinación de la indemnización solicitada”, se contempla la excepción en el caso de los daños morales unidos a la vulneración del derecho fundamental cuando resulte difícil su estimación. STS 14 noviembre 2023 (rec. 1975/2921).

515 PRECIADO DOMENECH, C.H.: “Monitorización: GPS, wereables y especial referencia a los controles biométricos para el registro horario. Aspectos procesales”, en AA.VV (RODRÍGUEZ-PIÑERO ROYO, M. y TODOLÍ SIGNES, A., Dirs.): *Vigilancia y control en el Derecho del Trabajo Digital*, Pamplona, Aranzadi, 2021, p. 268.

diera conllevar la calificación de procedente o improcedente del despido[516].

Abundando en el marco del debate sobre si la obtención por la empresa de una prueba ilícita, con violación de derechos fundamentales para la justificación del despido acarrea la nulidad de dicho despido con infracción de derechos fundamentales, o si, por el contrario, es conforme al derecho fundamental a la tutela judicial efectiva del art. 24 .1 CE, que el órgano judicial prescinda de esa prueba ilícita y prosiga el enjuiciamiento de otras pruebas de los hechos correspondientes a esa causa u a otras causas de despido, pudiendo, en tal caso, declarar la improcedencia del despido porque no existan más pruebas ni causas para el mismo que la prueba ilícita, cabe dar noticia de la Sentencia del Tribunal Constitucional 61/2021, de 15 de marzo, en la que la trabajadora sabía que la empresa podría realizar las auditorías y accesos que estimase necesarios para verificar y determinar el correcto uso de los dispositivos tecnológicos, admitiéndose, solo excepcionalmente, el uso de las herramientas informáticas para fines ajenos a la actividad profesional, limitándose cualquier uso comercial, lúdico o personal a "un uso necesario, mínimo y razonable". Ante la productividad deficiente de la trabajadora, y en vista de ciertos comentarios de compañeros de trabajo acerca de la escasa atención a sus obligaciones laborales, la empresa decidió monitorizar durante tres días su ordenador, para comprobar en qué empleaba su tiempo de trabajo, esto es, cuál era su dedicación al trabajo, accediendo la empresa a correos electrónicos de la trabajadora, ajenos a sus cometidos laborales, enviados a familiares y a su asesora legal, llegando a conocer no solamente a sus destinatarios, sino también su contenido, lo cual supone un atentado a los derechos fundamentales. Ahora bien, el Tribunal Constitucional considera que la ilicitud de la prueba

---

516 STSJ Cataluña 9 noviembre 2020 (núm. 2065/2020).

solamente produce como efecto su expulsión del acervo probatorio, sin que dicha exclusión probatoria pueda afectar a la calificación del despido, que será declarado improcedente o procedente en función de que existan o no otras pruebas. Estima el Máximo Intérprete de la Constitución que la opción entre esta tesis interpretativa, o aquella otra según la cual la ilicitud de la prueba debe proyectarse sobre la calificación del despido, de tal manera que éste debe ser declarado nulo, es una cuestión que debe ser resuelta por el Tribunal Supremo, máximo intérprete de la legalidad ordinaria[517]. Confirma la constitucionalidad de la interpretación judicial que entiende que no es nulo con vulneración de derechos fundamentales un despido disciplinario en que no quedó probado que la decisión extintiva acordada por la empresa pretendiera la vulneración de derechos fundamentales o libertades públicas de la trabajadora, ni que el móvil del empresario al acordar el despido respondiera a una causa vulneradora de esos derechos fundamentales, aunque el empleador, al intentar comprobar el comportamiento de la trabajadora y sustentar pruebas de algunos de sus incumplimientos para tratar de justificar un despido, haya obtenido de forma ilícita tal prueba con vulneración de derechos fundamentales, no pudiendo confundirse el despido con violación de derechos fundamentales con la infracción de derechos fundamentales para la obtención de la prueba de parte de los hechos en los que se basó la empleadora para adoptar tal sanción[518].

---

517 FITA ORTEGA, F. y ALTÉS TÁRREGA, F.: "Las consecuencias de la nulidad de la prueba obtenida con violación de derechos fundamentales (a propósito de la STC 61/2021)", *Net 21*, núm. 4, 2021.

518 CASAS BAAMONDE, M.E.: "Prueba ilícita y despido: Desconexión de la nulidad de la prueba lesiva de derechos fundamentales y la nulidad del despido producido con violación de derechos fundamentales", *Revista de Jurisprudencia laboral*, núm. 4, 2021.

Siguiendo a la mejor doctrina, cabe formular la siguiente conclusión provisional a la espera de una solución definitiva: 1) si la única prueba del despido es ilícita, éste ha de ser nulo[519]; 2) si junto a la prueba ilícita confluyen otras lícitas obtenidas indirectamente de la ilícita, es decir, conectadas causal y jurídicamente con la misma, el despido ha de ser también nulo; 3) si junto a la prueba ilícita concurren otras pruebas lícitas del despido que no están conectadas ni causalmente ni jurídicamente con la prueba ilícita, el despido será procedente si se prueba la causa de despido y nulo si no se prueba[520].

Otra de las novedades que ha introducido la LRJS ha sido la de proporcionar un tratamiento más extenso de la obtención de las pruebas que pueden afectar a los derechos fundamentales y libertades públicas. Al respecto, además de admitir los medios de reproducción de la palabra, de la imagen y del sonido o de archivo y reproducción de datos, el art. 90.4 establece que "cuando sea necesario a los fines del proceso el acceso a documentos o archivos en cualquier tipo de soportes, que pueda afectar a la intimidad personal o a otro derecho fundamental, el juez o tribunal, siempre que no existan medios alternativos, podrá autorizar dicha actuación"[521]. El juez intervendrá aquí

---

519 TERRADILLOS ORMAETXEA, E.: "La video vigilancia de la persona trabajadora en la empresa: protección de datos personales y prueba ilícita", *Revista de Derecho Social,* núm. 102, 2023, p. 82.

520 PRECIADO DOMENECH, C.H.: "Monitorización: GPS, wereables y especial referencia a los controles biométricos para el registro horario. Aspectos procesales", en AA.VV (RODRÍGUEZ-PIÑERO ROYO, M. y TODOLÍ SIGNES, A., Dirs.): *Vigilancia y control en el Derecho del Trabajo Digital,* Pamplona, Aranzadi, 2021, p. 269.

521 CASTRO ARGÜELLES, M.A.: "Los derechos fundamentales inespecíficos en el proceso laboral", en AA.VV.: *Los derechos fundamentales inespecíficos en la relación laboral y en materia de protección social. XXIV Congreso Nacional de Derecho del Trabajo y de la Seguridad Social,* Madrid, Cinca, 2014, p. 196.

como garante de los derechos fundamentales, de tal manera que la práctica de determinadas pruebas sólo podrá adoptarse, previa tramitación de un incidente con audiencia de las partes, con el pertinente auto, en el cual se determinarán las condiciones de acceso a documentos o archivos, las garantías de conservación y aportación al proceso, obtención y entrega de copias e intervención de las partes o sus representantes y expertos en su caso[522].

Este párrafo cuarto del art. 90 LRJS intenta resolver, por tanto, los problemas de la llamada prueba electrónica (registro de e-mails, ordenadores, archivos, seguimiento de páginas web, etc.) y vídeográfica, que podrán ser autorizadas judicialmente, siempre que no existan medios alternativos, haciendo expresa referencia a la necesidad de un juicio de proporcionalidad, ampliamente desarrollado en la doctrina del Tribunal Constitucional, buscando un mínimo sacrificio y siempre que no existan medios de prueba alternativos, siendo necesario resolver no sólo sobre la autorización judicial de la medida, sino también sobre las garantías de conservación, aportación al proceso, entrega de copias e intervención de partes y expertos[523].

Similares garantías (autorización judicial, exclusiva utilización procesal y, en este caso también, reserva de confidencialidad) se ponen en marcha cuando se trata de periciales médicas o dictámenes psicológicos que requieran el sometimiento a reconocimientos clínicos, obtención de muestras o recogida de datos personales relevantes, si no hay consentimiento del afectado[524]. Además, el interesado podrá acompañarse de es-

---

522 ARAMENDI SÁNCHEZ, J.P.: "Art. 90", en AA.VV (MERCADER UGUINA, J.R., Dir.): *Ley Reguladora de la Jurisdicción Social comentada y con jurisprudencia*, Madrid, La Ley, 2015, p. 647.

523 STCo 206/2007, de 24 de septiembre.

524 MOLINA NAVARRETE, C.: "Control tecnológico del empleador y derecho probatorio: Efectos de la prueba digital lesiva de derechos

pecialista de su elección al que se le deberá facilitar copia del resultado. Cabe suponer que dicha entrega deberá hacerse a través del juzgado, ya que es ésta la forma de poder ejercer como garante del cumplimiento de la medida. No será necesaria, sin embargo, autorización judicial si la actuación viniera exigida por las normas de prevención de riesgos laborales, por la gestión o colaboración en la gestión de la Seguridad Social, por la específica normativa profesional aplicable o por norma legal o convencional (art. 90.5 LRJS)[525].

En fin, de nuevo, el obligado respeto a los derechos fundamentales va a condicionar la adopción de las medidas necesarias para preservarlos y garantizarlos adecuadamente cuando, de la práctica de las pruebas referidas en el apartado anterior, se hubieran obtenido datos innecesarios que pudieran afectarles de manera injustificada o desproporcionada (art. 90.6 LRJS). Entre las medidas que puede adoptar el juez al efecto, está el interrogatorio a puerta cerrada y la prohibición de divulgar o comunicar información a terceros.

Como estas pruebas se deben realizar mediante autorización judicial, la parte afectada vendría, en principio, obligada a colaborar y, de no hacerlo, la parte que pretendía obtener este medio de prueba puede instar las medidas que estime oportunas, determinando la LRJS que, además, esta conducta puede valorarse para tener por probados los hechos que se pretendían demostrar y también a efectos de entender que ha existido mala fe o temeridad procesal (art. 90.7 LRJS).

---

fundamentales", *Temas Laborales*, núm. 150, 2019, pp. 331 y ss.

525 CASTRO ARGÜELLES, M.A.: "Los derechos fundamentales inespecíficos en el proceso laboral", en AA.VV.: *Los derechos fundamentales inespecíficos en la relación laboral y en materia de protección social: XXIV Congreso Nacional de Derecho del Trabajo y de la Seguridad Social*, Madrid, Ministerio de Trabajo, 2014, p. 197.

Datos especialmente sensibles

Aun cuando tres son los principios del ordenamiento de protección de datos que deben de convertirse en la clave para sostener la licitud de los controles tecnológicos: información, finalidad y minimización[526], la garantía de la intimidad informática del trabajador o demandante de empleo permite distinguir dos niveles de protección en función del bien jurídico tutelado: de un lado, los datos personales que cabría calificar como "ordinarios"; de otro, los datos "sensibles", "especialmente protegidos", "superpersonales"[527] o, en la nueva denominación del ordenamiento europeo y español , "pertenecientes a categorías especiales"; esto es, aquéllos estrechamente vinculados a la dignidad y personalidad humana (origen étnico o racial, opiniones políticas, convicciones religiosas o filosóficas, afiliación sindical, datos genéticos, datos biométricos, datos relativos a la salud o datos relativos a la vida sexual o la orientación social de las personas), los cuales, aun cuando están ya garantizados por otros derechos fundamentales, reciben del art. 9 RPD una protección cualificada, al establecer la prohibición de su tratamiento, que sólo puede ser levantada en supuestos excepcionales variables en función de la naturaleza jurídica de la información en cuestión[528].

---

526 TODOLÍ SIGNES, A.: "Control tecnológico: una propuesta de aplicación del triple juicio de proporcionalidad conforme a la normativa europea de protección de datos", en AA.VV.: *Digitalización, recuperación y reformas laborales. XXII Congreso Anual de la Asociación Española de Derecho del Trabajo y de la Seguridad Social, Alicante, 26 y 27 de mayo de 2022,* Madrid, Ministerio de Trabajo y Economía Social, 2022, p. 252.

527 TONIATTI, R.: "Libertad informática y derecho a la protección de datos personales: principios de legislación comparada", *Revista Vasca de Administración Pública,* núm. 29, 1991, p. 157.

528 VELÁZQUEZ BAUTISTA, R.: *Protección de datos personales automatizados,* Madrid, Colex, 1993, p. 90.

El RPD permite el tratamiento de estas categorías especiales de datos cuando sea necesario para el cumplimiento de obligaciones y el ejercicio de derechos específicos del responsable del tratamiento o del interesado en el ámbito del Derecho Laboral, pero teniendo en cuenta no sólo la legislación nacional sino también los convenios colectivos y el Derecho de la Unión Europea y siempre y cuando se establezcan garantías adecuadas del respeto de los derechos fundamentales y de los intereses del afectado [art. 9. 2 b)].

Por su parte, el art. 9.1 LOPDyGDD considera inhábil el solo consentimiento para enervar, como excepción, la prohibición general de tratamiento de datos cuya finalidad principal sea identificar la "ideología, afiliación sindical, religión, orientación sexual, creencias u origen racial o étnico", pues su conocimiento empresarial, lejos de responder a informaciones necesarias para el ejercicio de las facultades directivas y sancionadoras, sólo serviría como fuente de discriminación[529].

Queda fuera, empero, de dicha prohibición y, por tanto, siendo posible el consentimiento explícito para el tratamiento de los datos "genéticos, biométricos o de salud".

Datos de salud

Prodigiosos resultan los avances que la IA y los algoritmos conllevan en el ámbito de la medicina: diagnósticos y tratamientos personalizados, cirugía robótica, prótesis controladas, estimulaciones cerebrales, desarrollo de nuevos medicamentos, interpretación de imágenes médicas, asistentes médicos

---

529 VALDEOLOVAS GARCÍA, Y.: "Derechos de información, transparencia y digitalización", en AA.VV.: *Digitalización, recuperación y reformas laborales. XXXII Congreso Anual de la Asociación Española de Derecho del Trabajo y de la Seguridad Social, Alicante, 26 y 27 de mayo de 2022*, Madrid, Ministerio de Trabajo y Economía Social, 2022, p. 200.

virtuales, telemedicina, terapias menos agresivas, cuidados intensivos, monitorización cardiaca, ensayos clínicos...Ahora bien –como es fácil de adivinar–, todas estas bondades dependen del manejo de grandes volúmenes de datos de pacientes que pueden verse amenazados por problemas de seguridad. Y es que en el exhaustivo cotejo de datos de salud, los algoritmos se pueden aplicar, bien a conjuntos de historiales clínicos de muchos individuos (análisis estadístico de datos) al objeto de buscar rangos de valores adecuados de las variables fisiológicas, bien a personas concretas (examen de datos genómicos, clínicos y hábitos de vida) para diagnosticar si presentan rasgos patológicos en aras a decidir sobre tratamientos o pronósticos. La Unión Europea ha elaborado una propuesta de Reglamento para crear un Espacio Europeo de Datos Sanitarios, con tres objetivos fundamentales: 1) ayudar a las personas a tomar el control de sus propios datos sanitarios; 2) apoyar el uso de datos sanitarios para mejorar la prestación de asistencia sanitaria, la investigación, la innovación y la elaboración de políticas; y 3) permitir a la Unión Europea aprovechar plenamente el potencial que ofrece el intercambio, el uso y la reutilización seguros y protegidos de los datos sanitarios.

Igualmente, son amplias las nuevas posibilidades que abre la IA en cuanto a acceso a datos de salud de la persona trabajadora, bien para conocer en detalle sus afecciones, bien para mejorar la prevención de riesgos laborales, o bien para detectar elementos peligrosos y anticiparse al posible advenimiento de una enfermedad[530]. Aparecen, así, nuevas potencialidades tanto para la patología diagnóstica como para la rapidez y certeza en la realización de juicios clínicos inmediatos. Los sistemas de IA permiten, mediante el procesamiento en masa de múltiples datos internos –de las cualidades psicofísicas de la

---

530 GOÑI SEIN, J.L.: "Prólogo", en LLORENS ESPADA, J.: *Límites al uso de la IA en el ámbito de la salud laboral*, Madrid, La Ley, 2023, p. 15.

persona trabajadora– y externos –condiciones del puesto de trabajo—detectar en tiempo real posibles riesgos laborales incipientes o en estado latente que antes pasarían inadvertidos para el operador humano. Esta detección inmediata permite la planificación y despliegue de medidas preventivas individualizadas para cada persona y entorno de trabajo[531].

El RPD define los datos de salud como los "datos personales relativos a la salud física o mental de una persona física, incluida la prestación de servicios de atención sanitaria, que revelen información sobre su estado de salud" (art. 4.15)[532], permitiendo su tratamiento, como ya consta, cuando sea "necesario para el cumplimiento de obligaciones y el ejercicio de derechos específicos del responsable del tratamiento o del interesado en el ámbito del Derecho laboral y de la seguridad y protección social, en la medida en que así lo autorice el Derecho de la

---

531 LLORENS ESPADA, J.: *Límites al uso de la inteligencia artificial en el ámbito de la salud laboral*, Madrid, La Ley, 2023, p. 59.

532 El Considerando 35 RPD afirma que "entre los datos personales relativos a la salud se deben incluir todos los datos relativos al estado de salud del interesado que dan información sobre su estado de salud física o mental pasado, presente o futuro. Se incluye la información sobre la persona física recogida con ocasión de su inscripción a efectos de asistencia sanitaria, o con ocasión de la prestación de tal asistencia, de conformidad con la Directiva 2011/24/UE del Parlamento Europeo y del Consejo; todo número, símbolo o dato asignado a una persona física que la identifique de manera unívoca a efectos sanitarios; la información obtenida de pruebas o exámenes de una parte del cuerpo o de una sustancia corporal, incluida la procedente de datos genéticos y muestras biológicas, y cualquier información relativa, a título de ejemplo, a una enfermedad, una discapacidad, el riesgo de padecer enfermedades, el historial médico, el tratamiento clínico o el estado fisiológico o biomédico del interesado, independientemente de su fuente, por ejemplo un médico u otro profesional sanitario, un hospital, un dispositivo médico, o una prueba diagnóstica in vitro".

Unión de los Estados miembros o un convenio colectivo con arreglo al Derecho de los Estados miembros que establezca garantías adecuadas del respeto de los derechos fundamentales y de los intereses del interesado". Por su parte, el art. 9.2 LOPDyGDD exige norma con rango de ley –por tanto no es válido, a la luz del ordenamiento interno, el convenio colectivo—para su tratamiento en tres únicos supuestos: 1) razones de interés público esencial; 2) fines de medicina preventiva o laboral, evaluación de la capacidad laboral del trabajador, diagnóstico médico, prestación de asistencia o tratamiento de tipo sanitario o social, o gestión de los sistemas y servicios de asistencia sanitaria o social; 3) motivos de interés público en el ámbito de la salud pública, como la protección frente a amenazas transfronterizas graves para la salud, o para garantizar elevados niveles de calidad y de seguridad de la asistencia sanitaria y de los medicamentos o productos sanitarios[533]. Todo ello sin olvidar que la disposición adicional 17ª LOPDyGDD se remite a la Ley 31/1995, de 8 de noviembre, de Prevención de Riesgos Laborales (LPRL), dentro del catálogo de normas con rango de ley justificativas de un posible tratamiento.

A la luz de esta última disposición legal, entre las obligaciones del empresario en materia de seguridad laboral, se encuentra la de garantizar a los trabajadores a su servicio una vigilancia periódica de su estado de salud en función de los riesgos inherentes al trabajo[534]. Este deber se lleva a cabo a través de los reconocimientos médicos que permiten, mediante la realización de las indagaciones, las pruebas médicas y los con-

---

533 PRECIADO DOMENECH, C.H.: *Los derechos digitales de las personas trabajadoras. Aspectos laborales de la Ley Orgánica 3/2018, de 5 de diciembre, de Protección de Datos y Garantía de los Derechos Digitales*, Pamplona, Aranzadi, 2019, p. 32.

534 GARCÍA SALAS, A.I.: *Necesidades empresariales y derechos fundamentales de los trabajadores*, Madrid, Lex Nova, 2016, p. 87.

troles biológicos pertinentes (quedando excluidas las pruebas genéticas), la evaluación del estado de bienestar del trabajador, el conocimiento de sus posibles patologías y su origen y, también, la aplicación de los oportunos remedios en orden a un eventual restablecimiento de su estado óptimo. Desde la óptica del cumplimiento de la obligación empresarial de proporcionar salud y seguridad en el trabajo, los resultados de los reconocimientos médicos permitirán planificar y, en su caso, reorientar la actividad preventiva en la empresa. Ahora bien, ocurre que el reconocimiento médico implica, en sí mismo, una intromisión en la esfera privativa del trabajador que puede suponer una agresión a su intimidad personal garantizada en el art. 18.1 CE, de la que "forma parte la intimidad corporal, de principio inmune frente a toda indagación o pesquisa que sobre el cuerpo humano quisiera imponerse frente a la voluntad de la persona, cuyo sentimiento de pudor queda así protegido por el ordenamiento"[535].

El derecho a la intimidad personal del art. 18 CE alcanza, entre otros componentes, la autonomía de la persona del trabajador para someterse o no a los reconocimientos médicos propuestos por la empresa, permitiendo, en su caso, exploraciones y analíticas sobre elementos corporales, o impidiendo pruebas clínicas ajenas a la finalidad de la vigilancia de la salud en relación con los riegos inherentes al trabajo. El principio se conecta directamente con la obligación de información previa, de forma que el trabajador debe ser expresamente alertado sobre los exámenes médicos especialmente invasores de su intimidad al tiempo de otorgar su consentimiento[536].

---

535 STCo 37/1988, de 15 de febrero.

536 GOÑI SEIN, J.L.: "Los derechos fundamentales inespecíficos en la relación laboral individual: ¿necesidad de una reformulación?", *Ponencia temática presentada al XXIV Congreso Nacional de Derecho del*

Igualmente, la práctica del reconocimiento médico propicia la obtención de una completa información, que excede del estricto ámbito de los riesgos profesionales, sobre el bienestar físico o psíquico del trabajador, por lo que su obtención y su eventual utilización debe efectuarse con las necesarias cautelas que impidan la innecesaria divulgación o el uso indebido de tales datos que podrían provocar repercusiones negativas para la situación personal y profesional del afectado[537].

Como regla general, esta vigilancia sólo podrá llevarse a cabo cuando el trabajador preste su consentimiento, tal y como determina el art. 22 LPRL, que respeta las pautas de la Recomendación CM/Rec 2015(5) del Comité de Ministros del Consejo de Europa a los Estados miembros sobre el tratamiento de datos personales en el contexto del empleo[538]. Por tanto,

---

Trabajo y de la Seguridad Social, celebrado en Pamplona el 29-30 de mayo de 2014, p. 42.

537 BLASCO PELLICER, A.: "El deber empresarial de vigilancia de la salud y el derecho a la intimidad del trabajador", en AA.VV (BORRAJO DACRUZ, E., Dir.): *Trabajo y libertades públicas,* Madrid, La Ley, 1999, p. 257.

538 Que considera que a un empleado o un solicitante de empleo se le puede preguntar acerca de su estado de salud y/o ser examinado médicamente al objeto de: a) comprobar su idoneidad para un empleo presente o futuro; b) cumplir con los requisitos de la medicina preventiva; c) garantizar una rehabilitación adecuada; d) salvaguardar los intereses vitales del sujeto de datos u otros empleados e individuos; e) permitir que se otorguen beneficios sociales; y f) responder a los procedimientos judiciales. Asimismo, entiende que los datos de salud deben estar cubiertos por la obligación de confidencialidad médica y, en consecuencia, solo deben ser accesibles y tratados por personal obligado por reglas de secreto profesional o confidencialidad, debiendo los datos recabados: a) relacionarse directamente con la capacidad del empleado en cuestión para ejercer sus funciones; b) ser necesarios en apoyo de medidas para proteger la salud del empleado; y c) ser precisos para prevenir riesgos a otros. GOÑI SEIN, J.L.: *La nueva regulación europea y española de protección de*

el asalariado es libre para decidir si quiere o no someterse a los exámenes, debiendo aportar su aquiescencia con carácter previo y ser exteriorizada de alguna forma concluyente su voluntad de someterse a cada concreto tipo de pruebas, exploraciones y analíticas. Aunque no es imprescindible, porque la LPRL no lo exige, es recomendable que el *placet* se materialice por escrito, admitiendo su revocación en cualquier momento antes del examen[539]. Lógicamente, para que el trabajador pueda emitir su consentimiento libremente, ha de ser informado del contenido y alcance de todos los exámenes que se le van a realizar, de los extremos que con ellos se pretenden obtener y de la utilización que se va a proporcionar, es decir, de todas las circunstancias que le permitan ser consciente, no sólo del alcance de su decisión, sino también de los riesgos y peligros que puede correr de no someterse a la exploración indicada[540].

No obstante, el derecho del trabajador a preservar su intimidad personal cede en los siguientes supuestos en los que el reconocimiento deviene obligatorio:

1. Cuando su realización sea imprescindible para evaluar los efectos de las condiciones de trabajo sobre la salud de los trabajadores, debiendo constituir, ante la negativa del sujeto, el único procedimiento para evaluar los riesgos que afecten a la salud del trabajador[541]. Esto es, cuando el trabajador esté expuesto a determinadas sus-

---

datos y su aplicación al ámbito de la empresa (incluido el Real Decreto Ley 5/2018), Albacete, Bomarzo, 2018, p. 41.

539 PEDROSA ALQUEZAR, I.: *Vigilancia de la salud de los trabajadores. Aspectos clínicos y jurídicos de los reconocimientos médicos en el trabajo*, Madrid, La Ley, 1999, p. 98.

540 STCo 196/2004, de 15 de noviembre.

541 BLASCO PELLICER, A.: "El deber empresarial de vigilancia de la salud y el derecho a la intimidad del trabajador", en AA.VV.: *Trabajo y libertades públicas*, Madrid, La Ley, 1999, p. 261.

tancias o agentes (como los biológicos, químicos, cancerígenos, radiaciones, ruidos..)[542] o desarrolle un puesto de trabajo con riesgo de contraer una enfermedad profesional, de acuerdo con el cuadro recogido en el Real Decreto 1299/2006.

2. En aras a verificar si el estado de salud del trabajador puede constituir un peligro para él mismo, para los demás trabajadores o para otras personas relacionadas con la empresa. Cabe citar, como ejemplos, que los órganos judiciales han considerado obligatorios los reconocimientos de vigilantes de seguridad[543] y escoltas[544], controladores aéreos[545], brigadistas rurales de emergencia[546], conductores de maquinaria de barrido[547] o empleados de mantenimiento del parque móvil del Estado[548].

3. Tampoco se aplicará el principio de voluntariedad cuando el reconocimiento esté establecido en una disposición legal en relación con la protección de riesgos específicos y actividades de especial peligrosidad. El término disposición legal ha sido interpretado por algunos autores en sentido estricto constreñido a normas con rango formal de ley[549], mientras otros, la mayoría,

---

542 BLASCO PELLICER, A.: "El deber empresarial de vigilancia de la salud y el derecho a la intimidad del trabajador", cit., p. 261.

543 STS 7 marzo 2018 (rec. 42/2017).

544 STS 24 abril 2008 (rec. 42/2017).

545 ATCo 272/1998, de 3 de diciembre.

546 STS 10 junio 2015 (rec. 178/2014).

547 STSJ Cataluña 31 marzo 2016 (JUR 2016/155064).

548 STS 21 enero 2019 (rec. 4009/2016).

549 GONZÁLEZ ORTEGA, S. y APARICIO TOVAR, J.: *Comentarios a la Ley 31/1995 de Prevención de Riesgos Laborales*, Madrid, Trotta, 1996, p. 152

se inclinan por una tesis amplia, comprendiendo también las normas reglamentarias, considerando, al tiempo, que los convenios colectivos únicamente pueden asumir una función complementaria respecto de la ley sin que puedan añadir excepciones al principio general de voluntariedad de la vigilancia médica más allá de las previstas en las normas legales o reglamentarias[550]. De la misma manera, las disposiciones internas de la empresa tampoco podrán establecer supuestos de obligatoriedad ajenos a los especificados en la ley[551].

Además, el art. 243 Real Decreto Legislativo 8/2015, de 23 de octubre, por el que se aprueba el texto refundido de la Ley General de la Seguridad Social (TRLGSS), atribuye, empero, al empresario la obligación de practicar a su cargo un reconocimiento médico previo a la admisión de los trabajadores que hayan de ocupar puestos de trabajo con riesgo de enfermedad profesional, quedando prohibida la contratación de aquellos que no obtengan la declaración de aptitud. Tal configuración

---

550 La STS 27 octubre 2010 (RJ 2010, 846) considera que vulneran los principios del derecho a la protección de datos las referencias realizadas en el Convenio Colectivo General de la Construcción relativas a que en la Tarjeta Profesional de la Construcción (gestionada por un órgano que no tiene configuración técnico-sanitaria como es la Fundación Laboral de la Construcción) ha de figurar que el titular ha sido sometido a los reconocimientos médicos, pues ello dificulta contrataciones futuras en un sector marcado por la alta rotación en la mano de obra al permitir distinguir entre quienes aportan información sobre los reconocimientos y los que no lo hacen. BLASCO PELLICER, A.: "El deber de vigilancia de la salud o el derecho a la intimidad del trabajador", en AA.VV (BORRAJO DACRUZ, E., Dir.): *Trabajo y libertades públicas*, Madrid, La Ley, 1999, p. 267.

551 ROMERAL HERNÁNDEZ, J.: "Derecho a la intimidad del trabajador y reconocimientos médicos", *Comunicación presentada al XXIV Congreso Nacional de Derecho del Trabajo y de la Seguridad Social*, Pamplona, 2014, p. 7.

legal impide, lógicamente, que los reconocimientos médicos sean utilizados con el único objetivo de seleccionar al mejor candidato (en lo que se ha venido a calificar como "selección laboral adversa en sentido propio"[552]), pues no se trata de conocer quién resultará más óptimo para la realización de las funciones, sino si la persona aspirante presenta unas contraindicaciones médicas en relación con el futuro desarrollo de los cometidos inherentes al puesto de trabajo[553]. El art. 9 Ley 15/2022 prohíbe a la empresa preguntar sobre las condiciones de salud del aspirante a un puesto y recoge el derecho a no sufrir limitaciones, segregaciones o exclusiones por razón de discapacidad, enfermedad o condición de salud, estado serológico y/o disposición genética a sufrir patologías y trastornos, en el acceso al empleo, incluidos los criterios de selección. La "discriminación por anticipación" acabaría estigmatizando a determinados trabajadores solo por tener predisposición o propensión a desarrollar determinadas enfermedades o conductas contrarias a los intereses empresariales al redundar en mayores dosis de absentismo[554].

Por lo que aquí interesa, aun siendo respetados todos los anteriores condicionantes, sin duda, los resultados médicos obtenidos son datos íntimos (verdadera esencia de la calificación legal como "sensibles"), lo cual lleva aparejadas varias consecuencias de interés para la recogida y tratamiento automatizado de esta información, marcadas por la propia LPRL en sintonía con la LOPDyGDD, sobre las que merece detener un poco más la atención:

---

552 FERNÁNDEZ DOMÍNGUEZ, J.J.: *Pruebas genéticas en el Derecho del Trabajo*, Madrid, Civitas, 1999, p. 108.

553 LLORENS ESPADA, J.: *Límites al uso de la inteligencia artificial en el ámbito de la salud laboral*, Madrid, La Ley, 2023, p. 115.

554 GARCÍA SALAS, A.I.: *La vigilancia inicial de la salud laboral*, Valencia, Tirant Lo Blanch, 2023, p. 109.

a) El trabajador tiene derecho a conocer personalmente el resultado de cuantas pruebas le hayan sido realizadas sobre su estado de salud; verdadero derecho de acceso a traducir en un conocimiento inmediato (mediante comunicación escrita) de la información al respecto existente.

b) El Tribunal Constitucional ha incorporado al ámbito de protección del derecho a la intimidad del trabajador el derecho a impedir la divulgación o cesión no consentida de los resultados médicos[555].

c) Aun cuando esta información aparece calificada expresamente como confidencial, ello no significa, sin embargo, que el trabajador sea el único con derecho o posibilidad de acceder a tales datos, pues la confidencialidad queda garantizada por Ley a través de una excepción general y otra excepción a la excepción (técnica jurídica ésta absolutamente reprobable, en tanto demuestra una falta de claridad expositiva que es fuente continua de confusión para el intérprete[556]). Así, y en primer lugar, queda abierto el acceso a la información médica de carácter personal a los facultativos que lleven a cabo la vigilancia de la salud de los trabajadores[557], quienes, sin embargo, no podrán facilitarla al empresario o a otras personas (léase representantes sindicales, unitarios, de-

---

555 SSTCo 70/2009, de 23 de marzo y 159/2009, de 29 de junio.

556 CARDONA RUBERT, M.B. y MORRO LOPEZ, J.: "Los datos sanitarios del trabajador en la nueva Ley de Prevención de Riesgos Laborales", en AA.VV.: *VII Congreso Nacional de Derecho del Trabajo y de la Seguridad Social*, Valladolid, 24 y 25 de mayo de 1996 (ejemplar multicopiado), p. 3.

557 La STJUE de 21 de diciembre de 2023, asunto C-667/21, *ZQ y MDK Nordhein*; admite que un empleador actúe como responsable del tratamiento de datos de salud de sus trabajadores y también como encargado del tratameinto por tener la condición de servicio médico.

legados de prevención o miembros del comité de seguridad y salud) sin el consentimiento expreso del afectado (excluyendo así el implícito o tácito, pues, dados los intereses en juego, no cabría presumir nunca su otorgamiento).

d) No sólo existe, como ya consta, una excepción general, sino una excepción a la excepción, a partir de la cual queda ampliado el círculo de quienes pueden conocer una información médica, cada vez menos confidencial –menos íntima–, habida cuenta también el empresario y las personas u órganos con responsabilidades en materia de prevención (delegados de prevención, representantes unitarios o sindicales o comité de seguridad y salud) "serán informados de las conclusiones que se deriven de los reconocimientos efectuados en relación con la aptitud del trabajador para el desempeño del puesto de trabajo o con la necesidad de introducir o mejorar las medidas de protección y prevención, a fin de que puedan desarrollar correctamente sus funciones en materia preventiva", debiendo, no obstante, respetar expresamente la prohibición absoluta de uso perjudicial de los datos obtenidos en el reconocimiento a la que se refiere el art. 22.2 LPRL[558], lo que no impide, empero, que no se consideren dentro de esa categoría aquellas acciones o decisiones del empresario, emprendidas o tomadas como consecuencia de informaciones que re-

558 STSJ Galicia 16 julio 2007 (rec. 2882/2007). Dicha prohibición alcanza no sólo al uso desviado de las conclusiones que los servicios médicos proporcionan al empresario y a las personas con responsabilidades en materia de prevención, sino a todos los extremos que obren en el expediente médico y que se hayan podido obtener, bien previo consentimiento del trabajador, bien por medios no legítimos. POQUET CATALA, R.: *El actual poder de dirección y control del empresario*, Pamplona, Aranzadi, 2013, p. 135.

velen "la ineptitud del trabajador, su incompatibilidad por razones de salud o seguridad con el desempeño de su actividad laboral habitual o que el estado de su salud suponga riesgos para otros trabajadores o terceros" (art. 22.1 LPRL)[559], siempre que se hayan implementado los correspondientes ajustes razonables.

El art. 2 Ley 15/2022 introduce entre las causas de discriminación la enfermedad o el estado de salud y el art. 4 de la misma Ley considera discriminatoria la denegación de los ajustes razonables, referidos a "las modificaciones y adaptaciones necesarias y adecuadas del ambiente físico, social y actitudinal que no impongan una carga desproporcionada o indebida".

e) Todas las conclusiones que se extraigan del cumplimiento del deber empresarial de garantizar la salud deben ser almacenadas en "ficheros" de la empresa, quedando condicionado su mantenimiento en ellos a su utilidad –según Ley– y, consecuentemente, a su periódica actualización. Es más, el empresario debe elaborar y conservar a disposición de la autoridad competente la documentación por la que acredite que efectivamente cumple con el deber de control de la salud de los trabajadores y las informaciones conclusivas que se deriven de los reconocimientos médicos practicados. Otra cosa es, desde luego, el uso y configuración efectiva del fichero, marcados por la necesidad de que la información compilada y tratada sea la mínima posible, perspectiva desde la cual cabría cuestionarse la legalidad de una utilización empresarial de esos datos con el fin de adoptar medidas sancionadoras, máxime cuando el art. 22 LPRL atribuye a la obligación empresarial de vigilancia de la

---

559 CARDONA RUBERT, M.B.: "Tutela de la intimidad informática en el contrato de trabajo", *Revista de Derecho Social*, núm. 6, 1999, p. 53.

salud un objetivo muy tasado, cual es únicamente el de tener a disposición de la autoridad laboral dicha información[560].

Datos biométricos

La identidad biológica es propia de cada sujeto y, por tanto, cualquier instrumento que la utilice permitirá, a quien de él se sirva, adentrarse en el terreno más recóndito que cada ser humano tiene hasta el punto de poder afirmar que, a su través, se puede entrar en la intimidad de la intimidad[561]. Precisamente, la métrica de las personas, la biometría, es uno de los terrenos en los que de forma más evidente se puede apreciar el desarrollo presente y futuro de los sistemas algorítmicos como instrumentos de control laboral con manifestaciones particularmente incisivas en el acceso a las distintas dependencias empresariales, en el rendimiento dependencias empresariales, en el rendimiento y en los apuntes de la jornada laboral (inicio, terminación e interrupciones).

En un afán de simplificación, tales controles pueden ser de tres tipos:

1. Los que permiten, con ciertos márgenes de error, el análisis de aspectos físicos, fisiológicos y morfológicos de la persona (biometría estática), a través de la veri-

---

560 MONTOYA MELGAR, A.: "Ficheros de datos automatizados sobre la salud del trabajador y derechos a la intimidad y la libertad informática", en ALONSO OLEA, M. y MONTOYA MELGAR, A.: *Jurisprudencia constitucional sobre Trabajo y Seguridad Social,* T. XVII, Madrid, Civitas, 1999, pp. 301 y ss.

561 MERCADER UGUINA, J.R.: "En busca del empleador invisible: algoritmos e inteligencia artificial en el derecho digital del trabajo", *El Cronista del Estado Social y Democrático de Derecho,* núm. 100, 2022, p. 136.

ficación de las huellas dactilares, de los patrones de la mano, del reconocimiento facial, las características de la retina, la geometría del iris, el olor corporal, los rasgos de la voz[562], las estructuras venosas, las pulsaciones, las ondas cerebrales, el ritmo cardiaco, la frecuencia respiratoria, el sudor o el ADN[563].

2. Los que facilitan la valoración de los comportamientos, actuaciones o forma de realizar de ciertas conductas (biometría dinámica)[564], mediante la comprobación de su escritura, su firma, la fuerza en la presión de las teclas del ordenador, las mediciones de respuesta a situaciones concretas, las destrezas al conducir, la manera de andar o de moverse y la rapidez de la marcha.

3. Los que posibilitan conocer los rasgos psicológicos (biometría psíquica), esto es, la manera de reaccionar frente a ciertas situaciones o pruebas, que pueden dar información sobre el estado de ánimo (seguro, depri-

---

562 Como con acierto se ha dicho, "en el caso de la voz, el botín, no es tanto lo que decimos (que también), sino cómo lo hacemos: la estructura de nuestra habla e ideas, el vocabulario, la pronunciación, la entonación, la cadencia, la inflexión, el dialecto". BELTRÁN DE HERENCIA, I.: "Algoritmos y condicionamiento por debajo del nivel consciente: un análisis crítico de la propuesta de Ley de Inteligencia Artificial de la Unión Europea", *Revista de la Facultad de Derecho de México,* Tomo LXXIII, núm. 286, 2023, p. 632.

563 La consideración de los rasgos vocales como dato biométrico puede encontrase en la STS, Cont-Admtivo, 18 junio 2020 (núm. 815/2020), comentada por ARMADA VILLAVERDE, E. y LÓPEZ BUSTABAD, I.J.: "La voz: ¿es un dato de carácter personal?", *Diario La Ley. Sección Ciberderecho,* núm. 41, 2020.

564 SERRANO ARGÜESO, M.: "Always on. Propuestas para la efectividad del derecho a la desconexión digital en el marco de la economía 4.0", *Revista Internacional y Comparada de Relaciones Laborales y Derecho del Empleo, ADAPT,* volumen 7, num. 2, 2019, p. 181.

mido, ansioso, contento, aburrido...), así como sobre el funcionamiento del cerebro distinguiendo por partes (creativo, atento...) o sobre los niveles de felicidad, sin olvidar aquellos que habilitan para llevar a cabo predicciones sobre la personalidad futura e influencia interpersonal[565].

El art. 4.14 RPD define la categoría de datos biométricos como aquellos "datos personales obtenidos a través de un tratamiento técnico específico, relativos a las características físicas, fisiológicas o conductuales de una persona que permitan o confirmen la identificación única de dicha persona, como imágenes faciales o datos dactiloscópicos"[566]. Según la Agencia Española de Protección de Datos, los datos biométricos incluyen aquellos aspectos físicos que, mediante un análisis técnico, permiten distinguir las singularidades que concurren respecto de dichos aspectos y que, resultando que es imposible la coincidencia de tales aspectos en dos individuos, una vez procesados, permiten servir para identificar al sujeto en cuestión[567].

Los datos biométricos presentan además unas características comunes, a saber: son útiles a efectos de autenticación o identificación, son universales (todas las personas los poseen), son únicos (deben ser capaces de discernir a una persona de

---

565 RODRÍGUEZ-PIÑERO ROYO, M.: "Las facultades de control de datos biométricos del trabajador", *Temas Laborales*, núm. 150, 2019, p. 94.

566 SIERRA HERNÁIZ, E.: *Las categorías especiales de datos del trabajador. Estudio de los límites y garantías legales para su tratamiento en la relación laboral*, Pamplona, Aranzadi, 2021, pp. 99 y ss.

567 AEPD: Informe 0324/2009, que reproduce el Informe de 28 de febrero de 2006.

otra) y son permanentes (tienen una presencia continua en el tiempo)[568].

A su vez, cabe aclarar que el control normalmente se articula en dos fases, no en vano para el reconocimiento biométrico, el paso previo es proceder a captar, por medio de un sensor específico para cada tipo de técnica, uno o más rasgos específicos de la persona, y su transformación en una secuencia numérica, conformando una plantilla que queda registrada en una base de datos; después, la utilización del sistema biométrico, requerirá, en cada caso, la comparación entre la plantilla almacenada y la muestra biométrica que se vuelva a tomar para verificar su equivalencia[569]. Los principales componentes del sistema biométrico son, por ende, los tres siguientes: 1) el sensor, que captura los rasgos o características concretas; 2) el repositorio, que es la base de datos donde se almacenan las plantillas biométricas inscritas para su comparación; y 3) los algoritmos, utilizados para la extracción de características (procesamiento) y comparación[570].

En el ámbito empresarial, son de gran interés a los efectos de controlar la presencia y ubicación exacta de los trabajadores en las instalaciones o dependencias empresariales, poniendo de manifiesto con exactitud momentos de entrada y salida o el porcentaje efectivo dedicado a la actividad profesional, permitiendo discriminar con facilidad entre tiempo productivo

---

568 RODRÍGUEZ-PIÑERO ROYO, M. "Registro de jornada mediante controles biométricos: un caso de incoherencia en el Derecho del Trabajo Digital", en AA.VV (RODRÍGUEZ-PIÑERO ROYO, M. y TODOLÍ SIGNES, A., Dirs.): *Vigilancia y control en el Derecho del Trabajo Digital*, Pamplona, Aranzadi, 2021, p. 276.

569 POQUET CATALÁ, R.: *El actual poder de dirección y control del empresario*, Pamplona, Cuadernos de Aranzadi Social, 2013, p. 285.

570 CUADROS GARRIDO, M.E.: *Trabajadores tecnológicos y empresas digitales*, Pamplona, Aranzadi, 2018, p. 414.

e improductivo, lo que se revela particularmente útil en empresas con horario flexible o con jornadas irregulares. Y son, asimismo, una solución idónea para garantizar el acceso a los equipos técnicos, a través de lectores o detectores como alternativa más segura que las claves personales. Así, por ejemplo, anillos, pulseras o tarjetas identificativas que incorporan huellas u otros hallazgos, permiten al empleado, tras conectarlas o acercarlas a un lector, acceder a ciertas salas, operar con el ordenador, poner en marcha máquinas de trabajo…, volcando con detalle el trazo de los movimientos realizados y su emplazamiento concreto en cada momento[571].

Sin descartar tampoco su ayuda a la hora de prevenir riesgos laborales, permitiendo una adecuada planificación de la actividad preventiva a través de variados sistemas "wereables" que aportan información sobre las constantes vitales de una persona, la principal ventaja del tratamiento de datos biométricos radica en que no permiten la suplantación del sujeto sometido a seguimiento o vigilancia, a diferencia de los soportes de identificación tradicionales que admitían la transferibilidad. Sin embargo, no dejan de presentar inconvenientes por su carácter invasivo, pues habilitan para descubrir estados de ánimo, niveles de energía, rasgos de la personalidad, trastornos psicóticos, influencia interpersonal en el trabajo en equipo (liderazgo, sumisión…) o propensión a padecer enfermedades degenerativas o crónicas[572].

También son de gran utilidad los datos biométricos en los procesos de selección de personal, donde, por ejemplo, los software de evaluación de personas realizan test de personalidad,

---

571 GOÑI SEIN, J.L.: "El impacto de las nuevas tecnologías disruptivas sobre los derechos de privacidad (intimidad y extimidad)", *Revista de Derecho Social*, núm. 93, 2021, pp. 25 y ss.

572 POQUET CATALÁ, R.: *El actual poder de dirección y control del empresario*, Pamplona, Aranzadi, 2013, p. 282.

inteligencia o salud mental mediante el reconocimiento facial, lo cual puede perjudicar a personas transgénero, a quienes están pasando por un momento personal duro (fallecimiento de un familiar, divorcio…) o a determinadas culturas, pues los movimientos faciales generalmente asociados a las principales emociones (enfado, asco, miedo, felicidad, tristeza o sorpresa) varían en función de la personalidad individual, situaciones o convicciones[573].

Una muestra de tales peligros aplicada al marco de la seguridad fronteriza puede encontrarse en la sentencia del Tribunal General de la Unión Europea de 7 de septiembre de 2023[574], referida a una petición de transparencia formulada por un representante político en relación con la tecnología de reconocimiento de emociones ensayada en el proyecto *iBorderCtrl*, financiado por la Unión Europea. En su desarrollo se pone en práctica tecnología de reconocimiento de emociones que utiliza IA para detectar mentiras en los controles fronterizos a través del reconocimiento facial (datos biométricos) con el propósito de agilizar la seguridad en las fronteras y el control de pasaportes. Para ello, el software es capaz de detectar numerosas micro expresiones (hasta 38) en el rostro en función de cada respuesta. Las personas que viajan cuando superen el test reciben un código QR que les permite pasar la frontera. En caso contrario aparecerá un agente físico de seguridad para realizar un control adicional. El Tribunal distingue entre los documentos que contienen información relativa a las herramientas y tecnologías desarrolladas y a la evaluación ética y

---

[573] GINNES I FABRELLAS, A.: "Sesgos discriminatorios en la automatización de decisiones en el ámbito laboral: evidencias de la práctica", en AA.VV (RIVAS VALLEJO, P., Dir.): *Discriminación algorítmica en el ámbito laboral: perspectiva de género e intervención*, Pamplona, Aranzadi, 2022, p. 302.

[574] ECLI:EU:C:2023:640.

jurídica de los sistemas, llegando a la conclusión de que el deber de transparencia de las instituciones comunitarias se aplica sólo sobre el segundo grupo de documentos pero no respecto del primero[575].

Igualmente ilustrativa es la Resolución de la Agencia de Protección de Datos húngara en la que se revisaba la práctica llevada a cabo por un banco durante 45 días consistente en utilizar un software de procesamiento de señales de voz basado en IA. El mencionado software analizaba y evaluaba los estados emocionales de los clientes y las palabras clave utilizadas en las llamadas. La finalidad de esta tecnología era gestionar las quejas, controlar la calidad de las llamadas y del trabajo y, además, aumentar la eficiencia de los empleados. A continuación, los resultados de este análisis se almacenaban junto a las grabaciones de las llamadas y estos datos se usaban para clasificar las conversaciones en orden de prioridad. La justificación del banco para el procesamiento de datos se basó en su interés legítimo de garantizar buenos niveles de retención de clientes y eficiencia, pero la Agencia concluyó que el banco no había considerado adecuadamente los intereses en juego mereciendo la imposición de una cuantiosa multa y quedando obligado a suspender el uso del sistema de análisis de emociones descrito[576].

Recientemente, la Agencia de Protección de Datos Española ha bloqueado (y la Audiencia Nacional ha ratificado) el tratamiento de datos biométricos (iris) realizado por una empresa (Worldcoin) con afectación a numerosas personas, incluidos

---

575 MUÑOZ RUÍZ, A.B.: "No digas ni mu! El Tribunal de la Unión Europea apoya la opacidad de los sistemas automatizados de reconocimiento de emociones", *El Foro de Labos*, 19/09/2023.

576 MERCADER UGUINA, J.R.: "Prólogo" en MUÑOZ RUÍZ, A.B.: *Biometría y sistemas automatizados de reconocimiento de emociones. Implicaciones jurídico-laborales*, Valencia, Tirant Lo Blanch, 2023, p. 17.

menores, y sin constar acreditado ni el consentimiento ni la información pertinente de dicho tratamiento.

La regla general, a la luz del art. 9 RPD, es la prohibición del tratamiento de datos biométricos, que solo puede enervarse por algunos motivos, como puede ser, al igual que sucede con los datos de salud, cuando sea "necesario para el cumplimiento de obligaciones y el ejercicio de derechos específicos del responsable del tratamiento o del interesado en el ámbito del Derecho Laboral y de la seguridad y protección social, en la medida en que así lo autorice el Derecho de la Unión de los Estados miembros o un convenio colectivo con arreglo al Derecho de los Estados miembros que establezca garantías adecuadas del respeto de los derechos fundamentales y de los intereses del interesado" [art. 9.2 b) RPD][577]. Dos son, pues, los requisitos a observar para asegurar esta legitimidad: que sea necesario para el cumplimiento de obligaciones y el ejercicio de los derechos de las personas trabajadoras y empresarios, de un lado; y que esté autorizado por una norma, legal o convencional, de otro[578]. Así pues:

1. El primer requisito sólo podrá concretarse caso por caso, al depender tanto de los datos obtenidos como de la forma de conseguirlos, debiendo atender al grado de intrusión. No es lo mismo verificar el iris de una persona o la temperatura corporal (algo que se hace a distancia) que utilizar su huella digital (que exige un contacto físico con un aparato) o, peor aún, su ADN o grupo sanguíneo (que imponen la extracción de muestras bioló-

---

577 GARCÍA-PERROTE ESCARTÍN, I. y MERCADER UGUINA, J.R.: "El control biométrico de los trabajadores", *Información Laboral*, núm. 3, 2017 (BIB 2017/1102), pp. 1 y ss.

578 ORELLANA CANO, A.M.: *El derecho a la protección de datos personales como garantía de la privacidad de los trabajadores*, Pamplona, Aranzadi, 2019, p. 154.

gicas). Tampoco es lo mismo tomar como referencia el rostro (que es público y notorio), que el ritmo cardiaco, las ondas cerebrales o los rasgos de la personalidad (que pueden aportar información sobre la salud o la propensión a contraer enfermedades). En el extremo más invasivo, se encontrará los chips subcutáneos[579].

2. La doctrina judicial y la Agencia de Protección de Datos venían entendiendo que el segundo condicionante (autorización por norma legal) quedaba amparado por los arts. 34.9, 20.3 y 20 bis ET o por la LPRL sin necesidad de consentimiento de la persona trabajadora, no en vano la utilización por el empresario de tales datos suele hacerse con finalidades variadas pero relacionadas directamente con el ámbito de aplicación de las normas citadas: vigilancia de la actividad laboral de los trabajadores; seguridad en las sedes físicas, impidiendo el acceso de personas no autorizadas; detección del consumo de productos que pueden generar peligro en el dentro de trabajo; respeto de la jornada de trabajo; o salud laboral[580].

El propio Tribunal de Justicia de la Unión Europea[581] había señalado que la supervisión del acceso y localización del trabajador en la entidad empresarial, a través de sistemas de fichas, tarjetas electrónicas identificativas, huellas o, incluso, mediante infrarrojos, está cubierto por el derecho a la protección de

579 RODRÍGUEZ-PIÑERO ROYO, M.: "Las facultades de control de datos biométricos del trabajador", *Temas Laborales*, núm. 150, 2019, p. 95.

580 RODRÍGUEZ-PIÑERO ROYO, M.: "Las facultades de control de datos biométricos del trabajador", cit., p. 96.

581 STJUE C-342/12, de 30 de mayo de 2013, asunto Worten.

datos personales[582], de modo que debiera ser considerado lícito sólo cuando obedece a motivos de seguridad –bien por el tipo de actividad desarrollada por la empresa o bien por el valor de los elementos utilizados en ella– o porque "contribuye a comprobar el efectivo cumplimiento de las obligaciones de los trabajadores, obligaciones que se inician en el momento de la puntual incorporación a sus puestos de trabajo y en una estricta observancia de los tiempos de la prestación"[583], siempre y cuando el trabajador estuviera debidamente informado, no hubiera otra alternativa menos lesiva de la intimidad para lograr los mismos fines de control, esto es, se trate de un cauce imprescindible[584]. Si existiesen otras alternativas con menor riesgo y con similar eficacia (tarjetas magnéticas o identificadores personales alfanuméricos), el uso de datos biométricos no superaría el juicio de proporcionalidad de ineludible aplicación para valorar la licitud de la utilización de estos modelos[585].

Entre los pronunciamientos judiciales españoles más llamativos de esta etapa se encuentran los referidos al citado control biométrico de la mano que permite identificar a la persona trabajadora mediante un reconocimiento tridimensional: largo, ancho y espesor. Cuestionada la licitud de semejante método utilizado en una Administración regional como fichaje del horario del personal, el Tribunal Supremo ha considerado,

---

582 SSTJUE 20 mayo 2003, asunto *Osterreichischer Rundfunk* y 16 diciembre 2006, asunto Huber.

583 STSJ, Cont-Admtivo, Cantabria 21 febrero 2003 (JUR 2003/122751).

584 STSJ Murcia 25 enero 2010 (rec. 1107/2009). En el mismo sentido se manifiesta el principio 18 de la Recomendación CM/ Rec. (2015) del Comité de Ministros del Consejo de Europa sobre el tratamiento de datos personales en el contexto laboral.

585 MARRERO BLANCO, D. y MULERO FERNÁNDEZ, J.M.: "Los sistemas de control de la jornada laboral basados en datos biométricos. Un análisis crítico desde la privacidad", *Diario La Ley, Privacidad*, 2020.

en primer lugar, que resulta idóneo para conseguir el objetivo propuesto, cual es "lograr un mayor nivel de eficacia en la Administración pública (empleador, *in casu*) controlando el efectivo cumplimiento de sus obligaciones por parte de los empleados públicos". Reconoce el órgano judicial que "la existencia de otros posibles sistemas igualmente idóneos para conseguir la referida finalidad no convierte el medio enjuiciado en ilícito, siendo legítimo que la Administración opte, dentro de la legalidad, por aquel cauce que considere más conveniente". En segundo término, la medida se entiende necesaria debido al "notorio carácter imperfecto de los sistemas de control más comúnmente usados", que no impiden "la sustituibilidad en su cumplimiento". Finalmente, concluye que la implantación supone más ventajas para el interés general que perjuicios sobre otros valores en conflicto, porque de esta forma se garantiza que el empleado público cumplirá debidamente sus obligaciones y ello redundará en una mayor eficiencia de la Administración para la consecución de los intereses generales[586]. En este mismo sentido, se ha entendido por la doctrina judicial de suplicación que no reviste carácter de intromisión ilegítima la implantación de un sistema de huella dactilar en el lector biométrico del centro de trabajo para el acceso a las instalaciones, tanto por la parte del cuerpo utilizada, como por las condiciones en que se usa, al no existir constancia de la utilización de tales datos para fines diversos del control horario y porque con ocasión de la lectura de la huella digital no se puede ver la imagen de la huella ni puede ser captada por terceros, quedando todos los datos guardados en los ordenadores de la empresa a efectos de custodia; es decir, se cumplen los principios de protección de datos, no en vano "el tratamiento es adecuado, pertinente y no excesivo en relación con el ámbito y las finali-

---

586 SSTS, Contencioso-Administrativo, 10 enero 2003 (RJCA 5 y 528) y 14 y 29 marzo 2003 (JUR 136789 y RJCA 742).

dades determinadas, explícitas y legítimas para las que se hayan obtenido"[587].

Asimismo, la propia Agencia de Protección de Datos, en su informe 0324/2009, y en la Guía de Protección de Datos en las relaciones laborales de 2021, no cuestionaba los sistemas biométricos donde los datos no eran almacenados, como sucede con la huella dactilar. No obstante, entendía que para implantar esta medida debe aplicarse el principio de minimización; es decir, debe limitarse a los supuestos en que se considere realmente necesaria para que el control sea eficaz e informar a la persona trabajadora sobre esta medida.

Ahora bien, recientemente, en noviembre de 2023, la Agencia de Protección de Datos, en línea con el criterio del Comité Europeo de Protección de Datos Personales, ha publicado una Guía sobre tratamientos de control de presencia mediante sistemas biométricos, en la que termina por declarar que tales sistemas (incluida la huella dactilar o el reconocimiento facial, del iris, de la voz...) vulneran, en el actual marco normativo, la protección de datos personales del trabajador, pues suponen un tratamiento de alto riesgo, tanto si se utilizan para la identificación como para la autenticación, partiendo de la base de categoría especial de estos datos. Entiende la Agencia que tales mecanismos no se pueden admitir con carácter general, indiscriminado o masivo, para llevar a cabo un control horario o de presencia, atendiendo a las tres circunstancias siguientes:

1ª. La normativa española vigente no contiene autorización legal expresa para utilizar datos biométricos con la finalidad de controlar la presencia o la dedicación

---

587 SSTSJ Murcia 25 enero 2010 (rec. 1071/2009) y Valencia 8 febrero 2017 (rec. 3489/2016), comentadas por GOÑI SEIN, J.L.: *La nueva regulación europea y española de protección de datos y su aplicación al ámbito de la empresa (incluido el Real Decreto-Ley 5/2018)*, Albacete, Bomarzo, 2018, p. 47.

horaria[588]. Los antes expuestos arts. 34.9 y 20.3 ET no dan cobertura legal expresa a estas herramientas, como tampoco lo hace la LOPDyGDD.

2ª. El consentimiento de la persona trabajadora no puede levantar la prohibición de tratamiento de una categoría especial de datos personales, al existir un desequilibrio entre las partes del contrato de trabajo, y no existir cobertura legal de uso de esta herramienta.

3ª. En el hipotético supuesto de existir cobertura legal de uso, el respeto al principio de minimización de datos de las categorías especiales, como los datos biométricos, hace muy difícil su aceptación, exigiendo un pertinente análisis de impacto, previamente al inicio del tratamiento y cumplir determinadas garantías, obligaciones de transparencia y seguridad[589], ya que dependiendo

---

588 Tampoco en otros ámbitos. Esta carencia ha sido puesta de manifiesto con claridad por la AEPD respecto del reconocimiento facial de seguridad privada (Informe 010308/2019 AEPD), los sistemas biométricos de control de exámenes (Informe 0036/2020 AEPD) o en el caso Mercadona para comprobar si quienes accedían a algunos establecimientos estaban en sus listas de "personas con una orden de alejamiento o medida judicial análoga en vigor" (procedimiento sancionador PS 120/2022 AEPD). COTINO HUESO, L.: "Sistemas de inteligencia artificial y datos biométricos. Mejor regular bien que prohibir mal", *El Cronista del Estado Social y Democrático de Derecho*, núm. 100, 2022, p. 75.

589 En concreto: a) Informar a las personas sobre el tratamiento biométrico y los riesgos elevados asociados al mismo; b) Implementar en el sistema biométrico la posibilidad de revocar el vínculo de identidad entre la plantilla biométrica y la persona física; c) Desplegar medios técnicos para asegurarse la imposibilidad de utilizar las plantillas para cualquier otro propósito; d) Utilizar cifrado para proteger la confidencialidad, disponibilidad e integridad de la plantilla biométrica. e) Emplear formatos de datos o tecnologías específicas que imposibiliten la interconexión de bases de datos biométricos y la divulgación

de los datos recogidos se pueden derivar informaciones "sobre enfermedades, taras, características genéticas, consumos de sustancias…".

Como fácilmente puede intuirse, estas consideraciones afectan a los convenios o acuerdos colectivos que contemplan la huella dactilar o el reconocimiento facial como medios de registro horario o de control de presencia, pudiendo surgir, a la espera de la solución judicial oportuna, dos posibles interpretaciones: de un lado, "la negociación colectiva no puede ofrecer cobertura de un tratamiento prohibido de datos personales"[590]; de otro, "en el caso de que el convenio colectivo incluyera el registro horario basado en los datos biométricos de la persona trabajadora, se debería justificar la necesidad de este tratamiento y por qué no son adecuados los sistemas existentes como tarjetas, certificados, claves, sistemas contact-less, etc."[591].

En parecido sentido al dictamen de la Agencia Española de Protección de Datos, la Autoridad Catalana con competencias en esta materia, en su informe CNS 2/2022, señala que "el consentimiento del personal afectado no puede considerarse una base jurídica adecuada para la implantación de un sistema de

---

de datos no comprobada. f) Suprimir los datos biométricos cuando no se vinculen a la finalidad que motivó su tratamiento. g) Potenciar la protección de datos desde el diseño. h) Aplicar la minimización de los datos recogidos, con una evaluación objetiva de que no hay tratamiento de categorías especiales de datos.

590 LAHERA FORTEZA, J.: "La huella dactilar en el registro horario vulnera la protección de datos personales", *Abdón Pedrajas. Littler*, 2023, p. 3. https://www.abdonpedrajas.com/pics/eventos/huellla-dactilar-y-registro-horario-1.pdf

591 MUÑOZ RUÍZ, A.B.: "Cómo deben aplicar las empresas el nuevo crtierio sobre registro horario y datos biométricos", https://www.elforodelabos.es/2023/12/como-deben-aplicar-las-empresas-el-nuevo-criterio-sobre-registro-de-jornada-y-datos-biometricos/

control horario mediante reconocimiento facial. Sería necesaria la previsión de este sistema en una disposición legal o en un convenio aplicable. En cualquier caso, antes de la implantación, es necesario realizar una evaluación del impacto a la vista de las circunstancias concretas en que se lleve a cabo el tratamiento para determinar su licitud y su proporcionalidad, incluido el análisis de la existencia de alternativas menos intrusivas, y establecer garantías adecuadas". Asimismo, en 2019, la Autoridad francesa de Protección de Datos (CNIL) aprobó unas reglas sobre el uso empresarial de la información biométrica de sus empleados tales como el reconocimiento facial. Para su empleo, se requiere el cumplimiento de los siguientes requisitos: a) Justificar al CNIL por qué necesitan usar estos sistemas y no otros menos intrusivos; b) Disponer de medidas de seguridad para proteger los datos biométricos; c) Llevar a cabo una evaluación de impacto. Respecto a la primera de las exigencias (justificar la necesidad del uso de los datos biométricos), las empresas deben indicar un contexto específico o razón que precise del uso de los datos biométricos como identificadores, pudiendo mencionar como ejemplos que los empleados hayan sido autorizados para usar una máquina peligrosa o acceder a objetos de valor o grandes sumas de dinero. Además, la empresa deberá demostrar por qué un método menos intrusivo (una credencial o clave) no resulta suficiente. Finalmente, la empresa necesitará documentar su decisión[592].

Desde esta misma perspectiva, en Sentencia de 15 de septiembre de 2023, el Juzgado de lo Social, número 2 de Alicante[593], reconoce el derecho de un trabajador a una indemnización de más de 6.000 euros por haber sido sometido indebidamente a

---

592 MUÑOZ RUÍZ, A.B.: "Biometría y sistemas automatizados de reconocimiento de emociones en el trabajo: estudio de casos recientes", *Trabajo y Derecho*, núm. 108, 2023.

593 Proc. 489/2023.

reconocimiento facial. El trabajador solo autorizó a la empresa el uso de sus derechos de imagen para publicaciones en páginas web y redes sociales corporativas, campañas, revistas y folletos, tendentes a la promoción de la actividad de la entidad empresarial, sin recibir información sobre el uso de los datos biométricos a efectos de controlar la entrada y la salida del puesto y sin que dicho control cumpla el principio de proporcionalidad.

En suma, teniendo en cuenta el carácter intrusivo de los mecanismos utilizados y la naturaleza de los datos obtenidos, parece claro que el recurso a esta tecnología biométrica, cuando esté habilitada por una disposición legal, debe de ir acompañado no sólo de la obligación de informar a los trabajadores afectados, de la consecución de una finalidad legítima y del cumplimiento de los principios de proporcionalidad e intervención mínima, sino también de la realización de una evaluación de impacto por parte del responsable del tratamiento[594].

En fin, en cuanto a los sistemas destinados a averiguar el cansancio emocional o el estado psicológico del trabajador, pese a su cobijo en la LPRL y a su finalidad *a priori* legítima en la medida en que permiten poner freno a afectaciones neuronales negativas evitando riesgos psicosociales, es necesario que la persona trabajadora preste su consentimiento, previa información detallada de los extremos a considerar por parte del empresario, para legitimar estos controles, que exigen también la disposición de protocolos de borrado seguros y de técnicas de cifrado. Una utilización con fines preventivos, sanitarios y terapéuticos de estos mecanismos resulta muy recomendable, pero siempre que quede garantizado que la información obte-

---

594 RODRÍGUEZ-PIÑERO ROYO, M. "Registro de jornada mediante controles biométricos: un caso de incoherencia en el Derecho del Trabajo Digital", en AA.VV (RODRÍGUEZ-PIÑERO ROYO, M. y TODOLÍ SIGNES, A., Dirs.): *Vigilancia y control en el Derecho del Trabajo Digital*, Pamplona, Aranzadi, 2021, p. 285.

nida no va a ser utilizada para la toma de decisiones empresariales alejadas de la introducción de mejoras en la salud de los empleados o de la protección frente a los riesgos que pudieran poner en peligro su bienestar[595].

Como colofón, el REIA prohíbe "la puesta en el mercado, la puesta en servicio con este fin específico o el uso de sistemas de IA para inferir las emociones de una persona física en los ámbitos del lugar de trabajo" (art. 5.1), dado que pueden generar efectos discriminatorios porque la expresión de las emociones varía considerablemente entre culturas y situaciones, e incluso dentro de un mismo individuo (considerando 26 c).

Medios de autotutela de los titulares de la información tratada mediante artilugios ingeniosos: acceso, rectificación, limitación del tratamiento, cancelación, actualización, bloqueo y descontextualización

Exigiendo el párrafo d) del art. 5 RPD que los datos sean "exactos y, si fuera necesario, actualizados", consigue que las informaciones tratadas respondan a la situación real del afectado, creando la correlativa obligación para el responsable del tratamiento (el empresario) o encargado (quien manipule los datos personales por cuenta del responsable) de cancelar de oficio aquellos apuntes total o parcialmente inexactos o incompletos y sustituirlos por otros rectificados o íntegros, debiendo proceder también a su actualización, habida cuenta una infor-

---

595 RIVAS VALLEJO, P.: "Salud, inteligencia artificial y derechos fundamentales", en AA.VV (MONEREO PÉREZ, J.L.; RIVAS VALLEJO, P.; MORENO VIDA, M.N.; VILA TIERNO, F. y ÁLVAREZ CORTÉS, J.C., Dirs.): *Salud y asistencia sanitaria en España en tiempos de pandemia Covid-19*, Pamplona, Aranzadi, 2021, p. 889.

mación que no esté al día puede ser considerada –al menos en principio– incorrecta[596].

Como correlato lógico a la obligación de exactitud, actualidad y veracidad en los datos que el art. 5.1 d) RPD hace descansar sobre los responsables del tratamiento, surgen con entidad propia los derechos autónomos de acceso, rectificación sin dilación indebida, supresión ("olvido"), bloqueo y descontextualización, a ejercitar por la persona trabajadora (arts. 16 y ss. RPD)[597], indispensables para hacer efectivo el derecho fundamental a la protección de datos y cuyo incumplimiento puede generar la imposición de cuantiosas multas a la entidad mercantil[598], a saber:

1. El derecho de acceso o "gobernanza de los datos", vinculado al derecho a la información sobre los datos y condición previa para el ejercicio de las demás prerrogativas del interesado[599], implica la facultad de obtener confirmación del responsable del tratamiento sobre si está manejando o no sus datos personales, sobre sus fines, categorías tratadas, destinatarios, origen, posibilidades de defensa y existencia de decisiones automatizadas[600]. Como ha señalado el Tribunal de Justicia de la Unión Europea, debe permitir al interesado comprobar

---

596 MURILLO DE LA CUEVA, P.L.: "Informática y protección de los datos personales", *Cuadernos y Debates*, núm. 43, 1993, p. 67.

597 APARICIO SALOM, J.: *Estudio sobre la Ley Orgánica de Protección de Datos*, Pamplona, Aranzadi, 2000, pp. 131 y ss.

598 Tal y como sucede en el caso de una empresa dedicada a la explotación electrónica de datos por cuenta de terceros, que incumple la obligación de inmovilizar un fichero con datos personales. SAN, Cont-Admtivo, 14 abril 2014 (rec. 667/2011).

599 STJUE 372/12, de 17 de julio de 2014, asunto Y.S.

600 BLÁZQUEZ AGUDO, E.: *Aplicación práctica de la protección de datos en las relaciones laborales*, Madrid, La Ley, 2019, p. 111.

que los datos que le conciernen son exactos y tratados lícitamente[601], obteniendo información sobre los destinatarios concretos a los que hayan sido o vayan a ser comunicados[602] y sobre la identidad de las personas que hayan consultado sus datos, junto a la fecha y los fines de la consulta[603]. Forma parte del contenido esencial del derecho a la protección de datos personales y como tal no debe ser sometido a condiciones que dificulten su ejercicio o lo dificulten más allá de lo razonable, imponiendo trabas innecesarias para ser satisfecho[604], de manera que incluso la primera copia de la información sobre los datos personales debe ser gratuita[605].

El art. 13 LOPDyGDD establece, además, algunas singularidades no previstas en el RPD: por un lado, la posibilidad de obligar al interesado a que especifique los datos o actividades de tratamiento a los que se refiere la solicitud, en caso de que el responsable trate gran cantidad de información relativa al afectado; por otro, el diseño de un límite temporal admitiendo que el responsable pueda denegar el acceso repetitivo si no ha transcurrido el plazo de seis meses desde la solicitud anterior, salvo que exista causa legítima para ello[606].

---

601 STJUE de 4 de mayo de 2023, asunto *Österreichische Datenschutzbehörde y CRIF*, C-487/2.

602 STJUE de 12 de enero de 2023, asunto C-154/21.

603 STJUE de 22 de junio de 2023, asunto C-579/2021.

604 SERRANO PÉREZ, M.: "Análisis de algunos aspectos del ejercicio del derecho de acceso a los datos de carácter personal: gratuidad, motivación y límites", *La Ley. Unión Europea*, núm. 120, 2023.

605 STJUE de 26 de octubre de 2023, C-307/22.

606 El derecho de acceso es el derecho a dirigirse al responsable del tratamiento para conocer si está tratando o no sus datos de carácter personal y, en el caso de que se esté realizando dicho tratamiento, obtener la siguiente información (art. 15.1 RPD): a) los fines del

No puede pasar desapercibido que el art. 80 RPD permite al afectado otorgar mandato a una entidad, organización o asociación sin ánimo de lucro para que presente en su nombre una reclamación o ejerza un derecho de los contemplados en materia de protección de datos, lo cual implica que cualquier sindicato, en nombre de sus afiliados, podrá ejercer el derecho de acceso (y el resto de los indicados posteriormente) no solo en sede judicial, sino también ante el empresario o ante la Agencia Española de Protección de Datos[607].

2. El derecho a la rectificación incluye la corrección de los datos inexactos o incompletos, que, además de ser una obligación del responsable, es una prerrogativa exigible por el afectado, que debe satisfacerse "sin dilación indebida y a más tardar en el plazo de un mes"

tratamiento; b) las categorías de datos personales de que se trate; c) los destinatarios o las categorías de destinatarios a los que se comunicaron o serán comunicados los datos personales, en particular destinatarios en terceros Estados u organizaciones internacionales; d) de ser posible, el plazo de conservación de los datos personales o, de no ser posible, los criterios utilizados para determinar este plazo; e) la existencia del derecho a solicitar del responsable la rectificación o supresión de datos personales o la limitación del tratamiento de datos personales relativos al interesado, o a oponerse a dicho tratamiento; f) el derecho a presentar una reclamación ante una autoridad de control; g) cuando los datos personales no se hayan obtenido del interesado, cualquier información disponible sobre su origen; h) existencia de decisiones automatizadas, incluida la elaboración de perfiles. MERCADER UGUINA, J.R. Y BARROS GARCÍA, M.: "La protección de datos personales del trabajador", en AA.VV (CASAS BAAMONDE, M.E. el alii.): *Derecho Social de la Unión Europea. Aplicación por el Tribunal de Justicia*, Madrid, BOE, 2023, p. 1825.

607 TODOLÍ SIGNES, A.: *Algoritmos productivos y extractivos. Cómo regular la digitalización para mejorar el empleo e incentivar la innovación*, Pamplona, Aranzadi, 2023, p. 87.

(art. 12.4 RPD), circunstancias perfiladas por el art. 14 LOPDyGDD en un doble sentido: de un lado, al ejercer este derecho, el afectado deberá indicar en su solicitud a qué datos se refiere y la corrección que haya de realizarse; de otro, cuando sea preciso, se deberá acompañar la documentación justificativa de la inexactitud o del carácter incompleto de los datos objeto de tratamiento. Estas previsiones se entremezclan con las obligaciones impuestas al responsable del tratamiento de velar por la exactitud y actualización de los datos personales tratados y de adoptar todas las medidas razonables para que se suprima o rectifique, sin dilación, la inexactitud de los datos personales, con respecto a los fines para los que se tratan (art. 4 LOPDyGDD y art. 5.1 d) RPD).

3. El antiguo derecho de cancelación se ha convertido en un espectro más extenso, que abarca no sólo el derecho del interesado a solicitar al responsable el cese en el uso de sus datos personales porque el tratamiento no se ajusta a lo dispuesto en la normativa y en particular cuando los datos resultan inexactos o incompletos o inadecuados o excesivos sino también aunque sean ciertos porque han devenido obsoletos o no relevantes con el paso del tiempo (art. 31.2 RPD), incluida la posibilidad de que desaparezca además cualquier enlace a esos datos, quedando bloqueados los vínculos que conducen a la información en los buscadores[608]. Este derecho tiene una dimensión dual: por una parte, para el ciudadano supone un reconocimiento de la pretensión de suprimir de inmediato la información afectada del sitio web, así como de abstenerse de dar difusión a esta información,

[608] GOÑI SEIN, J.L.: *La nueva regulación europea y española de protección de datos y su aplicación al ámbito de la empresa (incluido el Real Decreto-Ley 5/2018)*, Albacete, Bomarzo, 2018, p. 124.

siempre que el titular de los datos lo solicite; por otra, la entidad responsable deberá optar entre limitar el tratamiento en virtud del art. 18 RPD o suprimir sin demora la información a tenor del art. 17 RPD, ponderando caso por caso el alcance de este derecho con la libertad de expresión, la salud pública, el deber de conservación de los datos para dar cumplimiento a una obligación legal y el interés público[609].

Más explícito es todavía el legislador nacional que dedica sendos preceptos al derecho al olvido; en concreto, en búsquedas en internet (art. 93 LOPDyGDD) y en servicios de redes sociales (art. 94 LOPDyGDD), en sintonía con la doctrina del Tribunal de Justicia de la Unión Europea en su sentencia de 13 de mayo de 2014[610]. En virtud de esta regulación, se proclama el derecho de toda persona a que los motores de búsqueda eliminen de las listas de resultados obtenidas a partir de su nombre los enlaces publicados que contuvieran información relativa a esa persona, cuando fuesen inadecuados, inexactos, no pertinentes, no actualizados o excesivos o hubieren devenido como tales por el transcurso del tiempo. También podrá ejercerse este derecho cuando las circunstancias personales invocadas por el afectado evidencian la prevalencia de sus derechos sobre el mantenimiento de los enlaces generados por el servicio de búsqueda (art. 93 LOPDyGDD). Es más, el legislador reconoce también el derecho al olvido en las redes sociales y establece que toda persona dispone del derecho a que los datos que hubiese facilitado para su

---

609 SÁNCHEZ TRIGUEROS, C. y CUADROS GARRIDO, M.E.: "Autodeterminación informativa: un derecho en alza", *Revista Galega de Derecho Social*, núm. 8, 2019, p. 103.

610 C-131/12, asunto Google contra España.

publicación por redes sociales o servicios de la sociedad de la información equivalentes sean suprimidos "a su simple solicitud" cuando sean inadecuados, inexactos, no pertinentes, no actualizados o excesivos o hubieren devenido así por el transcurso del tiempo, teniendo en cuenta los fines para los que se recogieron o trataron y el tiempo transcurrido (art. 94 LOPDyGDD)[611].

Se debe ser consciente de que una información irrelevante o desactualizada mostrada por los buscadores sobre una persona, puede ser determinante en su vida laboral, llegando incluso a frustrar sus expectativas de empleo y sus posibilidades profesionales o de negocio, razón por la cual las personas trabajadoras pueden solicitar la supresión de los datos que les atañen, de manera que si los buscadores negaran o no respondieran a dicha petición, se podrá solicitar la salvaguarda del derecho ante la Agencia Española de Protección de Datos[612]. Es más, el Tribunal de Justicia de la Unión Europea ha reconocido en la sentencia de 14 de marzo de 2024[613] que el art. 58.2 letras d) y g) RPD debe interpretarse en el sentido de que la autoridad de control de un Estado miembro está facultada, en ejercicio de sus poderes correctivos previstos en tales disposiciones, para ordenar al responsable o encargado del tratamiento que suprima datos personales que hayan sido tratados ilícitamente,

---

611 CARDONA RUBERT, M.B.: "Tratamiento de datos personales e inteligencia artificial en el marco de las relaciones laborales", *Documentación Laboral*, núm. 126, vol II, 2022, p. 25.

612 SELMA PENALVA, A.: "Las redes sociales como forma de selección de persona: un nuevo reto para la sociedad digital", en AA.VV (FERNÁNDEZ COLLADOS, M.B., Dir.): *Relaciones laborales e industria digital: redes sociales, prevención de riesgos laborales, desconexión y trabajo a distancia en Europa*, Pamplona, Aranzadi, 2022, p. 78.

613 C-46/23.

aun cuando el interesado no haya presentado ninguna solicitud a tal efecto para ejercer sus derechos en virtud del art. 17.1 RPD, bien se trate de datos obtenidos del propio interesado, bien se trate de datos procedentes de otra fuente.

4. El derecho al bloqueo implica que los datos permanecerán congelados e inaccesibles a los usuarios[614], debiendo conservarse únicamente a disposición de las Administraciones Públicas, Jueces y Tribunales, para la atención de las posibles responsabilidades nacidas del tratamiento durante el plazo de prescripción de éstas (arts. 16.3 RPD y 16.3 LOPDyGDD).

5. El derecho a obtener la limitación transitoria del tratamiento se podrá esgrimir cuando se cumpla alguna de las condiciones siguientes: 1) Se impugne la exactitud de los datos personales; 2) Se pretenda el ejercicio de reclamaciones; y 3) Se oponga al tratamiento (art. 18 RPD). Tal pretensión se verá satisfecha cuando: 1) Se trasladen los datos a otro sistema de tratamiento temporalmente; 2) Se impida el acceso de usuarios a los datos personales seleccionados; y 3) Se retiren temporalmente los datos publicados de un sitio de internet[615].

6. El derecho a oponerse, en cualquier momento, al tratamiento de los datos, por motivos relacionados con la situación particular del interesado, sólo cede en dos supuestos: cuando el tratamiento sea necesario para el cumplimiento de una misión de interés público en el ejercicio de poderes públicos conferidos al responsable

---

614 PRECIADO DOMENECH, C.H.: *El derecho a la protección de datos en el contrato de trabajo. Adaptado al nuevo Reglamento 679/2016, de 27 de abril*, Pamplona, Aranzadi, 2018, p. 294.

615 MERCADER UGUINA, J.R.: *Protección de datos en las relaciones laborales*, Madrid, Lefebvre, 2018, pp. 52 y ss.

del tratamiento o cuando sea necesario para la satisfacción de intereses legítimos perseguidos por el responsable del tratamiento o de un tercero (art. 21.1 RPD). Es decir, sólo se admite el tratamiento en los supuestos correspondientes a los apartados e) y f) del art. 6.1 RPD y no en el resto de letras de tal precepto, a los que hay que añadir también, como circunstancia permitida, "cuando los datos personales se traten con fines de investigación científica o histórica y estadística" (art. 21.3 RPD).

7. Importancia esencial tienen la anonimización y la seudonimización. La primera supone que no será posible identificar a la persona con datos o con información de diversas fuentes, teniendo en cuenta todos los medios que puedan ser razonablemente utilizados para su identificación. La segunda implica la obligación de tratar "los datos personales de manera tal que ya no puedan atribuirse a un interesado sin utilizar información adicional, siempre que dicha información adicional figure por separado y esté sujeta a medidas técnicas y organizativas destinadas a garantizar que los datos personales no se atribuyan a una persona física identificada o identificable" (art. 4.5 RPD).

8. En fin, el responsable está obligado a notificar la rectificación y la supresión a cada uno de los destinatarios, salvo que sea imposible o exija un esfuerzo desproporcionado (art. 19 RPD).

En el fondo, lo que persigue el RPD es que la persona trabajadora (en este caso) sea objeto de un tratamiento leal y transparente en el que se apliquen medidas técnicas y organizativas apropiadas para garantizar que se corrigen los factores que introducen inexactitudes en los datos personales. Se reduce al máximo el riesgo de error y se impiden, entre otras cosas, efectos discriminatorios en las personas físicas por motivos de raza u origen étnico, opiniones políticas, religión o creencias, afiliación sindical, condición genética o estado de salud u orientación sexual, o que den lugar a medidas que produzcan tal efecto (considerando 71 RPD)"[616].

Responsabilidad proactiva

El ejercicio de las prerrogativas esbozadas en el epígrafe anterior da por cierta, junto a un conocimiento claro del contenido de la información manejada, una capacidad que resulta incongruente con la posición de debilidad de la persona trabajadora en la relación laboral, que solo se vería compensada con la existencia de derechos colectivos, que, en la práctica, se olvidan de una manera flagrante[617]. Este lado oscuro se ve particularmente ensombrecido cuando el responsable introduce sistemas de IA para la obtención y tratamiento de los datos.

De ahí que alcance el máximo interés el "principio de precaución" o "de responsabilidad proactiva" (*accountability*), el cual debe "materializarse en el reconocimiento y actitud ecuánime sobre los impactos de las decisiones… asociadas a una organización"[618], de manera que el responsable pueda demostrar el cumplimiento de los parámetros relativos al tratamien-

---

[616] ÁLVAREZ CUESTA, H.: "El consentimiento individual y su alcance en la inteligencia artificial aplicada al ámbito laboral", *Documentación Laboral*, núm. 126, Vol. 2, 2022, p. 64.

[617] VALDEOLIVAS GARCÍA, Y.: "Derechos de información, transparencia y digitalización", en AA.VV.: *Digitalización, recuperación y reformas laborales. XXXII Congreso Anual de la Asociación Española de Derecho del Trabajo y de la Seguridad Social, Alicante, 26 y 27 de mayo de 2022*, Madrid, Ministerio de Trabajo y Economía Social, 2022, p. 201.

[618] GARCÍA-PERROTE ESCARTÍN, I. y MERCADER UGUINA, J.R.: "El protagonismo del convenio colectivo en el nuevo reglamento de protección de datos", *Información Laboral*, núm. 6, 2018 (BIB 2018, 10336).

to: licitud, lealtad y transparencia, limitación de la finalidad, minimización, exactitud, acotación del plazo de conservación, integridad y confidencialidad"[619]. Cada entidad determinará internamente cuáles son los mecanismos más óptimos y diligentes para proteger los derechos en materia de protección de datos evitando una eventual infracción o lesión de los derechos de terceros y, en consecuencia, posibles sanciones, resarcimientos o pérdidas reputacionales. Esta formulación se contempla en el art. 5.2 RPD y es una nota común a otros instrumentos internacionales, como por ejemplo, el punto 4.2 de la Recomendación CM/Rec. (2015) 5 del Comité de Ministros a los Estados miembros sobre el tratamiento de datos de carácter personal en el marco del empleo[620].

Su articulación pivota sobre cinco ejes[621]: 1) evaluación de impacto sobre la protección de datos; 2) registro de actividades del tratamiento[622]; 3) protección de datos desde el diseño y por

---

619 FERNÁNDEZ FERNÁNDEZ, R.: *Selección de trabajadores y algoritmos: desafíos ante las nuevas formas de reclutamiento,* Pamplona, Aranzadi, 2022, p. 76.

620 MERCADER UGUINA, J.R. Y BARROS GARCÍA, M.: "La protección de datos personales del trabajador", en AA.VV (CASAS BAAMONDE, M.E. el alii.): *Derecho Social de la Unión Europea. Aplicación por el Tribunal de Justicia,* Madrid, BOE, 2023, p. 1825.

621 MUÑOZ RUÍZ, A.B.: "Videovigilancia y protección de datos de carácter personal de los empleados: una revisión de la doctrina administrativa de la Agencia Española de Protección de Datos", en AA.VV (RODRÍGUEZ-PIÑERO ROYO, M. y TODOLÍ SIGNES, A., Dirs.): *Vigilancia y control en el Derecho del Trabajo Digital,* Pamplona, Aranzadi, 2021, p. 115.

622 El registro será obligatorio: a) Cuando tenga más de 250 empleados; b) En caso de que el tratamiento pueda entrañar un riesgo para los derechos y libertades de los interesados y no sea ocasional; c) Si trata categorías especiales de datos; d) Si se tratan datos a gran escala o de manera sistemática; e) Si se tratan datos relativos a condenas o delitos penales (art. 30 RPD).

defecto[623]; 4) notificaciones de violación de seguridad de los datos antes de 72 horas[624]; 5) medidas de seguridad y análisis de riesgos.

Así, con carácter previo al tratamiento, el responsable se obliga a: a) utilizar procedimientos matemáticos o estadísticos adecuados para la elaboración de perfiles; b) aplicar medidas técnicas y organizativas apropiadas para garantizar que se corrijan los factores que introduzcan inexactitudes en los datos personales y se reduzca al máximo el riesgo de error; c) asegurar los datos personales de forma que se tengan en cuenta los posibles riesgos para los intereses y derechos del interesado; d) impedir, entre otras cosas, efectos discriminatorios por motivos de raza u origen étnico, opiniones políticas, religión, creencias, afiliación sindical, condición genética o estado de salud, u orientación sexual (art. 9 RPD); y e) establecer mecanismos precisos y sistemas para la revisión de esas decisiones, exigiéndose a tal fin la existencia de recursos personales suficientes para su impugnación[625].

---

623 Antes del inicio de cualquier proyecto que conlleve un tratamiento de datos personales de terceros, se deben establecer los procedimientos adecuados, con tal de que a la hora del diseño y desarrollo de dicho proyecto tenga implementada la normativa de protección de datos (art. 23 RPD).

624 Con esta notificación lo que se pretende es: a) Demostrar ante la autoridad de control que se han cumplido todos los protocolos diseñados para la protección de datos. b) Verificar que esos protocolos son los adecuados. c) Analizar la raíz del problema y solucionarlo para que no vuelva a ocurrir (art. 33 RPD).

625 CARDONA RUBERT, M.B.: "Tratamiento de datos personales e inteligencia artificial en el marco de las relaciones laborales", *Documentación Laboral*, núm. 126, vol II, 2022, p. 21.

Para la Agencia de Protección de Datos, es preciso observar 7 extremos fundamentales con el fin de poder llevar este principio a la práctica[626], a saber:

> "1.- Diseño proactivo (no reactivo) y preventivo (no correctivo): la privacidad desde el diseño suele caracterizarse por tomar medidas proactivas en lugar de reactivas. Se anticipa y previene la pérdida de privacidad de la información antes de que suceda.
>
> 2.-La privacidad como configuración por defecto o privacidad por defecto: ofrecer el máximo grado de privacidad para asegurar que los datos personales están protegidos automáticamente en cualquier sistema informático o dentro de las buenas prácticas. Sin necesidad de actuación por parte del cliente o proveedor, la protección de su información y su privacidad se mantiene intacta, ya que está integrado en el sistema por defecto.
>
> 3.- La privacidad embebida en el diseño: la protección de la información debe estar embebida en la infraestructura TI y en los procesos de la empresa. No debe ser considerado como un añadido sino como un componente esencial del núcleo como parte integral del sistema, sin disminuir la funcionalidad.
>
> 4.- Funcionalidad completa de Suma-Positiva, no de Suma-Cero: se pretende dar cabida a todos los intereses y objetivos legítimos de una forma de suma positiva 'win-win', no a través de un enfoque anticuado de suma cero, donde se hacen innecesarias las compensaciones. Se trata de garantizar que se cubren todas las funcionalidades y necesidades de los distintos implicados, pero sin afectar a la privacidad. Privacidad desde el diseño evita la pretensión de falsas dicotomías, como la privacidad frente a la seguridad. No tiene sentido pensar en la privacidad sin la seguridad ni la seguridad sin la privacidad.

---

[626] AGENCIA ESPAÑOLA DE PROTECCIÓN DE DATOS: Código de buenas prácticas en protección de datos para proyectos big data, 2017, https://www.aepd.es/documento/guia-codigo-de-buenas-practicas-proyectos-de-big-data.pdf

> 5- Seguridad punto-a-punto o Protección completa del ciclo de vida de los datos: desde el momento de su recolección, la protección se extiende a través de todo el ciclo de vida de los datos involucrados. De esta manera, todos los datos se conservan y destruyen de forma segura, apuntalando la gestión del ciclo de vida seguro de la información, punto a punto.
>
> 6.- Visibilidad y transparencia o Mantenerlo abierto: garantizar a todos los interesados que, sean cuales sean las prácticas de negocio o la tecnología utilizadas, funcionarán de acuerdo con los compromisos y los objetivos establecidos, y que estarán sujetos a una verificación independiente. De esta forma, los componentes y operaciones permanecen visibles y transparentes, a los usuarios y proveedores por igual. Recuerda: ¡Confía, pero verifica!
>
> 7.- El respeto a la privacidad del usuario o Manténgala centrada en el usuario: por encima de todo, la privacidad desde el diseño requiere que los desarrolladores y operadores del sistema mantengan por encima de todo el interés de las personas, ofreciendo unas medidas de protección fuertes en sus valores predeterminados de privacidad, con avisos apropiados, fortaleciendo las opciones para que sean fáciles de usar".

A su vez, el principio de responsabilidad proactiva pone de manifiesto la necesidad de dar visibilidad a las buenas prácticas en materia de protección de datos, lo cual se manifiesta en el art. 42 del RPD, en virtud del cual "los Estados miembros, las autoridades de control, el Comité y la Comisión promoverán la creación de mecanismos de certificación en materia de protección de datos y de sellos y marcas de protección de datos a fin de demostrar el cumplimiento de lo dispuesto en el presente Reglamento en las operaciones de tratamiento de los responsables y los encargados".

Como manifestación señera de este loable objetivo, no cabe soslayar tampoco que determinadas multinacionales se hayan comprometido con una serie de "principios" u "orientaciones" en el uso de la IA, abogando por la seguridad, la protección de las personas o la ausencia de discriminación. Tal es el caso, por ejemplo, de Google, Microsoft, IBM o Telefónica, que, seguramente, han elaborado y dado publicidad a esas políticas como parte de una estrategia de potenciación de la responsabilidad social corporativa y, sin duda, también de reforzamiento de su imagen pública[627].

Pieza clave para el correcto engranaje de todas estas obligaciones es el Delegado de Protección de Datos, regulado en los arts. 37 a 39 RPD y 34 a 37 LOPDyGDD. La designación de esta figura, que puede estar en la plantilla de la empresa o puede ser externa quedando vinculada a través de un contrato de prestación de servicios, es obligatoria en tres supuestos[628]: 1) cuando el tratamiento es llevado a cabo por una autoridad u organismo público; 2) cuando las actividades principales del responsable o el encargado del tratamiento consisten en operaciones que requieren el seguimiento regular y sistemático de los interesados a gran escala; 3) cuando las actividades principales del responsable o del encargado del tratamiento consisten en el manejo a gran escala de categorías especiales de datos o datos personales relacionados con condenas y delitos penales.

Desempeñará sus funciones prestando la debida atención a los riesgos asociados a las operaciones de tratamiento, teniendo en cuenta la naturaleza, el alcance, el contexto y los fines de dicho tratamiento. Se ocupa, pues, de supervisar, coordinar, gestionar, llevar la implantación continua y las auditorías inter-

---

627 RODRÍGUEZ CARDO, I.A.: "Decisiones automatizadas y discriminación algorítmica en la relación laboral: ¿hacia un Derecho del Trabajo de dos velocidades?", *Nueva Revista Española de Derecho del Trabajo,* núm. 253, 2022.

628 ORTEGA GIMÉNEZ, A.: "El Reglamento General de Protección de Datos en la UE en la empresa: novedades prácticas", *Diario La Ley,* núm. 15, sección ciberderecho, 7 marzo 2018, p. 5.

nas en materia de protección de datos, con el fin de prevenir y evitar conductas o praxis que pueden desembocar en sanciones administrativas[629]. Es, en definitiva, una suerte de "delegado de cumplimiento" de la normativa de protección de datos, que presta ayuda o colaboración necesaria con el responsable o encargado del tratamiento[630].

Según el art. 34 LOPDyGDD, necesitarán contar con esta figura, entre otras instituciones: colegios profesionales, centros docentes, empresas de seguridad privada, entidades dedicadas a la prospección comercial, centros sanitarios, compañías de seguros, empresas de prestación de servicios de comunicaciones electrónicas y de la sociedad de la información, entidades financieras, empresas de servicios de inversión, federaciones deportivas cuando traten datos de menores de edad, operadores que desarrollen la actividad de juego por medios electrónicos, empresas de inversión, distribuidores y comercialización de suministros energéticos[631].

El Delegado de Protección de Datos tiene una posición especial en el ejercicio de sus funciones: actúa como interlocutor ante la Agencia de protección de Datos; cuando sea persona física integrada en la organización del responsable o encargado del tratamiento, no podrá ser despedido ni sancionado por el ejercicio de sus funciones[632], debiendo considerar tales

---

629 PLAZA PENADÉS, J.: "Implementando el nuevo Reglamento General Europeo de Protección de Datos", *Revista Aranzadi de Derecho y Nuevas Tecnologías*, núm. 43, 2017 (BIB 2017/807), p. 2.

630 JIMÉNEZ ASENSIO, R.: "El Delegado de Protección de Datos en las Administraciones Públicas", www.rafaeljimenezasensio.com.

631 SIERRA BENÍTEZ, E.M.: "El delegado de protección de datos en la industria 4.0: funciones, competencias y las garantías esenciales de su estatuto jurídico", *Revista Internacional y Comparada de Relaciones Laborales y Derecho del Empleo*, volumen 6, núm. 1, 2018, p. 241.

632 El art. 36.2 LOPDyGDD prevé expresamente que "cuando se trate de una persona física integrada en la organización del responsable

decisiones empresariales nulas en parecidos términos a lo que sucede con la garantía de la que gozan los representantes de los trabajadores por el ejercicio de sus tareas como tales representantes[633]; actuará con plena independencia y autonomía; y comunicará a los órganos de la Administración la existencia de cualquier vulneración relevante en materia de protección de datos[634]. En el ejercicio de sus atribuciones estará obligado a mantener el secreto o la confidencialidad necesaria.

Aspecto esencial en la actuación del Delegado de Protección de Protección de Datos es el conocimiento de la normativa sectorial reguladora de esta materia, sin olvidar adaptar su aplicación a los centros de trabajo. Todo ello con el fin de asegurar el respeto de los derechos fundamentales de las personas trabajadoras. En fin, la Agencia Española de Protección de Datos ha diseñado un esquema de certificación de la capacitación de dichos profesionales basado en la norma ISO 17024.

Ahora bien, a medida que la IA se va sofisticando, y replicando patrones de funcionamiento del cerebro humano, la eficacia de las medidas de prevención disminuirá y será también

---

o encargado del tratamiento, el delegado de protección de datos no podrá ser removido ni sancionado por el responsable o el encargado por desempeñar sus funciones salvo que incurriera en dolo o negligencia grave en su ejercicio". La doctrina de suplicación ha reconocido el derecho de opción entre la readmisión o la indemnización en caso de despido improcedente, por analogía con la figura de las personas trabajadoras integrantes de los servicios de prevención. STSJ Madrid 29 de diciembre de 2021 (rec. 476/2021).

633 SIERRA BENÍTEZ, E.M.: "El delegado de protección de datos en la industria 4.0: funciones, competencias y las garantías esenciales de su estatuto jurídico", *Revista Internacional y Comparada de Relaciones Laborales y Empleo,* Adapt, núm. 6, vol. 1, 2018, p. 257.

634 MARTOS, N.: "El Delegado de Protección de Datos: ¿figura interna, externa o mixta?", *Actualidad Jurídica Aranzadi,* núm. 936, 2017, (BIB 936/2017), p. 1.

necesario poner el acento en las medidas de control a posteriori, pues es probable que los atentados y discriminaciones generadas por el algoritmo resulten sutiles[635]. Ahora bien, esta certera reflexión no debe llevar a minusvalorar la importancia de la evaluación de impacto, a la que procede dedicar atención –siquiera brevemente—en las páginas siguientes.

Evaluación de impacto

Implica un proceso destinado a describir el tratamiento, tasar su necesidad y proporcionalidad, ayudar a gestionar los riesgos para los derechos y libertades de las personas físicas derivados del acopio de datos personales y determinar las medidas para su neutralización. El art. 35 RPD establece, con carácter general, la obligación que tienen los responsables en los tratamientos de datos de realizar una evaluación con carácter previo a la puesta en funcionamiento de tales tratamientos cuando sea probable que éstos por su naturaleza, alcance, contexto y fines, entrañen un alto riesgo para los derechos y libertades de las personas físicas, alto riesgo que, según este precepto, se verá incrementado cuando los tratamientos se realicen utilizando nuevas tecnologías asociadas a la IA [636]. Se podrá contar con la colaboración, en su caso, del Delegado de Protección de Datos y deberá efectuarse previamente al inicio del tratamiento de los datos.

La evaluación debe incluir, como mínimo, una descripción del procesamiento de datos, una explicación de sus propósitos,

---

[635] RODRÍGUEZ CARDO, I.A.: "Decisiones automatizadas y discriminación algorítmica en la relación laboral: ¿hacia un Derecho del Trabajo de dos velocidades?", *Nueva Revista Española de Derecho del Trabajo,* núm. 253, 2022.

[636] MERCADER UGUINA, J.R.: *Algoritmos e inteligencia artificial en el derecho digital del trabajo,* Valencia, Tirant Lo Blanch, 2022, p. 185.

una tasación del riesgo sobre los derechos de los afectados, medidas para reducir los escollos previstos y una ponderación de la necesidad y proporcionalidad del procesamiento en relación con las finalidades propuestas. Es decir, si el tratamiento, en la forma que se plantea, es equilibrado porque se derivan más beneficios y ventajas concretas para el interés general y la sociedad en su conjunto que perjuicios, entendidos estos últimos como los riesgos sobre los derechos y libertades de los sujetos cuyos datos son objeto de procesamiento[637]. El empleo de soluciones basadas en IA sitúa a responsables y encargados en un escenario en el que el tratamiento, por sus características y, en particular, por la tecnología elegida, puede conllevar un alto nivel de riesgo. Por lo tanto, debería valorarse si el objeto del tratamiento no puede ser conseguido utilizando otro tipo de solución que alcance la misma funcionalidad, con un margen de entendimiento aceptable y un nivel de riesgo menor. La disponibilidad o novedad de una tecnología no justifica por sí misma su utilización, sino que debe ser objeto de ponderación, realizando un análisis relativo a si el tratamiento, en la forma planteada, es equilibrado porque se derivan más beneficios y ventajas concretas para el interés general y la sociedad en su conjunto que perjuicios, entendidos estos como los riesgos sobre los derechos y libertades de los sujetos cuyos datos son objeto de tratamiento[638].

En definitiva, aunque no obliga a que se eliminen todos los riesgos, sí exige que se realice un análisis detenido de manera que, si no pueden ser erradicados, se razone motivadamente

---

637 MERCADER UGUINA, J.R.: *Algoritmos e inteligencia artificial en el derecho digital del trabajo*, cit., p. 180.

638 MUÑOZ RUÍZ, A.B.: *Biometría y sistemas automatizados de reconocimiento de emociones. Implicaciones jurídico-laborales*, Valencia, Tirant Lo Blanch, 2023, p. 183.

la utilización del sistema[639]. En particular, en el caso de tratamientos que hagan uso de soluciones de IA para la toma de decisiones o para la ayuda a la toma de dichas decisiones, se recomienda que en la evaluación se valore llevar a cabo un análisis comparativo del rendimiento obtenido por un operador humano cualificado frente a los resultados arrojados por modelos capaces de predecir escenarios o tomar resoluciones de manera automática[640].

La Agencia Española de Protección de Datos ha publicado una lista de actividades que requieren evaluación de impacto, de manera que el cumplimiento de dos o más criterios enunciados, provoca la obligación de observar inevitablemente el trámite aquí analizado[641]. Así, en el ámbito laboral la referida

---

639 La Autoridad de Protección de Datos Italiana dictaminó que Deliveroo debería haber realizado una evaluación de impacto sobre su algoritmo Frank dado que usaba tecnología innovadora, se hacía a gran escala tanto en el número de personas afectadas (8.000 riders) como en cantidad de datos usados, afectaba a colectivos vulnerables (trabajadores) e implicaba perfilar sujetos. TODOLÍ SIGNES, A.: *Algoritmos productivos y extractivos. Cómo regular al digitalización para mejorar el empleo e incentivar la innovación*, Pamplona, Aranzadi, 2023, p. 19.

640 AEPD: *Adecuación al RGPD de tratamientos que incorporan Inteligencia Artificial. Una introducción*, Madrid, 2020, p. 44

641 "1. Tratamientos que impliquen perfilado o valoración de sujetos, incluida la recogida de datos del sujeto en múltiples ámbitos de su vida (desempeño en el trabajo, personalidad y comportamiento), que cubran varios aspectos de su personalidad o sobre sobre sus hábitos. 2. Tratamientos que impliquen la toma de decisiones automatizadas o que contribuyan en gran medida a la toma de tales decisiones, incluyendo cualquier tipo de decisión que impida a un interesado el ejercicio de un derecho o el acceso a un bien o un servicio o formar parte de un contrato. 3. Tratamientos que impliquen la observación, monitorización, supervisión, geolocalización o control del interesado de forma sistemática y exhaustiva, incluida la recogida de datos y metadatos a través de redes, aplicaciones o en

evaluación resultará imprescindible en la medida en que se trate de tratamientos que: a) conlleven "la observación, moni-

---

zonas de acceso público, así como el procesamiento de identificadores únicos que permitan la identificación de usuarios de servicios de la Sociedad de la información como pueden ser los servicios web, TV interactiva, aplicaciones móviles, etc. 4. Tratamientos que impliquen el uso de categorías especiales de datos a las que se refiere el art. 9.1 RPD, datos relativos a condenas o infracciones penales a los que se refiere el art. 10 RPD, datos que permitan determinar la situación financiera o de solvencia patrimonial o deducir información sobre las personas relacionadas con categorías especiales de datos. 5. Tratamientos que impliquen el uso de datos biométricos con el propósito de identificar de manera única a una persona física. 6. Tratamientos que impliquen el uso de datos genéticos para cualquier fin. 7. Tratamientos que impliquen el uso de datos a gran escala; para determinar si un tratamiento se puede considerar a gran escala se considerarán los criterios establecidos en la guía WP243 `Directrices sobre los delegados de protección de datos' del Grupo de Trabajo del Artículo 29. 8. Tratamientos que impliquen la asociación, combinación o enlace de registros de bases de datos de dos o más tratamientos con finalidades diferentes o por responsables distintos. 9. Tratamientos de datos de sujetos vulnerables o en riesgo de exclusion social, incluyendo datos de menores de 14 años, mayores con algún grado de discapacidad, discapacitados, personas que acceden a servicios sociales y víctimas de violencia de género, así como sus descendientes y personas que estén bajo su guardia y custodia. 10. Tratamientos que impliquen la utilización de nuevas tecnologías o un uso innovador de tecnologías consolidadas, incluyendo la utilización de tecnologías a una nueva escala, con un nuevo objetivo o combinadas con otras, de forma que supongan nuevas formas de recogida y utilización de datos con riesgo para los derechos y libertades de las personas. 11.Tratamientos de datos que impidan a los interesados ejercer sus derechos, utilizar un servicio o ejecutar un contrato, como por ejemplo tratamientos en los que los datos han sido recopilados por un responsable distinto al que los va a tratar y aplica a alguna de las excepciones sobre la información que debe proporcionarse a los interesados según el art. 14.5 (b, c, d) RPD". https://www.aepd.es/es/documento/listas-dpia-es-35-4.pdf

torización, supervisión, geolocalización o control del interesado, de forma sistemática y exhaustiva"; b) "impliquen el uso de datos biométricos con el propósito de identificar de manera única a una persona física"; c) supongan "el uso de categorías especiales de datos a las que se refiere el art. 9.1 del RPD, datos relativos a condenas o infracciones penales a los que se refiere el art. 10 RPD o datos que permitan determinar la situación financiera o de solvencia patrimonial o deducir información sobre las personas relacionada con categorías especiales de datos"; y d) comprendan "la utilización de nuevas tecnologías o un uso innovador de tecnologías consolidadas, incluyendo la utilización de tecnologías a una nueva escala, con un nuevo objetivo o combinadas con otras, de forma que supongan nuevas formas de recogida y utilización de datos con riesgo para los derechos y libertades de las personas".

Lógicamente, cuando el resultado de la evaluación de impacto advierta de un riesgo de vulneración de derechos fundamentales de las personas trabajadoras o candidatas a una oferta de trabajo, el diseño del algoritmo debe ser modificado. Teniendo en cuenta el estado de la técnica (siempre evolutivo), los costes de aplicación y la naturaleza, el alcance, el contexto y los fines del tratamiento, así como los riesgos de probabilidad y gravedad variables para los derechos y libertades de las personas, el responsable y el encargado del tratamiento deben aplicar medidas técnicas y organizativas apropiadas para alcanzar un nivel de seguridad adecuado al riesgo, que incluya, entre otras[642]: a) la seudonimización y el cifrado de datos personales; b) la capacidad de garantizar la confidencialidad,

---

642 MUÑOZ RUÍZ, A.B.: "Videovigilancia y protección de datos de carácter personal de los empleados: una revisión de la doctrina administrativa de la Agencia Española de Protección de Datos", en AA.VV (RODRÍGUEZ-PIÑERO ROYO, M. y TODOLÍ SIGNES, A., Dirs.): *Vigilancia y control en el Derecho del Trabajo Digital*, Pamplona, Aranzadi, 2021, p. 115.

integridad, disponibilidad y resiliencia permanentes de los sistemas y servicios de tratamiento; c) la facultad de restaurar la disponibilidad y el acceso a los datos personales de forma rápida en caso de incidente físico o técnico; d) un proceso de verificación, evaluación y valoración regulares de la eficacia de las medidas técnicas y organizativas para garantizar la seguridad del tratamiento.

En consecuencia, el responsable del tratamiento, en este caso la empresa, tiene que estar continuamente valorando y proponiendo actuaciones a los efectos del cumplimiento del acervo normativo sobre protección de datos personales. Por una parte, tiene que examinar la naturaleza, el ámbito y el contexto del tratamiento de los datos personales, así como la finalidad perseguida. Por otra, debe prever los posibles riesgos para los derechos y libertades fundamentales de los titulares de los datos con el fin de evitar su materialización, teniendo en cuenta los vertiginosos avances de la tecnología que, a su vez, van generando nuevos peligros. Dicho en otros términos, primero, tendrá que ofrecer el diseño de una política de tratamiento de los datos que se adapte a las finalidades perseguidas en cada caso; después, deberá pergeñar medidas que valoren los riesgos del tratamiento de forma continua, estimando los efectos del progreso de las tecnologías; y, a la postre, habrá de impulsar el catálogo de medidas de seguridad a aplicar en cada caso según la naturaleza de los datos personales[643].

En fin, para evaluar la adecuación del nivel de seguridad se deben tener en cuenta los riesgos que presente el tratamiento de datos, en particular como consecuencia de la destrucción, pérdida o alteración accidental o ilícita de los datos personales

---

643 BLÁZQUEZ AGUDO, M.A.: "Nuevas formas de control empresarial: desde los GPS hasta el más allá", en AA.VV (RODRÍGUEZ-PIÑERO ROYO, M. y TODOLÍ SIGNES, A., Dirs.): *Vigilancia y control en el Derecho del Trabajo Digital,* Pamplona, Aranzadi, 2021, p. 160.

transmitidos, conservados o tratados de otra forma, o la comunicación o acceso no autorizados a dichos datos. La adhesión a un código de conducta o a un mecanismo de certificación puede servir de elemento clave para demostrar el cumplimiento de los requisitos establecidos[644].

En todo caso –permítase la reiteración–, cuando el resultado de la evaluación de impacto advierta de un riesgo de vulneración de derechos fundamentales de las personas trabajadoras o candidatas a una oferta de trabajo, el diseño del algoritmo aplicado a la recogida y entrenamiento de datos debe ser inmediatamente corregido.

Auditorías

Elemento crucial a la hora de garantizar el respeto de los derechos fundamentales de las personas trabajadoras es el sometimiento a evaluaciones de los sistemas de acopio y procesamiento de datos, encargadas a entidades habilitadas a tal efecto. La referencia a la obligación de llevar a cabo auditorías no solo se refleja en el anteriormente analizado art. 22 RPD, sino que se reitera en varios preceptos del mismo Reglamento, pudiendo mencionar: el art. 28, cuando incluye dentro de las obligaciones del encargado del tratamiento, en el número 3. h), la de poner a disposición del responsable "... toda la información necesaria para demostrar el cumplimiento de las obligaciones establecidas en el presente artículo, así como para permitir y contribuir a la realización de auditorías, inclui-

644 MUÑOZ RUÍZ, A.B.: "Videovigilancia y protección de datos de carácter personal de los empleados: una revisión de la doctrina administrativa de la Agencia Española de Protección de Datos", en AA.VV (RODRÍGUEZ-PIÑERO ROYO, M. y TODOLÍ SIGNES, A., Dirs.): *Vigilancia y control en el Derecho del Trabajo Digital*, Pamplona, Aranzadi, 2021, p. 115.

das inspecciones, por parte del responsable o de otro auditor autorizado por dicho responsable"; el art. 39, cuando, entre las "funciones del delegado de protección de datos", señala, en su número 1. b), la de "supervisar el cumplimiento de lo dispuesto en el presente Reglamento, de otras disposiciones de protección de datos de la Unión o de los Estados miembros y de las políticas del responsable o del encargado del tratamiento en materia de protección de datos personales, incluida la asignación de responsabilidades, la concienciación y formación del personal que participa en las operaciones de tratamiento, y las auditorías correspondientes"; el art. 47, dedicado a las "Normas corporativas vinculantes", cuando dispone en su número 2 la inclusión imperativa entre dichas normas, como mínimo, de "los mecanismos establecidos dentro del grupo empresarial o de la unión de empresas dedicadas a una actividad económica conjunta para garantizar la verificación del cumplimiento de las normas corporativas vinculantes. Dichos mecanismos incluirán auditorías de protección de datos y métodos para garantizar acciones correctivas para proteger los derechos del interesado. Los resultados de dicha verificación deberían comunicarse a la persona o entidad a que se refiere la letra h) y al consejo de administración de la empresa que controla un grupo empresarial, o de la unión de empresas dedicadas a una actividad económica conjunta, y ponerse a disposición de la autoridad de control competente que lo solicite" [art. 47.2.j)]; y el art. 58, que regula en su número 1 los poderes de investigación que corresponden a cada autoridad de control, entre los que se incluye "llevar a cabo investigaciones en forma de auditorías de protección de datos" [art. 58.1.b)][645].

---

645 GARCÍA QUIÑONES, J.C.: "Inteligencia artificial y relaciones laborales: entre la significación creciente de los algoritmos y el desmentido de su neutralidad aparente", *Temas Laborales*, núm. 167, 2023, p. 96.

Existen experiencias comparadas que pueden servir de guía, entre las cuales cabe mencionar el ejemplo de una Ley de Nueva York, en virtud de la que, a partir del 1 de febrero de 2023, se obliga a las empresas que utilicen herramientas automatizadas de toma de decisiones en el ámbito laboral a certificar que dichas herramientas hayan superado una auditoría independiente sobre sesgos en el año anterior a su puesta en funcionamiento. Asimismo, las corporaciones que utilicen esas herramientas estarán obligadas a poner a disposición del público en su sitio web o en el de la agencia de empleo a la que recurran, con carácter previo a su uso, un resumen de los resultados de la auditoría de sesgos practicada a dicha herramienta[646].

CANAL INTERNO DE DENUNCIAS

La normativa de protección de datos permite poner en marcha sistemas de IA en el acopio y procesamiento de la información utilizada en la toma de decisiones empresariales siempre que se respeten sus principios básicos, debiendo estar acompañados por un deber de información a las personas trabajadoras de la existencia de canales de denuncia interna, en los que debe quedar protegido el denunciante, de manera que la garantía de los derechos de acceso, rectificación, supresión y oposición del denunciando no debe implicar revelar la identidad del primero[647]. Procede recordar que, merced a las nuevas tecnologías aplicadas en el lugar de trabajo dentro de

---

646 MUÑOZ RUÍZ, A.B.: *Biometría y sistemas automatizados de reconocimiento de emociones: implicaciones jurídico-laborales*, Valencia, Tirant Lo Blanch, 2023, p. 186.

647 RIVAS VALLEJO, P.: "Los sistemas internos de denuncias (whisteleblowing) en la Directiva 2019/1937 y el Anteproyecto de Ley sobre informantes", *Documentación Laboral*, núm. 126, Vol. II, 2022, p. 89.

una empresa "hiperconectada", la disposición y circulación interior de todo tipo de datos se ha acentuado notablemente, a lo que se une el favorecimiento por parte de muchas empresas de incentivar la comunicación regular entre sus miembros y de impulsar una política de transparencia informativa. El acceso a todo tipo de información referente a las distintas facetas del negocio y funcionamiento de la empresa se convierte en la regla general, junto al hecho de que tal acceso no se limita a grupos reducidos de directivos, sino que tiende a extenderse a todo el espectro del colectivo laboral[648].

La LOPDyGDD, en su art. 24, contempla la posibilidad de que las empresas y otras entidades de derecho privado establecezcan sistemas de información para que empleados y terceros puedan poner en su conocimiento, incluso anónimamente, la comisión, en su seno o en la actuación de terceros que contratasen con ella, de actos o conductas que pudieran resultar contrarios a la normativa general o sectorial que fuera aplicable. Como es fácil imaginar, la puesta de manifiesto por los empleados de cualquier irregularidad que redunde en beneficio del interés púbico conlleva, en la mayoría de los casos, el tratamiento de datos personales, de modo que se debe asegurar que los extremos recogidos y procesados se transmitan exclusivamente a las personas responsables de la investigación y la adopción de las medidas necesarias para realizar el seguimiento y averiguación de los hechos denunciados. Además, las personas que reciban esta información han de asegurarse que es manejada de forma confidencial y se adoptan las medidas de seguridad necesarias, preservando la identidad del denun-

---

648 DEL REY GUANTER, S.: "La relevancia para la empresa y para las personas trabajadoras del ámbito material y de las exclusiones de tutela de la Ley 2/2023, reguladora de la protección del informante sobre infracciones normativas", *Trabajo y Empresa, Revista de Derecho del Trabajo,* vol. 2, núm. 2, 2023, p. 12.

ciante y los derechos del denunciado en cuanto a información, acceso, rectificación, cancelación y oposición[649].

Bajo tales premisas, la Ley 2/2023, de 20 de febrero, reguladora de la protección de las personas que informen sobre infracciones normativas y de lucha contra la corrupción, que transpone de forma ampliada al ordenamiento jurídico español la Directiva 2019/1137[650], da un paso más para diseñar un sistema/canal de denuncias interior en una organización[651]

---

649 MERCADER UGUINA, J.R.: Protección de datos en las relaciones laborales, Madrid, Francis Lefebvre, 2017, pp. 161 y ss.

650 Un análisis de la Directiva puede consultarse en SAEZ LARA, C.: *La Protección de Denunciantes: Propuesta de Regulación para España tras la Directiva Whistleblowing*, Valencia, Tirant lo Blanch, 2020; MERCADER UGUINA, J.R.: "La protección de alertadores, informantes o denunciantes: una lectura laboral de la Directiva 2019/1937 de 23 de octubre", *Trabajo y Derecho*, núm. 64, 2020;RODRÍGUEZ-PIÑERO Y BRAVO-FERRER, M. y DEL REY GUANTER, S.: "Whistleblowing y contrato de trabajo: la trascendencia laboral de la Ley 2/2023, reguladora de la protección de las personas que informen sobre infracciones y delitos", *Revista Española de Derecho del Trabajo*, núm. 264, 2023 ó MELÉNDEZ MORILLO-VELARDE, L.: "Un paso más en la protección frente a represalias en la empresa: la Directiva "Whistleblowing" y la Ley de protección de las personas informantes", *Revista Española de Derecho del Trabajo*, núm. 265, 2023.

651 Según el art. 10 Ley 2/2023, quedan obligados a constituir un sistema interno de información: a) Las personas físicas o jurídicas del sector privado que tengan contratados a 50 o más trabajadores. b) Personas jurídicas del sector privado, con independencia del número de empleados, que entren en el ámbito de aplicación de los actos de la UE en materia de servicios, productos y mercados financieros, prevención del blanqueo de capitales o de la financiación del terrorismo, la seguridad del transporte y protección del medio ambiente. c) Los partidos políticos, los sindicatos, las organizaciones empresariales y las fundaciones creadas por unos y otros, siempre que reciban o gestionen fondos públicos. PIQUERAS GARCÍA, J.: "La garantía de indemnidad a la luz de la Ley 2/2023, reguladora de la protección de las personas que informen sobre infracciones nor-

asumiendo tres hipótesis de concurrencia simultánea: que será una persona trabajando en su seno su principal usuaria[652], que la primordial "persona afectada" por la información transmitida en ese canal será la empleadora (o sus representantes) de esa persona informante y, en fin, que la principal tutela legal a dispensar al informante se centra en evitar posibles represalias adoptadas en el ámbito del contrato de trabajo[653].

Consagra un principio de libertad de elección del modo de trasvasar la información, que podrá llevarse a cabo vía oral, presencial o a distancia, de forma escrita, mediante algún tipo de soporte digital e, incluso, de manera anónima, a elección de la persona informante[654]. Previa consulta con la representación de los trabajadores, el canal interno de denuncias a disposición de los empleados y usuarios de la empresa permite poner de manifiesto las posibles infracciones administrativas (graves o muy graves) o penales que se cometan en la corporación o por la propia empresa[655], debiendo entender incluidas las con-

---

mativas y de lucha contra la corrupción", *Lex Social*, Vol. 13, núm. 2, 2023, pp. 11 y 12.

652 Sin excluir a aquellas otras personas que dejaron de mantener este vínculo (extrabajadores) e, incluso, a algunas otras que jamás lo llegaron a tener (familiares, voluntariado, participantes en procesos de selección). GÓMEZ GORDILLO, R.: "Aspectos laborales de la Ley de protección de personas informantes", *Temas Laborales*, núm. 168, 2023, p. 262.

653 DEL REY GUANTER, S.: "La relación entre las vías de comunicación de las infracciones en la Ley 2/2023 de protección del informante desde la perspectiva de la persona trabajadora y su empleadora", *Iuslabor*, núm. 2, 2023, p. 10.

654 GÓMEZ GORDILLO, R.: "Aspectos laborales de la Ley de protección de personas informantes", *Temas Laborales*, núm. 168, 2023, p. 262.

655 Además de las relacionadas en la Directiva 2019/1137: a) contratación pública; b) servicios, productos y mercados financieros, y prevención del blanqueo de capitales y la financiación del terroris-

travenciones de las obligaciones establecidas en el REIA. En efecto, el Considerando (172) REIA prevé que "las personas que informen sobre infracciones del presente Reglamento deben quedar protegidas por el Derecho de la Unión. Así pues, cuando se informe sobre infracciones del presente Reglamento y en lo que respecta a la protección de las personas que informen sobre dichas infracciones debe aplicarse la Directiva 2019/1937" y el art. 87 aclara que "la Directiva 2019/1937 se aplicará a la denuncia de infracciones del presente Reglamento y a la protección de las personas que denuncien tales infracciones".

Sea como fuere, los informantes deben quedar protegidos no sólo en cuanto a la preservación de su identidad (que debe ser anonimizada) sino frente a posibles represalias derivadas de su actuación[656], así como también respecto de la utilización

---

mo; c) seguridad de los productos y conformidad; d) seguridad del transporte; e) protección del medio ambiente; f) protección frente a las radiaciones y seguridad nuclear; g) seguridad de los alimentos y los piensos, sanidad animal y bienestar de los animales; h) salud pública; i) protección de los consumidores; y j) protección de la privacidad y de los datos personales, y seguridad de las redes y los sistemas de información. DEL REY GUANTER, S.: "Las medidas de protección contra las represalias a la persona informante de infracciones a la Ley 2/2023 y su proyección sobre las relación laboral y funcionarial", *Trabajo y Derecho*, núm. 107, 2023.

656 a)Suspensión del contrato de trabajo, despido o extinción de la relación laboral o estatutaria, incluyendo la no renovación o la terminación anticipada de un contrato de trabajo temporal una vez superado el período de prueba, o terminación anticipada o anulación de contratos de bienes o servicios, imposición de cualquier medida disciplinaria, degradación o denegación de ascensos y cualquier otra modificación sustancial de las condiciones de trabajo y la no conversión de un contrato de trabajo temporal en uno indefinido, en caso de que el trabajador tuviera expectativas legítimas de que se le ofrecería un trabajo indefinido; salvo que estas medidas se llevaran a cabo dentro del ejercicio regular del poder de dirección al ampa-

de sus datos personales[657]. En concreto, por lo que se refiere a este último extremo, además de reseñar la aplicación, con carácter general, de las garantías del ordenamiento de protección de datos, la Ley 2/2023 hace referencia expresa, entre otras circunstancias, a algunos aspectos de necesaria observancia para el manejo de toda información volcada en el sistema de denuncias que puede ser gestionado mediante algoritmos:

a) Se impedirá el acceso a la información obrante en el canal de denuncias por personal no autorizado (art. 5.2);

b) En caso de que la persona a la que se refieran los hechos relatados en la comunicación o a la que se refiera la revelación pública ejerciese el derecho de oposición, se presumirá que, salvo prueba en contrario, existen motivos legítimos imperiosos que legitiman el tratamiento de sus datos personales (art. 31.4);

c) El acceso a los datos personales contenidos en el sistema interno de información quedará limitado, dentro del ámbito de sus competencias y funciones, exclusivamente al responsable del sistema y a quien lo gestione

---

ro de la legislación laboral o reguladora del estatuto del empleado público correspondiente, por circunstancias, hechos o infracciones acreditadas, y ajenas a la presentación de la comunicación. b) Daños, incluidos los de carácter reputacional, o pérdidas económicas, coacciones, intimidaciones, acoso u ostracismo. c) Evaluación o referencias negativas respecto al desempeño laboral o profesional. d) Inclusión en listas negras o difusión de información en un determinado ámbito sectorial, que dificulten o impidan el acceso al empleo o la contratación de obras o servicios. e) Denegación o anulación de una licencia o permiso. f) Denegación de formación. g) Discriminación, o trato desfavorable o injusto (art. 36 Ley 2/2023).

657 SIERRA HERNÁIZ, E.: "El sistema de garantías y protección de la persona trabajadora frente a represalias empresariales por denuncias y reclamaciones en el ordenamiento jurídico comunitario y español", *Lan Harremanak*, núm. 49, 2023, p. 27.

directamente, al responsable de recursos humanos o al órgano competente debidamente designado (solo cuando pudiera proceder la adopción de medidas disciplinarias contra un trabajador), al responsable de los servicios jurídicos de la entidad u organismo (si procediera la adopción de medidas legales en relación con los hechos relatados en la comunicación), a los encargados del tratamiento que eventualmente se designen, o al delegado de protección de datos (art. 32.1);

d) Será lícito el tratamiento de los datos por otras personas, o incluso su comunicación a terceros, cuando resulte necesario para la adopción de medidas correctoras en la entidad o la tramitación de los procedimientos sancionadores o penales que, en su caso, procedan, pero en ningún caso serán objeto de procesamiento los datos personales que no sean necesarios para el conocimiento e investigación de las acciones u omisiones reguladas en esta Ley, procediéndose, en su caso, a su inmediata supresión, al igual que serán eliminados aquellos datos personales incluidos dentro de las categorías especiales de datos (art. 32.2);

e) Los datos que sean objeto de tratamiento podrán conservarse en el sistema únicamente durante el tiempo imprescindible para decidir sobre la procedencia de iniciar una investigación sobre los hechos informados (art. 32.3).

f) Si se acreditara que la información facilitada o parte de ella no es veraz, deberá procederse a su inmediata supresión desde el momento en que se tenga constancia de dicha circunstancia, salvo que dicha falta de veracidad pueda constituir un ilícito penal, en cuyo caso se guardará por el tiempo necesario durante el que se tramite el procedimiento judicial (art. 32.3).

g) En todo caso, transcurridos tres meses desde la recepción de la comunicación sin que se hubiesen iniciado actuaciones de investigación, deberá procederse a su supresión, salvo que la finalidad fuera dejar evidencia del funcionamiento del sistema. Las comunicaciones a las que no se haya dado curso solamente podrán constar de forma anonimizada, sin que sea de aplicación la obligación de bloqueo prevista en la LOPDyGDD (art. 32.4).

h) Los empleados y terceros deberán ser informados acerca del tratamiento de datos personales en el marco de los sistemas de información (art. 32.5).

Como garantía de funcionamiento eficaz y eficiente del sistema interno de información, la Ley 2/2023 exige que dicho entramado cuente con un responsable de la gestión, nombrado por el consejo de administración o de gobierno de la empresa (art. 8), que deberá observar todas las pautas anteriormente señaladas, abriendo una especie de expediente contradictorio ante cada denuncia[658]. Como fácilmente puede intuirse, dicho responsable va a ocupar una posición relevante en la organización productiva, pues, en muchos casos la tramitación de las informaciones o denuncias recibidas requerirá adoptar decisiones o tomar medidas que pueden llevar a la imposición de sanciones para la empresa, para sus órganos de gobierno o directivos.

Se echa en falta, empero, la adopción de medidas tuitivas frente a decisiones disciplinarias para quienes se ocupen del canal de denuncias, no en vano el art. 8.4 solo dispone que "deberá(n) desarrollar sus funciones de forma independiente y autónoma respecto del resto de los órganos de la entidad u organismo, y no podrán recibir instrucciones de ningún tipo en su ejercicio", añadiendo escuetamente que "para el ejerci-

---

[658] GÓMEZ GORDILLO, R.: "Aspectos laborales de protección de personas informantes", *Temas Laborales*, núm. 168, 2023, p. 261.

cio de sus funciones deberá(n) disponer de todos los medios personales y materiales necesarios para llevarlas a cabo". Esta regulación no va acompañada de una mención que sí aparece en relación con una figura de perfiles similares (el delegado de protección de datos), pues el art. 36.2 LOPDyGDD prevé que "no será destituido ni sancionado por el responsable o el encargado por desempeñar sus funciones"[659].

En fin, la letra j) del art. 9.2 obliga al responsable del sistema, cuando existan indicios de la comisión de algún delito, a informar inmediatamente al Ministerio Fiscal, o a la Fiscalía de la Unión Europea cuando se vean afectados los fondos europeos. Sorprende que en este punto el legislador haya olvidado imponer la obligación de informar a las autoridades administrativas correspondientes, como es el caso de la Inspección de Trabajo y de la Seguridad Social, cuando existan indicios de que se han cometido infracciones administrativas graves o muy graves[660].

EL DERECHO DE INFORMACIÓN DE LA REPRESENTACIÓN LEGAL A LA LUZ DEL ESTATUTO DE LOS TRABAJADORES

Cierto es que el ordenamiento de protección de datos, tanto en el Derecho de la Unión Europea (RPD) como en el sistema nacional (LOPDyGDD), presenta una virtualidad adecuada (con alguna fisura) a la hora de señalar límites a la gestión

---

659 DE LA PUEBLA PINILLA, A.: "Ley 2/2023, de Protección de los informantes. Problemas aplicativos desde una perspectiva laboral", *Labos*, vol. 4, núm. extraordinario, 2023, p. 40.

660 GÓMEZ GORDILLO, R.: "Aspectos laborales de la Ley de protección de personas informantes", *Temas Laborales*, núm. 168, 2023, p. 263.

automatizada del personal, no en vano asegura una intervención humana tanto en las decisiones automatizadas como en la elaboración de perfiles que determinen consecuencias jurídicas, mediante el establecimiento de un derecho de explicación junto con la evaluación de impacto de la IA sobre la protección de datos, instrumentos ambos relevantes para la preservación de los derechos fundamentales[661]. Cierto es también que la legislación laboral vigente presenta una importante dosis de capacidad de adaptación al nuevo contexto tecnológico, proporcionando respuestas idóneas a los nuevos retos.

Ahora bien, no menos verdad es que pocas han sido, hasta el momento, las referencias expresas a los límites de la gestión empresarial algorítmica de los recursos humanos en nuestro sistema jurídico, más allá de lo previsto en los preceptos ya mencionados: de un lado, el art. 22 RPD, que, aun cuando siendo de aplicación directa, por su carácter restringido, no llega a afrontar en su integridad los desafíos que provoca la adopción empresarial de decisiones automatizadas, máxime cuando las posibilidades de que los sistemas de gestión laboral algorítmicos, a través del *machine learning*, tomen decisiones automatizadas (o semi-automatizdas) basadas en datos no personales que afecten a los derechos de las personas trabajadoras, hacen que queden fuera del ámbito de aplicación[662]; de otro, el art. 23.3 Ley 15/2022, que si bien prevé la promoción,

---

661 GARCÍA QUIÑONES, J.C.: "Inteligencia artificial y relaciones laborales: entre la significación creciente de los algoritmos y el desmentido de su neutralidad aparente", *Temas Laborales*, núm. 167, 2023, p. 106.

662 SÁNCHEZ TORRADO, J.M.: "Límites normativos a la gestión laboral algorítmica", en AA.VV.: *Digitalización, recuperación y reformas laborales. Comunicaciones del XXXII Congreso Anual de la Asociación Española de Derecho del Trabajo y de la Seguridad Social, Alicante, 26 y 27 de mayo de 2022,* Madrid, Ministerio de Trabajo y Economía Social, 2022, p. 1345.

tanto por parte de las Administraciones Públicas como de las empresas, del uso de una "inteligencia artificial ética, confiable y respetuosa con los derechos fundamentales, siguiendo especialmente las recomendaciones de la Unión Europea en tal sentido", lo cierto es que no deja de ser una mera declaración de buenas intenciones que todavía a día de hoy no ha venido acompañada de normas más concretas; o también, la disposición adicional 23ª ET, en virtud de la cual, corrigiendo únicamente el disfraz de un fraudulento trabajo autónomo en un marco muy concreto[663], se presume que tiene carácter laboral la actividad de las personas que presten servicios retribuidos consistentes en el reparto o distribución de cualquier producto de consumo o mercancía, por parte de empleadoras que ejercen las facultades empresariales de organización, dirección y control de forma directa, indirecta o implícita, mediante la gestión algorítmica del servicio o de las condiciones de trabajo, a través de una plataforma digital.

La importancia de esta última previsión, fruto de actuaciones de la inspección de trabajo y seguridad social, una doctrina judicial con diferentes posiciones, pero que fue posteriormente unificada y un acuerdo social tripartito de 10 de marzo de 2021[664], no puede ser soslayada, pues intenta poner coto a una realidad harto preocupante: el trabajo a demanda vía app viene facilitado sobremanera por la herramienta tecnológica inteligente, lo que permite una puesta a disposición flexible (condicionada, además, por la existencia de una multitud de

---

663 TASCÓN LÓPEZ, R.: "El eterno retorno a los mitos de la ajenidad y dependencia en la era hipertecnológica/posindustrial (revisión a la luz de los problemas surgidos en la economía de plataformas", *Revista Trabajo y Seguridad Social (Centro de Estudios Financieros)*, núm. 452, 2020, p. 51.

664 ESTEVE SEGARRA, A.: "Riders de empresas de plataforma: ¿cuál es vuestro convenio colectivo?", *Lan Harremanak*, núm. 48, 2022, p. 142.

potenciales personas prestadoras del servicio que están listas para sustituir a quien en un momento puntual no puede o no quiere asumirlo), si se prefiere más fluida, pero también más escurridiza, facilitando que la potencial persona empleadora pueda diluir en ella las características exigidas y exigibles a una verdadera realidad laboral[665].

De mayor enjundia es aún la regulación vertida por el art. 64.4 d) ET que recoge un derecho de información de los representantes de los trabajadores en relación con la configuración del algoritmo.

Entrando a desbrozar –siquiera brevemente—el contenido de este último precepto, procede señalar que, junto a la información individual que se deduce del anteriormente analizado art. 22 RPD, la normativa estatutaria vigente incluye un plano colectivo del principio de transparencia algorítmica, de manera que el art. 64.4 d) ET apuesta por este postulado de la información colectiva, confiriendo a la representación legal de la plantilla (comité de empresa, delegados de personal o delegados sindicales que no formen parte del comité de empresa[666])

---

665 SUÁREZ CORUJO, B.: "La gran transición: la economía de plataformas digitales y su proyección en el ámbito laboral y de la Seguridad Social", *Temas Laborales*, núm. 141, 2018, pp. 37-66 ó LÓPEZ CUMBRE, L.: "Start-ups y capitalismo de plataforma: renovación o adaptación de los presupuestos laborales", en AA.VV (LÓPEZ CUMBRE, L., Dir.): *Start-ups, emprendimiento, economía social y colaborativa. Un nuevo modelo de relaciones laborales*, Pamplona, Aranzadi, 2018, pp. 43-108.

666 A la luz del art. 36.1 c) LPRL, los delegados de prevención tienen que ser consultados sobre "la planificación y la organización del trabajo en la empresa y la introducción de nuevas tecnologías, en todo lo relacionado con las consecuencias que éstas pudieran tener para la seguridad y la salud de los trabajadores, derivadas de la elección de los equipos, la determinación y la adecuación de las condiciones de trabajo y el impacto de los factores ambientales en el trabajo".

el derecho a ser informada por la empresa "de los parámetros, reglas e instrucciones en los que se basan los algoritmos o sistemas de inteligencia artificial que afectan a la toma de decisiones que pueden incidir en las condiciones de trabajo, el acceso y mantenimiento del empleo, incluida la elaboración de perfiles". Asimismo, aclara esta disposición normativa que si el uso de algoritmos o de sistemas de IA se produce por parte de las empresas de trabajo temporal respecto de los trabajadores cedidos a las empresas usuarias, los representantes de estas últimas tienen derecho a ser informados de ello, cuando tal circunstancia repercuta sobre el empleo y las condiciones de trabajo de la empresa cliente, aun cuando no sea su empleador quien gestiona directamente estos medios tecnológicos[667].

La razón última de esta regulación radica en que la representación legal pueda asegurarse de que la tecnología se utiliza de forma precisa, racional, no discriminatoria, proporcionada, legal y ética, permitiendo que, a su vez, sea capaz de transmitir dicha información a los trabajadores[668]. En gráfica expresión, "es exigible un mecanismo que permita la 'traducción' humana" del algoritmo[669]. Así:

BLASCO JOVER, C.: "El derecho de información algorítmica de los representantes de los trabajadores", *Trabajo y Derecho*, núm. 105, 2023

667 FERNÁNDEZ GARCÍA, A.: "Los algoritmos y la inteligencia artificial en la Ley 12/2021, de 28 de septiembre", en AA.VV (MORENO GENÉ, J. y ROMERO BURILLO, A.M., Coord.): *Los nuevos escenarios laborales de la innovación tecnológica,* Valencia, Tirant Lo Blanch, 2023, p. 175.

668 ÁLVAREZ CUESTA, H.: "El impacto de la tecnología en las relaciones laborales: retos presentes y desafíos futuros", *Revista Justicia y Trabajo,* núm. 2, 2023, p. 45.

669 BELTRÁN DE HERENCIA RUÍZ, I.: "Nadie da duros a cuatro pesetas (transparencia algorítmica y representantes de los trabajadores)", en AA.VV.: *Digitalización, recuperación y reformas laborales. Comunicaciones del XXXII Congreso Anual de la Asociación Española de Derecho*

1. Se impone en todo tipo de empresas que se basen en algoritmos o sistemas de IA en la gestión de sus empleados. Dicho en otros términos, no se circunscribe a ningún sector productivo, a ningún tipo de actividad empresarial, trascendiendo así tanto a las empresas de distribución de mercancías, como incluso a las empresas que desarrollan su actividad a través de plataformas digitales[670]. Ahora bien, incluye el conocimiento de las decisiones automatizadas (sin intervención humana), de las semiautomatizadas (la intervención humana se limita a ejecutar el resultado vertido por el algoritmo), así como de las basadas en datos automatizados (datos que ha aportado un algoritmo), pero no abarca los denominados "mandatos inexorables" (imperativos jurídicos claros e inequívocos) ni las decisiones exclusivamente humanas[671].

2. Intentando revertir la opacidad aparejada a los algoritmos, la información vertida ha de permitir entender "cómo funciona el algoritmo y su impacto en las condiciones de trabajo"[672], atendiendo a los tres momentos

---

del Trabajo y de la Seguridad Social, Alicante, 26 y 27 de mayo de 2022, Madrid, Ministerio de Trabajo y Economía Social, 2022, p. 996.

670 CRUZ VILLALÓN, J.: "La participación de los representantes de los trabajadores en el uso de los algoritmos y sistemas de inteligencia artificial", http://jesuscruzvillalon.blogspot.com/2021/05/la-participacion-de-los-representantes.html

671 GIL DE ALBURQUERQUE, R.: "Inteligencia artificial y trabajo por cuenta ajena: algunas consideraciones a la altura de 2023", en AA.VV (GUINDO MORALES, S. y ORTEGA LOZANO, G., Dirs.), *El desafío tecnológico en la era de la cuarta revolución industrial*, Barcelona, Atelier, 2023, p. 217.

672 AA.VV.: *Información algorítmica en el ámbito laboral. Guía práctica y herramienta sobre la obligación empresarial de información sobre el uso de algoritmos en el ámbito laboral*, Ministerio de Trabajo, 2022, p. 11.

clave de la relación laboral: acceso, desarrollo y extinción.

Las materias que van a facilitar a los representantes ejercer su derecho de información se recogen en una lista de contenidos numerus clausus (condiciones de trabajo, empleo y creación de perfiles), lo que implica que cuando no se esté afectando a los trabajadores en alguna de ellas, la empresa no estará obligada a proveer información al respecto[673], si bien resulta difícil imaginar qué cuestiones laborales quedarían extramuros de tal enumeración dado el carácter abierto de los enunciados vertidos. Sin duda, la elaboración de perfiles, entre otras manifestaciones, encuentra su expresión en el momento de la selección de los trabajadores a contratar, pero también abarca otros espacios en los que con motivo de una decisión empresarial se tienen que establecer criterios comparativos entre los diversos empleados de la empresa[674].

A la hora de aquilatar el ámbito objetivo de este derecho deber, cabe hacer referencia a las tres fases de funcionamiento del algoritmo: el input o los datos que constituyen la información sobre la que el algoritmo trabaja y que le permiten aprender; el proceso o secuencia de pasos o cálculos necesarios para que, a partir del input, se pueda llegar a un resultado; y el out-

---

673 DE TORRES BÓVEDA, N.: "El derecho de información de los representantes de los trabajadores en materia de algoritmos", en AA.VV.: *Digitalización, recuperación y reformas laborales. Comunicaciones del XXXII Congreso Anual de la Asociación Española de Derecho del Trabajo y de la Seguridad Social, Alicante 26 y 27 de mayo de 2022*, Madrid, Ministerio de Trabajo y Economía Social, 2022, p. 889.

674 CRUZ VILLALÓN, J.: "La participación de los representantes de los trabajadores en el uso de los algoritmos y sistemas de inteligencia artificial", http://jesuscruzvillalon.blogspot.com/2021/05/la-participacion-de-los-representantes.html

put o resultado final que constituye la transformación de los datos de entrada a través del proceso[675].

Con mayor detalle, la Guía informativa del Ministerio de Trabajo entiende que los términos utilizados en el art. 64.4 d) ET deben interpretarse como la obligación de la empresa de proporcionar información referente a: "(a) las variables y los parámetros, entendidos como la importancia relativa de cada variable en el algoritmo; y (b) las reglas e instrucciones, referentes a las reglas de programación que conducen a la toma de la decisión". El propósito de la Guía y la herramienta que la acompaña es reunir en un único documento las obligaciones y derechos existentes en materia de información algorítmica en el ordenamiento jurídico-laboral español. Esto es, de un lado, señalar las obligaciones de la empresa respecto a la información que debe facilitar a la representación legal de la plantilla y a las propias personas trabajadoras. Y, de otro, indicar qué información puede solicitar la representación legal de la plantilla y las propias personas trabajadoras de acuerdo con la normativa vigente[676]. Incluye, además, la obligación de las empresas de realizar una evaluación de impacto en aplicación de lo dispuesto en el art. 35 RPD y considera necesario llevar a cabo una auditoría algorítmica en aplicación de lo dispuesto en el art. 14 LPRL[677].

---

675 BLASCO JOVER, C.: "El derecho de información algorítmica de los representantes de los trabajadores", *Trabajo y Derecho,* núm. 105, 2023.

676 MERCADER UGUINA, J.R.: "Algoritmos: personas y números en el derecho digital del trabajo", *Diario La Ley,* núm. 48, 24 febrero 2021.

677 GÓMEZ GORDILLO, R.: "El poder de dirección y los algoritmos", en AA.VV (BARCELÓN COBEDO, S.; CARRERO DOMÍNGUEZ, C. y DE SOTO RIOJA, S., Coord.): *Estudios de Derecho del Trabajo y de la Seguridad Social. Homenaje al profesor Santiago González Ortega, Monografías de Temas Laborales,* núm. 64, 2023, p. 237.

Es obvio que estas cuestiones podrían acarrear un (elevado) coste económico, máxime cuando en muchos casos el algoritmo o sistema de IA puede no ser propiedad de la empresa sino una herramienta proporcionada por un tercero que cede temporalmente su uso. En estos casos, se deberá informar a la empresa usuaria de los parámetros, reglas e instrucciones de dichos sistemas para su traslado ulterior a los representantes de los trabajadores[678]. Como se ha señalado, las compañías que programan estos productos deberán facilitar algo parecido a un "prospecto" sobre el funcionamiento del software (algo similar a lo que tienen que hacer las farmacéuticas con sus medicamentos para venderlos)[679].

3. Es cierto que las personas que componen los órganos de representación están sometidas al deber de sigilo, que habrá de ser reforzado para evitar filtraciones y quiebras de seguridad que pudieran comprometer la competitividad de la empresa o traerle aparejadas responsabilidades si no fuera la propietaria del algoritmo por haber adquirido de un tercero licencia para su uso[680]. No menos verdad resulta que expresamente se excluyen del deber

---

678 FERNÁNDEZ GARCÍA, A.: "Los algoritmos y la inteligencia artificial en la Ley 12/2021, de 28 de septiembre", en AA.VV (MORENO GENÉ, J. y ROMERO BURILLO, A.M., Coord.): *Los nuevos escenarios laborales de la innovación tecnológica,* Valencia, Tirant Lo Blanch, 2023, p. 176.

679 BELTRÁN DE HERENCIA RUÍZ, I.: "Nadie da duros a cuatro pesetas (transparencia algorítmica y representantes de los trabajadores", en AA.VV.: *Digitalización, recuperación y reformas laborales. Comunicaciones del XXXII Congreso Anual de la Asociación Española de Derecho del Trabajo y de la Seguridad Social, Alicante, 26 y 27 de mayo de 2022,* Madrid, Ministerio de Trabajo y Economía Social, 2022, p. 993.

680 FERNÁNDEZ FERNÁNDEZ, R.: *Selección de trabajadores y algoritmos: desafíos ante las nuevas formas de reclutamiento,* Pamplona, Aranzadi, 2022, p. 91.

de información los secretos industriales ex art. 65.4 ET (la empresa "no estará obligada a comunicar aquellas informaciones específicas relacionadas con secretos industriales, financieros o comerciales cuya divulgación pudiera, según criterios objetivos, obstaculizar el funcionamiento de la empresa o del centro de trabajo u ocasionar graves perjuicios en su estabilidad económica"). Ahora bien, tal premisa no opera con carácter absoluto, pues el art. 2 Ley 1/2019, de 20 de febrero, de secretos empresariales, aclara que la información constitutiva de un secreto industrial se considera lícita, entre otros supuestos, cuando se trate del derecho de los trabajadores a ser informados o consultados conforme al derecho comunitario (e interno, lógicamente). En todo caso, el reconocimiento del deber de información reseñado en el art. 64.4 d) ET conjura ahora toda pretensión interpretativa que lleve a intentar por la empresa aplicar su facultad excepcional de negar información relativa a los secretos a los que se refiere el art. 65.4 ET[681].

Aun cuando el algoritmo aislado, pese a considerarse un activo sumamente valioso, no se trata de una invención patentable (art. 4.4 Ley 24/2015, de 24 de julio, de patentes)[682],

---

681 CRUZ VILLALÓN, J.: "La participación de los representantes de los trabajadores en el uso de los algoritmos y sistemas de inteligencia artificial", http://jesuscruzvillalon.blogspot.com/2021/05/la-participacion-de-los-representantes.html

682 También, el art. 52 del Convenio sobre Concesión de Patentes Europeas excluye en su apartado 2 "a) los descubrimientos, las teorías científicas y los métodos matemáticos; (...) c) (...) así como los programas de ordenador". Ello ha servido de base a la Oficina Europea de Patentes (OEP) para denegar las solicitudes presentadas para patentar algoritmos. ALAMEDA CASTILLO, M.T.: "Reclutamiento tecnológico. Sobre algoritmos y acceso al empleo", *Temas Laborales*, núm. 159, 2021, p. 19.

pero puede estar protegido por los derechos de autor cuando redunda en un software, pues, según el art. 96.1 Real Decreto Legislativo 1/1996, de 12 de abril, por el que se aprueba el texto refundido de la Ley de Propiedad Intelectual, se define un "programa de ordenador" como "toda secuencia de instrucciones o indicaciones destinadas a ser utilizadas, directa o indirectamente, en un sistema informático para realizar una función o una tarea o para obtener un resultado determinado, cualquiera que fuere su forma de expresión y fijación". La protección amparada por esta Ley abarca, siempre que fuera original, a toda la documentación técnica y manuales de uso del programa, del mismo modo que el propio algoritmo o programa, si bien van a quedar exceptuados de esta protección de los derechos de autor "las ideas y principios en los que se basan cualquiera de los elementos de un programa de ordenador incluidos los que sirven de fundamento a sus interfaces" (art. 96.4). Así, si la empresa hubiera conseguido una copia con licencia para usar el algoritmo, "el titular de los derechos de autor sobre un programa de ordenador no podría invocar el contrato de licencia para impedir que quien haya obtenido esa licencia determine las ideas y los principios en todos los elementos de ese programa cuando realiza las operaciones autorizadas por dicha licencia (...) siempre y cuando no infrinja los derechos exclusivos de ese titular sobre tal programa"[683]. En suma, la obligación de informar no decae aunque la gestión de los algoritmos o sistemas de IA la realice una empresa externa, a tenor de mecanismos de descentralización productiva[684].

683 STJUE de 2 de mayo de 2012, asunto SAS Institute Inc contra World Programmimg LTD, comentada por POQUET CATALÁ, R.: "Algoritmos, inteligencia artificial y condiciones de trabajo: ¿son compatibles?", *Revista General de Derecho del Trabajo y de la Seguridad Social*, núm. 66, 2023.

684 CRUZ VILLALÓN, J.: "La participación de los representantes de los trabajadores en el uso de los algoritmos y sistemas de inteligencia

Ello sin olvidar que según el art. 97.5 Real Decreto Legislativo 1/1996, si un apersona jurídica o física contrata a un tercero para que éste bajo su iniciativa y decisión cree el programa, en el ejercicio de las funciones confiadas o siguiendo las instrucciones marcadas, la titularidad de los derechos corresponderán exclusivamente al empresario, salvo pacto en contrario[685].

4. Como resulta fácilmente perceptible, en el actual contexto tecnológico y de avance de la IA, cualquier limitación al principio de transparencia puede derivar en situaciones desequilibradas. Si de lo que se trata es de evaluar los resultados que arroja el algoritmo para analizar mejor su repercusión sobre el acceso al mercado de trabajo y sobre las condiciones de empleo, cualquier secreto debería ceder frente al interés de los representantes en conocer determinadas informaciones con relevancia laboral porque ello les permitiría incidir de forma más óptima y sin necesidad de previsibles controversias en su desarrollo y evaluación[686]. Ahora bien, el suministro del algoritmo completo o del código software subyacente es una solución poco garantista dada la dificultad de su comprensión, razón por la cual el precepto estatutario aludido no va tan lejos, pues solo exige que se informe, como ya consta, de los "parámetros, re-

---

artificial", http://jesuscruzvillalon.blogspot.com/2021/05/la-participacion-de-los-representantes.html

685 GUILLÉN CATALÁN, R.: "Propiedad individual de los algoritmos en la economía del Dato", *Revista Aranzadi Derecho y Nuevas Tecnologías,* núm. 62, 2023, BIB 2023/1826 ó TALENS VISCONTI, E.E.: "Derecho del Trabajo y propiedad intelectual: especial referencia a las creaciones informáticas", *Revista Aranzadi Derecho y Nuevas Tecnologías,* núm. 56, 2021, BIB 2021/4094.

686 BLASCO JOVER, C.: "El derecho de información algorítmica de los representantes de los trabajadores", *Trabajo y Derecho,* núm. 105, 2023.

glas e instrucciones", es decir, de las métricas o variables utilizadas en el proceso de decisión[687].

Pese a este lógico corsé, sería incongruente con tal ámbito objetivo ocultar para qué va a ser utilizado el algoritmo, la cantidad y el tipo de datos que está procesando y las consecuencias que puede provocar o ha provocado en el marco laboral, entendido de una forma global, esto es, desde el nacimiento de la relación laboral hasta su finalización, pasando por el disfrute de las condiciones de trabajo y las vicisitudes por las que pueda atravesar el contrato[688]. A la luz del art. 64.4 d) ET, por vía indirecta, necesariamente se ha de informar de los criterios acogidos por el empleador en el momento de adoptar las correspondientes decisiones. Con ello, no se ha venido sino a causalizar el poder de dirección ordinario del empleador cuando se emplean algoritmos o sistemas de IA[689].

5. Alejándose del principio de "cogobernanza digital"[690], el art. 64.4 d) ET no exige que el informe sea previo a la introducción del sistema de gestión algorítmica con re-

---

687 OLARTE ENCABO, S.: "Algoritmos retributivos y no discriminación salarial de las mujeres", en AA.VV (RIVAS VALLEJO, P., Dir.): *Discriminación algorítmica en el ámbito laboral: perspectiva de género e intervención*, Pamplona, Aranzadi, 2022, p. 252.

688 TODOLÍ SIGNES, A.: "Cambios normativos en la digitalización del trabajo. Comentario a la Ley Rider y los derechos de información sobre los algoritmos", *Iuslabor*, núm. 2, 2021, p. 50 o BLASCO JOVER, C.: "El derecho de información algorítmica de los representantes de los trabajadores", *Trabajo y Derecho*, núm. 105, 2023.

689 CRUZ VILLALÓN, J.: "La participación de los representantes de los trabajadores en el uso de los algoritmos y sistemas de inteligencia artificial", http://jesuscruzvillalon.blogspot.com/2021/05/la-participacion-de-los-representantes.html

690 BLASCO JOVER, C.: "El derecho de información algorítmica de los representantes de los trabajadores", *Trabajo y Derecho*, núm. 105, 2023.

percusión laboral, ni simultáneo al cambio o inmediato, pero lógicamente debe de ser anterior a la toma de decisión. Tampoco se indica una periodicidad concreta, ni se dice que deba abrirse un trámite de audiencia, ni de consulta-negociación, si bien esta última sería la fórmula más pertinente si se atiende a lo previsto en el art. 64.5 f) ET, que reconoce el derecho de los representantes de los trabajadores a emitir informe con carácter previo a la ejecución empresarial de: "la implantación y revisión de sistemas de organización y control del trabajo, estudios de tiempos, establecimientos de sistemas de primas e incentivos y valoración de puestos de trabajo"[691].

La Guía para la aplicación práctica del art. 64 ET promociona la posibilidad de establecer, vía convenio colectivo, la obligación de negociar con los órganos de representación de los trabajadores el diseño y la puesta en marcha de algoritmos en la empresa, considerando incluido en el marco de los procedimientos de consulta previstos en distintos pasajes de la norma estatutaria (despidos colectivos, movilidad geográfica, modificación sustancial de las condiciones de trabajo o expedientes de regulación temporal de empleo) la obligación de negociar el algoritmo eventualmente utilizado para la determinación de las personas afectadas.

6. En consecuencia, el art. 64.4 d) ET no prohíbe la utilización de algoritmos como herramientas de gestión laboral, ni tampoco proscribe las decisiones automatizadas en este ámbito, ni exige la intervención humana en ningún momento del proceso. El propósito tampoco es garantizar la protección de la persona trabajadora *a*

---

[691] MOLINA NAVARRETE, C.: "Economía de datos, mercados digitales de empleo y gestión analítica de personas: retos para la transición a una sociedad del e-trabajo decente", *Revista Trabajo y Seguridad Social (Centro de Estudios Financieros)*, núm. 459, 2023, p. 20.

posteriori, sino a priori, sin necesidad de un trámite de audiencia previo a cada decisión, sino a través de una información más general. El legislador parte de la premisa de que las decisiones algorítmicas basadas en parámetros, reglas o instrucciones netamente objetivas sin sesgos de género, raza, nacionalidad, edad, etc. no provocarán vulneración de derechos ni requerirán posteriormente medidas de corrección[692].

En cierto modo, el art. 64.4.d) ET deja entrever que el conocimiento de esos parámetros, reglas e instrucciones permitirá anticipar las respuestas del algoritmo y atajar posibles disfunciones, porque el resultado discriminatorio sería provocado por la opacidad del algoritmo, es decir, porque entre esos parámetros, reglas o instrucciones se encontrara alguno que conduce a tal resultado. El derecho a la información permitiría detectarlo y eliminarlo incluso antes de que la gestión algorítmica se introdujera en la empresa[693], no en vano el cumplimiento de este deber de información está presidido por las reglas de la buena fe de manera que las noticias remitidas deben ser claras e inteligibles[694].

7. En todo caso, para la correcta implementación de este precepto no solo es necesario que las personas representantes de los trabajadores tengan conocimientos tec-

---

692 RODRÍGUEZ CARDO, I.A.: "Decisiones automatizadas y discriminación algorítmica en la relación laboral: ¿hacia un Derecho del Trabajo de dos velocidades?", *Nueva Revista Española de Derecho del Trabajo*, núm. 253, 2022.

693 RODRÍGUEZ CARDO, I.A.: "Decisiones automatizadas y discriminación algorítmica en la relación laboral: ¿hacia un Derecho del Trabajo de dos velocidades?", cit.

694 BLASCO JOVER, C.: "El derecho de información algorítmica de los representantes de los trabajadores", *Trabajo y Derecho*, núm. 105, 2023.

nológicos suficientes para entender el funcionamiento del sistema, sino que los propios directivos de las empresas cuenten con tales habilidades, pues normalmente se utilizan algoritmos programados y entrenados por terceras empresas, lo cual, por una parte, puede implicar un riesgo de elusión de la responsabilidad empresarial, y, por otra, puede conllevar un mal uso o un desconocimiento de sus impactos nocivos[695].

8. En fin, la redacción legal de este precepto ha perdido la oportunidad de introducir la obligación empresarial de contar con un registro algorítmico donde se incorporarían todas aquellas soluciones informáticas autónomas que tuvieran una afectación sobre la organización del trabajo, siendo susceptible de consulta por las personas trabajadoras y sus representantes[696]. En este punto, cabe aclarar que, al menos dentro de las Administraciones Públicas, sí obraría el mencionado registro de cumplir lo contemplado en la Estrategia Nacional de Inteligencia Artificial, donde se prevé la existencia de un "registro de sistemas automatizados en la Administración Pública que documente los sistemas automatizados ya existentes y futuros. Una de las tareas llevadas a cabo será la evaluación ética y legal de dichos sistemas cuyos objetivos serán reforzar la legitimidad y confianza en los sistemas automatizados de la Administración Pública"[697].

---

[695] GINÉS I FABRELLAS, A.: "Sesgos discriminatorios en la automatización de decisiones en el ámbito laboral: evidencias de la práctica", en AA.VV (RIVAS VALLEJO, M.P.): *Discriminación algorítmica,* Pamplona, Aranzadi, 2022, pp. 295 y ss.

[696] ALVAREZ CUESTA, H.: "El impacto de la tecnología en las relaciones laborales: retos presentes y desafíos futuros", *Revista Justicia y Trabajo,* núm. 2, 2023, p. 45.

[697] https://portal.mineco.gob.es/es-es/ministerio/areas-prioritarias/Paginas/inteligencia-artificial.aspx

MEDIDAS DE TUTELA AL CALOR DE LA PREVENCIÓN DE RIESGOS LABORALES

Del conjunto de derechos que pueden verse afectados por la aplicación de los sistemas de IA en la gestión de los recursos humanos, ocupa un lugar destacado el relativo a la seguridad y salud de la persona trabajadora. Aun cuando se trata de un ámbito donde la IA puede cumplir una misión sumamente positiva, lo cierto es que también incorpora nuevas amenazas y nuevas formas de riesgo. La progresiva pérdida de funciones y autonomía por el uso de algoritmos que toman decisiones, así como la monitorización permanente de la producción, pueden derivar en riesgos graves para el bienestar, tales como depresión, ansiedad o estrés. La sobrecarga de trabajo derivada del ejercicio del poder de dirección empresarial a través de artilugios automatizados es un factor de riesgo psicosocial que exige toda su atención en el ámbito preventivo, tal y como corrobora un reciente pronunciamiento judicial que entiende cómo dicha "sobrecarga de trabajo no adecuadamente gestionada desde la lógica preventiva de riesgos supone un incumplimiento grave y culpable empresarial"[698]. La instalación de algoritmos y sistemas de IA en la empresa como métodos organizativos debe de ir acompañada del cumplimiento de todas las obligaciones preventivas, pues el deber general de seguridad que emana de la LPRL abarca cualquier riesgo derivado de la actividad laboral, que debe ser evaluado.

Varios preceptos ratifican esta conclusión, entre los cuales cabe citar los siguientes: 1) El art. 4 LPRL define la prevención como el "conjunto de actividades o medidas adoptadas o previstas en todas la fases de actividad de la empresa con el fin de evitar o disminuir los riesgos derivados del trabajo" (apartado 1); el riesgo laboral como la "posibilidad de que un trabajador

[698] STSJ Madrid 16 junio 2020 (núm. 124/2020).

sufra un determinado daño derivado del trabajo" (apartado 2) y el daño derivado del trabajo como las "enfermedades, patologías y lesiones sufridas con motivo y ocasión de trabajo" (apartado 3). b) El art. 5.1 LPRL afirma, como objetivo expreso de la política preventiva, el de promover la mejora de las condiciones de trabajo a fin de elevar los niveles de protección existentes. c) El art. 14.2 LPRL cuando establece que "en cumplimiento del deber de protección, el empresario deberá garantizar la seguridad y la salud de los trabajadores a su servicio en *todos* los aspectos relacionados con el trabajo", adoptando "cuantas medidas sean necesarias para la protección de la seguridad y salud de los trabajadores". d) El art. 15.1 LPRL, que recoge, entre los principios de la acción preventiva, el de "combatir los riesgos en su origen"; "adaptar el trabajo a la persona, en particular en lo que respecta a la concepción de los puestos de trabajo, así como a la elección de los equipos y los métodos de trabajo y de producción, con miras, en particular, a atenuar el trabajo monótono y repetitivo y a reducir los efectos del mismo en la salud"; "planificar la prevención, buscando un conjunto coherente que integre en ella la técnica, la organización del trabajo, las condiciones de trabajo, las relaciones sociales y la influencia de los factores ambientales en el trabajo"; en fin, "adoptar medidas que antepongan la protección colectiva a la individual". Y e) el art. 40.1 LPRL, en virtud del cual "los trabajadores y sus representantes podrán recurrir a la Inspección de Trabajo si consideran que las medidas adoptadas y los medios utilizados por el empresario no son suficientes para garantizar la salud en el trabajo"[699].

---

699 SOLER FERRER, F.: "El síndrome de *burning out*. Criterios recientes", *Tribuna Social*, núm. 222, 2009, p. 53.

La fatiga tecnológica

La implantación de nuevos desarrollos tecnológicos inteligentes en el marco empresarial a través de software de gestión algorítmica conlleva nuevas formas de subordinación, más sofisticadas, que pueden llegar a suponer, en sus versiones más extremas, no solo sesgos discriminatorios y atentados a los derechos fundamentales sino problemas de salud mental, provocando que las instituciones laborales fundamentales sobre las que se asienta el entero edificio laboral deben adaptarse en su forma y su fondo a las nuevas realidades productivas[700]. Tal es lo que sucede con el factor tiempo de trabajo que bajo una aparente flexibilidad conlleva una invasión de los períodos de descanso, una mayor presión psíquica derivada del ritmo de trabajo o de la reducción de los tiempos muertos, una mayor disponibilidad y posibilidad de desarrollar largas jornadas y de estar sometidos a niveles más elevados de exigencias cuantitativas . En las nuevas formas de trabajo altamente tecnificadas es cada vez más difícil establecer una separación neta entre el tiempo de trabajo y de no trabajo, dentro de un tiempo de vida cada vez más mediatizado por la racionalización productiva[701]. La IA está impulsando una cultura en la que los empleados nunca están completamente libres. Las últimas reformas laborales han dado muestras significativas de la atribución al empresario

---

[700] MERCADER UGUINA, J.R.: "La difícil coyuntura del Derecho del Trabajo: un presente continuo", en AA.VV (BARCELÓN COBEDO, S.; CARRERO DOMÍNGUEZ, C. y DE SOTO RIOJA, S., Coords.): *Homenaje al profesor Santiago González Ortega, Monografías de Temas Laborales,* núm. 64, 2023, p. 128.

[701] MONEREO PÉREZ, J.L.: "Derecho al trabajo y derechos profesionales ante la innovación tecnológica y las nuevas formas de empleo", en AA.VV (MONEREO PÉREZ, J.L.; VILA TIERNO, F.; ESPOSITO, M. y PERÁN QUESADA, S.): *Innovación tecnológica. Cambio social y sistema de relaciones laborales. Nuevos paradigmas para comprender el Derecho del Trabajo del siglo XXI,* Granada, Comares, 2021, p. 21.

de renovadas y más amplias facultades, estrictamente unilaterales, para el cambio de la prestación debida por el trabajador en cuanto expresión, bien de una mayor racionalidad productiva, bien de un supuesto interés superior de la empresa tendente a la maximización de beneficios, con una clara consecuencia: el trabajador no podrá resistirse a adaptaciones, reducciones ni modificaciones en el acotamiento y determinación de los momentos en que la prestación debida ha de ser desarrollada, apriorísticamente fundadas en objetivas fórmulas matemáticas, salvo dimisión y pérdida de empleo[702]. El algoritmo marca los ritmos de trabajo, de manera que después de largos períodos ininterrumpidos de prestación de la actividad, realización de cuantiosas horas extraordinarias, ausencia de descansos semanales y vacaciones anuales, la persona trabajadora puede ser víctima de diversas enfermedades, entre las cuales cobra significativa importancia el síndrome de "fatiga profesional" o "karoshi", típico de los trabajadores japoneses[703].

A medida que se flexibiliza la prestación laboral, con el empuje brindado por las nuevas tecnologías inteligentes y fórmulas de trabajo más centradas en el rendimiento unido a la relevancia de la conectividad constante, se enfatiza la necesidad de respetar los tiempos de descanso, de impedir el desbordamiento del propio concepto de tiempo de trabajo y de evitar la plena disponibilidad y excesiva dependencia del trabajador[704].

---

702 CRUZ VILLALÓN, J.: "Modificación del tiempo de trabajo", *Revista de Derecho Social,* núm. 38, 2007, p. 29.

703 VELÁZQUEZ FERNÁNDEZ, M.: *Impacto laboral del estrés,* Bilbao, Lettera, 2005, p. 27.

704 SERRANO ARGÜESO, M.: "Always on. Propuestas para la efectividad del derecho a la desconexión digital en el marco de la economía 4.0", *Revista Internacional y Comparada de Relaciones Laborales y Derecho del Empleo. Adapt,* vol. 7, núm. 2, 2019, p. 171.

Aun cuando nuestro ordenamiento jurídico venía contemplando previsiones normativas que avalarían más que sobradamente el derecho de los trabajadores al descanso [art. 19 ET relativo a la seguridad y salud en el trabajo y su desarrollo en la LPRL, art. 34 ET referido a horarios, descanso diario y jornada o arts. 37 y 38 ET relacionados con los asuetos semanales o anuales] e incluso el Tribunal Constitucional había situado a la dignidad humana como elemento determinante para distinguir tiempo libre de tiempo de descanso[705], lo cierto es que hasta la LOPDyGDD no existía un desarrollo normativo expreso sobre la desconexión digital laboral[706]. Este derecho, incorporado al art. 20 bis ET, con remisión de su regulación a la citada Ley, cuyo art. 88 no tiene carácter orgánico sino de ley ordinaria, pretende garantizar fuera del tiempo de trabajo legal o convencionalmente establecido, el respeto del tiempo de descanso, permisos y vacaciones, así como de la intimidad personal y familiar, redundando en un mayor bienestar laboral[707].

---

705 STCo 192/2003, de 27 de octubre, en virtud de la cual "la concepción del período anual de vacaciones como tiempo cuyo sentido único o principal es la reposición de energías para la reanudación de la prestación laboral supone reducir la persona del trabajador a un nuevo factor de producción y negar, en la misma medida, su libertad durante aquel período, para desplegar la propia personalidad del modo que considere más conveniente. Tal concepción, según la cual el tiempo libre se considera tiempo vinculado y la persona se devalúa a mera fuerza de trabajo, resulta incompatible con los principios constitucionales que enuncia el art. 10.1 CE (dignidad de la persona y libre desarrollo de su personalidad), a cuya luz ha de interpretarse inexcusablemente, cualquier norma de Derecho y para lo que importa ahora la cláusula legal de la buena fe".

706 BARRIOS BAUDOR, G.: "El derecho a la desconexión digital en el ámbito laboral español: primeras aproximaciones", *Aranzadi Doctrinal,* núm. 1, 2019 (BIB 2018/14719).

707 CASAS BAAMONDE, M.E.: "Soberanía sobre el tiempo de trabajo e igualdad de trato y de oportunidades de mujeres y hombres", *Derecho de las Relaciones Laborales,* núm. 3, 2019, p. 235.

Este precepto pretende poner coto a los abusos derivados de la disponibilidad extraprofesional del trabajador, diseñando, como seguidamente se verá, un débil deber empresarial materializado en cuatro puntos básicos[708]: 1) limitación del uso de los medios tecnológicos en el ámbito laboral a la duración máxima de la jornada fijada normativamente o vía convenio colectivo; 2) elaboración de una política interna en consenso con la representación legal de la personas trabajadoras definiendo las modalidades de ejercicio del derecho a la desconexión; 3) acciones de formación y de sensibilización del personal y directivos sobre un uso razonable de las herramientas tecnológicas que evita el riesgo de fatiga informática; y 4) una organización adecuada de la jornada laboral de forma que sea compatible con la garantía del descanso en base al registro horario.

Aunque el art. 88 LOPDyGDD acomete la introducción de los riesgos psicosociales en el marco normativo, cuando hace mención al riesgo de fatiga informática, imponiendo al empleador obligaciones de carácter preventivo para evitar precisamente que ésta golpee la salud de sus empleados[709], lo cierto es que su regulación se limita a reconocer al asalariado un débil *ius resistentiae* frente a la orden empresarial, lo cual no deja de ser una quimera en las organizaciones de reducidas dimensiones, mayoritarias en el tejido empresarial español[710], así como para un buen número de trabajadores: irregulares, precarios,

---

708 LÓPEZ INSUA, B.M.: "Derecho a la intimidad en el trabajo y nuevas tecnologías", en AA.VV (MONEREO PÉREZ, J.L.; VILA TIERNO, F.; ESPOSITO, M. y PERÁN QUESADA, S., Dirs.): *Innovación tecnológica, cambio social y sistema de relaciones laborales. Nuevos paradigmas para comprender el Derecho del Trabajo del sigo XXI*, Granada, Comares, 2021, p. 288.

709 CARDONA RUBERT, M.B.: "Los perfiles del derecho a la desconexión digital", *Revista de Derecho Social*, núm. 90, 2020, p. 120.

710 VIDAL, P.: "La desconexión digital laboral es ya una realidad", *Actualidad Jurídica Aranzadi*, núm. 946, 2018 (BIB 2018/14232).

falsos autónomos o a la llamada[711]. Igualmente, carece de toda proyección en las nuevas empresas digitales, donde los puestos de trabajo se antojan movibles, abiertos, multifuncionales, marcados por objetivos y des-espacializados"[712], máxime cuando la conexión no tiene lugar únicamente entre trabajadores y herramientas de trabajo o entre asalariados y empresarios, sino también con clientes y proveedores, dando lugar a nuevos modelos de negocio que permiten ofrecer productos y servicios de forma rápida y constante a través de plataformas colaborativas creadoras de un mercado abierto para el uso temporal de mercancías a precios más bajos, poniendo en cuestión notas tradicionales del contrato de trabajo, tal y como sucede con la dependencia. Este nuevo tipo de trabajador, deslocalizado física y geográficamente y sujeto a cometidos fraccionados y micro remunerados, encuentra difícil encaje legal y, por ende, su denominador común es la ausencia de una adecuada protección en cuanto a los derechos laborales se refiere[713], deviniendo imposible el disfrute de la mayor parte de ellos, tal y como ocurre con el de desconexión por mucho que la Ley 12/2021 haya intentado dar solución a quienes se dedican a "actividades de reparto o distribución de cualquier tipo de producto o mercancía, cuando la empresa ejerce sus facultades de organización, dirección y control, mediante la gestión algorítmica del servicio o de las condiciones de trabajo, a través de una

---

711 MOLINA NAVARRETE, C.: "Jornada laboral y tecnologías de la infor-comunicación: desconexión digital y garantía del derecho al descanso", *Temas Laborales*, núm. 138, 2017, p. 268.

712 ALEMÁN PÁEZ, F.: "El derecho de desconexión digital. Una aproximación conceptual, crítica y contextualizadora al hilo de la Loi travail nº 2016-1088", *Trabajo y Derecho*, núm. 30, 2017, pp. 12 y ss.

713 GUERRERO VIZUETE, E.: "La economía digital y los nuevos trabajadores: un marco contractual necesitado de delimitación", *Revista de Relaciones Laborales y Derecho del Empleo*, núm. 1, 2018, p. 3.

plataforma digital", pues no deja de incorporar una regulación parcial que no da cobertura a todos los supuestos en presencia.

No cabe silenciar tampoco que el tiempo de trabajo y su adecuado control, evitando horarios excesivos o que usurpen el descanso y la vida familiar y personal del trabajador, deben ser considerados como un factor sustancial a contemplar en las evaluaciones de riesgos[714]. Olvidando este importante principio, el art. 88 LOPDyGDD centra su regulación en la fatiga digital o informática articulando un pretendido derecho al descanso, pero adolece de un planteamiento más amplio desde el punto de vista de la tutela preventiva y tampoco toma en consideración otras posibles patologías asociadas a la digitalización como la degeneración visual (aumento de la miopía, deterioro macular, vista cansada crónica), la exposición a ondas electromagnéticas u otros componentes de los dispositivos utilizados, las inflamaciones de articulaciones y tendones y, cómo no, los peligros del acoso cibernético[715]. En consecuencia, como regla general, los problemas derivados del incumplimiento de la desconexión se mueven desde el redactado legal en el terreno del tiempo de trabajo, si bien no falta algún pronunciamiento judicial excepcional que los reconduce al incumplimiento de los deberes preventivos del empresario[716]. Suficientemente elo-

---

714 QUÍLEZ MORENO, J.M.: "Conciliación laboral en el mundo de las TIC. Desconectando digitalmente", *Revista General de Derecho del Trabajo y de la Seguridad Social*, núm. 51, 2018, p. 317.

715 GONZÁLEZ COBALEDA, E.: "Digitalización, factores y riesgos laborales: estado de situación y propuestas de mejora", *Revista de Trabajo y Seguridad Social (Centro de Estudios Financieros)*, núm. Extraordinario 2019, p. 105.

716 STSJ Cataluña 23 marzo 2013 (núm. 3613/2013). Si bien la mayor parte de ellos se centran en determinar los contornos del derecho, entendiendo que "debe ser ineludiblemente preservado cuando se imponga la realización de algún tipo de trabajo a distancia o cuando se trate de que el trabajador se vea obligado a utilizar en su domici-

cuente es la Sentencia de la Audiencia Nacional de 10 de mayo de 2021 que resuelve un caso de discriminación algorítmica, basado en el control programático de las pausas permitidas al trabajador durante su jornada, exigiendo a todos estar continuamente conectados, y discriminando a las personas mayores necesitadas de más pausas fisiológicas que los trabajadores más jóvenes.

Con gran cortedad de miras la LOPDyGDD dispone que "las modalidades de ejercicio" de esta facultad de desconexión atenderán a la "naturaleza y objeto de la relación laboral", "potenciarán el derecho a la conciliación de la actividad laboral y la vida personal y familiar", y se sujetarán a lo establecido en la negociación colectiva o, en su defecto, a lo acordado entre la empresa y los representantes de los trabajadores. Así pues, con la normativa vigente, la política de desconexión tecnológica elaborada por empresa y trabajadores, así como en caso de existir, el convenio colectivo, han de contener los tiempos de dedicación, los sistemas de guardias y complementos personales, las modalidades de ejercicio del derecho a la desconexión, las acciones de formación y sensibilización (incluidas determinadas píldoras informativas) para que, de forma desarrollada, gestionen eficazmente el derecho laboral y protejan a su personal de los factores de riesgo psicosocial, físico y ambiental (o medioambiental) propios de la fatiga informática en el trabajo[717].

---

lio herramientas tecnológicas. Se trata de un mínimo legal insoslayable por la negociación colectiva y aplicable *ex lege* y que debe verse garantizado, en virtud del desarrollo que en este punto realiza la Ley Orgánica 3/2018 del art. 18.4 CE". STSJ Madrid 4 noviembre 2020 (núm. 962/2020).

717 TRUJILLO PONS, F.: "Unas notas al incipiente cuerpo de doctrina judicial sobre el derecho a la desconexión digital en el trabajo", *Revista Derecho Social y Empresa*, núm. 18, 2023, p. 25.

La primera parte de esta previsión alude a una cuestión obvia, evidenciando la importancia e imperatividad que otorga dicha ley a los convenios colectivos[718], referida a que el grado de aplicación del derecho a la desconexión dependerá del tipo de trabajo que se realice. Visiblemente, no es lo mismo su proyección en una empresa con un importante componente tecnológico, que en otra cuya forma de llevar a cabo la actividad sea un tanto más clásica. Tampoco será lo mismo en aquellos trabajos que se desarrollan íntegramente en un lugar concreto que aquellos otros donde el empleado dispone de una mayor movilidad. Igualmente, en el seno de la misma empresa, el personal que realiza un trabajo más rutinario o repetitivo dista a estos efectos respecto de los empleados que tienen un mayor grado de responsabilidad, y, con ello, más flexibilidad horaria y dependencia de las plataformas digitales. Por tales razones, la intensidad del derecho a la desconexión variará en función de la actividad económica desarrollada y del sector productivo en el que se enmarque una concreta empresa. Por este motivo, será importante que la negociación colectiva entre a regular esta cuestión atendiendo a las especialidades del sector o de la concreta corporación[719].

En todo caso, la remisión a la negociación colectiva, sin duda, servirá de acicate para aumentar el número (muy escaso hasta ahora salvo honrosas excepciones)[720] de convenios

---

718 TRUJILLO PONS, F.: "El ejercicio del derecho a desconectar digitalmente del trabajo: su efectividad en las empresas", *Lan Harremanak*, núm. 44, 2020, p. 52.

719 TALENS VISCONTI, E.E.: "La jornada laboral en el trabajo a distancia", en AA.VV (LÓPEZ BALAGUER, M., Dir.): *El trabajo a distancia en el Real Decreto Ley 28/2020*, Valencia, Tirant Lo Blanch, 2021, p. 210.

720 CC estatales para los sectores de las harinas panificables y las sémolas (BOE núm. 169, de 17 de junio de 2020) [anexo. IX]; la industria metalgráfica y de la fabricación de envases metálicos (BOE núm. 172, de 19 de julio de 2022) [art. 67]; el corcho (BOE núm.

colectivos que aborden de forma específica esta cuestión. En defecto de previsión convencional, la ley remite a un acuerdo entre empresario y representantes de los trabajadores. Ahora bien, y ante la ausencia de un mandato u obligación firme a los negociadores, que hubiera requerido una modificación y ampliación del contenido del art. 85.1 ET, puede resultar una declaración de buenas intenciones[721], lo cual conllevará que,

---

214, de 7 de septiembre de 2023) [art. 113]; industria fotográfica (BOE núm. 187, de 5 de agosto de 2022) [art. 42]; las artes gráficas, los manipulados de papel y de cartón, las editoriales y las industrias auxiliares (BOE núm. 245, de 13 de octubre de 2023) [art. 14]; entidades de seguros, reaseguros y mutuas colaboradoras con la Seguridad Social (BOE núm. 310, de 27 de diciembre de 2021) [art. 25] y despachos de técnicos tributarios y asesores fiscales (BOE núm. 191, de 11 de agosto de 2023) [art. 49]. CC. CC. autonómicos para los sectores del comercio de actividades diversas de la Comunidad Valenciana (DOGV núm. 9218, de 18 de noviembre de 2021) [art. 27]; y los comercios vario (BOCM núm. 122, de 24 de mayo de 2023) [art. 82] y del mueble de la Comunidad de Madrid (BOCM núm. 200, de 23 de agosto de 2023) [art. 73]. Un estudio sobre tales instrumentos convencionales puede encontrarse en BARRIOS BAUDOR, G.: "El derecho a la desconexión digital en el ámbito laboral español: primeras aproximaciones", *Revista Aranzadi Doctrinal*, núm. 1, 2019 (BIB 2018/14719) o RUÍZ GONZÁLEZ, C.M.: "La desconexión digital como garantía y herramienta de conclusión de la jornada laboral. Su necesaria concreción en tiempos de covid-19", *Revista General de Derecho del Trabajo y de la Seguridad Social*, núm. 56, 2020. Vid., por extenso, las propuestas para incluir en la negociación colectiva diseñadas por UGT en el documento "*Estado de la negociación colectiva en seguridad y salud (2019)*", comentadas por GARCÍA JIMÉNEZ, M.: "Revolución industrial 4.0, sociedad cognitiva y relaciones laborales: retos para la negociación colectiva en clave de bienestar de los trabajadores", *Revista Trabajo y Seguridad Social (Centro de Estudios Financieros)*, núm. Extraordinario, 2019, pp. 176 y ss.

721 RECHE TELLO, N.: "El derecho a la desconexión digital como contenido del derecho fundamental a conciliar la vida personal y laboral", *Comunicación presentada al 2nd SBRLAB International Virtual*

en defecto de convenio colectivo o de acuerdo de empresa, "el poder de dirección empresarial sea el instrumento apto para regular las modalidades de ejercicio del derecho de desconexión digital"[722].

No resulta extraño que la principal de las manifestaciones del derecho al descanso dentro de un sistema productivo hipertecnológico asistido por algoritmos al que hace referencia el art. 88 LOPDyGDD reconozca que las modalidades de ejercicio de este derecho "potenciarán el derecho a la conciliación de la vida laboral y familiar". Ahora bien, es imprescindible relacionar el derecho a la conciliación con el derecho al ocio, pues el tiempo de descanso no sólo es tiempo para la recuperación física y psíquica del trabajador o tiempo para que pueda atender sus responsabilidades de carácter familiar, sino que también es tiempo para el esparcimiento, lo cual es necesario para el bienestar del trabajador y, por ende, para su salud. El ocio debería configurarse realmente como una perspectiva moderna del derecho al descanso, pues permite alcanzar el libre desarrollo de la personalidad de los trabajadores[723].

Particular atención dedica el art. 88.3 LOPDyGDD a las medidas para evitar la fatiga digital, que la norma identifica con modalidades de ejercicio del derecho a desconexión y acciones de formación y sensibilización del personal sobre un

---

Conference. Finding solutions to societal problems, 12.14 december 2018, Tarragona, Spain, p. 193.

722 CASAS BAAMONDE, M.E.: "Soberanía sobre el tiempo de trabajo e igualdad de trato y de oportunidades de mujeres y hombres", *Derecho de las Relaciones Laborales,* núm. 3, 2019, p. 235.

723 GORELLI HERNÁNDEZ, J.: "El derecho al descanso y las nuevas formas de trabajo en la era digital: ¿un derecho en peligro?", en AA.VV (MONEREO PÉREZ, J.L.; VILA TIERNO, F.; ESPÓSITO, M. y PERÁN QUESADA, S., Dirs.). *Innovación tecnológica, cambio social y sistema de relaciones laborales: Nuevos paradigmas para comprender el Derecho del Trabajo del siglo XXI,* Granada, Comares, 2021, p. 509.

uso razonable de herramientas tecnológicas, estableciendo el cauce mediante el cual deben ser pergeñadas: una política interna, adoptada previa audiencia a los representantes de los trabajadores.

Esta política interna empresarial tiene diversas implicaciones. En primer lugar, contiene condiciones de trabajo que se integran dentro del patrimonio contractual de la persona trabajadora. En segundo lugar, su modificación requerirá el cumplimiento de las exigencias del art. 41 ET. En tercer lugar, cualquier conducta empresarial incumplidora permitirá la extinción indemnizada del contrato de trabajo ex art. 50.1 c) ET[724].

No obstante, es de destacar, como crítica, que la exigencia de previa audiencia no se ajusta a lo previsto en el art. 33 LPRL, puesto que el objeto de tal política interna incide en la organización de la actividad preventiva [art. 33.1 b)], así como en la formación en materia de prevención [art. 33.1 e)] y, en todo caso, supone la inclusión de medidas que pueden tener efectos sustanciales sobre la salud de los trabajadores [art. 33.1 f)][725]. Hubiera sido deseable atribuir un derecho de consulta, como exige este precepto, a los representantes especializados en prevención de riesgos laborales (Delegados de Prevención y/o Comité de Seguridad y Salud) con el propósito de integrar el riesgo de fatiga informática en los documentos específicos de evaluación de riesgos y planificación de la actividad preventiva (art. 16 LPRL) y en los deberes de información y formación de

---

724 POQUET CATALÁ, R.: "Teletrabajo y desconexión digital", en AA.VV (RODRÍGUEZ-PIÑERO ROYO, M. y TODOLÍ SIGNES, A., Dirs.): *Trabajo a distancia y teletrabajo: análisis del marco normativo vigente*, Pamplona, Aranzadi, 2021, p. 262.

725 MIÑARRO YANINI, M.: "La desconexión digital en la práctica negocial: más forma que fondo en la configuración del derecho", *Revista Derecho del Trabajo y de la Seguridad Social (Centro de Estudios Financieros)*, núm. 440, 2019, pp. 5 y ss.

los trabajadores sobre riesgos laborales (arts. 18 y 19 LPRL)[726]. Recuérdese que, para bien o para mal, la prevención de riesgos laborales es la base jurídica y el enfoque de la Directiva 2003/88/CEE, 4 noviembre 2003, del Parlamento Europeo y del Consejo, que regula determinados aspectos de la ordenación del tiempo de trabajo[727]

Como con gran acierto se ha dicho, "la conexión laboral permanente (digital y emocional) se convierte en una necesidad tan imperiosa como el consumo compulsivo de sustancias, por lo que la garantía opuesta de `desconexión' sería una herramienta (a modo de equipo de protección individual o EPI) tan útil en la lucha contra el estrés como la abstinencia en la lucha contra el alcoholismo"[728], de ahí la necesidad de un correcto planteamiento desde el ámbito de la prevención de riesgos laborales. Así, todos los riegos vinculados a la conexión digital facilitada por algorimos(fatiga informática, fatiga visual e incluso adicciones tecnológicas y derivadas), como riesgos organizativos que son, han de tratarse como tales e integrarse,

---

726 MUÑOZ RUÍZ, A.B.: "El derecho a la desconexión digital en el ámbito laboral: hacia un cambio de modelo en la expectativa de la empresa hiperconectada", en AA.VV (DE LA PUEBLA PINILLA, A. y MERCADER UGUINA, J.R., Dirs.): *Tiempo de reformas. En busca de la competitividad empresarial y la cohesión social,* Valencia, Tirant Lo Blanch, 2019, p. 215.

727 De gran utilidad es la "Comunicación interpretativa" de la Comisión Europea sobre esta Directiva (2017/C 165/01) publicada en el DOUE de 24 de mayo de 2017. GARCÍA-PERROTE ESCARTÍN, I.: "El impacto en las relaciones laborales del derecho a la protección de datos y de los derechos digitales", en AA.VV.: *El derecho a la protección de datos personales en la sociedad digital,* Madrid, Ramón Areces, 2020, p. 105.

728 MOLINA NAVARRETE, C.: "La gran transformación digital y bienestar en el trabajo: riesgos emergentes, nuevos principios de acción, muevas medidas preventivas", *Revista Trabajo y Seguridad Social (Centro de Estudios Financieros),* núm. Extraordinario 2019, p. 17.

por tanto, en la LPRL, siendo objeto de evaluación y planificación. Al tiempo, se han de aplicar los principios preventivos del art. 15 LPRL, entre ellos, muy en particular, "adoptar medidas que antepongan la protección colectiva a la individual [art. 15.1 h) LPRL]. Esta exigencia tiene gran importancia práctica, puesto que su aplicación implica desplazar la responsabilidad de la persona trabajadora individual hacia una dimensión colectiva que debe partir necesariamente de la empresa, pues es quien ha de establecer los mecanismos de protección desde esa vertiente y abstenerse de enviar tales comunicaciones o de realizar llamadas a trabajadores en tiempo extralaboral[729], sin dejar de impedir igualmente, como ha reconocido algún pronunciamiento judicial, que las personas trabajadoras molesten a sus compañeros con llamadas o mensajes durante el período vacacional[730].

Con todo, tampoco procede silenciar que es posible exigir a la persona trabajadora un deber de colaboración ex art. 29 LPRL para garantizar la separación de los espacios de vida y trabajo y su propia seguridad y salud[731].

Algunas novedades incorpora la Propuesta de Directiva del Parlamento Europeo y de Consejo, de 21 de enero de 2021, sobre la desconexión digital, pues reconoce a los trabajadores el derecho a no participar en actividades o comunicaciones fuera de su tiempo de trabajo mediante herramientas digitales (sean

---

729 MIÑARRO YANINI, M.: "La incidencia de las tecnologías de la información y de la comunicación en la seguridad y salud en el trabajo. Protección de datos y prevención de riesgos. Violencia tecnológica en el trabajo. Medios de prevención", *Documentación Laboral*, núm. 119, 2020, vol. 1, p. 19.

730 STSJ Madrid 28 septiembre 2023 (rec. 391/2023).

731 IGARTÚA MIRÓ, M.T.: "Garantía de la seguridad y salud en el Real Decreto Ley 28/2020, de 22 de septiembre, de trabajo a distancia: mucho ruido y pocas nueces", *Revista Trabajo y Seguridad Social (Centro de Estudios Financieros),* núm. 458, 2021, p. 85.

llamadas, mensajes de correo o de otro tipo), pudiendo apagar los útiles de trabajo y no responder fuera del horario sin riesgo de represalias (no solo por despido, sino tampoco discriminaciones, merma en las retribuciones o mayores dificultades para la promoción laboral), sin riesgo de que quien ejerza su derecho sea peor tratado que quien renuncie a él y con derecho a recibir la correspondiente reparación en caso de lesión del derecho a la desconexión. El respeto de este régimen exige al empresario no requerir a los trabajadores que presten servicios fuera del tiempo de trabajo, mereciendo en este caso sanciones efectivas, proporcionadas y disuasorias y contando, además, con la inversión de la carga probatoria por desconexión digital, de forma que le corresponde al empresario demostrar que no ha habido despido o perjuicio equivalente por ejercer o intentar ejercer el derecho de desconexión digital[732].

Tampoco hay que olvidar que la Resolución del Parlamento Europeo de 5 de julio de 2022, sobre salud mental en el mundo laboral digital, pide a la Comisión y a los Estados miembros que elaboren una propuesta legislativa en materia de IA en el ámbito laboral en orden a garantizar la protección adecuada de los derechos y el bienestar de las personas trabajadoras "frente a la explotación por parte de los empleadores en el uso de la gestión por IA o algorítmica, también mediante herramientas de predicción y de marcado para predecir el comportamiento de los empleados y detectar o desalentar la infracción de las normas o el fraude por parte de los empleados, el seguimiento en tiempo real de los avances y del rendimiento, software de

---

732 SERRANO ARGÜELLO, N.: "La desconexión digital y su incidencia en la ordenación del tiempo de trabajo. A propósito de la regulación independiente del Derecho a la desconexión propuesta por la Unión Europea", en AA.VV (FERNÁNDEZ COLLADOS, M.B., Dir.): *Relaciones laborales e industria digital: redes sociales, prevención de riesgos laborales, desconexión y trabajo a distancia en Europa*, Pamplona, Aranzadi, 2022, p. 196.

control del tiempo y sugerencias indirectas de comportamiento automatizadas"[733].

El trabajo en remoto

Variadas son las ventajas que derivan del trabajo a distancia desarrollado mediante la utilización de instrumentos informáticos inteligentes: mayores posibilidades de conciliación o combinación del trabajo profesional con tareas domésticas; menores desplazamientos con repercusión positiva en el medio ambiente; escasa conflictividad entre empleados ante la ausencia de presencialidad; reducción del absentismo; rebaja de los accidentes in itinere; incremento de la ocupación de personas con dificultades para acceder a un centro de trabajo determinado; o posibilidad de repoblar la España vaciada. En su envés, tampoco son nimios los inconvenientes: aislamiento, soledad, traslado al entorno inmediato de problemas laborales, sedentarismo, pérdida de hábitos sociales, sobre-esfuerzo o, por lo que aquí interesa, horarios excesivos y conexiones continuadas[734].

El art. 18 Ley 10/2021 pretende garantizar el respeto de los períodos de descanso, permisos y vacaciones, así como de la intimidad personal y familiar, reconociendo la facultad del trabajador, incluido el que presta servicios a domicilio, a no desarrollar actividades fuera de la jornada, sin que su actitud negativa, pasiva o evasiva signifique desaprobación alguna en

---

733 TASCÓN LÓPEZ, R.: "Reflexiones a partir de la Resolución del Parlamento Europeo, de 5 de julio de 2022, sobre la salud mental en el mundo laboral digital", *Revista Crítica de Relaciones de Trabajo*, núm. 5, 2022, pp. 39 y ss.

734 GIL PÉREZ, M.E.: *El teletrabajo y el impacto de las nuevas tecnologías en la salud y seguridad laboral*, Albacete, Bomarzo, 2023, p. 20.

el ámbito de la relación de trabajo[735]. Este precepto recoge, pues, el denominado "derecho a la desconexión digital de las personas que trabajen en remoto".

Aunque la remisión al art. 88 LOPDyGDD es, por tanto, clara, merece una valoración positiva que el art. 18 Ley 10/2021 introduzca la siguiente matización: la desconexión no sólo se regula como derecho del trabajador sino como deber de la empresa, lo cual conlleva una auténtica limitación del uso de los medios tecnológicos de comunicación empresarial y de trabajo, durante los "períodos de descanso" (vacaciones, asueto diario, asueto semanal, suspensiones del contrato por causas objetivas, baja médica...), garantizando, a la par, el "respeto a la duración máxima de la jornada y a cualesquiera límites y precauciones en materia de jornada que dispongan la normativa legal o convencional aplicables" (art. 18. 1 segundo párrafo). Esta previsión parte de la existencia de una jornada efectiva que, sin desconocer cierta flexibilidad, debe de ser pactada en el propio contrato voluntario de prestación de servicios laborales a distancia.

En este sentido, una vez establecida la duración de la jornada, se proscribe al empresario cualquier afectación sobre los tiempos destinados al descanso y, con ello, al ocio, a la recuperación del cansancio ocasionado por el trabajo y a la conciliación de la vida privada, personal y familiar[736]. Se deja claro

---

735 MERCADER UGUINA, J.R., *El futuro del trabajo en la era de la digitalización y la robótica,* Valencia, Tirant Lo Blanch, 2017, pp. 24 y ss. ó VALLECILLO GÁMEZ, M.R., "El derecho a la desconexión: ¿novedad digital o esnobismo del viejo derecho al descanso?", *Revista Trabajo y Seguridad Social (Centro de Estudios Financieros),* núm. 408, 2017, pp. 167 y ss.

736 TALENS VISCONTI, E.E.: "La jornada laboral en el trabajo a distancia", en AA.VV (LÓPEZ BALAGUER, M., Dir.): *El trabajo a distancia en el Real Decreto Ley 28/2020,* Valencia, Tirant Lo Blanch, 2021, p. 210.

no sólo que el trabajador tiene derecho a no atender comunicaciones e indicaciones del empleador fuera de la jornada laboral, bien lo sea para exigirle algún tipo de actividad durante ese período o bien lo sea para cuando se incorpore después del asueto, sino también que el empleador no puede impartir órdenes e instrucciones que afecten a los períodos de no trabajo[737]. Este último asume, pues, la "posición de garante" del logro de la desconexión, de suerte que lo importante es el éxito del resultado y no los medios específicos utilizados para ello, que, además, deben ser todos los necesarios[738].

Esta cualidad es la realmente tuitiva por un triple cúmulo de razones: en primer lugar, el hecho de que sólo se conceda al trabajador la posibilidad de no responder a correos o mensajes, como también hace el art. 88 LOPDyGDD, no es en absoluto suficiente, pues, ante la recepción de una misiva, distintos asalariados pueden adoptar diferentes actitudes, optando algunos de ellos por contestar y otros por no hacerlo, lo que podría generar inseguridad y malestar a estos últimos, que se verían presionados ante la posibilidad de perjudicar su imagen frente a la empresa, que privilegiaría a aquellos dispuestos a sacrificar su tiempo de descanso, máxime en los supuestos en los que la retribución se vincule a la productividad donde el trabajador podrá verse compelido a atender tales requerimientos para obtener unos emolumentos óptimos o para no poner su rendimiento en entredicho. En segundo término, no hay que olvidar que la revolución digital no afecta exclusivamente a las relaciones entre empresario y sus trabajadores, sino tam-

---

737 CRUZ VILLALÓN, J., "Las facultades de control del empleador ante los cambios organizativos y tecnológicos", *Temas Laborales*, núm. 150, 2019, p. 34.

738 RODRÍGUEZ-PIÑERO ROYO, M. y CALVO GALLEGO, F.J., "Los derechos digitales de los trabajadores a distancia", *Derecho de las Relaciones Laborales*, núm. 11, 2020, p. 1466.

bién a las de estos últimos con la clientela, de manera que el empleador debe evitar también la necesidad (real o creada) de atención permanente e inmediata a los usuarios de los servicios[739]. Asimismo, sería ciertamente plausible que los sujetos negociadores blindaran la desconexión digital al reconocerla no sólo como un derecho del trabajador y una obligación del empresario, sino también como un deber para los trabajadores y trabajadoras en materia preventiva. En este sentido, se podría dar un paso más a través de cláusulas que dispongan el cierre automático de los servidores de correo una vez finalizada la jornada laboral o bloquearan el acceso a las comunicaciones corporativas desde el fin de la jornada laboral hasta el comienzo de la siguiente[740].

Es más, el art. 18.1 Ley 10/2021 anteriormente transcrito "conlleva una limitación del uso de los medios tecnológicos ... durante los periodos de descanso", para lo que distingue de manera acertada entre los de comunicación empresarial y los de trabajo, asumiendo así que no tienen por qué ser coincidentes. Las herramientas digitales (comenzando por el propio teléfono móvil) no suelen ser de utilización exclusiva en el trabajo, sino que su empleo es frecuentemente mixto. Lo mismo ocurre con las aplicaciones de mensajería, a priori de uso personal, pero que se han extrapolado al resto de ámbitos. Por ende, el precepto incluye la prohibición de que la desconexión digital se pueda ver afectada por el mecanismo de acudir a vías

---

739 SÁNCHEZ TRIGUEROS, C., "El impacto de la industria 4.0 en las relaciones de trabajo: el derecho a la desconexión digital", en AA.VV (KAHALE CARRILLO, D.T., Dir.): *El impacto de la industria 4.0 en el trabajo: una visión interdisciplinar*, Valencia, Tirant Lo Blanch, 2020, p. 235.

740 FERNÁNDEZ COLLADOS, M.B.: "La negociación colectiva ante los riesgos laborales en la nueva era digital", *Lan Harremanak*, núm. 44, 2020, p. 76.

de comunicación no laborales, con lo que se vería especialmente perjudicado el derecho al descanso[741].

Este último precepto debe servir, además, como férreo parámetro interpretativo a la hora de dar respuesta a la discusión sobre las circunstancias excepcionales y de fuerza mayor en las cuales resultaría legítimo y proporcionado vulnerar el derecho a la desconexión por parte de la empresa, no en vano la disposición adicional 1ª.2 Ley 10/2021 establece que la negociación colectiva podrá establecer, entre otras cuestiones, "las posibles circunstancias extraordinarias de modulación del derecho a la desconexión". La mera aplicación del principio de congruencia conlleva una doble consecuencia: por un lado, el tiempo invertido en atender tales circunstancias debe ser siempre remunerado[742]; por otro, tales condicionantes han de ser graves e inaplazables, esto es, totalmente incompatibles con el desarrollo productivo habitual, de modo que no puede aceptarse que el derecho a la desconexión digital pueda verse afectado por situaciones del día a día que puedan resolverse con una adecuada organización de los recursos personales y materiales[743], siendo pertinente aplicar analógicamente lo previsto en el art. 35.2 ET cuando alude a la "prevención y reparación de siniestros y otros daños extraordinarios y urgentes" como entramados desencadenantes de una posible extensión

---

741 SÁNCHEZ TRIGUEROS, C. y FOLGOSO OLMO, A.: "En torno a la desconexión digital", *Adapt. Revista Internacional y Comparada de Relaciones Laborales y Empleo*, vol. 9, núm. 2, 2021, p. 40.

742 STSJ Madrid 4 noviembre 2020 (rec. 430/2020).

743 SÁNCHEZ TRIGUEROS, C., "El impacto de la industria 4.0 en las relaciones de trabajo: el derecho a la desconexión digital", en AA.VV (KAHALE CARRILLO, D.J., Dir.): *El impacto de la industria 4.0 en el trabajo: una visión interdisciplinar*, Valencia, Tirant Lo Blanch, 2020, p. 236.

extraordinaria de la jornada[744]. El cumplimiento de tales presupuestos se recoge expresamente como ilícito en la propuesta de Directiva sobre desconexión digital, que añade, además, la obligación de que el empleador informe por escrito a cada trabajador afectado de los motivos, justificando la necesidad de la excepción cada vez que se recurra a ella[745].

Todo ello sin olvidar, como postrera garantía adicional, que el art. 14 Ley 10/2021 no sólo se remite al art. 34.9 ET en lo relativo al registro de jornada, pudiendo utilizar técnicas automáticas (tiempo de conexión, encendido y apagado...) o manuales (la persona trabajadora será la encargada de introducir en la aplicación los datos de la jornada trabajada), sino que también indica que "deberá reflejar fielmente el tiempo que la persona trabajadora que realiza trabajo a distancia dedica a la actividad laboral", debiendo apuntar también los tiempos de disponibilidad obligatoria para la empresa y las interrupciones y pausas, esto es, el tiempo efectivo de trabajo[746]; o, dicho en otros términos, "el momento de activación y de desactivación de los equipos e, incluso, el tiempo de preparación de cada una de las tareas"[747]. No obstante, por mera aplicación de las reglas de la lógica, si estas interrupciones o pausas intrajorna-

---

744 RODRÍGUEZ-PIÑERO ROYO, M. y CALVO GALLEGO, F.J., "Los derechos digitales de los trabajadores a distancia", *Derecho de las Relaciones Laborales,* núm. 11, 2020, p. 1468.

745 Resolución del Parlamento Europeo, de 21 de enero de 2021, con recomendaciones destinadas a la comisión sobre el derecho a la desconexión [2019/2181 (INL)]. TRUJILLO PONS, F.: "Un estudio acerca de la eventual Directiva comunitaria sobre el derecho a la desconexión digital en el trabajo", *IusLabor*, núm. 2, 2021, pp. 66 y ss.

746 SÁNCHEZ TORRADO, J.M.: "El registro de jornada en las formas de trabajo flexibles, especialmente en el trabajo a distancia", *Temas Laborales,* núm. 157, 2021, p. 231.

747 MONTOYA MEDIDA, D.: "Teletrabajo y prevención de riesgos laborales", *Nueva Revista Española de Derecho del Trabajo,* BIB 2021/3931.

da están predeterminadas y son de carácter global, el registro horario podrá eludir dichos elementos[748], debiendo entender asimismo, tal y como ha apuntado la doctrina judicial, que "si los cortes de suministro de luz o de red que puedan producirse en los centros de trabajo no conlleva que los trabajadores presenciales deban recuperar el tiempo de trabajo afectado por dichas incidencias o no se les reduce el salario, tampoco puede afectar a quienes prestan servicios mediante el teletrabajo; y por lo que se refiere al tiempo para acudir al aseo para atender a necesidades fisiológicas de los trabajadores, (no cabe duda de que) es una pausa que la empresa no pueda organizar sino el propio trabajador"[749].

El acoso cibernético: potencia lesiva de la inteligencia artificial

La IA ha ampliado las posibilidades del acoso en línea al permitir la automatización de ataques y la personalización de contenidos ofensivos. Los algoritmos de aprendizaje automático pueden analizar el comportamiento de las víctimas y adaptar los mensajes para aumentar el impacto emocional. Esto no solo incluye el acoso tradicional, sino también formas más sutiles y difíciles de detectar, como la manipulación de información y la difamación. En efecto, a la situación de degradación de la dignidad individual propia de la violencia y particularmente del acoso, las nuevas tecnologías inteligentes facilitan la difusión y divulgación de contenidos con un evidente alcance social, lo que logra proyectar los efectos de las agresiones más allá del entorno individual de la víctima[750]. La mayor facilidad

---

748 POQUET CATALÁ, R.: *El teletrabajo: análisis del nuevo marco jurídico*, Pamplona, Aranzadi, 2021, p. 89.

749 STS 19 septiembre 2023 (núm. 565/2023).

750 MOLINA NAVARRETE, C.: "Redes sociales digitales y gestión de riesgos profesionales: prevenir el ciberacoso sexual en el trabajo,

para difundir datos íntimos, la propagación fácil de imágenes, videos, grabaciones, comentarios o mensajes, encuentra en las mujeres un destinatario fácil debido a los estereotipos culturales vinculados al comportamiento personal y sexual. Ello explica que la Estrategia Europea de Igualdad de Género 2020-2025 haya indicado que es necesario prestar particular atención a la violencia *on line* dirigida contra las mujeres con carácter general y en las relaciones de trabajo en particular, no sólo debido a su aumento exponencial, sino a que representa un verdadero obstáculo a la participación de las féminas en la vida pública[751].

Sin duda, el colectivo femenino se haya sometido a un riesgo manifiesto cual es el acoso sexual (tendente a conseguir una satisfacción de carácter libidinoso) o el acoso moral por razón de género (agresiones, humillaciones o vejaciones repetidas y realizadas de forma premeditada con intención de perjudicar y reducir a la víctima, demostrando el desprecio que le merece al sujeto activo), capaces de producir importantes daños emocionales[752]. En otros casos, y de manera fundamental en ocupaciones tradicionalmente masculinas, en organizaciones con marcados roles de género o cuando la mujer mantiene una posición jerárquica superior, se producen comportamientos de rechazo de los compañeros, quienes no soportan recibir órdenes o directrices de aquélla con un mayor nivel de responsabilidad. Cuando aquél se traduce en hostigamiento psicológico de carácter sistemático y repetitivo, que persigue su

---

entre la obligación y el desafío", *Diario la Ley*, núm. 9452, 9 julio 2019, p. 8.

751 MONEREO PÉREZ, J.L.; RODRÍGUEZ ESCANCIANO, S. y RODRÍGUEZ INIESTA, G.: "Observaciones sobre el sistema normativo de tutela de los riesgos psicosociales en clave de género: por un enfoque transversal e integrador", *Revista Crítica de Relaciones de Trabajo*, núm. 10, 2024, pp. 13 y ss.

752 MARTÍN HERNÁNDEZ, M.L.: "Acoso sexual", *Carta Laboral*, núm. 29, 2000, p. 91.

exclusión laboral, ha lugar a un verdadero acoso laboral sexista, cuyo objetivo es colocar a la víctima en el lugar que, según las particulares convicciones del agresor, le corresponde por naturaleza[753].

La Ley Orgánica de Igualdad

Insistiendo en conceptos ya mencionados, de lege data cabe diferenciar dos términos básicos íntimamente imbricados: el de acoso sexual ("cualquier comportamiento, verbal o físico, de naturaleza sexual que tenga el propósito o produzca el efecto de atentar contra la dignidad de una persona, en particular cuando se crea un entorno intimidatorio, degradante u ofensivo") y el de acoso por razón de sexo ("cualquier comportamiento realizado en función del sexo de una persona, con el –mismo– propósito o el efecto de atentar contra su dignidad y de crear un entorno intimidatorio, degradante u ofensivo") . La consecuencia de ambas circunstancias es común: "se considerarán en todo caso discriminatorios" [art. 7 Ley Orgánica 3/2007, de 22 de marzo, para la igualdad efectiva de mujeres y hombres (LOIEMH)][754].

Bajo estas variables, las manifestaciones son tan heterogéneas, muchas veces poco explícitas y otras tantas en exceso burdas, que en ocasiones las propias víctimas deciden adoptar un

---

753 VICENTE PACHÉS, F.: "El ciberacoso a la mujer: una nueva realidad silenciada de violencia de género en el trabajo", en AA.VV (ROMERO BURILLO, A.M., Dir.): *Mujer, trabajo y nuevas tecnologías. Un estudio del impacto de las nuevas tecnologías en el ámbito laboral desde una perspectiva de género,* Pamplona, Aranzadi, 2021, p. 162.

754 MIÑARRO YANINI, M.: "La incidencia de las tecnologías de la información y de la comunicación en la seguridad y salud en el trabajo. Protección de datos y prevención de riesgos. Violencia tecnológica en el trabajo. Medios de prevención ", *Documentación Laboral,* núm. 119, 2020, vol. 1, p. 29.

afrontamiento pasivo (ignorar o pasar por alto la situación) ante la ausencia de una línea común capaz de establecer contornos claros de un actuar ilícito. No obstante, cabe mencionar como más señeras: de un lado, el "chantaje sexual", "quid por quo" o abuso de autoridad a cargo de quien tiene poder para proporcionar o retirar un beneficio laboral (empleo continuado, salario, formación o promoción profesional, como aspectos más comunes entre un elenco sencillo de completar); de otro, el propio "clima organizacional" o las características de la unidad productiva que facilitan la existencia de un ambiente de cierta tolerancia hacia el acoso (contextos predominantemente masculinos; quejas no tomadas en cuenta o que se percibe como peligroso plantearlas; pocas posibilidades de que los autores sean castigados; falta de compromiso empresarial en una investigación seria, confidencial y con protección frente a posibles represalias; o ausencia de formación a mandos y gestores para identificar cuantos factores contribuyen a que no se produzca y a familiarizarse con sus responsabilidades a estos efectos, y un largo etcétera de todos conocido)[755].

Recurriendo de nuevo a la estadística, normalmente el fin radica en violentar la libertad sexual de la persona acosada, a través de conductas con un claro contenido libidinoso (*unwanted sexual advant*), cuyas repercusiones sobre la estabilidad emocional de la víctima son siempre negativas, provocando una situación psíquica que se suele diagnosticar como trastorno adaptativo con estado emocional ansioso-depresivo[756]. Partiendo de la incuestionable premisa de que a cada persona

---

755 LÓPEZ ARRANZ, A.: *Violencias de género en el nuevo mercado tecnológico de trabajo*, Pamplona, Aranzadi, 2019, p. 59.

756 MOLINA NAVARRETE, C.: "Un nuevo tiempo para la salud psicosocial en el trabajo: fragmentos de derecho vivo", *Revista Trabajo y Seguridad Social (Centro de Estudios Financieros)*, núm. 261-262, 2021, p. 169.

le corresponde determinar el comportamiento que aprueba o tolera, y de parte de quien, la determinación de qué comportamientos resultan o no molestos es algo que depende de la receptora de las conductas, siendo en este punto irrelevante la intencionalidad del emisor. El acoso puede exteriorizarse, pues, mediante cualquier comportamiento de índole sexual que suponga una ofensa para quien lo recibe con independencia del medio utilizado (incluyendo acciones, gestos, insinuaciones, palabras, escritos e, incluso, dibujos) capaz de provocar una tensión emocional a quien se siente hostigado. Por la misma razón, tampoco es necesario que se llegue a materializar el daño. Como ha señalado el Tribunal Constitucional, "...para apreciar la vulneración del derecho fundamental a la integridad moral no es preciso que la lesión se haya consumado, siendo suficiente que exista un riesgo cierto de que la lesión pueda llegar a producirse", de forma que "la tutela reparadora, ex post, resulta ineficaz para proteger la integridad moral y la salud"[757].

En el plano normativo, desde la entrada en vigor de la LOIEMH, se han introducido obligaciones para todas las empresas en el marco del acoso sexual y por razón de sexo, cuyo incumplimiento puede llevar a generar responsabilidades con la imposición de importantes sanciones (arts. 51 y 62). Por un lado, se establecen obligaciones de prevención frente a este tipo de conductas y, por otro lado, deberes dirigidos a poner remedio a las mismas en caso de no ser posible evitarlas, mediante el establecimiento de procedimientos específicos para resolver las denuncias o reclamaciones. Al tiempo, se dota de un papel protagonista a la representación legal de los trabajadores, que les permite realizar diferentes actuaciones como son la adopción de medidas de prevención dirigidas a la planti-

[757] STCo 160/2007, de 2 de julio.

lla, así como también la puesta en conocimiento de la empresa de comportamientos de este tipo.

Además, el art. 46.2 LOIEMH establece que en el marco de la obligación que tienen las empresas de elaborar e implementar planes de igualdad se pueden incluir medidas preventivas en contra de estas lacras. Asimismo, el art. 48 LOIEMH, en su versión inicial exigía a las empresas, "promover condiciones de trabajo que eviten el acoso sexual y el acoso por razón de sexo y arbitrar procedimientos específicos para su prevención y para dar cauce a las denuncias o reclamaciones que puedan formular quienes hayan sido objeto del mismo", y "con esta finalidad se podrán establecer medidas que deberán negociarse con los representantes de los trabajadores, tales como la elaboración y difusión de códigos de buenas prácticas, la realización de campañas informativas o acciones de formación"[758].

Así, no es de extrañar que la negociación colectiva haya recogido ese mandato legal, incorporando el protocolo de actuación anti-acoso como parte del convenio colectivo, suscribiéndolo como anexo o como instrumento específico en virtud del compromiso asumido en el convenio. Finalmente, la disposición adicional 11ª LOIEMH dio una nueva redacción al art. 4.2 e) ET, señalando que las personas trabajadoras tienen como derechos básicos "el respeto de su intimidad y la consideración debida a su dignidad, comprendida la protección contra el acoso... sexual y el acoso por razón de sexo", y, asimismo, reformó el art. 54.2 g) ET incorporando una nueva causa de despido por motivos discriminatorios, haciéndose expresa mención al acoso sexual y al acoso por razón de sexo[759].

---

758 RAMOS QUINTANA, M.: "Violencia de género y relaciones de trabajo en el marco del Convenio 190 de la OIT", *Revista de Derecho Laboral VLex*, núm. 2, 2021, pp. 160 y 166.

759 JALIL NAJI, M.: "Trabajo en plataformas digitales y acoso sexual", en AA.VV (MELLA MÉNDEZ, L. y DE MUÑAGORRI, R.E., Dirs.):

Si bien podría pensarse que la normativa anteriormente indicada había dado un paso importante para dotar de una mayor protección a la mujer trabajadora con independencia de los instrumentos que se utilicen para llevar a cabo las conductas acosadoras, lo cierto es que, como dificultad sobrevenida, progresivamente y a medida que las nuevas tecnologías han ido alcanzando mayor protagonismo en las relaciones de trabajo, han surgido severas lagunas tuitivas[760], que se ponen de manifiesto de forma destacada a través de la IA.

Como fácilmente se puede constatar, la realidad es que el acoso, en sus múltiples formas, ha existido desde siempre, si bien ahora con la aparición y el uso masivo de internet, las redes sociales, la telefonía móvil y la IA, se introduce en una nueva dimensión, en un nuevo contexto, en un espacio virtual donde da la impresión de que no existen límites, pues las informaciones o imágenes circulan de manera rápida e indiscriminada amparadas muchas veces bajo el anonimato de los acosadores que se sienten plenamente impunes. Aunque la prueba del ciberacoso, manifestado como la intimidación y hostigamiento a través de la tecnología (bien sea sexual, sexista, moral, discriminatorio, etc), puede considerarse fácil porque la "huella digital" va a permitir determinar con exactitud el contenido de la comunicación a la que se atribuye el carácter lesivo del derecho fundamental de la víctima (mensajes

Globalización y digitalización del mercado de trabajo: propuestas para un empleo sostenible y decente, Pamplona, Aranzadi, 2021, p. 416 ó ÁLVAREZ DEL CUBILLO, A.: "El ciberacoso en el trabajo como categoría jurídica", *Temas Laborales*, núm. 157, 2021, p. 190.

760 DE VICENTE PACHÉS, F.: "Acoso en el trabajo por medio de dispositivos digitales y su repercusión en la salud de la persona trabajadora: ¿no es momento de tomarnos en serio su prevención?", en AA.VV (RODRÍGUEZ-PIÑERO ROYO, M. y TODOLÍ SIGNES, A., Dirs.): *Vigilancia y control en el Derecho del Trabajo Digital*, Pamplona, Aranzadi, 2020, p. 653.

de whatsapp, correos electrónicos, alertas en la intranet…), lo cierto es que presenta algunas características, que hacen difícil aquilatar sus contornos[761].

Así, algunas veces es imposible identificar al autor del comportamiento acosador amparado a través de un texto anónimo o bajo la argucia de un perfil falso o de la suplantación de su identidad. Ciertamente estos problemas podrían ser abordados a través de la prueba pericial informática, pero este cauce deviene inoperante en los supuestos de distribución masiva de datos privados o de mensajes injuriosos, pues a menudo resulta difícil identificar a la persona que inicia la cadena, si bien no hay que olvidar que todos los participantes pueden terminar siendo jurídicamente responsables de algún modo. En otras ocasiones, el acceso a las fuentes de prueba puede verse condicionado por los derechos fundamentales de la persona que se quiere investigar como posible acosador (intimidad, protección de datos, propia imagen o secreto de las comunicaciones)[762]. Sabido es que el empresario tiene potestad para acceder a los contenidos derivados del uso de los medios digitales facilitados a sus empleados con objeto de controlar el cumplimiento de sus obligaciones laborales (art. 87 LOPDyGDD), ya sea a iniciativa propia (en el marco de un procedimiento disciplinario o de atención a las denuncias internas) o a requerimiento del órgano judicial (arts. 77 LRJS y 328 y 330 LEC), debiendo entender en el presente caso que la finalidad del control es legítima y la intervención proporcionada. Lo mismo puede decirse

761 ROMERO BURILLO, A.M.: "El teletrabajo. ¿Oportunidad o riesgo para la igualdad efectiva de mujeres y hombres en las relaciones laborales", en AA.VV (ROMERO BURILLO, A.M., Dir.): *Mujer, trabajo y nuevas tecnologías. Un estudio del impacto de las nuevas tecnologías en el ámbito laboral desde una perspectiva de género,* Pamplona, Aranzadi, 2021, p. 137.

762 ROMERO RÓDENAS, Mª.J.: *Protección frente al acoso en el trabajo,* Albacete, Bomarzo, 2004, p. 27.

cuando los actos de comunicación fueran fácilmente accesibles en internet por haberse publicado en una red social sin restricciones de acceso. Ahora bien, cuando los elementos de prueba se encuentren únicamente a disposición del presunto agresor (por utilizar un dispositivo privado) o de un tercero (titular de una red social de acceso restrictivo), en principio sólo podrían obtenerse a partir de un requerimiento judicial[763].

En consecuencia, los mayores peligros omnipresentes asociados a formas digitales de violencia radican en los dos siguientes extremos: en primer lugar, el acoso en línea puede trascender el espacio y el tiempo, ocurriendo tanto en el exterior como en el interior de los emplazamientos de trabajo, en cualquier momento y con manifestaciones que se pueden mantener más tiempo activas, dando lugar a procesos de continua "revictimación", y, en segundo término, las identidades de los acosadores que se hacen opacas en el entorno cibernético, pudiendo ser incluso anónimas, lo que significa que muchas de las víctimas a menudo no pueden defenderse . En suma, el riesgo de insultos, amenazas y agresiones sutiles o explícitas crece con la ayuda de las nuevas tecnologías, sobre todo, si son inteligentes[764].

Aunque la definición del acoso sexual del art. 7 LOIEMH, al no estar referida sólo al acoso sexual laboral, no establezca ningún elemento relativo al lugar o al tiempo de trabajo, sin embargo, la imputación de responsabilidades preventivas, ad-

---

[763] MOLINA NAVARRETE, C.: "Del acoso moral (mobbing) al ciberacoso en el trabajo (network mobbing): viejas y nuevas formas de violencia laboral como riesgo psicosocial en la reciente doctrina judicial", *Revista Trabajo y Seguridad Social (Centro de Estudios Financieros)*, núms. 437-438, 2019, p. 157.

[764] DE VICENTE PACHÉS, F.: "Art. 7. Acoso sexual y acoso por razón de sexo", en AA.VV (GARCÍA NINET, J.I., Dir.): *Comentarios a la Ley de Igualdad*, Valencia, CISS, 2007, pp. 102 y ss.

ministrativas o de seguridad social a la empresa, establecidas por normas laborales, sí requieren algún tipo de conexión con el desarrollo de la prestación de servicios, por ejemplo, el art. 8.13 [Real Decreto Legislativo 5/2000, de 4 de agosto, por el que se aprueba el texto refundido de la Ley de Infracciones y Sanciones del orden social (LISOS)], determina que la responsabilidad por acoso se desencadena "dentro del ámbito a que alcanzan las facultades de dirección empresarial". También la conexión con el trabajo se establece para determinar la competencia del orden social [art. 2 f) LRJS].

Desde estas coordenadas normativas puede entenderse el lamentable suicidio de una joven trabajadora, madre de dos hijos pequeños y esposa de otro compañero de trabajo, a raíz de la difusión de una grabación íntima, cinco años más tarde de realizarla de una forma voluntaria y enviarla a quien en aquel momento era su pareja, también compañero de trabajo. El vídeo llegó a convertirse en viral dentro de la red de mensajería instantánea en la que se había difundido por whatsapp. Tras ponerse en contacto con la empresa, ésta no activó el protocolo de acoso por considerar que se trataba de una cuestión al margen de la relación laboral, cuya vía de denuncia adecuada debía ser civil o mercantil, limitándose a ofrecer a la trabajadora una medida inmediata de naturaleza individual (baja o traslado), rechazada por la afectada.

La falta de mayor concreción legal ha derivado en una intervención de la negociación colectiva en la articulación de la acción preventiva del acoso sexual. Es cierto que este ámbito es pertinente y puede ser eficaz en aras a articular la política preventiva de forma sectorial y adaptada a los distintos contextos económicos y empresariales, máxime cuando el Acuerdo Marco Europeo de 26 de abril de 2007 supone un buen instrumento de referencia, pues parte de la obligatoriedad de las empresas establecidas en Europa de adoptar una política de tolerancia cero respecto de este tipo de comportamientos, debiendo diseñar y poner en marcha procedimientos para la detección, denuncia y sanción de este tipo de actuaciones a través de un examen rápido de las denuncias, la adopción de medidas apropiadas contra los responsables, el apoyo a las víctimas y, si es necesario, la ayuda para su reintegración[765] .

De gran interés es también la aprobación de buenas prácticas o guías en aras a crear entornos laborales libres de toxicidad psicosocial, que incluyan concretas obligaciones empresariales y compromisos de los trabajadores, cuya finalidad no sólo sea no perjudicar la reputación de la empresa, sino principalmente la de preservar a los empleados de opiniones, comentarios o manifestaciones peyorativas que se pudieran publicar en internet y en las redes sociales o en aplicaciones de mensajería instantánea. Impidiendo variadas manifestaciones como "troleo" o difusión de mensajes ofensivos de carácter sexual; "stalking" o acecho; amenazas físicas; creación de perfiles falsos de la persona para realizar comentarios injuriosos; "doxing" o publicación de información personal o privada del objetivo; "zoom bombing" o ataque bomba por videoconferencia; "pornovenganza" o difusión por parte de varones de fotos o vídeos íntimos de su expareja; incursiones en el ordenador de la víctima para conocer datos íntimos; alta en páginas webs y aplicaciones de citas o contactos sexuales; etc.

Sabido es que el resultado de cualquiera de estos fenómenos, aunque no se produzcan dentro de las coordenadas estrictas de tiempo y lugar de trabajo, suele producir en las mujeres unos altos niveles de ansiedad, desórdenes de estrés, depresión, trauma, ataques de pánico, pérdida de autoestima y un sentido de impotencia en su capacidad de responder al abuso, que exigen *de lege ferenda* respuestas contundentes desde el marco laboral, más allá de las posibilidades reconocidas:

---

765 PÉREZ DEL RÍO, T.: "La violencia de género en el trabajo: el acoso sexual y el acoso moral por razón de género", *Temas Laborales*, núm. 92, 2007, p. 186.

el ejercicio del poder disciplinario por parte del empresario sin que tenga cabida el principio de presunción de inocencia; el planteamiento por la víctima del derecho a la rescisión del contrato con indemnización por la vía del art. 50 ET (que comprendería no sólo la cuantía prevista en aquel precepto, sino también un montante adicional de reparación íntegra y disuasoria ex art. 183 de la LRJS); la interposición de una demanda de tutela de derechos fundamentales a la luz de los arts. 177 y ss. LRJS; o, en el mejor de los casos, el reconocimiento de la patología desencadenada como accidente laboral[766].

Ahora bien, pese a todos estos mimbres, no es inhabitual encontrar convenios colectivos, e incluso sentencias judiciales, donde todavía se maneja un concepto restringido de acoso sexual, exigiendo, para que lo haya, una motivación libidinosa, una reiteración o especial gravedad, o que la víctima manifieste expresamente su negativa, cuando ninguna de esas exigencias aparece en el art. 7.1 LOIEMH[767].

EL CONVENIO 190 DE LA OIT

Con mayor amplitud de miras, el Convenio 190 de la OIT se muestra especialmente esperanzador, pues define su ámbito de aplicación englobando, como riesgo que ha de prevenirse, toda la violencia y el acoso que ocurren durante el trabajo, en relación con el trabajo o como resultado del mismo, y específicamente, entre otras situaciones, en el marco de las comunicaciones que estén relacionadas con el trabajo, incluidas las

---

766 MORA CABELLO DE ALBA, L.: "La salud de las mujeres en un mundo laboral declinado en masculino: el acoso por razón de sexo", *Revista de Derecho Social*, núm. 42, 2008, p. 103.

767 QUESADA SEGURA, R.: "La protección extrajudicial frente al acoso sexual en el trabajo", *Temas Laborales*, núm. 92, 2007, p. 131.

realizadas por medio de tecnologías de la información y de la comunicación (art. 3.d) , siempre y cuando estas conductas agresivas sean susceptibles de causar un grave daño a la víctima en su salud, su integridad física o psíquica y no hayan sido consentidas.

Este enfoque más amplio, que incluye la modalidad cibernética, supera el concepto de lugar y tiempo de trabajo clásicos admitiendo que los instrumentos sean titularidad o no de la empresa, al exigir solamente un punto de conexión laboral (como es el mero trasfondo de quienes establezcan tales conexiones, sean compañeros, clientes, suministradores, proveedores...). Elimina, además, el requisito de intencionalidad y obliga a introducir específicamente la violencia y el acoso laboral en la normativa de prevención, permitiendo además abordar la violencia en el contexto de las diversas formas de trabajo de las economías formal e informal donde prolifera la mano de obra femenina —como la agricultura de subsistencia, el cuidado de dependientes y ancianos, etc.— y también en una serie de modalidades no laborales como el trabajo voluntario, las prácticas y otras relacionadas con la formación y el aprendizaje[768].

Es más, el Convenio 190 hace referencia expresa en el art. 4 a las terceras personas, ajenas a la empresa, como posibles acosadores. Esta violencia externa tiende a producirse más a menudo en sectores mayoritariamente femeninos como educación (profesorado), personal médico-sanitario, actividades de contacto directo con el público (sector servicios y ocio), medios de comunicación (cine, radio, televisión), periodismo (presentadores), mundo del espectáculo, política, deportistas de élite, teleoperadores o telemarketing.

---

[768] MORENO MÁRQUEZ, A.M.: "El convenio 190 de la OIT sobre violencia y acoso en el trabajo y sus implicaciones en el ordenamiento laboral español", *Temas Laborales*, núm. 166, 2023, pp. 93 y ss.

La ratificación de este Convenio conlleva entender que, además de merecer, en cualquiera de las modalidades, la oportuna sanción administrativa, previa actuación de la Inspección de Trabajo, y la reparación pertinente de la víctima, debe quedar perfectamente claro, permítase la reiteración, que el acoso sexual es un factor más a tener en cuenta dentro de la prevención de riesgos, constituyendo las enfermedades psicológicas derivadas de esa conducta atentatoria a los derechos fundamentales (principalmente intimidad y dignidad personales) un daño derivado del trabajo, bajo una relación de causa a efecto directa e inmediata[769].

Resulta obvio que una patología psíquica (enfermedad al fin y al cabo), cuyas causas de aparición se llegue a probar que han sido las conductas de naturaleza sexual sufridas con ocasión de la prestación laboral, "cumple todos los requisitos que exige la norma reguladora" para ser considerada siniestro profesional, y como tal debe ser protegido por la Seguridad Social, mereciendo además la oportuna tutela administrativa y judicial. Todo ello sin olvidar tampoco la necesidad de introducir medidas condenatorias frente a posibles denuncias falsas, pues ello ayudará a depurar responsabilidades en los lamentables supuestos verdaderos[770].

Botón de muestra de esta doctrina puede encontrarse en la reciente sentencia de la Sala de lo Contencioso-Administrativo del Tribunal Supremo de 27 de noviembre de 2023[771], en

769 SUÁREZ GONZÁLEZ, F.: "El Convenio 190 de la OIT y su repercusión en el ordenamiento laboral español", *Revista del Ministerio de Trabajo y Economía Social*, núm. 147, 2020.

770 LOUSADA AROCHENA, F.: "El Convenio 190 de la Organización Internacional del Trabajo sobre violencia y acoso en el trabajo", *Revista de Derecho Social*, núm. 88, 2019, pp. 55 y ss.

771 Núm. 1569/2023. Recientemente, la STSJ, Galicia, 5 febrero 2024 (rec. 4666/2023), ha condenado a una empresa a indemnizar

virtud de la cual, al enjuiciar el acoso sexual de un jefe médico a una subordinada, considera que no es necesario que el comportamiento, físico o verbal, de naturaleza sexual sea explícito, sino que puede ser implícito, siempre que resulte inequívoco. Según este pronunciamiento judicial, las características que deben concurrir en un comportamiento implícito para subsumirlo en el marco del acoso sexual son las siguientes: A) Comportamiento guiado o determinado por la líbido o deseo sexual; B) Inexistencia de aceptación libre por parte de la persona afectada; C) Incluso si hubiera consentimiento, un comportamiento objetiva y gravemente atentatorio contra la dignidad de la persona afectada podría constituir acoso sexual; D) Atención al contexto (profesional, docente, etc.) en que el comportamiento se produce, teniendo en cuenta hasta qué punto la persona afectada ha podido eludir los requerimientos y las molestias; E) Dimensión temporal, pues a menudo no tiene el mismo significado ni la misma gravedad un suceso aislado que toda una serie sostenida y continuada de actos, pero sin que nada impida que un acto concreto pueda ser constitutivo de acoso.

La Ley Orgánica 10/2022

Como ya consta, pese a la garantía de la posible consideración profesional del daño, es necesario apostar por la visión preventiva, no en vano así se evitaría acudir a los órganos judiciales a los efectos de exigir reparaciones a posteriori poco satisfactorias. Bajo tal premisa, la Ley Orgánica 10/2022, de 6 de septiembre, de garantía integral de la libertad sexual, en su art. 12.1 obliga a todas las empresas a diseñar procedimientos específicos para la prevención del acoso sexual y por razón de sexo y para dar cauce a las denuncias o reclamaciones que puedan

---

30.000 a una trabajadora que sufrió acoso sexual de su jefe.

formular quienes hayan sido víctimas de estas conductas, incluyendo específicamente las sufridas en el ámbito digital. Estos protocolos parecen configurarse ahora como procedimientos para la prevención de la criminalidad sexual en la empresa; aproximándose su conceptuación a los programas de prevención de riesgos penales, previstos por el art. 31 bis CP.

Esta Ley impone la obligación expresa de negociar las buenas prácticas (campañas informativas, protocolos de actuación o acciones de formación, etc.) que se pretendan llevar a cabo con los representantes de las personas trabajadoras. Dichas actuaciones deberán ir dirigidas a todas las personas que prestan servicios en la empresa, incluyendo becarias, voluntariado y puestas a disposición. Junto con menciones más o menos programáticas ("las empresas promoverán la sensibilización y ofrecerán formación para la protección integral contra las violencias sexuales a todo el personal a su servicio"), el art. 12 obliga también a todas las organizaciones productivas a incluir en la "valoración de los riesgos de los diferentes puestos de trabajo ocupados por trabajadoras, la violencia sexual entre los riesgos laborales concurrentes, debiendo formar e informar de ello a sus trabajadoras". Difícilmente cabe circunscribir este deber al hecho circunstancial de que lo ocupe una mujer en un determinado momento, por lo que debería integrarse en todos ellos y aparecer de forma explícita a tal efecto en la normativa preventiva[772].

Estos instrumentos deben asumir una doble función preventiva y reparativa; deben identificar y evaluar los riesgos, fijando obligaciones formales y materiales para evitar la aparición de los fenómenos de acoso; han de indicar los aspectos organizativos sobre los que hay que incidir para su prevención y las me-

---

772 RODRÍGUEZ GONZÁLEZ, S.: "La garantía integral de la libertad sexual en las relaciones laborales", *Revista del Ministerio de Trabajo y Economía Social*, núm. 155, 2023, pp. 149 y ss.

didas que deben establecerse al respecto. Estas medidas deben ir dirigidas a la sensibilización, formación e información sobre este tipo de riesgos, especialmente de los mandos, evaluación del riesgo de acoso en la organización, planificación de la actividad preventiva y vigilancia de la salud. Pero también, los protocolos son instrumentos reactivos, al articular procedimientos de denuncia y solución de estos conflictos en la empresa[773].

Estos cauces preventivos incluyen también canales de denuncia, por lo que habremos de plantearnos su compatibilidad con los métodos de denuncia interna, que impone la trasposición de la Directiva (UE) 2019/1937 del Parlamento Europeo y del Consejo, de 23 de octubre de 2019, relativa a la protección de las personas, que informen sobre infracciones del Derecho de la Unión, a través de la Ley 2/2023, de 20 de febrero, que, dirigida a la protección de los informantes, obliga a establecer sistemas internos y externos de denuncias de infracciones en organizaciones privadas y públicas, incluyendo infracciones graves y muy graves relativas a la normativa laboral y de la Seguridad social. La eventual inclusión en este ámbito material de las denuncias relativas a acoso sexual plantea la relación entre estos nuevos sistemas de denuncias de irregularidades y los existentes sistemas de denuncias de acoso laboral previstos en los protocolos que operan en la actualidad en muchas empresas. La solución más adecuada radica en mantener los vigentes sistemas de denuncias de los acosos en las empresas, pues atesoran ciertas características específicas, que deben ser atendidas, pues están configurados exclusivamente para informar de situaciones de acoso, con fines de prevención y reparación de estas. Los protocolos de acoso han de facilitar procedimen-

---

773 ÁLVAREZ CUESTA, H.: "La protección laboral y social de las víctimas de violencias sexuales en la Ley Orgánica 10/2023, de 6 de septiembre, de garantía integral de la libertad sexual", *Temas Laborales*, núm. 166, 2023, pp. 11 y ss.

talmente su puesta en marcha, incluir una comisión de seguimiento objetiva, establecer medidas cautelares que impidan la continuación de los comportamientos nocivos y finalmente se sancione al acosador de acuerdo con su acción. Conviene, por tanto, realizar una interpretación integradora y complementaria, que tras el fracaso en la activación del protocolo anti-acoso, abriera la vía de los sistemas de información interna y externa prevista por la presente Ley 2/2023.

Además, la Ley Orgánica 10/2022 reforma el delito de revelación de secretos del art. 197 CP para castigar a todo aquel que, careciendo de autorización del afectado, difunda, revele o ceda a terceras personas imágenes o grabaciones, suponiendo un menoscabo grave a su intimidad personal. Reforma también el art. 184 CP tipificando la responsabilidad penal de las personas jurídicas, lo cual otorga una singular relevancia de los protocolos para su prevención, en la medida que las empresas puedan quedar exoneradas de responsabilidad penal, tras la implementación adecuada de procedimientos de prevención de este delito, lo cual no supondrá sino un importante acicate tuitivo.

Pese a estos avances, resulta necesaria, no obstante, una reforma de la legislación preventiva que adolece de carencias de protección frente a la violencia y el acoso, con ausencia incluso de cualquier referencia expresa a estos como riesgos psicosociales. Nuestra normativa de seguridad y salud debe, pues, establecer obligaciones de evaluación de los riesgos de violencia y acoso, así como la obligación de proporcionar a las personas concernidas, en forma accesible, información y capacitación sobre los peligros y riesgos de violencia y acoso identificados y de las medidas de prevención y de protección[774]. Y, por otra parte, nuestra legislación de Seguridad Social debe proteger

---

774 SÁEZ LARA, C.: "Violencia sexual, mujer y trabajo", *Revista Galega de Dereito Social,* núm. 16, 2022, pp. 9 y ss.

las enfermedades psicológicas derivadas del acoso como contingencias profesionales.

El Decreto Ley 16/2022

La prevención de riesgos laborales del personal al servicio del hogar familiar ha sido objeto recientemente de una reforma de calado, en tanto el art. 3 LPRL incluía a todas las relaciones laborales en su ámbito de aplicación, con la excepción de la relación laboral especial del servicio del hogar familiar, pese a que estas trabajadoras se encuentran sometidas a riesgos físicos, químicos o biológicos derivados del uso de productos jabonosos y desinfectantes, la manipulación de alimentos, la adopción de posturas dolorosas, el mantenimiento prolongado de las mismas, los movimientos repetitivos que provocan alteraciones músculo esqueléticas muy dispersas y localizadas en el cuello y la espalda, la manipulación de cargas de personas dependientes, las afecciones cutáneas por productos de belleza, las alteraciones circulatorias en miembros inferiores, la fatiga ante la prolongación de la jornada, la responsabilidad derivada de las múltiples tareas desempeñadas, la excesiva presión emocional o, por no seguir, el acoso.

La situación ha cambiado con el Real Decreto Ley 16/2022, de 6 de septiembre, que modificó el precepto mencionado poniendo fin a la exclusión y añadió a la LPRL una nueva disposición adicional, la 18ª, en cuya virtud estos trabajadores (normalmente, trabajadoras) también tienen derecho a una protección eficaz en materia de seguridad y salud en el trabajo especialmente en el ámbito de la prevención de la violencia contra las mujeres, teniendo en cuenta las características específicas del trabajo doméstico, en los términos y con las garantías que se prevean reglamentariamente". En consonancia, la disposición final del mentado Real Decreto Ley 16/2022 otorgaba al Gobierno un plazo de seis meses desde su publicación para dictar la norma reclamada por la nueva disposición adicional 18ª LPRL[775].

La Ley 4/2023

La Ley 4/2023, de 28 de febrero, para la igualdad real y efectiva de las personas trans y para la garantía de los derechos de las personas LGTBI, recoge la obligación destinada a las empresas de más de cincuenta personas trabajadoras, las cuales deberán contar, en el plazo de doce meses a partir de la entrada en vigor de la presente ley (es decir, tienen para su cumplimiento desde el 2 de marzo de 2023 hasta el 2 de marzo de 2024), con un conjunto planificado de medidas y recursos para alcanzar la igualdad real y efectiva de las personas LGTBI, que incluya un protocolo de actuación para la atención del acoso o la violencia contra tal grupo. Este "conjunto planificado de medidas" parece hacer referencia a los planes de igualdad y quizá el desarrollo reglamentario que anuncia respecto de su contenido y alcance seguirá los pasos y contenido previsto en el Real Decreto 901/2020 para aquellos, o bien en la práctica se negociarán los planes de igualdad entre mujeres y hombres y para las personas LGTBI conjuntamente sin perjuicio de su articulación separada. En todo caso, las medidas o el plan han de ser pactados a través de la negociación colectiva y acordados con la representación legal (o sindical) de las personas trabajadoras. El resto de empresas habrán de tener, en todo caso y de conformidad con el art. 62, métodos o instrumentos suficientes para la prevención y detección de las situaciones de discri-

---

775 MÉNDEZ ÚBEDA, M.C.: "Sobre la prevención de riesgos laborales para las personas trabajadoras al servicio del hogar familiar: algunos cambios recientes y otros todavía pendientes", *e-Revista Internacional de Protección Social,* núm. extra 1, vol 3, pp. 102 y ss.

minación por razón de las causas previstas en la Ley 4/2023, así como articular medidas adecuadas para su cese inmediato[776].

En fin, el art. 17.3 in fine ET señala que el incumplimiento de la obligación de tomar medidas de protección frente a la discriminación y la violencia dirigida a las personas LGTBI a que se refiere el art. 62.3 de la Ley 4/2023 dará lugar a la asunción de responsabilidad de las personas empleadoras en los términos del art. 62.2 de la misma norma.

LOS ALGORITMOS EN LA PROYECTADA DIRECTIVA SOBRE TRABAJO EN PLATAFORMAS

En las plataformas, el trabajo se realiza mediante una herramienta informática, gestionada a través de algoritmos, que se usan como soporte de control, gestión y organización de la productividad. En concreto, las finalidades a las que sirven los algoritmos se concretan, esencialmente, en tres específicas funciones[777]:

1. En primer lugar, proceden a la asignación de la concreta actividad, de modo que, a través de la app se asignan al prestador de servicios los trabajos más cercanos. El sistema funciona mediante el rastreo de la proporción de trabajos que el prestador ha aceptado y realiza un promedio de la evaluación/puntuación que los usuarios han otorgado a quien ha desarrollado el servicio. Se

[776] ARRÚE MENDIZABAL, M.: "El derecho a la identidad sexual/género y a la libertad de expresión de género. Los avances en la protección sociolaboral de las personas trans", *Revista Trabajo y Seguridad Social (Centro de Estudios Financieros)*, núm. 473, 2023, pp. 125 y ss.

[777] MERCADER UGUINA, J.R.: "Algoritmos: personas y números en el derecho digital del trabajo", *Diario La Ley*, núm. 48, 24 febrero 2021.

produce, en cierto modo, una cierta subasta de servicios que el algoritmo se encarga de coordinar.

2. En segundo término, la "gestión algorítmica" asigna tarifas y modifica los precios de los servicios durante los picos de demanda. El precio está determinado por una tarifa estándar y fluctúa de acuerdo con un algoritmo dinámico desde el punto de vista cuantitativo capaz de equilibrar oferta y demanda.

3. En tercer lugar, el algoritmo permite la evaluación del rendimiento, clasificando y valorando el grado de aceptación de la prestación de los servicios por parte de los usuarios, para la adopción de decisiones automatizadas concernientes a su vida laboral. Gracias a la IA, las empresas pueden conocer, en el momento inmediatamente siguiente a la prestación del servicio, la opinión y la dosis de satisfacción o insatisfacción que los clientes han tenido para vincularlo al trabajador que les ha atendido[778]. La escasa productividad de los prestadores puede motivar incluso su desactivación automática de la plataforma de intercambio compartido y su expulsión.

Teniendo en cuenta esta triple premisa, la propuesta de Directiva sobre la mejora de las condiciones de trabajo en las plataformas digitales[779], introduce una serie de límites. Así:

En primer lugar, el art. 4 recoge una sólida presunción jurídica, aplicable tanto en el marco de actuaciones administrativas como jurisdiccionales, en virtud de la cual la relación

---

778 MARÍN MALO, M.: "Aportaciones de la IA en materia preventiva y nuevos riesgos emergentes", en AA.VV (EGUSQUIZA BALMASEDA, M.A. y RODRÍGUEZ SANZ DE GALDEANO, B., Dirs.): *Inteligencia artificial y prevención de riesgos laborales: obligaciones y responsabilidades,* Valencia, Tirant Lo Blanch, 2023, p. 185.

779 COM(2021) 762 final. 2021/0414(COD)

contractual entre una plataforma digital que utilice algoritmos para la organización del trabajo, y un prestador de actividad a través de la misma, se presume como contrato de trabajo, teniendo en cuenta el principio de primacía de los hechos sobre la calificación jurídica formal. Para llegar a esta conclusión, es necesario que concurran al menos dos criterios indiciarios de subordinación, entre los cinco enumerados por la norma: a) determinación efectiva de los parámetros retributivos; b) observancia obligatoria de instrucciones relativas a la apariencia o la conducta hacia el receptor del servicio; c) supervisión de la actividad laboral o verificación de la calidad de los resultados del trabajo, incluyendo el uso de medios electrónicos; d) existencia de restricciones efectivas a la libertad de organización del trabajo, incluida la adopción de sanciones que se puedan derivar de la elección de las horas de trabajo o los periodos de ausencia, la aceptación o rechazo de tareas o el recurso a la sustitución o subcontratación; y e) restricción de la posibilidad de crear carteras propias de clientes o de desempeñar servicios para terceros[780].

En segundo término, el art. 6 establece un derecho de información sobre los sistemas automatizados de vigilancia y control de la actividad desarrollada por la persona trabajadora y sobre los sistemas automatizados de toma de decisiones que afecten a las condiciones de trabajo en sentido amplio, reconociendo, al tiempo, la titularidad del derecho a la información tanto a las personas trabajadoras como a los órganos de representación en la empresa.

Si se trata del uso de sistemas automatizados de supervisión destinados a hacer un seguimiento y evaluar por medios electrónicos la ejecución del trabajo realizado, la información

---

780 BAZ TEJEDOR, J.: "Responsabilidad algorítmica y gobernanza de la IA en el ámbito sociolaboral. Entre la perspectiva y la prospectiva", *Trabajo y Derecho*, núm. 89, 2022.

comprenderá: a) si tales sistemas están en uso o en proceso de introducción; y b) las categorías de acciones controladas, supervisadas o evaluadas por tales sistemas, incluida la evaluación por el destinatario del servicio.

Si se trata de artilugios de toma o apoyo de decisiones que afecten significativamente a las condiciones de trabajo, en particular al acceso a las tareas asignadas, a los ingresos, a la seguridad y salud en el trabajo, al tiempo de trabajo, a la promoción y a la situación contractual, incluida la restricción, suspensión o cancelación de la cuenta de la persona trabajadora, la información deberá extenderse a: a) si tales sistemas están en uso o en proceso de introducción; b) las categorías de decisiones adoptadas o apoyadas por tales sistemas; c) los principales parámetros que tienen en cuenta y la importancia relativa de dichos parámetros en la toma de decisiones automatizadas, incluida la forma en la que los datos personales o el comportamiento del trabajador influyen en las decisiones; d) los motivos de las decisiones de restringir, suspender y cancelar la cuenta del trabajador, de denegar la remuneración por el trabajo realizado, o de cualquier decisión sobre la situación contractual del trabajador o que tenga efectos similares[781].

La información deberá ser facilitada "de forma concisa, transparente, inteligible y fácilmente accesible, utilizando un lenguaje claro y sencillo", extendiéndose a los principales parámetros que sirven para la adopción de decisiones. Esta previsión pretende asegurar el efecto útil de la norma Europea y proscribir comportamientos obstruccionistas que mediante el exceso de información o la utilización de un lenguaje innece-

---

781 FERNÁNDEZ GARCÍA, A.: "Los algoritmos y la inteligencia artificial en la Ley 12/2021, de 28 de septiembre", en AA.VV (MORENO GENÉ, J. y ROMERO BURILLO, A.M., Coord.): *Los nuevos escenarios laborales de la innovación tecnológica,* Valencia, Tirant Lo Blanch, 2023, p. 186.

sariamente técnico, impida a las personas trabajadoras o a sus órganos de representación el acceso material a la información precisa para defender sus intereses o cumplir con las funciones de control encomendadas[782].

En tercer lugar, se prohíbe el tratamiento de datos personales que no estén intrínsecamente relacionados con la ejecución del contrato de trabajo y que no sean estrictamente necesarios para ello, como salud, estado emocional o psicológico, conversaciones privadas y datos externos a la jornada laboral (art. 6.5)[783].

En cuarto término, el art. 7 señala la obligación de supervisión humana de los sistemas automatizados y de realizar una evaluación del impacto, que incluirá una valoración de los riesgos laborales (incluyendo psicosociales, ergonómicos y de accidentes laborales) y la introducción de medidas preventivas.

En quinto lugar, adicionalmente, el art. 8 obliga a las plataformas a facilitar una interlocución con un responsable de la empresa con competencia acreditada, ante cualquier solicitud de aclaración de las personas trabajadoras afectadas por las decisiones automatizadas. La explicación ex post de las decisiones significativas, tanto de las totalmente automatizadas, como de las auxiliadas por tales sistemas automatizados, queda, de esta manera, plena y expresamente garantizada. Como tutela adicional, se prevé la necesidad de formalizar en un documento escrito la contestación ex post de la plataforma que dé cuenta

---

782 GÓMEZ GORDILLO, R.: "Digitalización y poder de dirección en la empresa: entre la distopía y la acción sindical", *Revista Direito Público*, vol. 20, núm. 107, 2023, p. 96.

783 FERNÁNDEZ GARCÍA, A.: "Los algoritmos y la inteligencia artificial en la Ley 12/2021, de 28 de septiembre", en AA.VV (MORENO GENÉ, J. y ROMERO BURILLO, A.M., Coord.): *Los nuevos escenarios laborales de la innovación tecnológica*, Valencia, Tirant Lo Blanch, 2023, p. 187.

de las razones de la decisión adoptada, cuando ésta tenga efectos significativos sobre el trabajador. Y en todo caso —se trate o no de una resolución con efectos significativos—, se salvaguarda el derecho de los trabajadores a solicitar de la plataforma la revisión de la decisión. De este modo, la plataforma asume la obligación de dar una respuesta motivada a la solicitud de revisión planteada por el trabajador, sin incurrir en dilaciones indebidas, y en cualquier caso, dentro del plazo de una semana desde la recepción de la solicitud (o dos semanas si se trata de pymes y microempresas)[784]. En caso de que, como consecuencia de la revisión de la determinación adoptada pudiesen aflorar incumplimientos de los derechos del trabajador, recae sobre la plataforma la responsabilidad de rectificar la decisión sin demora, o bien, cuando dicha rectificación no resulte posible, ofrecer una compensación adecuada al trabajador.

En fin, el art. 9 incluye en el ámbito de los derechos de información y consulta las decisiones sobre introducción de sistemas automatizados de dirección y control[785]. El objetivo de este último precepto es promover el diálogo social cuando se implementa una nueva tecnología en el lugar de trabajo y, en particular, cuando se prevé el uso de la gestión algorítmica, dada la complejidad del sistema de IA. Se trata de impulsar la transparencia y mejor comprensión de los sistemas automatizados de supervisión y toma de decisiones así como de garantizar la supervisión humana de dichos sistemas y la protección de los derechos específicos de las personas afectadas en cuanto a

---

784 BAZ TEJEDOR, J.: "Responsabilidad algorítmica y gobernanza de la IA en el ámbito sociolaboral. Entre la perspectiva y la prospectiva", *Trabajo y Derecho*, núm. 89, 2022.

785 GÓMEZ GORDILLO, R.: "El poder de dirección y los algoritmos", en AA.VV (BARCELÓN COBEDO, S.; CARRERO DOMÍNGUEZ, C. y DE SOTO RIOJA, S., Coord.): *Estudios de Derecho del Trabajo y de la Seguridad Social. Homenaje al profesor Santiago González Ortega, Monografías de Temas Laborales*, núm. 64, 2023, p. 238.

decisiones significativas que afecten a las condiciones de trabajo[786]. En concreto, detalla el contenido del deber de informar sobre el uso de sistemas automatizados de toma o apoyo de decisiones que afectan significativamente a las condiciones de trabajo, haciendo referencia a los siguientes extremos: 1) que tales sistemas estén en uso o en proceso de introducción; 2) las categorías de decisiones adoptadas o apoyadas por esos sistemas; 3) los principales parámetros que tienen en cuenta y la importancia relativa de dichos parámetros en la toma de decisiones automatizadas, incluida la forma en la que los datos personales o el comportamiento del trabajador influyen en las decisiones; 4) los motivos de las decisiones de restringir, suspender o cancelar la cuenta del trabajador, de denegar la remuneración por el trabajo realizado o de cualquier resolución sobre la situación contractual del trabajador o que tenga efectos similares[787].

LA INMINENTE TRANSPOSICIÓN DE LA DIRECTIVA SOBRE CONDICIONES LABORALES TRANSPARENTES

La Directiva 2019/1152, de 20 de junio, relativa a unas condiciones laborales transparentes y previsibles en la Unión Europea, reconoce el derecho de los trabajadores a ser informados por escrito al comienzo del empleo sobre sus derechos y

---

786 GOÑI SEIN, J.L.: "El Reglamento UE de inteligencia artificial y su relación con la normativa de seguridad y salud en el trabajo", en AA.VV (EGUSQUIZA BALMASEDA, M.A. y RODRÍGUEZ SANZ DE GALDEANO, B., Dirs.): *Inteligencia artificial y prevención de riesgos laborales: obligaciones y responsabilidades*, Valencia, Tirant Lo Blanch, 2023, p. 113.

787 FERNÁNDEZ GARCÍA, A.: "Inteligencia artificial y discriminación en el trabajo", en AA.VV (ROMERO BURILLO, A.M., Dir.): *La mujer ante los retos del trabajo 4.0*, Pamplona, Aranzadi, 2023, p. 97.

obligaciones de la relación laboral incluso en período de prueba, pero no se refiere de forma expresa a los sistemas de IA[788]. Algo distinto sucedía en el Anteproyecto de Ley español destinado a la transposición de dicha Directiva[789], pues introducía, si bien de forma ambigua e inconclusa, un nuevo art. 8 bis en el ET para señalar la obligación empresarial de "informar a las personas trabajadoras de la utilización de sistemas automatizados de toma de decisiones... A tal efecto, la empresa deberá proporcionar a la persona trabajadora, cuando proceda, la información adicional acerca de dichos sistemas que se disponga reglamentariamente. Esta información deberá trasladarse de forma transparente, en un formato estructurado y de uso común".

A su vez, el referido Anteproyecto preveía la modificación del Real Decreto 1659/1998, de 24 de julio, por el que se desarrolla el art. 8.5 ET en materia de información al trabajador sobre los elementos esenciales del contrato de trabajo. En concreto, se introducía un nuevo art. 2. bis con la siguiente redacción: "En cumplimiento de la obligación de informar a las personas trabajadoras de la utilización de sistemas automatizados de toma de decisiones, o de seguimiento o vigilancia destinados a proporcionar información relevante a efectos del ejercicio de sus facultades de dirección, gestión y control, la

---

788 TERRADILLOS ORMAETXEA, E.: "Los poderes de dirección y de control de la empresa y el derecho a la protección de datos", *Documentación Laboral*, núm. 126, Vol. 2, 2022, p. 72; ELORZA GUERRERO, F.: "La Directiva sobre condiciones laborales transparentes y previsibles y su transposición en España", Temas Laborales, núm. 268, 2023, p. 93 o, por extenso, MIRANDA BOTO, J.M.: *Condiciones de trabajo transparentes y previsibles. Desafíos para el Derecho español en la transposición de la Directiva (UE) 2019/1152*, Valencia, Tirant Lo Blanch, 2023.

789 https://expinterweb.mites.gob.es/participa/listado/download/b1cdbf75-f3cc-4528-a44b-2a4517537752

empresa deberá completar la información..., cuando proceda, con los siguientes extremos a cerca de dichos sistemas: a) los aspectos de la relación laboral sobre los cuales inciden, b) los objetivos que se persiguen con su utilización, c) su funcionamiento y la lógica que siguen, d) las categorías de datos y los parámetros utilizados para programarlos o educarlos, incluidos los mecanismos de valoración de la prestación de servicios, e) las medidas de control previstas respecto de las decisiones automatizadas, los procedimientos de corrección y el responsable de la gestión de la calidad, f) su nivel de precisión, resistencia y ciberseguridad y las métricas utilizadas para medir esos parámetros, así como los impactos potencialmente discriminatorios de las propias métricas"[790].

Ninguna de estas referencias se han incluido en el texto del Proyecto de Ley por la que se modifican el ET y otras disposiciones en materia laboral, para la transposición de la Directiva 2019/1152. Cabe esperar, no obstante, que durante la tramitación parlamentaria se colmen tales lagunas.

AVANCES (TODAVÍA INCIPIENTES) DESDE LA NEGOCIACIÓN COLECTIVA

La relevancia de la negociación colectiva como instancia reguladora del respeto a los derechos de las personas trabajadoras frente a la digitalización del trabajo mediante sistemas inteligentes adquiere rango normativo y alcance general merced al art. 88 RPD. Dicho precepto caracteriza al convenio colectivo como eventual fuente reguladora "para garantizar la protección de los derechos y libertades en relación con el trata-

790 MUÑOZ RUÍZ, A.B.: *Biometría y sistemas automatizados de reconocimiento de emociones: implicaciones jurídico-laborales*, Valencia, Tirant Lo Blanch, 2023, pp. 179-180.

miento de los datos personales de los trabajadores en el ámbito laboral", haciendo referencia explícita al procesamiento de datos con fines de contratación, ejecución del contrato laboral, gestión, planificación y organización del trabajo, igualdad y diversidad en el lugar de trabajo, salud y seguridad en el trabajo, protección de los bienes de empleados o clientes, así como a efectos del ejercicio y disfrute, individual o colectivo, de los derechos y prestaciones relacionadas con el empleo y a efectos de la extinción de la relación laboral" (apartado 1). Encarga, además, al convenio colectivo, en cuanto norma reguladora, que incluya "medidas adecuadas y específicas para preservar derechos fundamentales, prestando especial atención a la transparencia del tratamiento, a la transferencia de los datos personales dentro de un grupo empresarial o de una unión de empresas dedicadas a una actividad económica conjunta y a los sistemas de supervisión en el lugar de trabajo".

Bajo tales premisas, la normativa interna española también invoca a la negociación colectiva como fuente reguladora de los límites en el ejercicio del poder de supervisión empresarial para salvaguardar los denominados "derechos digitales", esto es, el derecho de la intimidad de los trabajadores tanto en el uso de los dispositivos informáticos puestos a disposición por su empresario (art. 87 LOPDyGDD), cuanto frente al recurso a los mecanismos de videovigilancia y de grabación de sonidos en el lugar de trabajo (art. 89 LOPDyGDD) o también a raíz del establecimiento de sistemas de geolocalización en el ámbito laboral (art. 90 LOPDyGDD). En concreto, el art. 91 LOPDyGDD remite a la negociación colectiva las eventuales garantías adicionales de los derechos y libertades relacionadas con el tratamiento de los datos personales de los trabajadores y la salvaguarda de derechos digitales en el ámbito laboral.

Al calor de este entramado normativo, la negociación colectiva está llamada a ocupar un amplio espacio de regulación e incluir nuevos contenidos imbricados con las tecnologías inteligentes, la generalización del uso de internet o la conexión cuasi-permanente, adoptando una postura renovada, buscando avances en materias a las que la norma heterónoma no alcanza y que se van imponiendo por el cambio social. Las normas paccionadas son, sin duda, la herramienta más eficaz para ofrecer salvaguardas contra la rápida evolución tecnológica de la gestión digital, no en vano los instrumentos vinculados al derecho colectivo han demostrado tradicionalemente ser esenciales en aras a limitar las prerrogativas empresariales, pudiendo llegar a ofrecer soluciones flexibles tanto a nivel sectorial como de empresa y tratar de compatibilizar, aplicando los principios generales previstos legislativamente, los intereses de trabajadores y empresarios, compaginando los mismos cuando estuviesen distanciados. Como con acierto se ha dicho, los interlocutores sociales están en disposición de "establecer garantías adicionales de los derechos y libertades relacionados con la salvaguarda de derechos de las personas trabajadoras en los procesos de transformación digital y en la determinación de las consecuencias laborales que la misma puede implicar"[791]. La negociación colectiva se postula, por ende, como fuente reguladora estrella de la sociedad 5.0, donde la digitalización, IA y robotización, han adquirido un papel protagonista. La regulación paccionada permite dar respuesta a estos nuevos fenómenos y a sus repercusiones laborales de una forma más ágil y rápida, fruto del consenso entre los interlocutores sociales, capaz de proporcionar una mayor coherencia a la ordenación jurídica con la realidad, una mayor legitimidad, una mejor y más fácil adaptación a los cambios y una mayor seguridad jurídica por ser fruto del acuerdo entre las partes participantes.

El Acuerdo Marco Europeo sobre Digitalización, de 22 de junio de 2020, alcanzado por los interlocutores sociales europeos, CES, Business Europe, SME United, y CEEP (y el comité de enlace EUROCADRES/CEC), que partiendo de las múlti-

---

791 GOBIERNO DE ESPAÑA: *Carta de Derechos Digitales*, 2021, p. 23.

ples dimensiones de la transformación digital de la economía, de sus implicaciones en el mercado laboral, de sus oportunidades y también de sus riesgos, busca lograr una transición consensuada en el inevitable proceso de integración de las tecnologías digitales en el trabajo, prestando especial atención a la implantación de sistemas de IA y el respeto de la dignidad del elemento humano en el trabajo[792]. Este documento reafirma la importancia de adoptar un enfoque preventivo, señalando que "es deber del empleador garantizar la seguridad y la salud de los trabajadores en todos los aspectos relacionados con el trabajo, (de forma que)... para evitar posibles efectos negativos sobre la salud y seguridad de los trabajadores, así como el funcionamiento de la empresa, la atención debe centrarse en la prevención,... evitando largos tiempos de conexión y uso continuado de herramientas informáticas"[793]. Reseña como eje central de sus directrices el principio del control de las personas sobre la IA en el lugar de trabajo, respetando los controles de seguridad, lo que da lugar a una IA fiable, caracterizada por las siguientes cualidades: transparente, lícita, justa, segura, robusta y respetuosa con todas las leyes y reglamentos aplicables, así como con los derechos fundamentales y las normas de no discriminación[794].

---

792 RODRÍGUEZ-PIÑERO ROYO, M.C. y CALVO GALLEGO, F.J.: "Los derechos digitales de los trabajadores a distancia", *Revista Derecho de las Relaciones Laborales,* núm. 11, 2020, p. 1452.

793 PÉREZ DÍAZ, D.: "Riesgos psicosociales asociados al uso de nuevas tecnologías de la información y comunicación (NTIC). La tutela preventiva en el Derecho de la Unión Europea y España con especial referencia al teletrabajo", en AA.VV (RODRÍGUEZ-PIÑERO ROYO, M. y TODOLÍ SIGNES, A., Dir.): *Trabajo a distancia y teletrabajo: análisis del marco normativo vigente,* Pamplona, Aranzadi, 2021, p. 212.

794 SEPÚLVEDA GÓMEZ, M.: "El Acuerdo marco europeo sobre digitalización. El necesario protagonismo de la norma pactada", *Temas Laborales,* núm. 158, 2021, pp. 213 y ss.

La Declaración de los agentes sociales europeos del sector de seguros sobre inteligencia artificial de 16 de marzo de 2021 obliga a las empresas a plantear un test de uso responsable de la IA que incluya la siguiente pregunta: "¿logrará la implementación de la inteligencia artificial mejorar las condiciones de trabajo y la satisfacción de las personas consumidoras de una manera ética y transparente, y sin pérdidas (desproporcionadas) de puestos de trabajo?"[795].

Asimismo, el V Acuerdo para el Empleo y la Negociación colectiva suscrito por los interlocutores sociales más representativos en nuestro país, dedica un apartado específico a la IA en el mundo laboral, indicando una serie de principios para conseguir un uso correcto, que evite decisiones sesgadas o discriminatorias, a saber: control humano, seguridad y transparencia. En concreto, recoge, en la línea reseñada por el art. 64.4 d) ET, la obligación empresarial de facilitar a "los representantes legales de las personas trabajadoras información transparente y entendible sobre los procesos que se basen en IA en los procedimientos de recursos humanos (contratación, evaluación, promoción y despido), así como de garantizar que no existen prejuicios ni discriminaciones". Insiste, además, en el papel fundamental que debe desempeñar la negociación colectiva a la hora de fijar criterios que garanticen un uso adecuado de la IA y sobre el desarrollo del deber de información periódica a la representación de los trabajadores.

Ahora bien, pese a estas llamadas a la negociación colectiva, lo cierto es que los productos negociales todavía no ha dado pasos suficientes a la hora de suplementar los mecanismos de garantía cuando los adelantos técnicos van asociados a algorit-

---

795 AA.VV.: *Información algorítmica en el ámbito laboral. Guía práctica y herramienta sobre la obligación empresarial de información sobre el uso de algoritmos en el ámbito laboral*, Madrid, Ministerio de Trabajo y Economía Social, 2022, p. 17.

mos e IA. Cabe mencionar, no obstante, algunas excepciones de interés[796]:

1. Si bien algunos pactos reproducen el contenido legal respecto al deber de información a los representantes de las personas trabajadoras[797] o utilizan fórmulas equivalentes (el "uso de la analítica de datos o los sistemas de inteligencia artificial cuando los procesos de toma de decisiones en materia de recursos humanos y relaciones laborales se basen exclusivamente en modelos digitales sin intervención humana"[798], incluida la elaboración de perfiles[799]), no faltan muestras de ampliación, entendiendo que la información debe de "abarcar los datos que nutren los algoritmos, la lógica de funcionamiento y la evaluación de los resultados"[800], dejando claro

---

796 ÁLVAREZ CUESTA, H.: *El impacto de la inteligencia artificial en el trabajo: desafíos y propuestas*, Pamplona, Aranzadi, 2020, p. 100.

797 Art. 31 CC para el comercio de distribuidores de especialidades y productos farmacéuticos (BOE núm. 229, de 23 de septiembre de 2022); Art. 94.uno.14ª del XXII CC de ámbito estatal para las industrias extractivas, industrias del vidrio, industrias cerámicas y para las del comercio exclusivista de los mismos materiales (BOE núm. 150, de 24 de junio de 2022) ó Art. 38 CC Grupo Allianz (BOE núm. 154, de 29 de junio de 2023).

798 Art. 14 CC general de ámbito estatal para el sector de entidades de seguros, reaseguros y mutuas colaboradoras con la Seguridad Social (BOE núm. 310, de 27 de diciembre de 2021). En términos similares, art. 94.14 de ámbito estatal para las industrias extractivas, industrias del vidrio, industrias cerámicas y para las del comercio exclusivista de los mismos materiales (BOE núm. 150, de 24 de junio de 2022).

799 Artículo 31 CC estatal para el comercio de distribuidores de especialidades y productos farmacéuticos (BOE núm. 229, de 23 de septiembre de 2022).

800 Art. 35.5 CC para los establecimientos financieros de crédito (BOE núm. 175, de 24 de julio de 2023) o Art. 80.5 del XXIV CC del sector

que "nunca se tratará ni se facilitará el código fuente de la gestión algorítmica"[801] ni aquellos extremos que "tengan la protección que le confiere la normativa vigente"[802]. En ciertas ocasiones se llega a detallar que la información será proporcionada "de forma sencilla y entendible".[803]

En alguna cláusula paccionada se restringe, sin embargo, el deber de información "sobre el uso de la analítica de datos o los sistemas de inteligencia artificial" a aquellos "procesos de toma de decisiones en materia de recursos humanos y relaciones laborales (que) se basen, exclusivamente en modelos digitales sin intervención humana"[804]. En otros casos, se crea una comisión de trabajo paritaria para facilitar la entrega y el manejo de la información, que asumirá también competencias para la resolución de posibles conflictos sobre aspectos generados en el entorno digital que afecte a las condiciones de trabajo[805]. Tampoco faltan disposiciones paccionadas relativas al deber de sigilo a observar por la representación legal, en el sentido de que "la informa-

---

de la banca (BOE núm. 76, de 30 de marzo de 2021) o0.

801 Art. 42 CC de Acciona Mobility, SA. (BOE núm. 44, de 21 de febrero de 2023).

802 Art. 68 Acuerdo Just Eat de 17 de diciembre de 2021.

803 Anexo II CC de Acciona Mobility, SA (BOE núm. 44, de 21 de febrero de 2023).

804 Art. 14 CC general de ámbito estatal para el sector de entidades de seguros, reaseguros y mutuas colaboradoras con la Seguridad Social (BOE núm. 310, de 27 de diciembre de 2021); Art. 80 XXIV CC del sector de la banca (BOE núm. 76, de 30 de marzo de 2021); o Anexo XV III CC de Puertos del Estado y Autoridades Portuarias (BOE núm. 143, de 15 de junio de 2019).

805 Art. 42 CC de Acciona Mobility, SA. (BOE núm. 44, de 21 de febrero de 2023); Art. 68 Acuerdo Just Eat de 17 de diciembre de 2021.

ción facilitada a la representación legal de las personas trabajadoras no podrá ser utilizada para fines distintos de los que motivaron su entrega ni para funciones que excedan de su ámbito de competencia”[806].

2. Otros convenios han señalado el derecho de las personas trabajadoras “a no ser objeto de decisiones basadas única y exclusivamente en variables automatizadas, salvo en aquellos supuestos previstos por la Ley, así como ...a la no discriminación en relación con las decisiones y procesos, cuando ambos estén basados únicamente en algoritmos, pudiendo solicitar, en estos supuestos, el concurso e intervención de las personas designadas a tal efecto por la empresa, en caso de discrepancia”[807].
3. En algún supuesto, se establece la obligación empresarial de garantizar que “los algoritmos y/o sistemas de inteligencia utilizados tengan un grado de supervisión humana, al tiempo que no tengan en consideración datos, que puedan dar lugar a la vulneración de derechos fundamentales como pueden ser, entre otros, el sexo o la nacionalidad de las personas trabajadoras”[808].
4. También se hace referencia a que la IA “debe ser un medio dirigido a reforzar las capacidades y habilidades de las personas trabajadoras y su aplicación en el ámbito laboral debe estar fundada en el principio de control humano” y, en todo caso, “debe realizarse de acuerdo con criterios éticos y de transparencia, evitando cualquier forma de discriminación, y a las condicio-

[806] Art. 68 Acuerdo Just Eat de 17 de diciembre de 2021.

[807] Art. 80.5 del XXIV CC del sector de la banca (BOE núm. 76, de 30 de marzo de 2021) o Art. 35.5 CC para los establecimientos financieros de crédito (BOE núm. 175, de 24 de julio de 2023).

[808] Art. 68 Acuerdo Just Eat de 17 de diciembre de 2021.

nes establecidas en la legislación, en particular en la LOPDGDD, y en el RPD"[809].

5. Alguna cláusula convencional reconoce el funcionamiento del algoritmo bajo el control humano[810] o prevé la posibilidad de solicitar, por parte del trabajador afectado, la intervención de determinadas personas (designadas por la empresa, sin contar con la participación de los representantes de los trabajadores) cuando la decisión algorítmica sea discriminatoria (o así lo considere).

6. No faltan convenios donde se tipifica como falta muy grave descifrar, o intentar descifrar, las contraseñas, sistemas o algoritmos de cifrado y cualquier otro elemento de seguridad que intervenga en los procesos telemáticos de la Organización[811] o simplemente se hace referencia al algoritmo en el marco de las funciones a desarrollar en un determinado grupo profesional[812] o como méto-

---

809 Art. 14 CC entidades de seguros, reaseguros y mutuas colaboradoras con la Seguridad Social (BOE núm. 310, de 27 de diciembre de 2021).

810 Art. 14 CC general de ámbito estatal para el sector de entidades de seguros, reaseguros y mutuas colaboradoras con la Seguridad Social (BOE núm. 310, de 27 de diciembre de 2021).

811 Art. 73 XVI CC de la ONCE y su personal (BOE núm. 16, de 18 de enero de 2018). En parecidos términos, art. 94 CC de Vivienda y suelo de Euskadi, S.A./ Euskadiko etxebizitza eta lurra, E.A. (VISESA) (BO País Vasco, núm. 55, de 20 de marzo de 2017).

812 Art. 21 CC Cristian Lay Direct Selling Services, SL (BO Extremadura núm. 2019, 15 de noviembre de 2022); Art. 8 CC Grupo Cacaolat, SL, per als anys 2016-2019 (BO Barcelona de 20 de noviembre de 2017); Art. 15 XVIII CC empresas de consultoría, tecnologías de la información y estudios de mercado y de la opinión pública (BOE núm. 177, de 26 de julio de 2023); Anexo 1 II CCGrupo Vodafone España (BOE núm. 34, 9 de febrero de 2021); Anexo II CC Scalefast, S. L (BO Comunidad de Madrid núm. 296, 13 de diciembre de 2019); o Art. 15 CC Mig Advertising España, Sociedad Anónima

do de organización del trabajo consistente en que "las rutas, así como el orden de recogida y deje de los trabajadores, se confeccionan por un sistema informático en base a un algoritmo según los parámetros y en el orden arriba indicados"[813].

7. Como buena práctica, cabe mencionar la creación de un Observatorio sobre la transición tecnológica a nivel sectorial al cual se impone la obligación de prestar "especial atención a la utilización de algoritmos que incidan en las condiciones de trabajo"[814].

8. Algún convenio se remite al test recomendado en la Declaración de los agentes sociales europeos del sector de seguros sobre inteligencia artificial de 16 de marzo de 2021, que incorpora el siguiente interrogante (ya conocido): "¿logrará la implementación de la inteligencia artificial mejorar las condiciones de trabajo y la satisfacción de las personas consumidoras de una manera ética y transparente, y sin pérdidas (desproporcionadas) de puestos de trabajo?"[815].

(BO Comunidad de Madrid núm. 6, de 7 de enero de 2017); Art. 19 II CC Bureau Veritas Inversiones, SL (BOE núm. 168, 14 de julio de 2022) o Art. 15 Acuerdo de la Comisión Negociadora del CC Mig Advertising España, S.A., para el periodo 2017-2020 (BO Cantabria núm. 8, de 11 de enero de 2018).

813 Capítulo 3, art. 1 CC de la empresa Vectalia Lujua Txorierri Mungialdea, S.A. (BO Bizkaia núm. 131, 7 de julio de 2023); art. 22 CC de la empresa Grupo Acha Movilidad-Lujua Txorierri Mungialdea, S.A. (BO Bizkaia, núm. 118, de 23 de junio de 2021).

814 Disposición transitoria 11ª CC del sector de grandes almacenes (BOE núm, 139, de 11 de junio de 2021).

815 Art. 14 CC para el sector de entidades de seguros, reaseguros y mutuas colaboradoras con la Seguridad Social (BOE núm. 310, de 27 de diciembre de 2021).

Pese a estos hallazgos aislados, la regla general es que la negociación colectiva no se ha hecho eco de la necesidad de establecer controles a la presencia creciente de la IA en la gestión de las relaciones de trabajo en las empresas y su potencial hacia el futuro. No debería desaprovecharse la posibilidad de incluir en el texto de los convenios obligaciones de evaluación de impacto de los sistemas algorítmicos, de realización de auditorías o de instauración de comisiones de seguimiento capaces de garantizar el cumplimiento del principio de supervisión humana. De interés sería también someter el algoritmo decisorio a negociación en los períodos de consulta asociados a modificaciones sustanciales de condiciones de trabajo, despidos o traslados colectivos o suspensiones del contrato también de esta naturaleza. Asimismo, sería conveniente introducir una formación de los representantes específica en estas tecnologías inteligentes, al igual que incorporar canales internos de impugnación de las decisiones automatizadas[816].

En fin, tampoco son muy abundantes las garantías sobre el uso de la IA en las empresas dentro de las memorias de responsabilidad social, pues la gran mayoría de códigos éticos de las corporaciones españolas incluyen compromisos con sus empleados relativos, entre otros aspectos, a la no discriminación de éstos (83%), la prevención de riesgos laborales (79%) o el trato digno y el respeto de los trabajadores (67%)[817].

---

[816] VELA DÍAZ, R.: "El impacto de las decisiones algorítmicas en la gestión de las relaciones laborales: ¿cómo se posiciona la Unión Europea?", en AA.VV.: *Digitalización, recuperación y reformas laborales. Comunicaciones del XXXII Congreso Anual de la Asociación Española de Derecho del Trabajo y de la Seguridad Social, Alicante, 26 y 27 de mayo de 2022,* Madrid, Ministerio de Trabajo y Economía Social, 2022, p. 1374.

[817] AYUSO SIRAT, S. y GAROLERA, J.: "Códigos éticos de las empresas españolas: un análisis de su contenido", *Cátedra Mango de Responsabilidad Social Corporativa. Universidad Pompeu Fabra, Documento de Trabajo,* núm. 10, 2021, p. 91.

EL REGLAMENTO EUROPEO DE INTELIGENCIA ARTIFICIAL: A LA ESPERA DE SU ENTRADA EN VIGOR

Sólo con el marco de garantías descrito hasta el momento, la protección será insuficiente ante el efecto multiplicador del algoritmo en la vulneración de derechos fundamentales en los procesos de selección y en el desarrollo de la relación laboral: aprende de sí mismo, capta masivamente datos (de los candidatos, de los trabajadores e incluso de terceros), trata información (interconecta), elabora perfiles y toma decisiones. Estas nuevas formas de gestionar el empleo (en lo que se ha venido a denominar "determinismo algorítmico") hacen que las posibilidades lesivas de los derechos fundamentales se potencien y se expandan, de ahí la necesidad de que las escuetas garantías de protección que ya tenemos sean objeto de reinterpretación y ampliación y, además, y junto a ello, sean precisas otras reglas específicas para su aplicación a los centros de trabajo[818].

En EE.UU, en 2022, se ha diseñado un Plan para una Declaración de Derechos de la inteligencia artificial que aboga por un uso responsable en el ámbito laboral. Por su parte, la OCDE ha puesto de relieve la necesidad de actuar urgentemente para garantizar que la inteligencia artificial se utilice de forma responsable y fiable en el lugar de trabajo[819]. Igualmente, la Unión Europea aboga por alcanzar una inteligencia artificial "fiable", que atesore las siguientes características: lícita, ética, sólida, no discriminatoria y equitativa[820].

---

818 ALAMEDA CASTILLO, M.T.: "Reclutamiento tecnológico. Sobre algoritmos y acceso al empleo", *Temas Laborales*, núm. 159, 2021, p. 18.

819 OCDE: Informe Employment Outlook 2023: Artificial Intelligente and the Labour Market, 2023.

820 GRUPO INDEPENDIENTE DE EXPERTOS DE ALTO NIVEL SOBRE INTELIGENCIA ARTIFICIAL: Directrices éticas para una inteligencia artificial fiable, Comisión Europea, Bruselas, 2019.

Los distintos grupos de expertos constituidos en el ámbito europeo coinciden en el objetivo de avanzar en el desarrollo de una IA confiable y centrada en el ser humano, esto es, una IA ética, que respete los valores y derechos fundamentales. Este compromiso ha quedado explicitado en la Declaración conjunta del Parlamento Europeo, el Consejo y la Comisión Europea sobre los Principios y Derechos Digitales en la Década Digital emitida en enero de 2023[821]. En concreto, su Capítulo II aparece dedicado al compromiso por alcanzar unas "condiciones de trabajo justas y equitativas", en las que quede garantizado el debido respeto a los derechos fundamentales de las personas trabajadoras. Para hacer realidad este objetivo se viene insistiendo en la necesidad de desarrollar una IA segura, transparente, explicable y libre de sesgos, potenciando una utilización amable y constructiva para la sociedad de los resultados que arrojan las predicciones algorítmicas, introduciendo acciones positivas en estos algoritmos que lleven a privilegiar al colectivo o colectivos tradicionalmente discriminados en la toma de decisiones, tratando de revertir el proceso que se ha venido a denominar "automatización de la desigualdad"[822].

Bajo estas mismas premisas, el Reglamento Europeo sobre Inteligencia Artificial contempla el establecimiento de un marco regulatorio horizontal –es decir, no limitado a sectores concretos–, y pretende dar una respuesta proporcional al riesgo generado por los sistemas de IA. Recogiendo los términos del art. 1, su fin es promover la adopción de una IA centrada en el ser humano y fiable y garantizar un elevado nivel de protección de la salud, la seguridad, los derechos fundamentales, la democracia y el Estado de Derecho frente a los efectos nocivos de

821 (2023/C 23/01)

822 MOLINA HERMOSILLA, O.: "Inteligencia artificial, big data y derecho a la protección de datos de las personas trabajadoras", *Revista de Estudios Jurídico Laborales y de Seguridad Social*, núm. 6, 2023, p. 109.

los sistemas de inteligencia artificial en la Unión, apoyando al mismo tiempo la innovación[823]. Su principal objetivo es, pues, afrontar la opacidad, la complejidad, el sesgo, cierto grado de imprevisibilidad y un comportamiento parcialmente incómodo de ciertos sistemas de IA, para asegurar su compatibilidad con los derechos fundamentales, sin que ello implique en ningún caso obstaculizar el desarrollo tecnológico ni aumentar de manera desproporcionada el coste de introducir soluciones de IA en el mercado[824]. Como se podrá comprobar seguidamente, esta norma coloca a la Unión Europea a la vanguardia mundial y en posición de referente para futuras regulaciones en materia de IA[825].

El enfoque del riesgo

Bajo el esbozo de seis principios esenciales como la protección de los derechos fundamentales, la intervención y vigilancia humanas[826], la solidez técnica y la seguridad[827], la privacidad y

---

823 FERNÁNDEZ HERNÁNDEZ, C.: "El Reglamento de IA. Un nuevo marco regulatorio para una tecnología en continua evolución", *Diario La Ley,* 22 marzo 2024.

824 CARDONA RUBERT, M.B.: "Contenido y elementos principales del derecho a la protección de datos", *Revista del Ministerio de Trabajo y Economía Social,* núm. 148, 2021, pp. 97-112.

825 ÁLVAREZ CUESTA, H.: "El impacto de la inteligencia artificial en la prevención de riesgos laborales. Una perspectiva desde la Unión Europea", en AA.VV (FERNÁNDEZ-COSTALES MUÑIZ, J., Dir.): *La disrupción tecnológica y digital y los nuevos riesgos emergentes en materia de seguridad y salud en el trabajo,* Barcelona, Reus, 2023, p. 248.

826 Los sistemas de IA se desarrollarán y utilizarán como una herramienta al servicio de las personas, que respete la dignidad humana y la autonomía personal, y que funcione de manera que pueda ser controlada y vigilada adecuadamente por seres humanos

827 Los sistemas de IA se desarrollarán y utilizarán de manera que se minimicen los daños imprevistos e inesperados, así como para que sean

la gobernanza de datos[828], la transparencia[829], la no discriminación y la equidad[830], el bienestar social y medioambiental[831] y la rendición de cuentas (Considerando 27), el Reglamento, en su art. 2.11, recoge de forma expresa el parámetro de *non laedere* de los derechos de los trabajadores por cuenta ajena, con el siguiente enunciado: "el presente Reglamento no impedirá que los Estados miembros o la Unión mantengan o introduzcan disposiciones legales, reglamentarias o administrativas que sean más favorables a los trabajadores en lo que atañe a la protección de sus derechos respecto al uso de sistemas de IA por parte de los empleadores o fomenten o permitan la aplicación de convenios colectivos que sean más favorables a

---

sólidos en caso de problemas imprevistos y resistentes a los intentos de modificar el uso o el rendimiento del sistema de IA para permitir una utilización ilícita por parte de terceros malintencionados

828 Los sistemas de IA se desarrollarán y utilizarán de conformidad con las normas vigentes en materia de privacidad y protección de datos, y tratarán datos que cumplan normas estrictas en términos de calidad e integridad

829 Los sistemas de IA se desarrollarán y utilizarán facilitando una trazabilidad y explicabilidad adecuadas, haciendo que las personas sean conscientes de que se comunican o interactúan con un sistema de IA, informando debidamente a los usuarios sobre las capacidades y limitaciones de dicho sistema de IA e informando a las personas afectadas de sus derechos.

830 Los sistemas de IA se desarrollarán y utilizarán incluyendo a diversos agentes y promoviendo la igualdad de acceso, la igualdad de género y la diversidad cultural, evitando al mismo tiempo los efectos discriminatorios y los sesgos injustos prohibidos por el Derecho nacional o de la Unión.

831 Los sistemas de IA se desarrollarán y utilizarán de manera sostenible y respetuosa con el medio ambiente, así como en beneficio de todos los seres humanos, al tiempo que se supervisan y evalúan los efectos a largo plazo en las personas, la sociedad y la democracia.

los trabajadores"[832]. Y es que, como viene a aclarar de nuevo el Considerando (27), esta norma "tampoco debe afectar en modo alguno al ejercicio de los derechos fundamentales reconocidos en los Estados miembros y a escala de la Unión, incluidos el derecho o la libertad de huelga o de emprender otras acciones contempladas en los sistemas de relaciones laborales específicos de los Estados miembros y el derecho a negociar, concluir y hacer cumplir convenios colectivos o a llevar a cabo acciones colectivas conforme a la legislación nacional"[833].

Por lo demás, el Reglamento sigue un enfoque basado en los riesgos ("la combinación de la probabilidad de que se produzca un daño y la gravedad de dicho daño"), de tal forma que cuanto mayor sea el riesgo que un sistema de IA pueda causar, más estrictas deben ser las normas para supervisar su implantación y funcionamiento posterior. Así, distingue cuatro niveles

---

832 El Considerando (9) prevé que "en el contexto del empleo y la protección de los trabajadores, el presente Reglamento no debe afectar, por tanto, al Derecho de la Unión en materia de política social ni a la legislación laboral nacional —conforme al Derecho de la Unión— relativa a las condiciones de empleo y de trabajo, incluidas la salud y seguridad en el trabajo y la relación entre empleadores y trabajadores. El presente Reglamento tampoco debe afectar en modo alguno al ejercicio de los derechos fundamentales reconocidos en los Estados miembros y a escala de la Unión, incluidos el derecho o la libertad de huelga o de emprender otras acciones contempladas en los sistemas de relaciones laborales específicos de los Estados miembros y el derecho a negociar, concluir y hacer cumplir convenios colectivos o a llevar a cabo acciones colectivas conforme a la legislación nacional". MERCADER UGUINA, J.R.: El Reglamento de Inteligencia Artificial entra en la recta final, una primera lectura en clave laboral", *Revista General de Derecho del Trabajo y de la Seguridad Social*, núm. 67, 2024, p. 329.

833 MERCADER UGUINA, J.R.: "El Reglamento de Inteligencia Artificial: frecuentemos el futuro", brief AEDTSS, 20/03/2024 https://www.aedtss.com/wp-content/uploads/2024/03/42_MERCADER_RIA.pdf

de riesgo: a) Sistemas de IA de riesgo mínimo, que no serán regulados; b) Sistemas de IA de riesgo limitado, que serán permitidos pero que deberán cumplir con ciertas obligaciones de transparencia para que los usuarios sean conscientes de que están interactuando con IA; c) Sistemas de IA de alto riesgo, que deberán observar exigencias más estrictas; y d) Sistemas de IA de riesgo inaceptable, que quedan prohibidos.

El Reglamento establece, en concreto, una jerarquía de riesgos en función del uso de la IA aplicable las categorías detectadas, recogiendo una serie de obligaciones cuyas proyecciones sobre lo laboral resultan más que evidentes.

Por lo que se refiere a los sistemas de riesgo mínimo, el Reglamento únicamente prevé fomentar y facilitar la elaboración de códigos de conducta destinados a promover la aplicación voluntaria de requisitos establecidos a sistemas de IA distintos de los de alto riesgo, sobre la base de especificaciones y soluciones técnicas que constituyan medios adecuados para garantizar el cumplimiento de dichas exigencias a la luz de la finalidad prevista de los sistemas; por ejemplo, referidos a la accesibilidad de personas con discapacidad, la sostenibilidad ambiental, la participación de partes interesadas (como las organizaciones empresariales y de la sociedad civil, el mundo académico, los organismos de investigación, los sindicatos y las organizaciones de protección de los consumidores) en el diseño y desarrollo de los sistemas de IA y la diversidad de los equipos de implementación, sobre la base de objetivos claros e indicadores clave de resultados para medir la conservación de dichos objetivos[834].

---

[834] ÁLVAREZ CUESTA, H.: "El impacto de la inteligencia artificial en la prevención de riesgos laborales: una perspectiva desde la Unión Europea", en AA.VV (FERNÁNDEZ-COSTALES MUÑIZ, J., Dir.): *La disrupción tecnológica y digital y los nuevos riesgos emergentes en materia de seguridad y salud en el trabajo*, Madrid, Reus, 2023, p. 232.

En lo que atañe a los sistemas de riesgo limitado, las personas o empresas proveedoras han de garantizar que los destinados a interactuar con personas físicas estén diseñados y desarrollados de manera que dichas personas estén informadas de su interactuación con un sistema de IA, excepto (en interpretación restrictiva) cuando ello resulte debido a las circunstancias y al contexto de utilización.

Esbozadas las dos primeras categorías y atendiendo precisamente a la peligrosidad para los derechos fundamentales, procede centrar la atención en las dos últimas categorías.

Sistemas de alto riesgo

Concretamente el empleo, la gestión de trabajadores y el acceso al autoempleo, aparecen expresamente recogidos como ámbitos de alto riesgo (Anexo III), y, en concreto, *a)* "Sistemas de IA destinados a ser utilizados para la contratación o la selección de personas físicas, en particular para publicar anuncios de empleo específicos, analizar y filtrar las solicitudes de empleo y evaluar a los candidatos" *y* "*b)* sistemas de IA destinados a utilizarse para tomar decisiones o influir sustancialmente en ellas que afecten a la iniciación, promoción y resolución de relaciones contractuales de índole laboral, a la asignación de tareas basada en la conducta individual o en rasgos o características personales, o al seguimiento y evaluación del rendimiento y la conducta de las personas en el marco de dichas relaciones". El Considerando (57) justifica dicha inclusión sobre la base de que los mismos: "pueden perpetuar patrones históricos de discriminación, por ejemplo, contra las mujeres, ciertos grupos de edad, las personas con discapacidad o las personas de orígenes raciales o étnicos concretos o con una orientación sexual determinada, durante todo el proceso de contratación y en la evaluación, promoción o retención de personas en las relaciones contractuales de índole laboral. Los sistemas de IA empleados para controlar el rendimiento y el comportamiento de estas personas también pueden socavar sus derechos fundamentales a la protección de los datos personales y a la intimidad '[835].

Se atiende así a la afectación que pueden suponer para los derechos a la igualdad, intimidad y protección de datos de las personas trabajadoras[836], de manera que cualquier sistema cuyo propósito sea la priorización o selección de entre los trabajadores ya sea para el acceso al empleo, a la formación profesional, a la promoción profesional, a la evaluación del desempeño o a la extinción de la relación laboral deberán someterse al entramado de garantías de la regulación comunitaria para este escalón de alto riesgo.

Así, una vez realizado el análisis casuístico de cada sistema de aplicación al ámbito laboral y calificado como de alto riesgo, el fabricante o proveedor ha de cumplir una serie de

835 MERCADER UGUINA, J.R.: "El Reglamento de Inteligencia Artificial: frecuentemos el futuro", brief AEDTSS, 20/03/2024 https://www.aedtss.com/wp-content/uploads/2024/03/42_MERCADER_RIA.pdf

836 Según el Considerando (57), "también deben considerarse de alto riesgo los sistemas de IA que se utilizan en el empleo, la gestión de los trabajadores y el acceso al autoempleo, sobre todo para la contratación y la selección de personal, para la toma de decisiones o que influyen sustancialmente en las decisiones relativas a la iniciación, la promoción y la rescisión de contratos y para la asignación personalizada de tareas basada en el comportamiento individual, los rasgos personales o los datos biométricos y el seguimiento o la evaluación de personas en relaciones contractuales de índole laboral, dado que pueden afectar de un modo considerable a las futuras perspectivas laborales y los medios de subsistencia de dichas personas y a los derechos laborales". ÁLVAREZ CUESTA, H.: "Inteligencia artificial: derecho de la UE y derecho comparado: la propuesta de una Ley sobre IA", en AA.VV (RIVAS VALLEJO, P., Dir.): *Discriminación algorítmica en el ámbito laboral: perspectiva de género e intervención*, Pamplona, Aranzadi, 2022, pp. 379 y ss.

obligaciones que pueden ser resumidas en las siguientes[837]: 1) utilización de datos de alta calidad (validación y comprobación del conjunto de datos manejados); 2) documentación y trazabilidad (mantenimiento de registros y disponibilidad de documentación técnica); 3) transparencia (los usuarios deben ser capaces de interpretar los resultados); 4) supervisión humana (el sistema debe estar diseñado para que las personas físicas puedan supervisar de forma eficaz su funcionamiento); 5) precisión y solidez (los dispositivos de IA deben ser resistentes a los riesgos relacionados con las limitaciones del sistema); y 6) evaluación de conformidad[838].

Lugar destacado ocupan, dentro de este cúmulo de prescripciones, los principios de evaluación del impacto en los derechos fundamentales, de transparencia y de explicabilidad, concretados en los siguientes extremos:

1. La evaluación de conformidad a través de un control interno a cargo del proveedor debe verificar que el sistema de calidad establecido es conforme con los requisitos exigidos. A partir de tal estandar se obtiene la marca CE como indicador del cumplimiento normativo, sin que se deba someter a una comprobación externa por un organismo independiente (art. 43.2)[839]. La evaluación del impacto en los derechos fundamentales abarcará, como mínimo, los siguientes elementos: a) una

---

837 COM (2021) 206 final-2021/106 (COD).

838 FERNÁNDEZ FERNÁNDEZ, R.: *Selección de trabajadores y algoritmos: desafíos ante las nuevas formas de reclutamiento,* Pamplona, Aranzadi, 2022, p. 20.

839 GOÑI SEIN, J.L.: "El Reglamento UE de inteligencia artificial y su relación con la normativa de seguridad y salud en el trabajo", en AA.VV (EGUSQUIZA BALMASEDA, M.A. y RODRÍGUEZ SANZ DE GALDEANO, B., Dirs.): *Inteligencia artificial y prevención de riesgos laborales: obligaciones y responsabilidades,* Valencia, Tirant Lo Blanch, 2023, p. 92.

descripción clara de la finalidad prevista para la que se utilizará el sistema; b) una pormenorización nítida del ámbito geográfico y temporal de utilización del sistema; c) las categorías de personas físicas y grupos que puedan verse afectados por la utilización del sistema; d) una verificación de que la utilización del sistema es conforme al Derecho de la Unión y al Derecho nacional pertinente en materia de derechos fundamentales; e) el impacto razonablemente previsible en los derechos fundamentales de poner en uso el sistema de IA de alto riesgo; f) los riesgos de perjuicio específicos que puedan afectar a personas marginadas o a grupos vulnerables; g) las repercusiones negativas razonablemente previsibles del uso del sistema en el medio ambiente; h) un plan detallado sobre cómo se mitigarán los perjuicios y el impacto negativo en los derechos fundamentales; j) el canal de gobernanza que pondrá en marcha el implementador, incluida la vigilancia humana, la tramitación de reclamaciones y las vías de recurso (art. 27).

2. Por su parte, el art. 13.1 REIA exige que los sistemas de IA considerados de alto riesgo se diseñen y desarrollen de un modo que garanticen un funcionamiento con un nivel de transparencia suficiente para que los usuarios interpreten y utilicen correctamente la información de salida. Por ello, estos sistemas han de ir acompañados de las instrucciones de uso correspondientes en un formato digital o de otro tipo adecuado, las cuales incluirán "información concisa, completa, correcta y clara que sea pertinente, accesible y comprensible por los usuarios" (art. 13.2)[840].

[840] ÁLVAREZ CUESTA, H.: "El consentimiento individual y su alcance en la inteligencia artificial aplicada al ámbito laboral", *Documentación Laboral*, núm. 126, Vol. 2, 2022, p. 66.

3. No hay que olvidar tampoco la obligación de aportar explicabilidad del proceso algorítmico de toma de decisiones, adaptada a las personas afectadas, debiendo estar disponibles los detalles sobre el grado en que un sistema de IA influye y configura el íter organizativo de toma de decisiones, las opciones de diseño del sistema, así como la justificación de su despliegue (garantizando, por tanto, no solo la transparencia de los datos y del mismo sistema, sino también la transparencia del modelo de negocio). Todo ello sin olvidar comunicar adecuadamente las capacidades y limitaciones del entramado de IA a las distintas partes interesadas de una manera adecuada al caso de que se trate[841].

En concreto, el art. 13.3 REIA sobre inteligencia artificial señala que la información especificará: a) la identidad y los datos de contacto del proveedor y, en su caso, de su representante autorizado; b) las características, capacidades y limitaciones del funcionamiento del sistema de inteligencia artificial de alto riesgo, y en particular: i) su finalidad prevista; ii) el nivel de precisión, solidez y ciberseguridad con respecto al cual se haya probado y validado el sistema de inteligencia artificial de alto riesgo y qué puede esperarse de este, así como las circunstancias conocidas o previsibles que podrían afectar al nivel de precisión, solidez y ciberseguridad esperado; iii) cualquier circunstancia conocida o previsible, asociada a la utilización del sistema de inteligencia artificial de alto riesgo conforme a su finalidad previs-

---

[841] COMISIÓN EUROPEA: Comunicación de la Comisión al Parlamento Europeo, al Consejo Europeo, al Consejo, al Comité Económico y Social Europeo y al Comité de las Regiones “Generar confianza en la inteligencia artificial centrada en el ser humano”, 8 de abril de 2019.

ta o a un uso indebido razonablemente previsible, que pueda dar lugar a riesgos para la salud y la seguridad o los derechos fundamentales; iv) las capacidades y características técnicas del sistema de IA de alto riesgo para proporcionar información pertinente para explicar su información de salida; v) su funcionamiento en relación con las personas o los grupos de personas respecto de los que se pretenda utilizar el sistema; vi) cuando proceda, se incluirán especificaciones relativas a los datos de entrada, o cualquier otra información pertinente sobre los conjuntos de datos de entrenamiento, validación y prueba usados, teniendo en cuenta la finalidad prevista del sistema de inteligencia artificial; vii) en su caso, información que permita a los responsables del despliegue interpretar la información de salida del sistema de IA de alto riesgo y utilizarla adecuadamente; c) los cambios en el sistema de inteligencia artificial de alto riesgo y su funcionamiento predeterminados por el proveedor en el momento de efectuar la evaluación de la conformidad inicial, en su caso; d) las medidas de vigilancia humana, incluidas las medidas técnicas establecidas para facilitar la interpretación de la información de salida de los sistemas de inteligencia artificial por parte de los usuarios; e) la vida útil prevista del sistema de inteligencia artificial de alto riesgo, así como las medidas de mantenimiento y cuidado necesarias para garantizar el correcto funcionamiento de dicho sistema, también en lo que respecta a la actualización del software. Se establecen además procedimientos simplificados para las pequeñas empresas.

4. Es más, el Reglamento de IA prevé la creación de una base de datos de la UE para sistemas de IA de alto riesgo (art. 60), en la que los proveedores deberán introducir toda la información relativa a tales dispositivos, incluidas las instrucciones de uso electrónico. La información

en la base de datos de la UE será de acceso público, por lo que cualquier interesado (incluidos los sindicatos) podrá acceder, a través de dicha base, a toda la información que esas instrucciones incorporen[842].

5. El fabricante o proveedor carga con las obligaciones principales, pues debe diseñar las tecnologías conforme a los estándares de la Ley de IA y debe demostrar el cumplimiento de los requisitos establecidos mediante un conjunto de documentación técnica redactada antes de que el sistema sea colocado en el mercado (art. 16). Además, antes de comercializar un sistema de IA de alto riesgo, el proveedor, en algunos casos, debe regístralo en la anteriormente mencionada base de datos de la UE[843].

6. En cambio, las obligaciones del empresario son mucho más livianas, pues, de acuerdo con el art. 3 REIA, el empresario que utiliza el sistema de IA como medio de producción en su empresa, tiene la condición de simple implementador o usuario. Este rol va acompañado de algunas obligaciones meramente subordinadas: 1) arbitrar medidas de vigilancia humana durante su tiempo de funcionamiento de acuerdo con la información que

---

842 GOÑI SEIN, J.L.: "El Reglamento UE de inteligencia artificial y su relación con la normativa de seguridad y salud en el trabajo", en AA.VV (EGUSQUIZA BALMASEDA, M.A. y RODRÍGUEZ SANZ DE GALDEANO, B., Dirs.): *Inteligencia artificial y prevención de riesgos laborales: obligaciones y responsabilidades,* Valencia, Tirant Lo Blanch, 2023, p. 114.

843 GOÑI SEIN, J.L.: "El Reglamento UE de inteligencia artificial y su relación con la normativa de seguridad y salud en el trabajo", en AA.VV (EGUSQUIZA BALMASEDA, M.A. y RODRÍGUEZ SANZ DE GALDEANO, B., Dirs.): *Inteligencia artificial y prevención de riesgos laborales: obligaciones y responsabilidades,* Valencia, Tirant Lo Blanch, 2023, p. 92.

le haya facilitado el proveedor; 2) vigilar el funcionamiento del sistema e informar de posibles incidentes; 3) interrumpir si fuera necesario su funcionamiento e informar a las autoridades; 4) conservar los archivos de registro que se generan automáticamente y utilizar la información facilitada para cumplir la obligación de evaluación de impacto relativa a la protección de datos (art. 27)[844].

Como puede comprobarse, entre las obligaciones del usuario no se recoge la relativa a la explicación de las decisiones individuales automatizadas, esto es, el suministro de información sobre cómo se ha aplicado la lógica general del sistema en un caso específico. Tampoco se refiere a la posibilidad de impugnar legalmente los resultados o de exigir que se reviertan, se reconsideren mediante un procedimiento determinado o se indemnice al perjudicado. Cierto es que, en una primera aproximación, tales lagunas podrían colmarse a través del art. 22 RPD, pero parece bastante poco probable la aplicación de este precepto, pues solo tendría lugar en relación con las decisiones tomadas por los sistemas de IA sin ninguna participación humana, lo que probablemente no cubra ningún sistema de IA de alto riesgo[845].

---

844 RODRÍGUEZ SANZ DE GALDEANO, B.: "Los sistemas de inteligencia artificial en el ámbito laboral y el marco regulador europeo de seguridad del producto", en AA.VV (EGUSQUIZA BALMASEDA, M.A. y RODRÍGUEZ SANZ DE GALDEANO, B.): *Inteligencia artificial y prevención de riesgos laborales: obligaciones y responsabilidades*, Valencia, Tirant Lo Blanch, 2023, p. 62.

845 BAZ RODRÍGUEZ, J.: "Responsabilidad algorítmica y gobernanza de la inteligencia artificial en el ámbito sociolaboral. Entre la perspectiva y la prospectiva", *Trabajo y Derecho*, núm. 89, 2022.

7. A lo largo de proceso de elaboración del REIA su regulación fue cuestionada al no mencionar explícitamente a los interlocutores sociales ni a su papel en la regulación de los sistemas de IA. No obstante, dicha participación se ha incorporado en la recta final de su proceso de elaboración precisando ahora el art. 26.7 que "antes de la puesta en servicio o del uso de un sistema de IA en el lugar de trabajo, los implementadores consultarán a los representantes de los trabajadores con vistas a alcanzar un acuerdo de conformidad con la Directiva 2002/14/UE e informarán a los empleados afectados de que estarán expuestos al sistema". Además, esta información se facilitará, cuando proceda, con arreglo a las normas y procedimientos establecidos en el Derecho nacional y de la Unión y conforme a las prácticas en materia de información a los trabajadores y sus representantes"[846]. Se trata de una exigencia esencial si atendemos a los términos del Considerando (92) que considera que "este derecho de información es accesorio y necesario para el objetivo de protección de los derechos fundamentales que subyace al presente Reglamento (…)" y, además, se impone "incluso aunque no se cumplan las condiciones de las citadas obligaciones de información o de información y consulta previstas en otros instrumentos jurídicos (la referencia se hace a la Directiva 2002/14/CE)"[847].

---

846 MERCADER UGUINA, J.R.: El Reglamento de Inteligencia Artificial entra en la recta final, una primera lectura en clave laboral", *Revista General de Derecho del Trabajo y de la Seguridad Social*, núm. 67, 2024, p. 331.

847 MERCADER UGUINA, J.R.: "El Reglamento de Inteligencia Artificial: frecuentemos el futuro", brief AEDTSS, 20/03/2024 https://www.aedtss.com/wp-content/uploads/2024/03/42_MERCADER_RIA.pdf

La representación de los trabajadores posee un papel importante, también, en el desarrollo de las evaluaciones de impacto. El Considerando (96) establece que en el transcurso de la evaluación de impacto, el implementador, con excepción de las pymes, notificará a las autoridades nacionales de supervisión y a las partes interesadas pertinentes e incluirá, en la medida de lo posible, la participación de los representantes de las personas o grupos de personas que probablemente se vean afectadas por el sistema de IA de alto riesgo, según se determina en el apartado 1, incluidos, entre otros, los organismos de igualdad, los organismos de protección de los consumidores, los interlocutores sociales y las agencias de protección de datos, con vistas a recibir su contribución a la evaluación de impacto. El implementador concederá a estos organismos un plazo de seis semanas para responder. Las pymes podrán aplicar voluntariamente las disposiciones establecidas en el presente apartado[848].

8. Tampoco se olvida el REIA del principio de intervención humana, de manera que su art. 14 determina que "los sistemas de IA de alto riesgo se diseñarán y desarrollarán de modo que puedan ser vigilados de manera efectiva por personas físicas durante el período que estén en uso, lo que incluye dotarlos de una herramienta de interfaz humano-máquina adecuada, entre otras cosas". El objetivo de la vigilancia humana será, por tanto, prevenir o reducir al mínimo los riesgos para la salud, la seguridad o los derechos fundamentales que pueden surgir cuando un sistema de IA de alto riesgo se utiliza

---

[848] MERCADER UGUINA, J.R.: El Reglamento de Inteligencia Artificial entra en la recta final, una primera lectura en clave laboral", *Revista General de Derecho del Trabajo y de la Seguridad Social*, núm. 67, 2024, p. 334.

conforme a su finalidad prevista o cuando se le da un uso indebido razonablemente previsible, en particular cuando dichos riesgos persisten. Así pues, la vigilancia humana se debe garantizar de una de las siguientes maneras o de ambas: a) el proveedor definirá las medidas de vigilancia humana y, cuando sea técnicamente viable, las integrará en el sistema de IA de alto riesgo antes de su introducción en el mercado o puesta en servicio; b) el proveedor definirá las medidas de vigilancia humana, que serán adecuadas para que las lleve a cabo el usuario, antes de la introducción del sistema de IA de alto riesgo en el mercado o de su puesta en servicio.

En todo caso, las medidas adoptadas permitirán que las personas a quienes se encomiende la vigilancia humana puedan, en función de las circunstancias: a) entender por completo las capacidades y limitaciones del sistema de IA de alto riesgo y controlar debidamente su funcionamiento, de modo que puedan detectar indicios de anomalías, problemas de funcionamiento y comportamientos inesperados y ponerles solución lo antes posible; b) ser conscientes de la posible tendencia a confiar automáticamente o en exceso en la información de salida generada por un sistema de IA de alto riesgo ("sesgo de automatización"), en particular con aquellos sistemas que se utilizan para aportar información o recomendaciones con el fin de que personas físicas adopten una decisión; c) interpretar correctamente la información de salida del sistema de IA de alto riesgo, teniendo en cuenta en particular las características del sistema y las herramientas y los métodos de interpretación disponibles; d) decidir, en cualquier situación concreta, no utilizar el sistema de IA de alto riesgo o desestimar, invalidar o revertir la información de salida que éste genere; e) intervenir en el funcionamiento del sistema de IA de alto riesgo o interrumpir el sistema accionando un botón específicamente destinado a tal objeto o mediante un procedimiento similar[849].

En definitiva, al calor de estas previsiones, será necesario incorporar en el marco empresarial los mecanismos regulatorios específicamente dirigidos a los "sistemas de alto riesgo": la sujeción de los mismos a una evaluación de conformidad antes de su comercialización o empleo, su preceptiva inscripción en un registro público, la obligatoria realización de una "evaluación de impacto sobre los derechos fundamentales" previa a su uso, el necesario suministro de información a los usuarios (en particular, de su exposición al sistema y del papel de éste en el procedimiento decisorio, los parámetros de la decisión y los datos de entrada correspondientes), la preceptiva consulta a los interlocutores sociales, así como el sometimiento a la supervisión de una autoridad nacional independiente dotada de potestad sancionadora.

Sistemas de riesgo inaceptable

Se declaran prohibidas una serie de prácticas de manipulación, explotación y control social que contravienen los valores de la Unión Europea de respeto a la dignidad humana, libertad, igualdad, democracia y estado de Derecho, y atentan contra los derechos fundamentales reconocidos por la Unión Europea en referencia a la no discriminación, protección de datos y privacidad (art. 5). Entre los supuestos proscritos por considerarse especialmente intrusivos, cabe mencionar, entre otros[850]:

---

849 MUÑOZ RUÍZ, A.B.: *Biometría y sistemas automatizados de reconocimiento de emociones: implicaciones jurídico-laborales*, Valencia, Tirant Lo Blanch, 2023, pp. 181-182.

850 GOÑI SEIN, J.L.: "El Reglamento UE de inteligencia artificial y su relación con la normativa de seguridad y salud en el trabajo", en

a) Los sistemas de IA de manipulación cognitiva conductual que ponen en servicio el uso de las técnicas subliminales "que transcienden la conciencia de una persona con el objeto de alterar de manera sustancial su comportamiento de un modo que provoque o sea razonablemente probable que provoque perjuicios físicos o psicológicos a esa persona o a otra, o que tenga ese efecto".

b) Los sistemas de IA de explotación de puntos débiles de grupos de personas que sean vulnerables por su edad o discapacidad cuando se causa con tales prácticas un perjuicio físico o psicológico.

c) Los sistemas de IA de puntuación ciudadana, esto es, de evaluación o clasificación de personas físicas atendiendo a su comportamiento social o a características personales o de la personalidad, de forma que la puntuación resultante provoque un trato perjudicial o desfavorable hacia determinadas personas físicas o grupos de personas físicas, que es injustificable o desproporcionado respecto a su comportamiento social o a la gravedad de éste.

d) Los sistemas de IA de identificación biométrica remota en tiempo real en espacios de acceso público por las autoridades públicas, salvo en situaciones de estricta necesidad para lograr un interés público esencial superior a los riesgos, debiendo mediar autorización expresa de una autoridad judicial o administrativa independiente de un Estado miembro.

AA.VV (EGUSQUIZA BALMASEDA, M.A. y RODRÍGUEZ SANZ DE GALDEANO, B., Dirs.): *Inteligencia artificial y prevención de riesgos laborales: obligaciones y responsabilidades,* Valencia, Tirant Lo Blanch, 2023, p. 84.

e) En concreto, en el ámbito laboral, quedan prohibidos: 1)Los sistemas de IA que creen o amplíen bases de datos de reconocimiento facial mediante la extracción no selectiva de imágenes faciales a partir de internet o de imágenes de circuito cerrado de televisión [art. 5.1 e)], con independencia de que estas cámaras estén integradas en robots, wereables o dispositivos fijos. Se considera que este tipo de control agrava el sentimiento de vigilancia masiva y puede dar lugar a graves violaciones de derechos fundamentales (Considerando 43). 2) "La introducción en el mercado, la puesta en servicio o la utilización de sistemas de IA para inferir las emociones de una persona física en los ámbitos de la aplicación de la ley (...) en lugares de trabajo (...)" [art. 5.1 f)]. 3) Igualmente se encuentra prohibida "la introducción en el mercado, la puesta en servicio para este fin específico o el uso de sistemas de categorización biométrica que clasifiquen individualmente a las personas físicas sobre la base de sus datos biométricos para deducir o inferir su raza, opiniones políticas, afiliación sindical, convicciones religiosas o filosóficas, vida sexual u orientación sexual (...)" [art. 5.1 g)][851].

---

[851] Las razones de tal exclusión se explican en el Considerando (44), de acuerdo con el cual: "Existe una gran preocupación respecto a la base científica de los sistemas de IA que procuran detectar las emociones, los rasgos físicos o psicológicos, como las expresiones faciales, los movimientos, la frecuencia cardíaca o la voz (...) Algunas de las deficiencias principales de estas tecnologías son la fiabilidad limitada (las categorías de emociones no se expresan de forma coherente a través de un conjunto común de movimientos físicos o psicológicos ni se asocian de forma inequívoca a estos), la falta de especificidad (las expresiones físicas o psicológicas no se corresponden totalmente con las categorías de emociones) y la limitada posibilidad de generalizar (los efectos del contexto y la cultura no se tienen debidamente en cuenta). Los problemas de fiabilidad y, por consiguiente, los

Quedan vetadas así las cada vez más frecuentes fórmulas o métodos de análisis de aptitudes, habilidades y capacidades psicosociales de los procesos selectivos de las empresas cuando en la técnica se integren sistemas para inferir las emociones y crear con ello un perfil psicotécnico de los candidatos, o detectar el estado emocional a lo largo de la entrevista, al igual que también queda proscrito cualquier canal de reconocimiento de emociones durante el desarrollo de la relación laboral[852].

En definitiva, a la luz del REIA, la idea básica es que los riesgos deben eliminarse o reducirse mediante un diseño y un desarrollo adecuado y (solo) en relación con los riesgos que no puedan eliminarse se deben implantar medidas de mitigación y control apropiadas.

A día de hoy, la consecuencia es que, hasta el transcurso del plazo previsto para la aplicación del REIA, una vez sea adoptado y entre en vigor este futuro Reglamento -plazo que se prevé con carácter general para 2026-[853]-, los algoritmos implicados

---

principales riesgos de abuso, pueden surgir especialmente cuando se implanta el sistema en situaciones de la vida real relacionadas con la aplicación de la ley, la gestión de fronteras, el lugar de trabajo y las instituciones educativas. Por tanto, debe prohibirse la introducción en el mercado, la puesta en servicio y el uso de sistemas de IA diseñados para utilizarse en dichos contextos a fin de detectar el estado emocional de las personas físicas". MERCADER UGUINA, J.R.: "El Reglamento de Inteligencia Artificial: frecuentemos el futuro", brief AEDTSS, 20/03/2024 https://www.aedtss.com/wp-content/uploads/2024/03/42_MERCADER_RIA.pdf

852 LLORENS ESPADA, J.: *Límites al uso de la IA en el ámbito de la salud laboral*, Madrid, La Ley, 2023, p. 33.

853 Salvo determinadas disposiciones en relación con los sistemas considerados prohibidos, que comenzarán a ser aplicables en solo seis meses, y determinadas previsiones sobre los modelos denominados de propósito general, que lo serán en los doce meses siguientes. FERNÁNDEZ, C.B.: "Los negociadores europeos alcanza el acuerdo

en la toma de decisiones automatizadas que se están utilizando en la actualidad en las relaciones laborales por cuenta ajena solo están sometidos a las obligaciones de transparencia, minimización de sesgos, rendición de cuentas, explicabilidad, vigilancia humana, consulta a los agentes sociales, control/limitación de los datos desde la perspectiva (restrictiva) del RPD y de la LOPDyGDD[854], quedando prohibidos los instrumentos de reconocimiento facial, los que permitan descubrir emociones y los de categorización biométrica.

El Pacto de Inteligencia Artificial y los superordenadores

Teniendo en cuenta la amplia *vacatio* de la Ley Europea de IA y su regulación ad hoc del principio de gobernanza algorítmica basado en la transparencia, la explicabilidad, la evaluación de impacto y la auditoría algorítmica, con aplicación en el marco laboral, acompañado de un pertinente capítulo sancionador, la Unión Europea está elaborando el Pacto de Inteligencia Artificial que fomentará la pronta aplicación de las medidas previstas en el futuro REIA. Las empresas tendrán la oportunidad de demostrar y compartir su compromiso con los objetivos de la Ley europea de IA y prepararse desde el principio para estar listas para su implementación. Más específicamente, el Pacto alentará a las empresas a comunicar voluntariamente los procesos y prácticas que están desarrollando

---

definitivo sobre el Reglamento de Inteligencia Artificial", *Diario La Ley*, 9 diciembre 2023.

854 VICENTE PALACIO, A.: "La inteligencia artificial en la Ley integral para la igualdad y no discriminación", *Revista General de Derecho del Trabajo y de la Seguridad Social*, núm. 64, 2023.

para proyectar el cumplimiento y garantizar que el diseño, el desarrollo y el uso de la IA sean confiables[855].

Como continuación de esta iniciativa, cabe señalar que el 24 de enero de 2024 la Comisión Europea ha anunciado una serie de medidas complementarias, entre las que destaca, por un lado, el incremento de la inversión que compensará el aumento de costes que conllevará para las empresas (principalmente pequeñas y startups) el compliance con el REIA y, por otro, la adaptación de la red pública europea de superordenadores (EuroHPC) para el entrenamiento de sistemas de IA a gran escala con el objetivo de ampliar y reforzar el acceso del sector privado a este poder supercomputacional capaz de alcanzar más de un trillón de cálculos. Para alcanzar este último objetivo, la Comisión ha propuesto la creación de las denominadas "Factorías de IA", encargadas de proporcionar una infraestructura compuesta por un superordenador de la red EuroHPC dedicado a IA y conectado con un *data centre*. Entre sus actividades principales se encuentran: a) la adquisición y operatividad de superordenarores; b) la adaptación a la IA de los ya existentes; c) dar acceso a estos servicios a operadores privados y públicos, incluyendo startups y Pymes; d) proporcionar apoyo a la generación de algoritmos, al desarrollo de modelos de entrenamiento y a los sectores de la sanidad, el cambio climático, la robótica y la conduc-

---

855 En concreto, la Comisión colaborará con los participantes y los apoyará en: a) construir una comprensión común de los objetivos de la futura Ley de IA; b) adoptar medidas concretas para comprender, adaptar y preparar la futura aplicación de la Ley de IA (por ejemplo, crear procesos internos, preparar al personal y autoevaluar los sistemas de IA); c) compartir conocimientos y aumentar la visibilidad y credibilidad de las salvaguardias establecidas para demostrar una IA fiable; y en última instancia generar confianza adicional en las tecnologías de IA. https://digital-strategy.ec.europa.eu/es/policies/ai-pact#:~:text=El%20Pacto%20sobre%20IA%20es,estar%20listos%20para%20su%20implementaci%C3%B3n.

ción automatizada; e) interactuar con otras Factorías, con hubs y otras instituciones europeas relacionadas, tejiendo así una red colaborativa europea[856].

Además, por decisión de 24 de enero de 2024[857], se prevé el establecimiento de la Oficina Europea de IA como estructura encargada de supervisar los avances en los modelos de IA, así como la interacción con la comunidad científica, desempeñando un papel clave en las investigaciones y pruebas de esta tecnología y en la aplicación del REIA. También cabe dar noticia de la constitución del Centro Europeo para la Transparencia Algorítmica (ECAT), con sede en Sevilla, encargado de proporcionar experiencia científica y técnica para permitir a la Comisión el control de la aplicación de la Ley de Servicios Digitales e investigar sobre el impacto de los sistemas algorítmicos implementados por plataformas en línea y motores de búsqueda con el fin de desarrollar un entorno digital seguro, predecible y confiable, tanto para las personas como para las empresas. Tiene como fin principal evaluar los riesgos derivados del uso de algoritmos por las plataformas digitales, analizar la transparencia de dichos algoritmos, y proponer nuevos enfoque y mejores prácticas al efecto.

Al tiempo, se han creado dos consorcios europeos de infraestructuras digitales (EDIC)[858]: 1) La Alianza para las Tecnologías Linguísticas (Alliance for Language Technologies, ALT-EDIC), cuyo objetivo es desarrollar un entramado europeo común en tales tecnologías para abordar la escasez de datos sobre las lenguas europeas para la formación de soluciones de IA, así como para defender la diversidad lingüística y la riqueza

---

856 CASADESÚS, C.: "Más allá del Reglamento de IA. Los superordenadores como clave del éxito europeo", *Diario La Ley*, núm. 80, de 9 de febrero de 2024.

857 C (2024) 390 final.

858 https://digital-strategy.ec.europa.eu/es/policies/edic

cultural de Europa. 2) La iniciativa Networked Local Digital Twins for the CitiVERSE (LDT CitiVERSE EDIC), cuya finalidad es conectar a los gemelos digitales locales (representaciones virtuales de los activos físicos, procesos y sistemas de una ciudad) existentes en toda Europa para avanzar en las aplicaciones generativas de IA en las ciudades inteligentes, incluidas las simulaciones que abordan (entre otras cosas) el impacto de las condiciones cambiantes del tráfico en la calidad del aire, la descarbonización, la congestión y la mejora de la interacción ciudadana.

Ahora bien, tanto el Reglamento como el mencionado Pacto y sus anexos prácticamente olvidan el papel de las organizaciones sindicales respecto de la utilización de las herramientas de IA en el trabajo. El Reglamento, como ya consta, únicamente establece una cláusula de salvaguarda, en virtud de la cual "el presente Reglamento se entiende sin perjuicio de las obligaciones de los empresarios de informar o de informar y consultar a los trabajadores o a sus representantes en virtud del Derecho y las prácticas de la Unión o nacionales, incluida la Directiva 2002/14/CE relativa a un marco general relativo a la información y a la consulta de los trabajadores, sobre las decisiones de puesta en servicio o de utilización de los sistemas de IA. Sigue siendo necesario garantizar la información de los trabajadores y sus representantes sobre el despliegue previsto de sistemas de IA de alto riesgo en el lugar de trabajo en los casos en que no se cumplan las condiciones para dicha información o las obligaciones de información y consulta previstas en otros instrumentos jurídicos. Además, ese derecho de información es accesorio y necesario para el objetivo de proteger derechos fundamentales que subyace en el presente Reglamento. Por lo tanto, debe establecerse en este Reglamento un requisito de información a tal efecto, sin que ello afecte a ninguno de los derechos existentes de los trabajadores" (Considerando 58 b). Lógicamente, los instrumentos normativos nacionales deben implementarse y aplicarse en coherencia con la legislación europea y nacional, permitiendo que las demás leyes laborales de la Unión Europea cumplan su propósito. El acervo de la UE en los ámbitos laboral y social establece normas mínimas de gestión y participación de los representantes de los trabajadores en las decisiones organizativas de la empresa, en varios instrumentos clave. Con carácter general, lo prevé la Directiva 2002/14, por la que se establece un marco general relativo a la información y a la consulta de los trabajadores, fijando una serie de principios mínimos, definiciones y modalidades de información y consulta de los representantes de los trabajadores a nivel de las empresas en cada Estado miembro[859]. Además, la posibilidad de consultar la proyectada base de datos de la Unión Europea para sistemas de IA de alto riesgo otorgará la posibilidad a los interlocutores sociales de valorar la toma de decisiones algorítmicas en el marco laboral y, en su caso, entablar acciones de defensa.

En todo caso, el Considerando (92) y el art. 26.7 REIA señalan que "antes de la puesta en servicio o utilización de un sistema de IA de alto riesgo en el centro de trabajo, los responsables del despliegue que sean empresarios deberán informar a los representantes de los trabajadores y a los trabajadores afectados de que van a estar sometidos al sistema. Esta información se facilitará, cuando sea aplicable, de conformidad con las normas y procedimientos establecidos en el Derecho y las prácticas de la Unión y nacionales en materia de información de los trabajadores y sus representantes"[860].

---

[859] GOÑI SEIN, J.L.: "El Reglamento UE de inteligencia artificial y su relación con la normativa de seguridad y salud en el trabajo", en AA.VV (EGUSQUIZA BALMASEDA, M.A. y RODRÍGUEZ SANZ DE GALDEANO, B., Dirs.): *Inteligencia artificial y prevención de riesgos laborales: obligaciones y responsabilidades,* Valencia, Tirant Lo Blanch, 2023, p. 112.

[860] FERNÁNDEZ GARCÍA, A.: "Los algoritmos y la inteligencia artificial en la Ley 12/2021, de 28 de septiembre", en AA.VV (MORENO

No obstante, pese a estos adelantos, el papel de los representantes de las personas trabajadoras debe alcanzar un mayor protagonismo, correspondiente a los legisladores internos (in casu, al español) introducir previsiones adicionales apostando por una co-gobernanza en la gestión empresarial algorítmica.

LA AGENCIA ESPAÑOLA DE SUPERVISIÓN DE LA INTELIGENCIA ARTIFICIAL

El REIA tipifica un régimen sancionador, consistente en una serie de multas, que se han fijado como un porcentaje del volumen de negocios anual global de la empresa infractora en el ejercicio financiero anterior o un importe predeterminado, si este fuera superior. Estas se elevarían a 35 millones de euros, es decir, el 7 % por las infracciones de aplicaciones de IA prohibidas, 15 millones de euros o el 3 % por el incumplimiento de las obligaciones del REIA y 7,5 millones de euros o el 1,5 % por la presentación de información inexacta, recogiendo límites menores cuando se trate de pymes y empresas emergentes (art. 99). Todo ello sin olvidar la posibilidad de que cualquier persona física o jurídica pueda presentar una reclamación ante la autoridad de vigilancia del mercado pertinente en relación con el incumplimiento del REIA y esperar que dicha reclamación se tramite de conformidad con los procedimientos específicos de dicha autoridad (Considerando 172).

No cabe soslayar, por ende, la oportunidad de crear en España una autoridad pública u organismo público de vigilancia del correcto uso de los algoritmos para asegurar que el comportamiento de las aplicaciones es correcto y es legal, quedan-

---

GENÉ, J. y ROMERO BURILLO, A.M., Coord.): *Los nuevos escenarios laborales de la innovación tecnológica*, Valencia, Tirant Lo Blanch, 2023, p. 85.

do incontrovertida la fiabilidad del sistema[861]. El ejercicio de tales competencias corresponde a la Agencia Española de Supervisión de la Inteligencia Artificial, que ha visto la luz con la disposición adicional 7ª Ley 28/2022, de 21 de diciembre, de fomento del ecosistema de las empresas emergentes, siguiendo la pauta marcada por la disposición adicional centésima trigésima Ley 22/2021, de 28 de diciembre, de Presupuestos Generales del Estado para el año 2022.

De conformidad con lo previsto en el art. 91 Ley 40/2015, de 1 de octubre, de Régimen Jurídico del Sector Público, se autoriza su creación como organismo público con personalidad jurídica pública, patrimonio propio, plena capacidad de obrar y potestades administrativa, inspectora y sancionadora, que le han sido atribuídas en aplicación de la normativa nacional y europea en relación con el uso seguro y confiable de los sistemas de IA (disposición adicional séptima. uno).

En relación con los fines que deben guiar la actuación de la Agencia, se alude, por su orden, a los siguientes: a) La concienciación, divulgación y promoción de la formación, y del desarrollo y uso responsable, sostenible y confiable de la IA; b) La definición de mecanismos de asesoramiento y atención a la sociedad y a otros actores relacionados con el desarrollo y uso de la inteligencia artificial; c) La colaboración y coordinación con otras autoridades, nacionales y supranacionales, de supervisión de inteligencia artificial; d) El fomento de entornos reales de prueba de los sistemas de inteligencia artificial, para reforzar la protección de los usuarios; e) La supervisión de la puesta en

---

861 RIVAS VALLEJO, P.: "La gestión analítica de personas en la era digital: su impacto sobre los derechos fundamentales", en AA.VV (MOLINA NAVARRETE, C. y VALLECILLO GÁMEZ, M.R., Dirs.): *De la economía digital a la sociedad del e-work decente: condiciones sociolaborales para una industria 4.0 justa e inclusiva,* Pamplona, Aranzadi, 2021, p. 278.

marcha, uso o comercialización de sistemas que incluyan inteligencia artificial y, especialmente, aquellos que puedan suponer riesgos significativos para la salud, seguridad y los derechos fundamentales (disposición adicional séptima. dos)[862].

Su creación se ha llevado a cabo mediante el Real Decreto 729/2023, de 22 de agosto, cuyo art. 4 determina como tareas esenciales "la supervisión, el asesoramiento, la concienciación y la formación dirigidas a entidades de derecho público y privado para la adecuada implementación de toda la normativa nacional y europea en torno al adecuado uso y desarrollo de los sistemas de inteligencia artificial, más concretamente, de los algoritmos". Asimismo, desarrollará "la función de inspección, comprobación, sanción y demás que le atribuya la normativa europea que le resulte de aplicación y, en especial, en materia de inteligencia artificial. Todo ello sin menoscabo de las atribuciones y cometidos que en este ámbito vienen ejerciendo el Ministerio de Sanidad y la Agencia Española de Medicamentos y Productos Sanitarios, en el ámbito de los medicamentos, productos sanitarios y evaluación de nuevas tecnologías para inclusión en la Cartera de Servicios del Sistema Nacional de Salud, así como el Ministerio de Trabajo y Economía Social y la Inspección de Trabajo y Seguridad Social, en su función de vigilancia del cumplimiento de las normas del orden social y exigencia de responsabilidades, en el ámbito de las relaciones laborales".

Además, se ocupará de "la minimización de los riesgos que puede suponer el uso de esta nueva tecnología, el adecuado desarrollo y potenciación de los sistemas de inteligencia artificial, (de manera que) en el ámbito de la competencia estatal, ejercerá las funciones de autoridad responsable de la supervisión, y en su caso sanción, de los sistemas de inteligencia ar-

---

862 GARCÍA QUIÑONES, J.C.: "Inteligencia artificial y relaciones laborales: entre la significación creciente de los algoritmos y el desmentido de su neutralidad aparente", *Temas Laborales*, núm. 167, 2023, p. 87.

tificial con el objeto de eliminar o reducir los riesgos para la integridad, la intimidad, la igualdad de trato y la no discriminación, en particular entre mujeres y hombres, y demás derechos fundamentales que pueden verse afectados por el mal uso de los sistemas".

Asimismo, teniendo en cuenta que hay algoritmos que permiten entender sus entradas y salidas, pero no el modo en que razonan por su lejanía con la lógica humana, la Agencia deberá permitir dar los primeros pasos en un entorno controlado de pruebas o sandbox ("caja de arena") regulatorio, de la IA, ordenado en el Real Decreto 817/2023, de 8 de noviembre, cuyo objeto será doble: por una parte, establecer un entorno controlado de pruebas para ensayar el cumplimiento de ciertos requisitos por parte de algunos sistemas de IA que puedan suponer riesgos para la seguridad, la salud y los derechos fundamentales de las personas, pudiendo detectar errores y vulnerabilidades de seguridad antes de su lanzamiento al mercado; por otra, regular el procedimiento de selección de los sistemas y entidades que participarán en el entorno controlado de pruebas. Como resultado de este ensayo se pondrán en marcha unas guías basadas en la evidencia y la experimentación que faciliten a las entidades, especialmente las pequeñas y medianas empresas, y a la sociedad en general, el alineamiento con la propuesta del Reglamento (Exposición de Motivos).

EL RÉGIMEN DE RESPONSABILIDAD DE LA LEY 15/2022 Y LA PROPUESTAS DE DIRECTIVAS SOBRE RESPONSABILIDAD EXTRACONTRACTUAL Y PRODUCTOS DEFECTUOSOS

El RPD, en sus arts. 83 y 84, recoge un aparato administrativo sancionador, con multas que ascienden hasta 40.000 euros por infracciones leves; de 40.001 euros a 300.000 euros por infracciones graves y de 300.001 euros a 20 millones de euros o el

4% volumen de facturación anual por infracciones muy graves. A la par, el RPD contempla el derecho a la indemnización de daños y perjuicios en su art. 82.1 para quienes hayan sufrido detrimentos materiales e inmateriales como consecuencia de la infracción del citado Reglamento, si bien el Tribunal de Justicia de la Unión Europea ha declarado recientemente que la mera infracción del RPD no es suficiente para su compensación pecuniaria, dado que también se requiere la existencia de efectivos daños y perjuicios y una relación de causalidad entre los daños y la infracción, resultando estos requisitos acumulativos, debiendo los jueces, en su caso, aplicar las normas internas para fijar la cuantía, sin que exista un umbral mínimo indemnizable, ni un umbral mínimo de gravedad[863].

Por su parte, el REIA dedica una atención detenida al régimen administrativo sancionador, que ha sido objeto de cambios relevantes a lo largo del proceso de elaboración. Frente a los iniciales tres niveles de sanciones, ahora se establecen cuatro. Las sanciones más elevadas serán de hasta 40 millones de euros o, tratándose de una empresa, de una cuantía equivalente al 7% como máximo del volumen de negocio total anual global del ejercicio financiero anterior, optándose por la de mayor cuantía, en caso de incumplimiento del art. 5 de la norma (sistemas de IA prohibidos). Por otra parte, se prevén multas intermedias de 20 millones de euros o de hasta el 4% como máximo del volumen de negocio total anual global del ejercicio financiero anterior, optándose por la de mayor cuantía, y de hasta 10 millones de euros o de hasta el 2% como máximo del volumen de negocio total anual global del ejerci-

863 STJUE de 4 de mayo de 2023, C-300/21, Osterreichische Post. ESPUGA TORNÉ, G.: "La (i)licitud del tratamiento de datos biométricos para el registro de la jornada", en AA.VV (TRUJILLO PONS, F., Dir.): *Más allá de la oficina: desafíos laborales emergentes en un mundo hiperconectado*, Pamplona, Aranzadi, 2023, p. 160.

cio financiero anterior. Por último, se han propuesto multas más bajas, de cinco millones de euros o de hasta el 1% como máximo del volumen de negocio total anual global del ejercicio financiero anterior, optándose por la de mayor cuantía, por facilitar información incorrecta, incompleta o engañosa a organismos o autoridades nacionales competentes en respuesta a una solicitud[864]. En paralelo, el Considerando (5) REIA reconoce que la IA puede generar riesgos capaces de causar menoscabos que pueden ser tangibles o intangibles, llegando a provocar perjuicios físicos, psíquicos, sociales o económicos. Su reparación queda remitida a la Directiva 85/374, de 25 de julio, sobre productos defectuosos.

Ahora bien, el Parlamento Europeo no solo ha trabajado en la redacción de la Ley de IA sino también en una revisión del marco actual de seguridad del producto y en un replanteamiento de los modelos de imputación de la responsabilidad civil para cuando medie un sistema de IA bajo un parámetro clave: "los daños que puedan ocasionarse se reparen de forma eficiente".

Cierto es que la Ley de IA busca establecer un marco regulatorio que garantice una IA fiable, segura y respetuosa con los derechos fundamentales, pero para ello requiere de los pertinentes complementos normativos en materia de seguridad y responsabilidad. Estos dos últimos extremos se presentan como dos vértices de una misma moneda, en tanto la seguridad busca minimizar o eliminar los riesgos y la responsabilidad aparece como contramedida dirigida a reequilibrar los bienes

---

864 MERCADER UGUINA, J.R.: El Reglamento de Inteligencia Artificial entra en la recta final, una primera lectura en clave laboral", *Revista General de Derecho del Trabajo y de la Seguridad Social*, núm. 67, 2024, p. 351.

jurídicos dañados como consecuencia de la actualización de los riesgos no eliminados[865].

En España, la propia Ley 15/2022, en su art. 25, obliga a aplicar métodos o instrumentos suficientes para la detección, la adopción de medidas preventivas, y la articulación de acciones adecuadas para el cese de las situaciones discriminatorias como las que puedan implicar los sesgos derivados de los sistemas de IA, siendo así que el incumplimiento de tales obligaciones dará lugar a responsabilidades administrativas, así como, en su caso, penales y civiles por los daños y perjuicios que puedan derivarse, que podrán incluir –especifica el apartado 2- "tanto la restitución como la indemnización, hasta lograr la reparación plena y efectiva para las víctimas".

La depuración de los sesgos derivados de sistemas de IA utilizados en las empresas podrá encontrar cauce a través del mecanismo del art. 27 de la mencionada Ley, en virtud del cual "la persona física o jurídica que cause discriminación ...reparará el daño causado proporcionando una indemnización y restituyendo a la víctima a la situación anterior al incidente discriminatorio, cuando sea posible", siendo igualmente "responsables del daño causado las personas empleadoras o prestadoras de bienes y servicios cuando la discriminación, incluido el acoso, se produzca en su ámbito de organización o dirección y no hayan cumplido las obligaciones previstas en el apartado 1 del artículo 25", esto es –permítase la reiteración–, no hayan adoptado "métodos o instrumentos suficientes para su detección, la

---

865 LLORENS ESPADAS, J.: "Responsabilidad civil en materia de inteligencia artificial y su incidencia en el ámbito de reparación del daño derivado de accidente de trabajo y enfermedad profesional español", en AA.VV (EGUSQUIZA BALMASEDA, M.A. y RODRÍGUEZ SANZ DE GALDEANO, B., Dirs.): *Inteligencia artificial y prevención de riesgos laborales: obligaciones y responsabilidades*, Valencia, Tirant Lo Blanch, 2023, p. 124.

adopción de medidas preventivas, y la articulación de medidas adecuadas para el cese de las situaciones discriminatorias".

Así pues, cuando los daños sean consecuencia de un actuar ilícito de la empresa, derivado del empleo de sistemas algorítmicos en su gestión laboral diaria, el principio de imputación subjetiva, conlleva una responsabilidad directa empresarial. No cabe olvidar, por tanto, la aplicación del parámetro de la responsabilidad empresarial consustancial a la condición de empleador, de manera que poco importa que cuente con colaboradores o delegados en la ejecución de sus obligaciones, pues los posibles incumplimientos van a recaer sobre su figura.

Esta conclusión podría ser, empero –y en una primera aproximación–, matizada ante los nuevos escenarios, donde aparecen productos con posible potencialidad lesiva autónoma. Y todo ello porque aun cuando la denominada dirección algorítmica, en algunos casos –cuando se trate de sistemas semiautomáticos–actúe como un complemento para la toma de decisiones por los mandos de la empresa, lo cierto es que en otros –cuando se trate de sistemas por completo automáticos—sustituye efectivamente esos mandos por máquinas o ingenios informáticos[866]. Ahora bien, lo cierto es que en todos los supuestos los algoritmos no son sino meros instrumentos auxiliares para el ejercicio de las potestades empresariales de dirección, vigilancia y control. Desde una perspectiva jurídica, la expresión "decisión automatizada" constituye una imprecisión técnica –o una simplificación– que alude a un proceso de toma de postura en el que el empleador renuncia a discutir, valorar o modular la conclusión que alcanza el algoritmo, y acata el resultado y lo formaliza a través del cauce oportuno, pero la auténtica decisión empresarial debe materializarse en un acto

[866] SANGUINETI RAYMON, W.: "El poder de dirección ante el cambio económico y productivo y la emergencia de la inteligencia artificial", *Trabajo y Derecho*, núm. 109, 2024.

de la empresa. No es el algoritmo el que toma la resolución de no contratar o despedir (o cualesquiera otras), sino la propia entidad empresarial, aunque haga suyos el contenido y la explicación –mayor o menor– que proporciona el algoritmo[867].

El carácter intransmisible del poder de dirección provoca que el titular de la organización productiva no pueda alegar ningún mecanismo de exculpación de su responsabilidad como consecuencia de la delegación de la decisión en el algoritmo[868], máxime cuando el REIA excluye tanto la posibilidad de asignar a la inteligencia artificial el estatus de persona jurídica, con derechos y deberes, como la posibilidad de poseer bienes, celebrar contratos y demandar o ser demandado[869].

Cuando el uso de la IA genera daños en el marco laboral surgen las mismas responsabilidades empresariales que cuando esos daños se causan por otros medios. Así, cuando el empleador acepta acríticamente la valoración de un sistema de IA será responsable del resultado, del mismo modo que lo sería si se limitara a aceptar la de un directivo, la del departamento de recursos humanos o la de una agencia de selección o entidad en la que se haya externalizado cualquier servicio[870].

---

867 RODRÍGUEZ CARDO, I.A.: "Gestión laboral algorítmica, poder de dirección y participación de los trabajadores: ¿un cambio de paradigma?", en AA.VV.: *Digitalización, recuperación y reformas laborales. Comunicaciones del XXXII Congreso Anual de la Asociación Española de Derecho del Trabajo y de la Seguridad Social, Alicante, 26 y 27 de mayo de 2022,* Madrid, Ministerio de Trabajo y Economía Social, 2022, p. 1318.

868 VALVERDE ASENSIO, A.J.: *Implantación de sistemas de inteligencia artificial y trabajo,* Albacete, Bomarzo, 2020, p. 109.

869 FLORIDI, L.: "The European Legislation on AI: a Brief Analysis of its Philosophical Approach", *Philosophy&Technology,* Vol. 34, 2021, p. 219.

870 RODRÍGUEZ CARDO, I.A.: "Gestión laboral algorítmica, poder de dirección y participación de los trabajadores: ¿un cambio de para-

El hecho de que la gestión laboral descanse en algoritmos no permite, y ni siquiera facilita, la huida del Derecho del Trabajo, ni concede al empleador un mayor margen para eludir sus responsabilidades, pues la imputabilidad jurídica de la decisión organizativa sobre el personal siempre recae en la empresa, con independencia del procedimiento (centralizado o descentralizado) concreto de adopción[871]. El sistema algorítmico puede ayudar a la toma de decisiones, pero es la empresa final, aunque no haya intervenido en su desarrollo ni sea propietaria del algoritmo, quien decide la implementación de un sistema inteligente, la elección del mismo, así como seguir (o no) sus recomendaciones[872].

Ahora bien, la intervención de un tercero de entidad abstracta (el algoritmo) sobre el que se cierne el derecho de propiedad intelectual y se caracteriza por su opacidad, así como la posibilidad de que el software pueda ser hackeado remotamente, intervenido o manipulado por terceras personas no autorizadas, unido a la utilización de un código abierto a actualizaciones y mejoras tras su comercialización, son circunstancias que pueden modular la conclusión anterior, pero únicamente para

---

digma?", en AA.VV.: *Digitalización, recuperación y reformas laborales. Comunicaciones del XXXII Congreso Anual de la Asociación Española de Derecho del Trabajo y de la Seguridad Social, Alicante, 26 y 27 de mayo de 2022*, Madrid, Ministerio de Trabajo y Economía Social, 2022, p. 1318.

871 RODRÍGUEZ CARDO, I.A.: "Decisiones automatizadas y discriminación algorítmica en la relación laboral: ¿hacia un Derecho del Trabajo de dos velocidades?", *Nueva Revista Española de Derecho del Trabajo*, núm. 253, 2022.

872 GÓMEZ GARCÍA, F.X.: "La gestión laboral a través de algoritmos: posibles discriminaciones y responsabilidades empresariales", en AA.VV.: *Digitalización, recuperación y reformas laborales. Comunicaciones del XXXII Congreso Anual de la Asociación Española de Derecho del Trabajo y de la Seguridad Social, Alicante, 26 y 27 de mayo de 2022*, Madrid, Ministerio de Trabajo y Economía Social, 2022, p. 1275.

hacer entrar en escena el principio de solidaridad impropia en la responsabilidad de los diversos operadores intervinientes (fabricante del conjunto o de alguna pieza, desarrollador, vendedor, proveedor, intermediario y usuario e – incluso en la economía circular– reparador o rehabilitador). Tal parámetro conllevará la pertinente distribución de costes indemnizatorios entre las empresas participantes en la cadena a través de la pertinente acción de regreso atendiendo al "grado de control" ostentado sobre el sistema de IA[873], siempre respetando la premisa de reparación íntegra del daño, esto es, no solo de la colisión directa con la esfera jurídica de la persona trabajadora sino también con su expectativa de obtener un beneficio laboral finalmente perdido.

En efecto, a tenor de los arts. 4 y 17 ET, la responsabilidad última sobre la decisión es del empresario y los empleados conservan incólumes los derechos conferidos frente al poder de dirección empresarial aunque la decisión lesiva haya sido adoptada por una herramienta tecnológica[874], incluso cuando no sea capaz de conocer cómo se ha llegado e evacuar una "decisión algorítmica"[875]. Ahora bien, si el empleador hubiera adquirido el sistema IA con marcado CE y declaración UE de conformidad, y hubiera utilizado el sistema IA siguiendo las

---

873 NAVAS NAVARRO, S.: "Responsabilidad civil e inteligencia artificial", *El Cronista del Estado Social y Democrático de Derecho*, núm. 100, 2022, pp. 106 y ss.

874 ÁLVAREZ CUESTA, H.: *El impacto de la inteligencia artificial en el trabajo: desafíos y propuestas*, Pamplona, Aranzadi, 2020, p. 40.

875 SECRETARÍA CONFEDERAL DE SALUD LABORAL Y SOSTENIBILIDAD AMEIOAMBIENTAL DE CCOO: "Los tiempos de cambio, las nuevas formas de organización del trabajo y la participación de las personas trabajadoras en la prevención de riesgos laborales", en AA.VV (TRUJILLO PONS, F., Dirs.): *Más allá de la oficina: desafíos laborales emergentes en un mundo hiperconectado*, Pamplona, Aranzadi, 2023, p. 134.

instrucciones de uso proporcionadas por el proveedor, podrá entenderse que el sistema es aparentemente seguro y por tanto el empresario podrá exonerarse a posteriori de los daños en los derechos laborales derivados de la toma de decisiones, ya que los posibles perjuicios derivarían de problemas de programación. Podría ejercitar, por tanto, acción de regreso frente al proveedor, importador o distribuidor, evitando que sea el trabajador el que tenga que dirigirse a un posible sujeto desconocido o radicado en el extranjero[876]. Como no podía ser de otra manera, el empresario podrá ser demandado a través del proceso de tutela de derechos fundamentales y condenado a pagar indemnización por daños y perjuicios (incluidos los morales), pero también podrá serlo el fabricante pues a tenor del art. 177. 1 LRJS pueden ser legitimados pasivos en este procedimiento los "terceros vinculados al empresario por cualquier título, cuando la vulneración alegada tenga conexión directa con la prestación de servicios"[877], pero la localización del tercero implicado en el desarrollo e implementación de un sistema de IA puede resultar difícil para las personas trabajadoras, de ahí que cobre particular relevancia la garantía de la exigencia de responsabilidad al empresario directo y que sea éste quien, en su caso, repercuta el tanto de culpa.

La IA presenta una serie de aspectos novedosos sobre los productos en los que se integra, generando interrogantes respecto a futuribles escenarios de responsabilidad respecto de

---

876 LOSADA CARREÑO, J.: "El uso de sistemas de IA en la gestión empresarial: riesgos en materia de protección de datos y no discriminación", en AA.VV.: *Digitalización, recuperación y reformas laborales. Comunicaciones del XXXII Congreso Anual de la Asociación Española de Derecho del Trabajo y de la Seguridad Social, Alicante, 26 y 27 de mayo de 2022*, Madrid, Ministerio de Trabajo y Economía Social, 2022, p. 1290.

877 ALAMEDA CASTILLO, M.T.: "Reclutamiento tecnológico. Sobre algoritmos y acceso al empleo", *Temas Laborales*, núm. 159, 2021, p. 17.

los daños que de su funcionamiento pudieran derivarse. Inherente al ejercicio del poder de dirección, la empresa puede ser responsable de cualquier daño acaezca en el entorno organizativo y de producción como consecuencia de la utilización de dispositivos inteligentes con consecuencias nocivas para los derechos fundamentales. La normativa específica sobre productos seguros hace recaer sobre la empresa el deber de obtener productos que cumplan tal cualidad, esto es, aquellos que observen las normas técnicas nacionales o, si no las hubiere, las normas UNE, las recomendaciones de la Comisión Europea que establezcan directrices sobre la evaluación de la seguridad de los productos que estén en vigor en el sector, especialmente cuando en su elaboración y aprobación hayan participado los consumidores y la Administración pública, sin olvidar el estado actual de los conocimientos y de la técnica, debiendo instalarlos correctamente, informar y formar a los trabajadores sobre su uso, adoptar medidas de seguridad complementarias y, en su caso, encargarse de su mantenimiento (art. 3.3 Real Decreto 1801/2003)[878]. Todo ello sin perder de vista que el Reglamento 2023/1230, de 14 de junio de 2023, relativo a las máquinas, establece los requisitos de salud y seguridad exigidos para el diseño y la fabricación de máquinas, productos relacionados y cuasi máquinas, a fin de permitir su comercialización o puesta en servicio, garantizando al mismo tiempo un elevado nivel de protección de la salud y la seguridad de las personas, en particular de los consumidores y los usuarios profesionales, así como, cuando proceda, de los animales domésticos y los bienes, y, en su caso, del medio ambiente (art. 1). Este Reglamento exige la obligación de realizar una evaluación de conformidad de dichos instrumentos.

---

878 LLORENS ESPADAS, J.: *Límites al uso de la inteligencia artificial en el ámbito de la salud laboral*, Madrid, La Ley, 2023, p. 49.

Procede abrir un breve paréntesis para señalar que la Directiva 85/374, a la que remite el REIA, se encuentra en un proceso de adaptación del marco legal para dar respuesta a los nuevos interrogantes de los sistemas de IA. Se pretende dar respuesta así a los nuevos retos de imputación de la responsabilidad por producto defectuoso, donde haya intervenido un sistema de IA, y lograr que sus víctimas (los consumidores del producto) no queden en ningún caso inmersas en un desamparo compensatorio, abocando a que la compensación por los daños deba ser reparada conforme a las reglas de cada Estado, de manera que si los sistemas de IA son defectuosos y causan daños físicos, años materiales o pérdidas de datos, sea posible solicitar una indemnización al proveedor del sistema de IA, a cualquier fabricante que integre un sistema de IA en otro producto, al importador (en caso de que el producto se fabrique fuera del mercado interior), al prestador de un servicio relacionado y al distribuidor on line u offline[879].

Como no podía ser de otra manera, la propuesta de Directiva amplía los productos a los que se aplica, incluyendo[880]: a) el software –ya sea integrado o independiente—y sus actualizaciones con referencia expresa a los sistemas de IA, quedando al margen el software libre y de código abierto desarrollado o suministrado fuera del curso de la actividad comercial, así como el código fuente del software; b) los archivos de fabricación

---

879 JORQUI AZOFRA, M: "El concepto legal de producto a la luz de la nueva propuesta de Directiva sobre responsabilidad por los daños causados por productos defectuosos", en AA.VV (EGUSQUIZA BALMASEDA, M.A. y RODRÍGUEZ SANZ DE GALDEANO, B., Dirs.): *Inteligencia artificial y prevención de riesgos laborales: obligaciones y responsabilidades*, Valencia, Tirant Lo Blanch, 2023, p. 367

880 HERNÁNDEZ MANZANARES, A.: "La responsabilidad civil por producto defectuoso tras la Sentencia de pleno de la Sala Civil del Tribunal Supremo 1516-2023, de 2 de noviembre", *Diario La Ley*, núm. 10440, de 6 de febrero de 2024.

digital que permiten el control automatizado de maquinaria o herramientas, como las impresoras 3D; y c) los servicios digitales, cuando sean necesarios para que los productos funcionen como componente del dispositivo con el que están interconectados o en el que están integrandos con alusión a los sistemas de navegación GPS incorporados en vehículos autónomos.

En concreto y bajo determinadas circunstancias, la responsabilidad seguirá aplicándose cuando el defecto de un producto que integra un sistema de IA aparezca después de su comercialización o puesta en servicio, extendiéndose a las actualizaciones de software que estén bajo el control del fabricante, las vulnerabilidades de ciberseguridad y el *machine learning*. Como implicación principal, con la nueva regulación, los fabricantes de estos productos serán responsables durante todo su ciclo de vida.

Por lo demás, la propuesta de Directiva extiende la definición de daño para atender no solo causas de muerte, lesiones personales (también detrimentos psicológicos), daños materiales, pérdida o alteración de datos que no se utilicen exclusivamente con fines profesionales y daños a la salud psicológica reconocidos médicamente. Como es lógico, el demandante deberá demostrar que el producto es defectuoso, que se ha sufrido un daño y la relación de causalidad entre ambos extremos. No obstante, un tribunal puede presumir que el producto es defectuoso, especialmente en los casos más complejos desde el punto de vista técnico y científico. También puede ordenar a la empresa que revele las pruebas "necesarias y proporcionadas" para ayudar a las víctimas en sus reclamaciones de indemnización.

Además, no cabe olvidar tampoco otra novedad importante derivada de la propuesta de Directiva sobre responsabilidad civil extracontractual derivada del uso de IA, que centra su desarrollo en una serie de medidas garantistas para que la parte demandante pueda argumentar una sólida prueba, así como ayudarse de una suerte de presunción del nexo de causalidad a la hora de conformar la demanda[881]. Es más, establece que un órgano jurisdiccional pueda ordenar la exhibición de pruebas pertinentes relativas a sistemas de IA de alto riesgo específicos[882] de los que se sospeche que han causado daños, de manera que el incumplimiento de esta obligación de exhibición conllevará la presunción de transgresión del deber de diligencia[883]. Apuesta, pues, por un régimen de responsabilidad del "operador de un sistema de inteligencia artificial de alto riesgo" respecto de cualquier daño o perjuicio causado por una actividad física o virtual de un dispositivo o un proceso gobernado por dicho sistema de inteligencia artificial" (art.4.3), instando, además, al aseguramiento de las operaciones del sistema de inteligencia artificial por parte del operador final a través de un seguro de responsabilidad civil adecuado (art. 4.4), así como por parte del operador inicial mediante un seguro de responsabilidad empresarial o de responsabilidad civil de productos[884].

---

881 LLORENS ESPADA, J.: "Responsabilidad civil en materia de inteligencia artificial y su incidencia en el ámbito de la reparación del daño derivado de accidente de trabajo y enfermedad profesional español", en AA.VV (EGUSQUIZA BALMASEDA, M.A. y RODRÍGUEZ SANZ DE GALDEANO, B., Dirs.): *Inteligencia artificial y prevención de riesgos laborales: obligaciones y responsabilidades,* Valencia, Tirant Lo Blanch, 2023, p. 136.

882 Ya sea ante un sistema integrado en formas corpóreas o materiales como robots, cobots, drones... o funcione como un software no dependiente de hardware material al uso, como podrían ser servicios digitales, aplicaciones, programas informáticos... LLORENS ESPADA, J.: *Límites al uso de la inteligencia artificial en el ámbito de la salud laboral,* Madrid, La Ley, 2023, p. 53.

883 Bruselas, 28.9.2022 COM(2022) 496 final 2022/0303 (COD).

884 RIVAS VALLEJO, P.: "Herramientas desde el derecho discriminatorio y la protección frente a la igualdad y la no discriminación", en AA.VV (RIVAS VALLEJO, P., Dir.): *Discriminación algorítmica en el*

Ahora bien, no deja de resultar in cuestionable que la empresa, operadora última, pueda llegar a ser imputable por la totalidad del daño a reparar en situaciones en las que su grado de control resulta escaso, y el resultado dañino pueda derivar en mayor medida de agentes con participación previa en la cadena, de manera que en estos casos cobra interés la posibilidad de repetir posteriormente ante el resto de agentes involucrados a través de los nuevos canales habilitados a tal fin[885].

ámbito laboral: perspectiva de género e intervención, Pamplona, Aranzadi. 2022, p. 563.

885 LLORENS ESPADA, J.: "Responsabilidades civiles por discriminación por razón de género cuando medie un sistema de inteligencia artificial", en AA.VV (RIVAS VALLEJO, P., Dir.): *Discriminación algorítmica en el ámbito laboral: perspectiva de género e intervención*, Pamplona, Aranzadi, 2022, p. 592.

17. Horizontes de regulación ad futurum. Hacia un algoritmo laboral justo

Revisitando reflexiones ya vertidas, no cabe soslayar que los sistemas de IA basados en aprendizaje automático realizan predicciones probabilísticas sobre el futuro no sin cometer errores sobre las situaciones ambiguas que intentan predecir. Del mismo modo, las probabilidades son necesariamente generalizadas y los casos excepcionales son sistemáticamente ignorados. Las capacidades de predicción de la IA pueden ser exageradas. La opacidad de la IA hace que los sistemas algorítmicos sean difíciles de auditar y responsabilizar. Los sistemas de IA también incentivan la vigilancia y la recopilación desmesurada de datos porque necesitan grandes conjuntos de información para el entrenamiento y el funcionamiento de los modelos. Esto auspicia prácticas que invaden la intimidad y erosionan las normas de protección de datos. Por último, los sistemas de IA tienen sesgos. Operan sobre la base del corpus de datos en el que han sido programados y, por lo tanto, los datos que están sesgados en origen, por ejemplo, según la raza, la nacionalidad, el sexo o las brechas socioeconómicas conducirán a resultados discriminatorios en las decisiones de la IA[886]. Todo ello sin olvidar que el desenvolvimiento autónomo del algoritmo puede provocar daños sobrevenidos.

De ahí el interés de juridificar la IA y establecer garantías en sus herramientas, especialmente cuando atentan o menos-

---

886 BARRIO ANDRÉS, M.: "Inteligencia artificial: origen, concepto, mito y realidad", *El Cronista del Estado Social y Democrático de Derecho*, núm. 100, 2022, p. 20.

caban los derechos fundamentales en el marco laboral. Cierto es que el REIA toma nota del impacto potencialmente discriminatorio de los algoritmos en el mundo del trabajo y de los atentados que supone para la intimidad de las personas trabajadoras, preocupándose de la calidad de los datos, pero olvida detener su atención en la garantía de unas condiciones de trabajo justas y equitativas, entendiendo sencillamente que si los sistemas de IA utilizados en el trabajo cumplen los requisitos de procedimiento que establece en su articulado, estos sistemas están permitidos[887]. De ahí que no falten pronunciamientos doctrinales que reclaman una regulación específica para el ámbito de la prestación de servicios por cuenta ajena, intentando evitar que funcione como un "techo" en lugar de como un "suelo"[888].

Ahora bien, todo intento de avanzar, en el momento presente, en la proposición sistematizada de las medidas de tutela y los controles necesarios para disciplinar el uso de la IA en el ámbito de las relaciones laborales se topa con múltiples dificultades. La inmadurez y falta de univocidad del fenómeno en el escenario actual impiden, por sí mismas, dar una respuesta homogénea a la cuestión, a lo que se suma la multiplicidad de riesgos que su utilización, en mayor o menor medida, revela. Teniendo en cuenta, de un lado, que hasta el momento los cambios legales incorporados al ordenamiento social han sido muy escasos en comparación con el vertiginoso avance de las transformaciones técnicas algorítmicas y, de otro, que los sistemas de protección de datos solo de forma indirecta o parcial

---

887 ÁLVAREZ CUESTA, H.: "El impacto de la inteligencia artificial en la prevención de riesgos laborales. Una perspectiva desde la Unión Europea", en AA.VV (FERNÁNDEZ-COSTALES MUÑIZ, J., Dir.): *La disrupción tecnológica y digital y los nuevos riesgos emergentes en materia de seguridad y salud en el trabajo,* Barcelona, Reus, 2023, p. 246.

888 DE ESTEFANO, V. y TAES, S.: "Algorithmic management and collective bargaining", Foresight brief ETUI, núm. 10, 2021, p.11.

inciden en el campo de las decisiones empresariales automatizadas, el cual sigue careciendo de una regulación propia más allá de alguna escueta referencia de la mano del REIA y de alguna disposición del ordenamiento interno, deviene necesario contar con líneas de trazo definido y métodos seguros ante una realidad normativa, todavía borrosa, que ayuden a identificar, anticipar y corregir tanto errores como amenazas (ciertas y potenciales).

La articulación de una estrategia empresarial preventiva que evite lesiones antes de que se produzcan es el cauce a seguir para conseguir una transición justa en la economía y el empleo orleados con tecnologías inteligentes, siempre apuntalada desde el respeto de derechos laborales esenciales capaces de asegurar un óptimo nivel de dignidad individual. La ordenación de esta materia resulta clave no sólo para evitar las prácticas invasivas en lo personal sino para cercenar los posibles efectos sesgados y discriminatorios susceptibles de conllevar, además, resultados lesivos sobre otros derechos fundamentales[889]. La participación del legislador laboral y la acción del ejecutivo pueden servir para promocionar sólidos canales de entendimiento aceptables para todas las partes, mientras que la abstención hace presagiar un largo ciclo de conflictos[890], máxime cuando la aprobación del REIA no agota ni resuelve todos los problemas jurídicos de la IA en el ámbito laboral.

---

889 CRUZ VILLALÓN, J.: "El impacto de la digitalización sobre los derechos fundamentales laborales", en AA.VV (RODRÍGUEZ-PIÑERO ROYO, M. y TODOLÍ SIGNES, A., Dirs.): *Vigilancia y control en el Derecho del Trabajo Digital*, Pamplona, Aranzadi, 2020, p. 60.

890 GÓMEZ GORDILLO, R.: "El poder de dirección y los algoritmos", en AA.VV (BARCELÓN COBEDO, S.; CARRERO DOMÍNGUEZ, C. y DE SOTO RIOJA, S., Coord.): *Estudios de Derecho del Trabajo y de la Seguridad Social. Homenaje al profesor Santiago González Ortega, Monografías de Temas Laborales*, núm. 64, 2023, p. 233.

Y ello porque el poder de dirección empresarial tecnológico basado en algoritmos puede derivar en la adopción de decisiones discriminatorias y de resoluciones contrarias a las distintas versiones de los derechos fundamentales con manifestaciones agravadas dada la subordinación que caracteriza a la persona trabajadora en el marco del contrato de trabajo. Por tal razón, las garantías han de ir más allá del derecho genérico de transparencia y la neutralidad en el diseño de los sistemas de IA, acompañados de una catalogación de obligaciones en función del mayor riesgo. Es necesario contar con una normativa diseñada *ad hoc* con una dimensión proactiva transversal dentro del ordenamiento jurídico laboral, pues una estrategia meramente reactiva, probablemente siempre se quedaría corta y/o llegaría tarde; y, por este motivo, podría cobrarse un alto precio[891].

En la consecución de un algoritmo digital justo de aplicación a las relaciones laborales, resulta fundamental fortalecer la norma[892] para establecer las siguientes exigencias:

1. Perfilar una auténtica gobernanza algorítmica con implicación de distintos actores capaces de llevar a cabo controles públicos (certificación/acreditación, aparato sancionador administrativo e intervención judicial) y privados (auditoría algorítmica, declaración responsable y evaluación de impacto), acompañados de la ineludible participación de los sujetos colectivos (con el inhe-

---

[891] BELTRÁN DE HEREDIA RUÍZ, I.: "Algoritmos, psicometría y derechos del yo inconsciente de la persona en el ámbito socio-laboral", *Revista Derecho Social y Empresa*, núm. 18, 2023, p. 23.

[892] ARANGUEZ VALENZUELA, L.: "La configuración del algoritmo digital, vacíos de justicia y principales desafíos para el Derecho del Trabajo", *e-Revista Internacional de la Protección Social*, Vol. VII, núm. 1, 2022, p. 26.

rente ejercicio de los derechos de información, consulta y negociación colectiva).

Es procedente, pues, introducir medidas transversales antes, durante y después de la utilización de algoritmos desde una perspectiva proactiva con participación de los representantes de los trabajadores[893], incorporando un verdadero control democrático del funcionamiento de los algoritmos en el uso laboral, tal y como establece la Resolución de la Confederación Europea de Sindicatos (CES) sobre la protección de los derechos de los trabajadores atípicos y precarios y de los trabajadores de las empresas de plataformas, aprobada en la reunión del Comité Ejecutivo de 28 y 29 de octubre de 2020, de manera que la consulta y participación de los trabajadores debe ser prioritaria en los debates acerca de los límites del uso de la IA en los lugares de trabajo, más allá de los deberes informativos reconocidos por las últimas iniciativas legislativas españolas (Ley 10/2021).

El diálogo social debe adoptar todas sus manifestaciones a la hora de ordenar las consecuencias laborales de la IA: pactos sociales tripartitos (en los que participen el Gobierno, los sindicatos y las asociaciones empresariales más representativas comprometiéndose todos ellos); acuerdos o convenios marco (verdadera y propia negociación colectiva entre sindicatos y asociaciones empresariales más representativas desempeñando el Gobierno el papel de mediador de esos acuerdos cuya pretensión es regular la negociación colectiva posterior); legislación negociada (acuerdos entre organizaciones sindicales y empresariales más representantivas que luego hace suyos el Gobierno o el Parlamento convirtiéndolos en leyes o en normas reglamentarias); negociación en mesas separadas (en las

---

[893] ALAMEDA CASTILLO, M.T.: "Reclutamiento tecnológico. Sobre algoritmos y acceso al empleo", *Temas Laborales*, núm. 159, 2021, p. 19.

que el Gobierno negocia los mismos o distintos temas con los sindicatos y con las asociaciones empresariales más representativas con vistas a la presentación de un determinado proyecto de ley o reglamento); o negociación colectiva sectorial o empresarial específica.

2. Aquilatar las aristas del principio de transparencia en el uso de los sistemas de IA para contratar personas y para evaluar o supervisar su desempeño, además de salvaguardar los derechos y libertades con respecto al procesamiento de los datos de las personas trabajadoras, tal y como señalan el Documento de posicionamiento "Artificial Intelligence for Europe" del Comité Económico y Social Europeo[894] y el estudio del Consejo de Europa, titulado *On the human rights dimensions of automated data processing techniques (in particular algorithms) and posible regulatory implications* de 2017, que profundizan en la dimensión de los derechos humanos respecto del tratamiento y del uso de algoritmos, concretamente en las consecuencias derivadas de la elaboración de rankings y la ordenación de criterios de preferencia sobre personas trabajadoras con efectos que pueden comprometer las oportunidades de su carrera profesional y que suponen retos adicionales en la protección de los derechos fundamentales que exigen la introducción de criterios de información detallada en el uso de algoritmos[895]. Las

---

[894] RIVAS VALLEJO, P.: "Herramientas desde el derecho discriminatorio y la protección frente a la igualdad y la no discriminación", en AA.VV (RIVAS VALLEJO, P., Dir.): *Discriminación algorítmica en el ámbito laboral: perspectiva de género e intervención*, Pamplona, Aranzadi. 2022, p. 547.

[895] RIVAS VALLEJO, P.: "La gestión analítica de personas en la era digital: su impacto sobre los derechos fundamentales", en AA.VV (MOLINA NAVARRETE, C. y VALLECILLO GÁMEZ, M.R., Dirs.): *De la economía digital a la sociedad del e-work decente: condiciones sociolaborales*

herramientas de gestión de recursos humanos basadas en algoritmos deben diseñarse para documentar las razones por las cuales se toman las decisiones, de modo que tales decisiones puedan explicarse, de manera que se debe priorizar la explicabilidad incluso cuando conduzca a una reducción del poder predictivo del modelo[896].

El Grupo de Expertos de Alto Nivel en Inteligencia Artificial, en su reciente documento "The assessment list for trustworthy artificial intelligence" divide el principio de transparencia en tres exigencias[897]: 1) trazabilidad, para conocer en todo momento la calidad de los datos que emplea el sistema de IA, tanto de entrada como de salida, y tener conocimiento permanente del proceso que emplea para adoptar decisiones; 2) explicabilidad, en el sentido de conocer las razones por las que el sistema ha adoptado una determinada decisión, debiendo tener especial cuidado con los black boxes y permitiendo obtener cierta retroalimentación de los destinatarios de tales decisiones, de forma que se pueda conocer la opinión de los mismos; y 3) comunicación con los usuarios del sistema, de forma que se les informe de los riesgos, limitaciones y posibili-

---

para una industria 4.0 justa e inclusiva, Pamplona, Aranzadi, 2021, p. 272.

896 ÁLVAREZ CUESTA, H.: "El impacto de la inteligencia artificial en la prevención de riesgos laborales. Una perspectiva desde la Unión Europea", en AA.VV (FERNÁNDEZ-COSTALES MUÑIZ, J., Dir.): *La disrupción tecnológica y digital y los nuevos riesgos emergentes en materia de seguridad y salud en el trabajo*, Barcelona, Reus, 2023, p. 254.

897 BERNING PRIETO, A.D.: "El uso de sistemas basados en inteligencia artificial por las Administraciones Públicas: estado actual de la cuestión y algunas propuestas ad futurum para un uso responsable", *Revista de Estudios de la Administración Local y Autonómica*, núm. 20, 2023, p. 175.

dades que ofrece esta tecnología para que tengan en cuenta las circunstancias en que se están adoptando las decisiones.

3. Programar el algoritmo bajo estándares objetivos, de manera que incluya un margen de elección para la persona trabajadora y la posibilidad de formular alegaciones ante las decisiones tomadas[898]; sin olvidar que en el proceso de aprendizaje se cuiden escrupulosamente los datos introducidos y, sobre todo, que no se incorporen bajo parámetros sesgados. De ahí la oportunidad de conformar equipos de programación más diversos e inclusivos que ayuden a identificar y prevenir posibles sesgos de género, edad, raza o discapacidad en los datos usados en el marco del contrato de trabajo[899], proporcionando formación sobre cuestiones éticas a los ingenieros y diseñadores de máquinas inteligentes[900], quienes además deberán estar sometidos a un código deontológico como sucede en otras profesiones como médicos, abogados o arquitectos[901].

---

898 TODOLÍ SIGNES, A.: *Algoritmos productivos y extractivos. Cómo regular la digitalización para mejorar el empleo e incentivar la innovación*, Pamplona, Aranzadi, 2023, p. 101.

899 KAHALE CARRILLO, D.T.: "Los algoritmos en las relaciones laborales", en AA.VV (FERNÁNDEZ COLLADOS, M.B., Dir.): *Relaciones laborales e industria digital: redes sociales, prevención de riesgos laborales, desconexión y trabajo a distancia en Europa*, Pamplona, Aranzadi, 2022, p. 53.

900 COMITÉ ECONÓMICO Y SOCIAL EUROPEO: Dictamen sobre Inteligencia artificia: anticipar su impacto en el trabajo para garantizar una transición justa", de 19 de septiembre de 2018.

901 COMITÉ DE EXPERTOS DE INTERMEDIACIÓN EN INTERNET: Study on the human rights dimensions of automated data process in techniques (in particular algorithms) and possible regulatory implications, Estrasburgo, Consejo de Europa, 2018, p. 109.

4. Establecer controles previos en los proveedores de sistemas de IA de alto riesgo como son los que inciden en derechos de las personas trabajadoras, quedando obligados a pasar una inspección de conformidad por una autoridad pública previa aportación de información sobre la calidad y exactitud de los datos, la documentación y la trazabilidad[902]. Resultan de gran utilidad los sistemas de certificación algorítmica (ISO, UNE) o etiquetados de cumplimiento de estándares éticos que implican ciertas garantías de seguridad en su comercialización y uso por la empresa adquirente[903]. Pionera en este sentido es la Ley Local 144 de Nueva York, que exige controles de sesgo en herramientas de decisión laboral automatizadas para prevenir desigualdades derivadas de factores como raza y género[904].

5. Dotar a los dispositivos de las medidas de seguridad adecuadas, adaptadas a los rapidísimos avances, que permitan garantizar la integridad, confidencialidad, privacidad, disponibilidad, resilencia, autenticidad y veracidad de la información tratada, tal y como establece la Carta de Derechos Digitales, a la que expresamente se remite

---

902 OLARTE ENCABO, S.: "Algoritmos retributivos y no discriminación salarial de las mujeres", en AA.VV (RIVAS VALLEJO, P., Dir.): *Discriminación algorítmica en el ámbito laboral: perspectiva de género e intervención*, Pamplona, Aranzadi, 2022, p. 257.

903 La Asociación Española de Economía Digital (ADIGITAL) que cuenta con más de 500 empresas asociadas, ha puesto en marcha un certificado de transparencia algorítmica como una iniciativa piloto de autorregulación. https://www.adigital.org/actualidad/adigital-anuncia-el-lanzamiento-del-primer-certificado-de-transparencia-algoritmica-para-empresas/

904 TUSET VARELA, D.: "La regulación de la inteligencia artificial en Europa: un cambio imprescindible en el horizonte regulatorio", *Diario La Ley*, núm. 77, 26 de octubre de 2023.

la Estrategia Nacional de Inteligencia Artificial, abordando también políticas de ciberseguridad de conformidad con la Directivas 2022/2555, de 14 de diciembre de 2022, relativa a las medidas destinadas a garantizar un elevado nivel común de ciberseguridad en toda la Unión, y 2022/2557, de 14 de diciembre de 2022, relativa a la resiliencia de las entidades críticas, así como con el Reglamento 2022/2554, de 14 de diciembre de 2022, sobre la resiliencia operativa digital del sector financiero, sin olvidar la inminente publicación del Reglamento regulador de requisitos horizontales de ciberseguridad para los productos con elementos digitales[905]. Y ello porque los hackers pueden modificar los datos y la estructura del algoritmo poniendo en peligro a las personas trabajadoras que son gestionadas por este[906].

6. Incorporar la intervención humana (*human-in-command*)[907] en las decisiones de empleabilidad, de ac-

---

905 https://digital-strategy.ec.europa.eu/en/news-redirect/756860 En la doctrina, por extenso, MUÑOZ AYCUENS, C.: "Panorama normativo europeo en materia de ciberseguridad", en AA.VV (VELASCO NUÑEZ, E., Dir.): *Marco normativo de la UE para la transformación digital*, Madrid, La Ley, 2023, pp. 115 y ss.

906 TODOLÍ SIGNES, A.: "Prevención de riesgos laborales ante la inteligencia artificial y la reputación digital de las personas trabajadoras", en AA.VV (MOLINA NAVARRETE, C. y VALLECILLO GÁMEZ, M.R., Dir.): *De la Economía digital a la Soc123 y ss.iedad del e-work decente: condiciones sociolaborales para una industria 4.0 justa e inclusiva*, Pamplona, Aranzadi, 2021, p. 371. Por extenso, RAMÍREZ PASCUAL, B.: *La ciberseguridad en la era de la inteligencia artificial*, Madrid, La Ley 2023.

907 COMISIÓN EUROPEA: Comunicación de la Comisión al Parlamento Europeo, al Consejo Europeo, al Consejo, al Comité Económico y Social Europeo y al Comité de las Regiones "Generar confianza en la inteligencia artificial centrada en el ser humano", 8 de abril de 2019.

ceso y mantenimiento del empleo, tal y como señalan el Comité Económico y Social Europeo[908] y la Comisión Europea[909], en el bien entendido sentido de que esta participación humana no puede ser un mero gesto simbólico sino que debe alcanzar el cariz de "significativa" desde el punto de vista cualitativo. Además, debe intervenir una persona autorizada y competente para modificar la decisión[910]. Se trata de evitar, en todo caso, "el diseño de sistemas con la orientación `palanca del hombre muerto' con el fin dar la opción a que un operador humano pueda ignorar o modular el algoritmo en un momento dado"[911].

---

908 COMITÉ ECONÓMICO Y SOCIAL EUROPEO: Inteligencia artificial: las consecuencias de la inteligencia artificial para el mercado único (digital), la producción, el consumo, el empleo y la sociedad (INT/806/2016), que recomienda encarecidamente que "la Ley de Inteligencia Artificial contemple que determinadas decisiones sigan correspondiendo a las personas, especialmente en ámbitos donde estas decisiones tengan un elemento moral e implicaciones jurídicas o repercusión social, como en los ámbitos judicial y policial, los servicios sociales, la sanidad, la vivienda, los servicios financieros, las relaciones laborales y la enseñanza".

909 COMISIÓN EUROPEA: Generar Confianza en la inteligencia artificial centrada en el ser humano. Comunicación de la Comisión al Parlamento Europeo y al Consejo, al Comité Económico y social Europeo y al Comité de las Regiones, Bruselas, 8 de abril de 2019 [COM (2019) 168 final].

910 AGENCIA ESPAÑOLA DE PROTECCIÓN DE DATOS: *La protección de datos en las relaciones laborales*, Madrid, AEPD, 2021, p. 24.

911 AGENCIA ESPAÑOLA DE PROTECCIÓN DE DATOS: Adecuación al RGPD de tratamientos que incorporan Inteligencia Artificial. Una introducción, Madrid, AEPD, 2020, p. 22.

En concreto, la persona encargada de intervenir en el sistema deberá estar habilitada para[912]: a) entender por completo las capacidades y limitaciones del dispositivo y controlar debidamente su funcionamiento, de modo que pueda detectar indicios de anomalías, problemas de funcionamiento y comportamientos inesperados para poner solución lo antes posible; b) revertir la hipotética tendencia a confiar en exceso en la información de salida generada por el sistema de IA ("riesgo de automatización"); c) interpretar correctamente la información de salida, teniendo en cuenta las herramientas y los medios disponibles; d) decidir, en cualquier situación concreta, no utilizar el sistema o desestimar, invalidar o neutralizar la información de salida generada; y e) interrumpir el funcionamiento del sistema mediante un proceso de fácil implementación[913].

No obstante, tampoco hay que perder de vista que la intervención humana para corregir eventuales disfunciones del algoritmo podría conducir a resultados no deseados, pues la respuesta del sistema de IA, aun siendo adecuada desde una perspectiva netamente profesional (anclada en parámetros objetivos) y no discriminatoria, quizá no resulte del agrado del

---

912 MERCADER UGUINA, J.R.: Algoritmos e inteligencia artificial en el derecho digital del trabajo, Valencia, Tirant Lo Blanch, 2021, p. 190.

913 Sobre la premisa ética de prohibir a toda máquina inteligente o seminteligente a la hora tomar decisiones que afecten a las personas sin la supervisión última de un ser humano, una referencia esencial en este ámbito, podría ser, sin duda, el "Código de buenas prácticas en protección de datos para proyectos Big Data", presentado por la Agencia Española para la Protección de Datos y la Asociación ISMS Forum, en tanto que recoge las recomendaciones que, en materia de protección de datos, deben tenerse presentes en el uso de esta tecnología. FERNÁNDEZ RAMÍREZ, M.: "El código ético como mecanismo de autorregulación empresarial en la protección de derechos de sus empleados: singularidades sobre su eficacia", *Lex Social,* Vol. 13, núm. 1, 2023, p. 14.

empleador, que en ocasiones prefiere adoptar una decisión de corte más discrecional alterando la resolución de la máquina. La intervención humana, en definitiva, no es de por sí neutra ni tampoco siempre más fundada o preferible a la respuesta automatizada. Todo dependerá de los parámetros en los que se base[914], pues, en alguna ocasión, la representación de los trabajadores ha sustentado una alegación de discriminación en el hecho de que la decisión empresarial de selección de las personas afectadas por un despido colectivo se había realizado ignorando el algoritmo y priorizando la decisión humana, con el fin de perjudicar a afiliados sindicales[915]. Ilustrativo es también el caso enjuiciado en la Sentencia del Juzgado de lo Social núm. 5 de Vigo de 30 de noviembre de 2022, referida a una trabajadora de la Autoridad Portuaria que presta servicios como policía portuaria, siendo miembro del comité de empresa desde el sindicato Confederación Intersindical Galega. Ante la convocatoria de un proceso para la cobertura temporal, mediante movilidad funcional, del puesto (superior) de Jefe de Servicio de Policía Portuaria por enfermedad de su titular, se presenta junto con 9 candidatos más. Iniciado el procedimiento (que incluye una entrevista personal), se da la circunstancia de que la trabajadora es la que obtiene la mejor puntuación de acuerdo con los resultados obtenidos por un algoritmo (a partir de un parámetro de menor distancia al perfil del puesto). No obstante, no es la elegida, concediéndose a otro trabajador (porque la empresa otorga prevalencia a criterios de idoneidad extraídos de la entrevista personal en lugar de los que se infieren del algoritmo). El Juzgado entiende que puede inferirse una relación causal perjudicial entre la condición de

---

914 RODRÍGUEZ CARDO, I.A.: "Decisiones automatizadas y discriminación algorítmica en la relación laboral: ¿hacia un Derecho del Trabajo de dos velocidades?", *Nueva Revista Española de Derecho del Trabajo,* núm. 253, 2022.

915 STS 25 septiembre 2018 (rec. 43/2018)

representante legal de la actora y su postergación en esos procesos de movilidad funcional para los que se había perfilado como candidata[916].

Es necesario, por tanto, evitar no solo que la decisión quede exclusivamente en las manos del algoritmo o de la IA sino que el principio de control humano no ampare en exclusiva al proveedor o al empresario (cliente), reservando un espacio para la atención de la persona trabajadora y/o sus representantes. Podría plantearse la conveniencia del control de las decisiones automatizadas a través de algún órgano mixto o comisión paritaria compuesta por representantes de los trabajadores y del empresario. Sin duda, esta posibilidad contribuirá a disminuir las resistencias a la utilización de sistemas ingeniosos, y parece una buena forma de proceder para reducir la conflictividad. Sin embargo, este filtro previo, que introduce un nuevo modelo de gobernanza, supone, desde una perspectiva jurídica, condicionar la decisión empresarial a una valoración (o conformidad) de la representación de las personas trabajadoras, razón por la cual tampoco debería exceder, salvo mejora convencional, de una mera consulta[917].

7. Apostar por la evaluación de los resultados del algoritmo, pues ante la omisión de esta operación, el riesgo de consecuencias inesperadas y poco deseadas es elevado[918]. La realización evaluaciones de impacto algorítmi-

---

916 BELTRÁN DE HERENCIA, I.: "Algoritmos como instrumento de detección de decisiones humanas discriminatorias", https://ignasibeltran.com/2023/06/07/algoritmos-como-instrumento-de-deteccion-de-decisiones-humanas-discriminatorias-sjs5-vigo-30-11-22/

917 RODRÍGUEZ CARDO, I.A.: "Gestión laboral algorítmica y poder de dirección: ¿hacia una participación de los trabajadores más intensa?", *Revista Jurídica de Asturias*, núm. 45, 2022, p. 167.

918 RODRÍGUEZ CARDO, I.A.: "Decisiones automatizadas y discriminación algorítmica en la relación laboral: ¿hacia un Derecho del

co en la fase piloto ayudará a la detección precoz de posibles sesgos, fallos y riesgos para los principios éticos y para los derechos de las personas trabajadoras (incluida su salud laboral) posibilitando la adopción de medidas correctoras a través de herramientas de medición precisas que prevengan desenlaces nocivos "desde el diseño y por defecto"[919]. Dichas evaluaciones deben llevar a cabo una comparación entre el rendimiento obtenido por un operador humano cualificado y los resultados arrojados por el modelo automatizado[920]. Se ha de extremar, al tiempo, el juicio valorativo o de ponderación sin que la conveniencia de introducir una nueva tecnología pueda aparecer como única causa justificativa al existir otra solución que alcance la misma funcionalidad, con un margen de rendimiento aceptable y un nivel de riesgo menor. Además, las evaluaciones de impacto deberán ser públicas y entregarse a los representantes de los trabajadores y a la autoridad competente para su registro[921].

Al tiempo, se deben introducir evaluaciones permanentes de sus posibles variaciones con el fin de que el algoritmo no acabe "automodificando" su programación, dada la evolución constante y el propio aprendizaje de esta herramienta[922]. Los

---

Trabajo de dos velocidades?", *Nueva Revista Española de Derecho del Trabajo*, núm. 253, 2022.

919 FERNÁNDEZ FERNÁNDEZ, R.: Selección de trabajadores y algoritmos: desafíos ante las nuevas formas de reclutamiento, Pamplona, Aranzadi, 2022, p. 79.

920 MERCADER UGUINA, J.R.: *Algoritmos e inteligencia artificial en el derecho digital del trabajo*, Valencia, Tirant Lo Blanch, 2021, p. 187.

921 TODOLÍ SIGNES, A.: *Algoritmos productivos y extractivos. Cómo regular al digitalización para mejorar el empleo e incentivar la innovación*, Pamplona, Aranzadi, 2023, p. 91.

922 TODOLÍ SIGNES, A.: "Riesgos laborales derivados del uso de algoritmos: impacto de género", en AA.VV (RIVAS VALLEJO, P., Dir.):

algoritmos podrían estar programados para evaluarse a sí mismos a través de las denominadas "pruebas de caja negra" (*black box testing*) en aras a demostrar que cumplen con ciertos principios, de manera que el contenido de ese control debería fijarse en analizar aspectos fundamentales, como son, el cumplimiento legal y ético, la aceptabilidad y la gestión adecuada de los datos[923]. Como con acierto ha señalado la Agencia Española de Protección de Datos, la evaluación debe desarrollarse durante todo el ciclo de vida desde la legitimidad ética de los tratamientos hasta los efectos de estos y su impacto colateral[924], extremos que resultan de gran interés en el marco de la relación laboral dado su carácter de tracto sucesivo.

8. Diseñar auditorías, bien administrativas, o bien a cargo de entidades certificadoras, que se ocupen de valorar los resultados o efectos de la automatización de las decisiones, contando con la participación activa (y no meramente pasiva) de la representación del personal[925]. Tales auditorías acreditarían que "las decisiones son

---

Discriminación algorítmica en el ámbito laboral, Pamplona, Aranzadi, 2022, p. 344.

923 AA.VV.: Guía de auditoría algorítmica, Barcelona, Éticas Research and Consulting S.L, 2021, p. 6.

924 AGENCIA ESPAÑOLA DE PROTECCIÓN DE DATOS: Adecuación al RGPD de tratamientos que incorporarán inteligencia artificial. Una introducción, Madrid, AEPD, 2020, p. 7.

925 El proceso de auditoría tiene varias fases: 1) Clasificación.- se documenta el sistema y se determina su nivel de riesgo, que varía según su uso y tipo; 2) Evaluación.- se revisa el sistema en base a cinco criterios (eficacia, robustez, sesgo, explicabilidad y privacidad algorítmica; 3) Mitigación.- se proponen medidas para reducir los riesgos detectados; 4) Garantía.- se confirma que el sistema cumple con estándares, prácticas o regulaciones preestablecidos. TUSET VARELA, D.: "La regulación de la inteligencia artificial en Europa: un cambio imprescindible en el horizonte regulatorio", *Diario La Ley*, núm. 77, 26 de octubre de 2023.

independientes de cualquier sesgo de entrada... y que los resultados finales son veraces, justos, precisos, sin omisiones y respetuosos con los derechos y libertades de las personas trabajadoras..., (siendo conveniente) que el Estado dote a las Inspecciones de Trabajo de los recursos necesarios para poder ejecutar estas auditorías creando unidades especializadas a tal efecto que tendrán la potestad legal de comprobar la idoneidad del desempeño de cualquier algoritmo aplicable en las relaciones laborales"[926].

Como no podía ser de otra manera, el fin de la auditoría será identificar o anticipar errores y amenazas (reales o potenciales), estableciendo cauces de solución[927], sin que ello deba impedir confeccionar sistemas de rendición de cuentas a posteriori[928], asociados a la confección de un plan de digitalización del tejido empresarial español, conformado especialmente por micropymes, por el que apuesta la Estrategia de España Digital 2025.

9. Alojar un registro de algoritmos laborales en todas las compañías, de cualquier tamaño, en el cual se inscriban todas aquellas soluciones informáticas autónomas que tengan una afectación sobre las relaciones laborales, permitiendo su consulta tanto a los representantes legales como a los propios trabajadores y, cómo no, a las autoridades de control[929].

---

926 UGT: Las decisiones algorítmicas en las relaciones laborales, Madrid, UGT, 2021, pp. 6-7.

927 MERCADER UGUINA, J.R.: *Algoritmos e inteligencia artificial en el derecho digital del trabajo*, Valencia, Tirant Lo Blanch, 2021, p. 188.

928 Libro Blanco sobre la Inteligencia Artificial de 19 de febrero de 2020.

929 UGT: Las decisiones algorítmicas en las relaciones laborales, Madrid, UGT, 2021, p. 4. Un ejemplo de iniciativas en esta línea, de

10. Asegurar la debida formación a los representantes de los trabajadores, al igual que a los propios empleados, sobre el funcionamiento de estas herramientas tecnológicas, abarcando aspectos tales como entender el desenvolvimiento de un sistema de IA y sus limitaciones para conocer cuándo puede ser engañoso o erróneo y por qué; atesorar un nivel prudente de escepticismo en los resultados, tener una idea de la frecuencia con la que puede equivocarse; comprender cómo su propia experiencia puede ayudar a evaluar el sistema y disponer de una lista de factores (*checklist*) a tomar en cuenta[930]. Ello sin olvidar asimilar los fundamentos, variables, parámetros y reglas que utiliza el algoritmo para analizar las implicaciones del artilugio y estar protegidos frente a eventuales represalias, contando además con mecanismos de impugnación interna de las decisiones ante una persona de contacto con capacidad para debatir y acla-

---

hecho la primera en España, es el artículo 16.1.l) de la Ley 1/2022, de 13 de abril, de Transparencia y Buen Gobierno de la Comunitat Valenciana, que establece que las Administraciones públicas valencianas deberán publicar "la relación de sistemas algorítmicos o de inteligencia artificial que tengan impacto en los procedimientos administrativos o la prestación de los servicios públicos con la descripción de manera comprensible de su diseño y funcionamiento, el nivel de riesgo que implican y el punto de contacto al que poder dirigirse en cada caso, de acuerdo con los principios de transparencia y explicabilidad". BOIX PALOP, A.: "Transparencia en la utilización de inteligencia artificial por parte de la Administración", *El Cronista del Estado Social y Democrático de Derecho,* núm. 100, 2022, p. 102.

930 FERNÁNDEZ FERNÁNDEZ, R.: *Selección de trabajadores y algoritmos: desafíos ante las nuevas formas de reclutamiento,* Pamplona, Aranzadi, 2022, p. 94.

rar los hechos, circunstancias y motivos que hayan llevado a la resolución automatizada[931].

11. Proveer la asistencia de un organismo público que resuelva de forma gratuita las dudas y consultas de empresas, representantes de los trabajadores y personas trabajadoras[932].

12. Incorporar los principios de proporcionalidad y de precaución, de manera que, aunque no haya pruebas suficientes para relacionar el sistema algorítmico con la producción del daño, se adopten las medidas cautelares oportunas y las presunciones de culpabilidad pertinentes[933], siendo de gran utilidad los códigos de buenas prácticas como el alcanzado en el marco del Consejo de Comercio y Tecnología (TTC) entre la UE y EEUU, abierto a socios como Reino Unido, Canadá, India o

---

931 ÁLVAREZ CUESTA, H.: "Inteligencia artificial: derecho de la UE y derecho comparado: la propuesta de una Ley sobre IA", en AA.VV (RIVAS VALLEJO, P., Dir.): *Discriminación algorítmica en el ámbito laboral: perspectiva de género e intervención*, Pamplona, Aranzadi, 2022, p. 399.

932 MUÑOZ RUÍZ, A.B.: Biometría y sistemas automatizados de reconocimiento de emociones. Implicaciones jurídico-laborales, Valencia, Tirant Lo Blanch, 2023, p. 210.

933 Este principio se formuló por primera vez en la conferencia de las Naciones Unidas sobre el Medio Ambiente Humano celebrada en Estocolmo en 1972. Se incorporó a la legislación de la Política Medioambiental de Alemania Occidental en la década de los setenta, se aplicó por primera vez a nivel internacional en la Primera Conferencia Internacional sobre la Protección del Mar del Norte en 1984 y se ha incluido como uno de los principios rectores clave de la política medioambiental de la Unión Europea y sus Estados miembros en numerosos textos jurídicos, incluido el Tratado de Maastricht. TODOLÍ SIGNES, A.: *Algoritmos productivos y extractivos. Cómo regular la digitalización para mejorar el empleo e incentivar la innovación*, Pamplona, Aranzadi, 2023, p. 120.

Japón. Como complemento, se deberían procurar incentivos y bonificaciones para el reciclaje, reubicación y adaptación tecnológica de las personas trabajadoras destinados a aquellos empresarios cumplidores[934].

13. Crear un marco adecuado de infracciones y sanciones en relación con los malos usos de los algoritmos cuando deriven consecuencias perjudiciales para las personas trabajadoras[935] en el que tenga cabida no sólo el principio de culpabilidad[936] sino la protección del denunciante. Ha de quedar garantizado asimismo el acceso a procedimientos judiciales y extrajudiciales ágiles y eficaces que puedan decidir de forma imparcial sobre

---

934 SÁNCHEZ-URÁN AZAÑA, Y. y GARCÍA PIÑEIRO, N.P.: "Robótica inclusiva: retos y oportunidades en el empleo y en la ocupación", en AA.VV (GÓMEZ SALADO, M.A. y RUÍZ SANTAMARÍA, J.L., Dirs.): *El empleo de los colectivos vulnerables en el marco de la transformación tecnológica: una aproximación jurídico-social,* Granada, Comares, 2022, p. 41.

935 GARCÍA QUIÑONES, J.C.: "Reflexiones sobre la necesidad de una nueva regulación legal transversal para la utilización de los algoritmos en el ámbito de las relaciones laborales", en AA.VV.: *Digitalización, recuperación y reformas laborales. Comunicaciones del XXXII Congreso Anual de la Asociación Española de Derecho del Trabajo y de la Seguridad Social, Alicante, 26 y 27 de mayo de 2022,* Madrid, Ministerio de Trabajo y Economía Social, 2022, p. 1261.

936 La STJUE de 5 de diciembre de 2023, asunto *Nacionalinis visuomenes sveikatos centras,* C-681/21, exige la concurrencia del criterio de culpabilidad para considerar sancionable una conducta incumplidora del RPD. En el mismo sentido se pronuncia la STJUE de 21 de diciembre de 2023, C-667/21, que aclara que la culpa se presume, a menos que este sujeto demuestre que no es en modo alguno responsable del hecho que haya causado los daños y perjuicios. RUBÍ PUIG, A.: "El principio de culptabilidad en el derecho de protección de datos personales y la condición de responsable del tratamiento", *Diario La Ley,* núm. 121, 2024.

sus reclamaciones[937], previo diseño de una clara identificación de las responsabilidades entre el fabricante, el desarrollador, el vendedor, el proveedor, intermediario y el empresario usuario, afianzando, no obstante, el primigenio principio general de responsabilidad empresarial con posibilidad de repetición[938].

Cuando se hayan ocasionado perjuicios sobre la salud de las personas trabajadoras, se debe tener en cuenta las diferentes dimensiones de los sistemas de IA (física, conductual, biológica, emocional o neurológica) y la intensidad de la exposición a los riesgos corporales y mentales para derivar las pertinentes reparaciones no solo en cuanto a prestaciones de incapacidad temporal o permanente sino a los inherentes recargos[939].

14. Asegurar que la negociación colectiva cumpla un papel fundamental en el tratamiento laboral de los algoritmos, cubriendo la laguna actualmente existente, pues las cuestiones relacionadas con la IA no han alcanzado al día de hoy una presencia significativa ni generalizada en el marco del diálogo social.

***

---

937 GOERLICH PESET, J.M.: "Decisiones administrativas automatizadas en materia social: algoritmos en la gestión de la Seguridad Social y en el procedimiento sancionador", *Labos*, Vol. 2, núm. 2, 2021, p. 34.

938 FERNÁNDEZ GARCÍA, A.: "Los algoritmos y la inteligencia artificial en la Ley 12/2021, de 28 de septiembre", en AA.VV (MORENO GENÉ, J. y ROMERO BURILLO, A.M., Coord.): *Los nuevos escenarios laborales de la innovación tecnológica*, Valencia, Tirant Lo Blanch, 2023, p. 189.

939 ÁLVAREZ CUESTA, H.: "El impacto de la inteligencia artificial en la prevención de riesgos laborales. Una perspectiva desde la Unión Europea", en AA.VV (FERNÁNDEZ-COSTALES MUÑIZ, J., Dir.): *La disrupción tecnológica y digital y los nuevos riesgos emergentes en materia de seguridad y salud en el trabajo*, Barcelona, Reus, 2023, p. 252.

Es imposible predecir el desarrollo tecnológico futuro, pero es necesario conducir el diseño y la aplicación de los algoritmos bajo la senda del principio de la buena fe, la trasparencia, la seguridad, la no discriminación, la inclusión, el control humano, el bienestar social, la equidad, la rendición de cuentas y la sostenibilidad ambiental. Si queremos una tecnología inteligente capaz de dar respuesta a los estándares del trabajo decente, como pretende la OIT, procede asegurar que estas herramientas tengan un impacto justo en la vida de las personas trabajadoras y estén alineadas con los valores de la democracia, el estado de derecho y los derechos fundamentales[940]. A tal fin, el sistema jurídico se ve obligado a perfeccionar sus instituciones, figuras, instrumentos y técnicas tendentes a evitar la existencia de discriminaciones y sesgos algorítmicos, no solo ofreciendo la trazabilidad de los pasos en la recepción y tratamiento de los grandes datos y justificando los criterios previos que faciliten la motivación de la decisión empresarial, sino desplegando también la atribución de la concreta responsabilidad ante errores o daños que se originen en un correcto equilibrio entre la perspectiva preventiva y reparadora.

940 GOÑI SEIN, J.L.: "El Reglamento UE de inteligencia artificial y su relación con la normativa de seguridad y salud en el trabajo", en AA.VV (EGUSQUIZA BALMASEDA, M.A. y RODRÍGUEZ SANZ DE GALDEANO, B., Dirs.): *Inteligencia artificial y prevención de riesgos laborales: obligaciones y responsabilidades,* Valencia, Tirant Lo Blanch, 2023, p. 83.

Bibliografía

AGRA VIFORCOS, B.: "Robotización y digitalización. Implicaciones en el ámbito de la seguridad y salud en el trabajo", en VV.VV (QUINTANA LÓPEZ T., Dir.): *Proyección transversal de la sostenibilidad en Castilla y León. Varias perspectivas,* Valencia, Tirant Lo Blanch, 2019.

AGRA VIFORCOS, B.: "Los empleos de la era digital en un contexto postpandemia", en AA.VV (FERNÁNDEZ DOMÍNGUEZ, J.J. y FERNÁNDEZ FERNÁNDEZ, R., Dirs.): *Seminario Internacional sobre nuevos lugares, distintos tiempos y modos diversos de trabajar: innovación tecnológica y cambios en el ordenamiento social,* Pamplona, Aranzadi, 2021.

AGRA VIFORCOS, B. y MEGINO FERNÁNDEZ, D.: "Los cuidados a la vejez en el entorno rural: asistencia en el domicilio y teleasistencia", en AA.VV (RODRÍGUEZ ESCANCIANO, S. y ÁLVAREZ CUESTA, H., Dirs.): *La economía social como palanca para la sostenibilidad de los territorios rurales,* Valencia, Tirant Lo Blanch, 2020.

AGUILAR DEL CASTILLO, Mª C.: "El uso de la inteligencia artificial en la prevención de riesgos laborales", *Revista Internacional y Comparada de Relaciones Laborales y Derecho del Empleo,* Vol. 8, núm. 1, 2020.

AIBAR BERNAD, J., "El Big Data y el análisis de datos aplicados por la Tesorería General de la Seguridad Social como medio de lucha contra el fraude en la Seguridad Social", *Trabajo y Derecho,* núm. extra 11, 2020.

ALAMEDA CASTILLO, M.T.: "Reclutamiento tecnológico. Sobre algoritmos y acceso al empleo", *Temas Laborales,* núm. 159, 2021.

ALBIOL MONTESINOS, I.: *Comités de empresa y Delegados de personal,* Bilbao, Deusto, 1992.

ALEMÁN PÁEZ, F.: "El derecho de desconexión digital. Una aproximación conceptual, crítica y contextualizadora al hilo de la Loi travail nº 2016-1088", *Trabajo y Derecho,* núm. 30, 2017.

ALFONSO MELLADO, C.: "La nueva Ley de Empleo: una Ley necesaria ¿y eficaz?, Brief AEDTSS, https://www.aedtss.com/la-nueva-ley-de-empleo-una-ley-necesaria-y-eficaz/

ÁLVAREZ CIVANTOS, O.J.: *Normas para la implantación de una eficaz protección de datos de carácter personal en empresas y entidades,* Granada, Comares, 2002.

ÁLVAREZ CUESTA, H.: *Empleos verdes: una aproximación desde el Derecho del Trabajo,* Albacete, Bomarzo, 2016.

ÁLVAREZ CUESTA, H.: *El futuro del trabajo vs. el trabajo del futuro,* Madrid, Colex, 2017.

ÁLVAREZ CUESTA, H.: *El impacto de la IA en el trabajo: desafíos y propuestas,* Pamplona, Aranzadi, 2020.

ÁLVAREZ CUESTA, H.: "La inteligencia artificial, el big data y los algoritmos: un paso más para ampliar la facultad de los representantes de los trabajadores", en AA.VV (FERNÁNDEZ DOMÍNGUEZ, J.J. y FERNÁNDEZ FERNÁNDEZ, R., Dirs.): *Seminario internacional sobre nuevos lugares, distintos tiempos y modos diversos de trabajar: innovación tecnológica y cambios en el ordenamiento social,* Pamplona, Aranzadi, 2021.

ÁLVAREZ CUESTA, H.: "El consentimiento individual y su alcance en la inteligencia artificial aplicada al ámbito laboral", *Documentación Laboral,* núm. 16, vol. II, 2022.

ÁLVAREZ CUESTA, H.: "Lucha contra el cambio climático y buenas prácticas impulsadas desde la responsabilidad social corporativa", en AA.VV (RODRÍGUEZ ESCANCIANO, S. y ÁLVAREZ CUESTA, H., Dirs.): *La economía social y el desarrollo sostenible,* Madrid, Colex, 2022.

ÁLVAREZ CUESTA, H.: "Propuesta de regulación europea de los algoritmos y contrapropuesta de Directiva laboral", en AA.VV.: *Digitalización, recuperación y reformas laborales. Comunicaciones del XXXII Congreso Anual de la Asociación Española de Derecho del Trabajo y de la Seguridad Social, Alicante, 26 y 27 de mayo de 2022,* Madrid, Ministerio de Trabajo y Economía Social, 2022.

ÁLVAREZ CUESTA, H.: "Inteligencia artificial: derecho de la UE y derecho comparado: la propuesta de una Ley sobre IA", en AA.VV (RIVAS VALLEJO, P., Dir.): *Discriminación algorítmica en el ámbito laboral: perspectiva de género e intervención,* Pamplona, Aranzadi, 2022.

ÁLVAREZ CUESTA, H.: "El impacto de la inteligencia artificial en la prevención de riesgos laborales. Una perspectiva desde la Unión Europea", en AA.VV (FERNÁNDEZ-COSTALES MUÑIZ, J., Dir.): *La disrupción tecnológica y digital y los nuevos riesgos emergentes en materia de seguridad y salud en el trabajo,* Barcelona, Reus, 2023.

ALVAREZ CUESTA, H.: "El impacto de la tecnología en las relaciones laborales: retos presentes y desafíos futuros", *Revista Justicia y Trabajo,* núm. 2, 2023.

ÁLVAREZ CUESTA, H.: "La protección laboral y social de las víctimas de violencias sexuales en la Ley Orgánica 10/2023, de 6 de septiembre, de garantía integral de la libertad sexual", *Temas Laborales,* núm. 166, 2023.

ÁLVAREZ DE LA ROSA, M.: "El Derecho del Trabajo en el principio de libertad de empresa", *Trabajo y Derecho,* núm. 57, 2019.

ÁLVAREZ DEL CUBILLO, A.: "El ciberacoso en el trabajo como categoría jurídica", *Temas Laborales,* núm. 157, 2021.

APARICIO SALOM, J.: *Estudio sobre la Ley Orgánica de Protección de Datos,* Pamplona, Aranzadi, 2000.

ARAGÜEZ VALENZUELA, L.: "Los algoritmos digitales en el trabajo. Brechas y sesgos", *Revista Internacional y Comparada de Relaciones Laborales y Derecho del Empleo,* Vol. 9, núm. 4, 2021.

ARANGUEZ VALENZUELA, L.: "La configuración del algoritmo digital, vacíos de justicia y principales desafíos para el Derecho del Trabajo", *e-Revista Internacional de la Protección Social,* Vol. VII, núm. 1, 2022.

ARAGÜEZ VALENZUELA, L.: "El papel de los representantes de los trabajadores y la negociación colectiva ante la toma automatizada de decisiones empresariales mediante algoritmos digitales", *Revista Internacional y Comparada de Relaciones Laborales y Derecho del Empleo,* vol. 11, núm. 1, 2023.

ARAMENDI SÁNCHEZ, J.P.: "Art. 90", en AA.VV (MERCADER UGUINA, J.R., Dir.): *Ley Reguladora de la Jurisdicción Social comentada y con jurisprudencia,* Madrid, La Ley, 2015.

ARGÜELLES BLANCO, A.R.: "Competencias y facilidades de la representación del personal frente a la irrupción de los algoritmos y la extensión del trabajo a distancia", en AA.VV (ARGUELLES BLANO, A.R. y FERNÁNDEZ VILLAZÓN, L.A., Dirs.): *Acción sindical y relaciones colectivas en los nuevos escenarios laborales,* Pamplona, Aranzadi, 2022.

ARMADA VILLAVERDE, E. y LÓPEZ BUSTABAD, I.J.: "La voz: ¿es un dato de carácter personal?", *Diario La Ley. Sección Ciberderecho,* núm. 41, 2020.

ARRABAL PLATERO, P.: "La videovigilancia laboral como prueba en el proceso", *Revista General de Derecho Procesal,* núm. 37, 2015, www.iustel.com

ARRIETA IDIAQUEZ, J.: "Negociación colectiva y prevención de riesgos psicosociales", *Lan Harremanak,* núm. 244, 2020.

ARRÚE MENDIZABAL, M.: "El derecho a la identidad sexual/género y a la libertad de expresión de género. Los avances en la protección sociolaboral de las personas trans", *Revista Trabajo y Seguridad Social (Centro de Estudios Financieros)*, núm. 473, 2023.

ARTIGOT GOLOBARDES, M.: "Mercados digitales, inteligencia artificial y consumidores", *El Cronista del Estado Social y Democrático de Derecho*, núm. 100, 2022.

ASQUERINO LAMPARERO, M.J.: "Algoritmos, procesos de selección y reputación digital: una mirada antidiscriminatoria", en AA.VV.: *Digitalización, recuperación y reformas laborales. Comunicaciones del XXXII Congreso Anual de la Asociación Española de Derecho del Trabajo y de la Seguridad Social*, Alicante, 26 y 27 de mayo de 2022, Madrid, Ministerio de Trabajo y Economía Social, 2022.

ASQUERINO LAMPARERO, M.J.: "Algoritmos, procesos de selección y reputación digital. Una mirada antidiscriminatoria", *Documentación Laboral*, núm. 126, Vol. II, 2022.

ATIENZA MACÍAS, E.: "El teletrabajo y la robotización del trabajo. Aspectos ético-jurídicos", en AA.VV (RODRÍGUEZ AYUSO, J.F. y ATIENZA MACÍAS, E., Dirs.): *El nuevo marco legal del teletrabajo en España*, Madrid, La Ley-Bosch, 2021.

AYUSO SIRAT, S. y GAROLERA, J.: "Códigos éticos de las empresas españolas: un análisis de su contenido", *Cátedra Mango de Responsabilidad Social Corporativa. Universidad Pompeu Fabra, Documento de Trabajo*, núm. 10, 2021.

BADIOLA COCA, S.: "Criterios jurisprudenciales para el uso de las imágenes obtenidas mediante sistemas de videovigilancia instaladas por parte de la empresa a efectos de actividades susceptibles de despido", *La Ley Probática*, núm. 15, 2024.

BARBA MORA, A.: Incapacidades laborales y Seguridad Social, Pamplona, Aranzadi, 2012.

BARONA VILAR, S.: "La seductora algoritmización de la justicia. Hacia una justicia posthumanista (Justicia +): ¿utópica o distópica?", *El Cronista del Estado Social y Democrático de Derecho*, núm. 100, 2022.

BARRIO ANDRÉS, M.: "Inteligencia artificial: origen, concepto, mito y realidad", *El Cronista del Estado Social y Democrático de Derecho*, núm. 100, 2022.

BARRIOS BAUDOR, G.: "El derecho a la desconexión digital en el ámbito laboral español: primeras aproximaciones", *Aranzadi Doctrinal,* núm. 1, 2019 (BIB 2018/14719).

BAZ RODRÍGUEZ, J.: "Responsabilidad algorítmica y gobernanza de la inteligencia artificial en el ámbito sociolaboral. Entre la perspectiva y la prospectiva", *Trabajo y Derecho,* núm. 89, 2022.

BAZ RODRÍGUEZ, J.: "El impacto de la transformación digital en la financiación de la Seguridad Social (De la cotización de los robots a la búsqueda de mecanismos innovadores de financiación en la era de la inteligencia artificial"), en AA.VV.: *Las transformaciones de la Seguridad Social ante los retos de la era digital. Por una salud y Seguridad Social digna e inclusiva,* Murcia, Laborum, 2023.

BAZ TEJEDOR, J.: "Responsabilidad algorítmica y gobernanza de la IA en el ámbito sociolaboral. Entre la perspectiva y la prospectiva", *Trabajo y Derecho,* núm. 89, 2022.

BEL ANTAKI, J.: "Nuevos derechos digitales de los trabajadores: las claves en cinco preguntas y respuestas", *Actualidad Jurídica Aranzadi,* núm. 948, 2019 (BIB 2019\604).

BELTRÁN DE HERENCIA RUÍZ, I.: "Nadie da duros a cuatro pesetas (transparencia algorítmica y representantes de los trabajadores)", en AA.VV.: *Digitalización, recuperación y reformas laborales. Comunicaciones del XXXII Congreso Anual de la Asociación Española de Derecho del Trabajo y de la Seguridad Social, Alicante, 26 y 27 de mayo de 2022,* Madrid, Ministerio de Trabajo y Economía Social, 2022.

BELTRÁN DE HEREDIA RUÍZ, I.: "Algoritmos, psicometría y derechos del yo inconsciente de la persona en el ámbito socio-laboral", *Revista Derecho Social y Empresa,* núm. 18, 2023.

BELTRÁN DE HEREDIA RUIZ, I.: *Inteligencia artificial y neuroderechos: la protección del yo inconsciente de la persona,* Pamplona, Aranzadi, 2023.

BELTRÁN DE HERENCIA, I.: "Algoritmos y condicionamiento por debajo del nivel consciente: un análisis crítico de la propuesta de Ley de Inteligencia Artificial de la Unión Europea", *Revista de la Facultad de Derecho de México,* Tomo LXXIII, núm. 286, 2023.

BELTRÁN DE HERENCIA, I.: "Algoritmos como instrumento de detección de decisiones humanas discriminatorias", https://ignasibeltran.com/2023/06/07/algoritmos-como-instrumento-de-deteccion-de-decisiones-humanas-discriminatorias-sjs5-vigo-30-11-22/

BERMEJO LATRE, J.L.: "La aplicación de la IA en la actividad formal e informal de la Administración", *XVIII Congreso de la Asociación Española de Profesores de Derecho Administrativo*, https://www.aepda.es/VerArchivo.aspx?ID=4186

BERNHARDT, A.; KRESGE, L. y SULEIMAN, R.: *Data and Algorithms at work: the case of worker technology rights*, UC Berkeley Labor Center, 2021, https://laborcenter.berkeley.edu/wp-content/uploads/2021/11/Data-and-Algorithms-at-Work.pdf

BERNING PRIETO, A.D.: "El uso de sistemas basados en inteligencia artificial por las Administraciones Públicas: estado actual de la cuestión y algunas propuestas ad futurum para un uso responsable", *Revista de Estudios de la Administración Local y Autonómica*, núm. 20, 2023.

BLANCO MUÑOZ, M.: "Incertidumbres, amenazas y oportunidades de la industria 4.0", *Trabajo Sindical*, núm. 25, 2017.

BLASCO JOVER, C.: "El derecho de información algorítmica de los representantes de los trabajadores", *Trabajo y Derecho*, núm. 105, 2023.

BLASCO PELLICER, A.: "El deber de vigilancia de la salud o el derecho a la intimidad del trabajador", en AA.VV (BORRAJO DACRUZ, E., Dir.): *Trabajo y libertades públicas*, Madrid, La Ley, 1999.

BLÁZQUEZ AGUDO, E.: *Aplicación práctica de la protección de datos en las relaciones laborales*, Madrid, La Ley, 2019.

BLÁZQUEZ AGUDO, M.A.: "Nuevas formas de control empresarial: desde los GPS hasta el más allá", en AA.VV (RODRÍGUEZ-PIÑERO ROYO, M. y TODOLÍ SIGNES, A., Dirs.): Vigilancia y control en el Derecho del Trabajo Digital, Pamplona, Aranzadi, 2021.

BOIX PALOP, A.: "Transparencia en la utilización de inteligencia artificial por parte de la Administración", *El Cronista del Estado Social y Democrático de Derecho*, núm. 100, 2022.

BOSCH TERCERO, LL.: "Incidencia de los riesgos psicosociales sobre la salud mental", *Tribuna Social*, núm. 218, 2009.

CABEZA PEREIRO, J.: "La digitalización como factor de fractura del mercado de trabajo", *Temas Laborales*, núm. 155, 2020.

CABEZA PEREIRO, J.: "La digitalización como fractura del mercado de trabajo", *Temas Laborales*, núm. 155, 2023.

CARDONA RUBERT, M.B.: "Tutela de la intimidad informática en el contrato de trabajo", *Revista de Derecho Social*, núm. 6, 1999.

CARDONA RUBERT, M.B.: "Los perfiles del derecho a la desconexión digital", *Revista de Derecho Social*, núm. 90, 2020.

CARDONA RUBERT, M.B.: "Contenido y elementos principales del derecho a la protección de datos", Revista del Ministerio de Trabajo y Economía Social, núm. 148, 2021.

CARDONA RUBERT, B.: "Retos y amenazas de la revolución tecnológica en el ámbito de los derechos humanos", *Revista Jurídica de la Universidad de León,* núm. 10, 2022.

CARDONA RUBERT, M.B.: "Tratamiento de datos personales e inteligencia artificial en el marco de las relaciones laborales", *Documentación Laboral,* núm. 126, vol II, 2022.

CARDONA RUBERT, M.B. y MORRO LOPEZ, J.: "Los datos sanitarios del trabajador en la nueva Ley de Prevención de Riesgos Laborales", en AA.VV.: *VII Congreso Nacional de Derecho del Trabajo y de la Seguridad Social,* Valladolid, 24 y 25 de mayo de 1996 (ejemplar multicopiado).

CARLÓN RUÍZ, M.: "Utilización de sistemas de inteligencia artificial por Administraciones Públicas: un sistema propio de garantías como requisito imprescindible para su viabilidad", *XVIII Congreso de la Asociación Española de Profesores de Derecho Administrativo,* https://www.aepda.es/VerArchivo.aspx?ID=4188

CASADESÚS, C.: "Más allá del Reglamento de IA. Los superordenadores como clave del éxito europeo", *Diario La Ley,* núm. 80, de 9 de febrero de 2024.

CASAS BAAMONDE, M.E.: "Soberanía sobre el tiempo de trabajo e igualdad de trato y de oportunidades de mujeres y hombres", *Derecho de las Relaciones Laborales,* núm. 3, 2019.

CASAS BAAMONDE, M.E.: "Prueba ilícita y despido: Desconexión de la nulidad de la prueba lesiva de derechos fundamentales y la nulidad del despido producido con violación de derechos fundamentales", *Revista de Jurisprudencia laboral,* núm. 4, 2021.

CASTELLS ARTECHE, J.M.: "La limitación informática", en AA.VV (MARTÍN RETORTILLO, S., Coord.): *Estudios sobre la Constitución Española. Homenaje al Profesor Eduardo García de Enterría,* Tomo II, Madrid, Civitas, 1991.

CASTRO ARGÜELLES, M.A.: "Los derechos fundamentales inespecíficos en el proceso laboral", en AA.VV.: *Los derechos fundamentales inespecíficos en la relación laboral y en materia de protección social: XXIV Congreso Nacional de Derecho del Trabajo y de la Seguridad Social,* Madrid, Ministerio de Trabajo, 2014.

CASTRO MEDINA, R.: "Nuevos retos sociales en la cuarta revolución industrial: una aproximación jurídico laboral", *Iuslabor,* núm. 1, 2023.

CASTRO MEDINA, R. y GÓMEZ SALADO, M.A.: "La industria 4.0 en la era de la transformación tecnológica: nuevos retos sociales", en AA.VV (GÓMEZ SALADO, M.A y RUÍZ SANTAMARÍA, J.L., Dirs.): *El empleo de los colectivos vulnerables en el marco de la transformación tecnológica: una aproximación jurídico-social*, Granada, Comares, 2022.

CONCELLÓN FERNÁNDEZ, P.: "El concepto de dato personal en la Unión Europea: una pieza clave en su protección", *Revista General de Derecho Europeo,* núm. 48, 2018.

CORDERO GORDILLO, V.: "Decisiones empresariales automatizadas y extinción del contrato de trabajo: ¿puede despedir el algoritmo?", en AA.VV.: *Digitalización, recuperación y reformas laborales. Comunicaciones del XXXII Congreso Anual de la Asociación Española de Derecho del Trabajo y de la Seguridad Social,* Alicante, 26 y 27 de mayo de 2022, Madrid, Ministerio de Trabajo y Economía Social, 2022.

COTINO HUESO, L.: "La primera sentencia del Tribunal de Justicia de la Unión Europea sobre decisiones automatizadas y sus implicaciones para la protección de datos y el Reglamento de Inteligencia Artificial", *Diario La Ley,* núm. 80, 17 enero 2024.

CRISTÓBAL RONCERO, R.: "Colectivos de atención prioritaria de la política de empleo", Brief AEDTSS, https://www.aedtss.com/colectivos-de-atencion-prioritaria-de-la-politica-de-empleo/

CRUZ VILLALÓN, J.: "Las facultades de control del empleador ante los cambios organizativos y tecnológicos", *Temas Laborales,* núm. 150, 2019.

CRUZ VILLALÓN, J.: "El impacto de la digitalización sobre los derechos fundamentales laborales", en AA.VV (RODRÍGUEZ-PIÑERO ROYO, M. y TODOLÍ SIGNES, A., Dirs.): *Vigilancia y control en el Derecho del Trabajo Digital,* Pamplona, Aranzadi, 2020.

CRUZ VILLALÓN, J.: "Las transformaciones de las relaciones ante la digitalización de la economía", *Temas Laborales,* núm. 138, 2017.

CRUZ VILLALÓN, J.: "Modificación del tiempo de trabajo", *Revista de Derecho Social,* núm. 38, 2007.

CRUZ VILLALÓN, J.: "La participación de los representantes de los trabajadores en el uso de los algoritmos y sistemas de inteligencia artificial", http://jesuscruzvillalon.blogspot.com/2021/05/la-participacion-de-los-representantes.html

CUADROS GARRIDO, M.E.: *Trabajadores tecnológicos y empresas digitales,* Pamplona, Aranzadi, 2018.

DAVARA RODRIGUEZ, M.A.: "La nueva Ley Orgánica de Protección de Datos de Carácter Personal", en AA.VV (DAVARA RODRIGUEZ, M.A., Coord.): *XIII Encuentro sobre Informática y Derecho,* Pamplona, Aranzadi, 2000.

DE ESTEFANO, V. y TAES, S.: "Algorithmic management and collective bargaining", Foresight brief ETUI, núm. 10, 2021.

DE LA CASA QUESADA, S.: "Teletrabajo, género, riesgos psicosociales: una triada a integrar en las políticas preventivas 4.0", *Revista Trabajo y Seguridad Social (Centro de Estudios Financieros),* núm. 459, 2021.

DE LA PUEBLA PINILLA, A.: "Comentario al art. 64 LC", en AA.VV (BERCOVITZ Y RODRÍGUEZ CANO, R., Coord.), *Comentarios a la Ley Concursal,* Vol I, Madrid, Tecnos, 2004.

DE LA PUEBLA PINILLA, A.: "Ley 2/2023, de Protección de los informantes. Problemas aplicativos desde una perspectiva laboral", *Labos,* vol. 4, núm. extraordinario, 2023.

DE LA SIERRA MORÓN, S.: "Control judicial de los algoritmos: robots, administración y estado de Derecho", *Lefebvre. Derecho Local,* 21/05/2021.

DE LA SIERRA, S.: "El ejercicio de potestades mediante la IA. Cautelas jurídicas frente al imperio acrítico de la tecnología", *XVIII Congreso de la Asociación Española de Profesores de Derecho Administrativo,* https://www.aepda.es/VerArchivo.aspx?ID=4187

DE TORRES BÓVEDA, N.: "El derecho de información de los representantes de los trabajadores en materia de algoritmos", en AA.VV.: *Digitalización, recuperación y reformas laborales. Comunicaciones del XXXII Congreso Anual de la Asociación Española de Derecho del Trabajo y de la Seguridad Social, Alicante 26 y 27 de mayo de 2022,* Madrid, Ministerio de Trabajo y Economía Social, 2022.

DE VICENTE PACHES, F.: "Las facultades empresariales de vigilancia y control en las relaciones de trabajo", *Tribuna Social,* núm. 157, 2004.

DE VICENTE PACHÉS, F.: "Art. 7. Acoso sexual y acoso por razón de sexo", en AA.VV (GARCÍA NINET, J.I., Dir.): *Comentarios a la Ley de Igualdad,* Valencia, CISS, 2007.

DE VICENTE PACHÉS, F.: "Acoso en el trabajo por medio de dispositivos digitales y su repercusión en la salud de la persona trabajadora: ¿no es momento de tomarnos en serio su prevención?", en AA.VV (RODRÍ-

GUEZ-PIÑERO ROYO, M. y TODOLÍ SIGNES, A., Dirs.): *Vigilancia y control en el Derecho del Trabajo Digital*, Pamplona, Aranzadi, 2020.

DEL PESO NAVARRO, E.: *Ley de Protección de Datos*, Madrid, Díaz de Santos, 2000.

DEL REY GUANTER, S.: "Tratamiento automatizado de datos de carácter personal y contrato de trabajo (una aproximación a la intimidad informática del trabajador)", *Relaciones Laborales*, núm. 2, 1993.

DESDENTADO BONETE, A. y DESDENTADO DAROCA, E.: "La segunda sentencia del Tribunal Europeo de Derechos Humanos en el caso Barbulescu y sus consecuencias sobre el control del uso laboral del ordenador", *Información Laboral*, núm. 1, 2018.

DEL REY GUANTER, S.: "La relación entre las vías de comunicación de las infracciones en la Ley 2/2023 de protección del informante desde la perspectiva de la persona trabajadora y su empleadora", *Iuslabor*, núm. 2, 2023.

DEL REY GUANTER, S.: "Las medidas de protección contra las represalias a la persona informante de infracciones a la Ley 2/2023 y su proyección sobre las relación laboral y funcionarial", *Trabajo y Derecho*, núm. 107, 2023.

DESDENTADO BONETE, A. y MUÑOZ RUIZ, A.B.: *Control informático, videovigilancia y protección de datos en el trabajo*, Valladolid, Lex Nova, 2012.

DESDENTADO BONETE, A. y MUÑOZ RUIZ, A.B.: *"Control informático, videovigilancia y protección de datos en el trabajo"*, *Revista Latinoamericana de Derecho Social*, núm. 19, 2014.

DURÁN LÓPEZ, F.: "Derechos de información y control de la contratación: luces y sombras de una reforma", *Revista de Trabajo*, núm. 100, 1990.

ELORZA GUERRERO, F.: "La Directiva sobre condiciones laborales transparentes y previsibles y su transposición en España", *Temas Laborales*, núm. 268, 2023.

ESCUDERO RODRIGUEZ, R.: "La Ley de derechos de información: una Ley a medio camino", *Relaciones Laborales*, núm. 7, 1991.

ESPUGA TORNÉ, G.: "La (i)licitud del tratamiento de datos biométricos para el registro de la jornada", en AA.VV (TRUJILLO PONS, F., Dir.): *Más allá de la oficina: desafíos laborales emergentes en un mundo hiperconectado*, Pamplona, Aranzadi, 2023.

ESTEVE SEGARRA, A.: "Pruebas", en AA.VV (BLASCO PELLICER, A. y GOERLICH PESET, J.M., Dirs.): *La reforma del proceso laboral: La Ley Reguladora de la Jurisdicción Social,* Tirant Lo Blanch, Valencia, 2012.

ESTEVE SEGARRA, A.: "Riders de empresas de plataforma: ¿cuál es vuestro convenio colectivo?", *Lan Harremanak,* núm. 48, 2022.

FABREGAT MONFORT, G.: "El control empresarial de los trabajadores a través de las nuevas tecnologías: algunas ideas clave", *Trabajo y Derecho,* núm. 5, 2015.

FALGUERA BARÓ, M.A.: "Nuevas tecnologías y trabajo (y III): perspectiva procesal", *Trabajo y Derecho. Nueva revista de actualidad y relaciones laborales,* núm. 22, 2016.

FERNÁNDEZ COLLADOS, M.B.: "Industria 4.0 y prevención de riesgos laborales", en AA.VV (FERNÁNDEZ DOMÍNGUEZ, J.J. y FERNÁNDEZ FERNÁNDEZ, R., Dirs.): *Seminario Internacional sobre nuevos lugares, distintos tiempos y modos diversos de trabajar: innovación tecnológica y cambios en el ordenamiento social,* Pamplona, Aranzadi, 2021.

FERNÁNDEZ COLLADOS, M.B.: "La negociación colectiva ante los riesgos laborales en la nueva era digital", *Lan Harremanak,* núm. 44, 2020.

FERNÁNDEZ DOMÍNGUEZ, J.J.: *Pruebas genéticas en el Derecho del Trabajo,* Madrid, Civitas, 1999.

FERNÁNDEZ DOMÍNGUEZ, J.J.: "Automatización y empleo. La paradoja de Polanyi revisitada", *Revista Crítica de Relaciones de Trabajo,* núm. 1, 2021.

FERNÁNDEZ FERNÁNDEZ, R.: *Selección de trabajadores y algoritmos: desafíos ante las nuevas formas de reclutamiento,* Pamplona, Aranzadi, 2022.

FERNÁNDEZ GARCÍA, A.: "Intermediación laboral digital y discriminación", en AA.VV (ROMERO BURILLO, A.M., Dir.): *Mujer, trabajo y nuevas tecnologías,* Pamplona, Aranzadi, 2021.

FERNÁNDEZ GARCÍA, A.: "Inteligencia artificial y discriminación en el trabajo", en AA.VV (ROMERO BURILLO, A.M., Dir.): *La mujer ante los retos del trabajo 4.0,* Pamplona, Aranzadi, 2023.

FERNÁNDEZ GARCÍA, A.: "Los algoritmos y la inteligencia artificial en la Ley 12/2021, de 28 de septiembre", en AA.VV (MORENO GENÉ, J. y ROMERO BURILLO, A.M., Coord.): *Los nuevos escenarios laborales de la innovación tecnológica,* Valencia, Tirant Lo Blanch, 2023.

FERNÁNDEZ GARCÍA, A.: "Tecnología y discriminación", en AA.VV (GUINDO MORALES, S. y ORTEGA LOZANO, P.G., Dirs.): *El desafío tecnológico en el Derecho del Trabajo en la era de la cuarta revolución industrial*, Barcelona, Atelier, 2023.

FERNÁNDEZ HERNÁNDEZ, C.: "El nuevo marco regulatorio digital de la Unión Europea", en AA.VV (VELASCO NUÑEZ, E., Dir.): *Marco normativo de la Unión para la transformación digital*, Madrid, La ley, 2023.

FERNÁNDEZ HERNÁNDEZ, C.: "El Reglamento de IA. Un nuevo marco regulatorio para una tecnología en continua evolución", *Diario La Ley*, 22 marzo 2024.

FERNÁNDEZ HERNÁNDEZ, C.: "La OCDE precisa el alcance de su definición actualizada de los sistemas de IA", *La Ley*, núm. 80, 2024.

FERNÁNDEZ RAMÍREZ, M.: "Sobre la eficiencia actual del modelo normativo español de prevención de riesgos laborales", *Temas Laborales*, núm. 153, 2020.

FERNÁNDEZ RAMÍREZ, M.: *El derecho del trabajador a la autodeterminación informativa en la actual empresa neopanóptica*, Pamplona, Aranzadi, 2021.

FERNÁNDEZ RAMÍREZ, M.: "El código ético como mecanismo de autoregulación empresarial en la protección de derechos de sus empleados: singularidades sobre su eficacia", *Lex Social*, vol. 13, núm. 1, 2023.

FERNÁNDEZ VILLAZÓN, L.A.: "Tratamiento automatizado de los datos personales en los procesos de selección de los trabajadores", *Relaciones Laborales*, núm. 11, 1994.

FERNÁNDEZ, C.B.: "Los negociadores europeos alcanza el acuerdo definitivo sobre el Reglamento de Inteligencia Artificial", *Diario La Ley*, 9 diciembre 2023.

FITA ORTEGA, F. y ALTÉS TÁRREGA, F.: "Las consecuencias de la nulidad de la prueba obtenida con violación de derechos fundamentales (a propósito de la STC 61/2021)", *Net 21*, núm. 4, 2021.

FLORIDI, L.: "The European Legislation on AI: a Brief Analysis of its Philosophical Approach", *Philosophy&Technology*, Vol. 34, 2021.

FUERTES LÓPEZ, F.: *Metamorfosis del Estado. Maremoto digital y ciberseguridad*, Madrid, Marcial Pons, 2022.

FUERTES LÓPEZ, M.: "Reflexiones ante la acelerada automatización de actuaciones administrativas", *Revista Jurídica de Asturias*, núm. 45, 2022.

GAMERO CASADO, E.: "El enfoque europeo de inteligencia artificial", *Revista de Derecho Administrativo*, núm. 20, 2021.

GARCÍA CAMPA, S.: "El registro salarial o retributivo", *Revista Trabajo y Seguridad Social (Centro de Estudios Financieros)*, núm. 455, 2021.

GARCÍA GONZÁLEZ, G.: "Pandemia, personal sanitario y burnout: el síndrome de estar quemado como enfermedad del trabajo", *Lex Social*, vol. 11, núm. 2, 2001.

GARCÍA JIMÉNEZ, M.: "Revolución industrial 4.0, sociedad cognitiva y relaciones laborales: retos para la negociación colectiva en clave de bienestar de los trabajadores", *Revista Trabajo y Seguridad Social (Centro de Estudios Financieros)*, núm. Extraordinario, 2019.

GARCÍA MARCOS, J.: "Inteligencia artificial, Reglamento Europeo y del Consejo por el que se establecen normas armonizadas en materia de inteligencia artificial", en AA.VV (VELASCO NUÑEZ, E., Dir.): *Marco normativo de la Unión Europea para la transformación digital*, Madrid, La Ley, 2023.

GARCÍA MURCIA, J.: "Nuevas tecnologías y ordenación jurídica del trabajo", en AA.VV (SÁNCHEZ-URÁN AZAÑA, Y. y GRAU RUÍZ, M.A., Dirs.): *Nuevas tecnologías y derecho: retos y oportunidades planteadas por la inteligencia artificial*, Brasil, Juruá, 2019.

GARCÍA MURCIA, J. y RODRÍGUEZ CARDO, I.A., "La protección de datos personales en el ámbito del trabajo: una aproximación desde el nuevo marco normativo", *Revista Española de Derecho del Trabajo*, núm. 216, 2019, (BIB 2019/1432).

GARCÍA QUIÑONES, J.C.: "Reflexiones sobre la necesidad de una nueva regulación legal transversal para la utilización de los algoritmos en el ámbito de las relaciones laborales", en AA.VV.: *Digitalización, recuperación y reformas laborales. Comunicaciones del XXXII Congreso Anual de la Asociación Española de Derecho del Trabajo y de la Seguridad Social, Alicante, 26 y 27 de mayo de 2022*, Madrid, Ministerio de Trabajo y Economía Social, 2022.

GARCÍA QUIÑONES, J.C.: "Inteligencia artificial y relaciones laborales: entre la significación creciente de los algoritmos y el desmentido de su neutralidad aparente", *Temas Laborales*, núm. 167, 2023.

GARCÍA SALAS, A.I.: *Necesidades empresariales y derechos fundamentales de los trabajadores*, Madrid, Lex Nova, 2016.

GARCÍA SALAS, A.I.: "La adaptación de los deberes de prevención de riesgos laborales a los riegos derivados de la incorporación de nuevas tecnologías", *Trabajo y Derecho*, núm. 108, 2023.

GARCÍA SALAS, A.I.: *La vigilancia inicial de la salud laboral*, Valencia, Tirant Lo Blanch, 2023.

GARCÍA-PERROTE ESCARTÍN, I.: "La prueba en el proceso laboral: algunos puntos críticos", *Revista Galega de Direito Social*, núm. 13, 2001.

GARCÍA-PERROTE ESCARTÍN, I.: "El impacto en las relaciones laborales del derecho a la protección de datos y de los derechos digitales", en AA.VV.: *El derecho a la protección de datos personales en la sociedad digital*, Madrid, Ramón Areces, 2020.

GARCÍA-PERROTE ESCARTÍN, I. y MERCADER UGUINA, J.R.: "El control biométrico de los trabajadores", *Información Laboral*, núm. 3, 2017 (BIB 2017/1102).

GARCÍA-PERROTE ESCARTÍN, I. y MERCADER UGUINA, J.R.: "El protagonismo del convenio colectivo en el nuevo reglamento de protección de datos", *Información Laboral*, núm. 6, 2018 (BIB 2018, 10336).

GARCÍA-PERROTE, I. y MERCADER UGUINA, J.R.: "Nuevos instrumentos de soft law en lo laboral: guías o herramientas sobre valoración de puestos con perspectiva de género o información sobre el uso de algoritmos", *Nueva Revista Española de Derecho del Trabajo*, núm. 256, 2022.

GARRIGA DOMÍNGUEZ, A.: El derecho a la protección de datos en la jurisprudencia constitucional", en AA.VV.: *Nuevos retos para la protección de datos personales. En la era del big data y de la computación ubicua*, Madrid, Dykinson, 2016.

GIL DE ALBURQUERQUE, R.: "Inteligencia artificial y trabajo por cuenta ajena: algunas consideraciones a la altura de 2023", en AA.VV (GUINDO MORALES, S. y ORTEGA LOZANO, G., Dirs.), *El desafío tecnológico en la era de la cuarta revolución industrial*, Barcelona, Atelier, 2023.

GIL PÉREZ, M.E.: *El teletrabajo y el impacto de las nuevas tecnologías en la salud y seguridad laboral*, Albacete, Bomarzo, 2023.

GIL PLANA, J.: "La prueba ilícita y sus efectos en la calificación del despido", en AA.VV (CABEZA PEREIRO, J. y MARTINEZ YAÑEZ, N.M., Coord.): *La tutela de los derechos fundamentales de los trabajadores en tiempos de crisis*, Albacete, Bomarzo, 2014.

GIL Y GIL, J.L.: "El trabajo decente como Objetivo de Desarrollo Sostenible", *Lex Social*, núm. 10 (1), 2020.

GINÉS I FABRELLAS, A.: "La gestión algorítmica del trabajo: nuevos retos jurídicos, tecnológicos y éticos", en AA.VV.: *Digitalización, recupera-*

ción y reformas laborales. XXXII Congreso Anual de la Asociación Española de Derecho del Trabajo y de la Seguridad Social, Alicante, 26 y 27 de mayo de 2022, Madrid, Ministerio de Trabajo y Economía Social, 2022.

GINES I FABRELLAS, A.: "Sesgos discriminatorios en la automatización de decisiones en el ámbito laboral: evidencia práctica", en AA.VV (RIVAS VALLEJO, P., Dir.): *Discriminación algorítmica en el ámbito laboral: perspectiva de género e intervención*, Pamplona, Aranzadi, 2022.

GOERLICH PESET, J.M.: "Decisiones administrativas automatizadas en materia social: algoritmos en la gestión de la Seguridad Social y en el procedimiento sancionador", *Labos*, Vol. 2, núm. 2, 2021.

GÓMEZ ABELLEIRA, F.J.: *La interdicción de la arbitrariedad en la relación laboral*, Valencia, Tirant Lo Blanch, 2023.

GÓMEZ GARCÍA, F.X.: "La gestión laboral a través de algoritmos: posibles discriminaciones y responsabilidades empresariales", en AA.VV.: *Digitalización, recuperación y reformas laborales. Comunicaciones del XXXII Congreso Anual de la Asociación Española de Derecho del Trabajo y de la Seguridad Social, Alicante, 26 y 27 de mayo de 2022*, Madrid, Ministerio de Trabajo y Economía Social, 2022.

GÓMEZ GORDILLO, R.: "Aspectos laborales de la Ley de protección de personas informantes", *Temas Laborales*, núm. 168, 2023.

GÓMEZ GORDILLO, R.: "Digitalización y poder de dirección en la empresa: entre la distopía y la acción sindical", *Revista Direito Público*, vol. 20, núm. 107, 2023.

GÓMEZ GORDILLO, R.: "El poder de dirección y los algoritmos", en AA.VV (BARCELÓN COBEDO, S.; CARRERO DOMÍNGUEZ, C. y DE SOTO RIOJA, S., Coord.): *Estudios de Derecho del Trabajo y de la Seguridad Social. Homenaje al profesor Santiago González Ortega, Monografías de Temas Laborales*, núm. 64, 2023.

GONZÁLEZ COBALEDA, E.: "Nuevas tecnologías, tiempo de trabajo y prevención de riesgos psicosociales", en AA.VV.: *Anuario internacional sobre prevención de riesgos psicosociales y calidad de vida en el trabajo*, Madrid, UGT, 2016.

GONZÁLEZ COBALEDA, E.: "Digitalización, factores y riesgos laborales: estado de situación y propuestas de mejora", *Revista de Trabajo y Seguridad Social (Centro de Estudios Financieros)*, núm. Extraordinario 2019.

GONZÁLEZ COBALEDA, E.: "Hacia un trabajo digital e inclusivo: ¿nuevo o constante desafío jurídico-laboral ante los colectivos especialmente vulnerables en el marcado de trabajo?, en AA.VV (MOLINA

NAVARRETE, C. y VALLECILLO GÁMEZ, M.R., Dir.): *De la sociedad digital a la sociedad del e-work decente: condiciones laborales para una industria 4.0 justa e inclusiva*, Pamplona, Aranzadi, 2021.

GONZÁLEZ DE PATO, R.M.: "Inteligencia artificial inclusiva *versus* discriminatoria ante la discapacidad laboral", *Temas Laborales*, núm. 167, 2023.

GONZÁLEZ ORTEGA, S.: "Las facultades de control a distancia del trabajador. Geolocalizadores y tacógrafos", *Temas Laborales*, núm. 150, 2019.

GONZÁLEZ ORTEGA, S. y APARICIO TOVAR, J.: *Comentarios a la Ley 31/1995 de Prevención de Riesgos Laborales*, Madrid, Trotta 1996.

GONZÁLEZ RUÍZ, F.J.: "Inteligencia artificial: implicaciones en materia de protección de datos", *Actualidad Jurídica Aranzadi*, núm. 950, 2019.

GOÑI SEIN, J.L.: "Vulneración de derechos fundamentales en el trabajo mediante instrumentos informáticos, de comunicación y archivo de datos", en AA.VV (ALARCÓN CARACUEL, M.R. y ESTEBAN LEGARRETA, R., Coords.): *Nuevas tecnologías de la información y la comunicación y Derecho del Trabajo*, Albacete, Bomarzo, 2004.

GOÑI SEIN, J.L.: "Vulneración de derechos fundamentales en el trabajo mediante instrumentos informáticos, de comunicación y archivo de datos", *Justicia Laboral*, núm. 17, 2004.

GOÑI SEIN, J.L.: "Los derechos fundamentales inespecíficos en la relación laboral individual: ¿necesidad de una reformulación?", *Ponencia temática presentada al XXIV Congreso Nacional de Derecho del Trabajo y de la Seguridad Social, celebrado en Pamplona el 29-30 de mayo de 2014.*

GOÑI SEIN, J.L.: "Intimidad del trabajador y poder de vigilancia y control empresarial", en AA.VV (GARCÍA MURCIA, J., Coord.): *Jornada sobre derechos fundamentales y contrato de trabajo*, Oviedo, Principado de Asturias, 2017.

GOÑI SEIN, J.L.: "Video vigilancia empresarial mediante cámaras ocultas: su excepcional validez como control defensivo ex post", *Trabajo y Derecho*, núm. 47, 2018.

GOÑI SEIN, J.L.: *La nueva regulación europea y española de protección de datos y su aplicación al ámbito de la empresa (incluido el Real Decreto-Ley 5/2018)*, Albacete, Bomarzo, 2018.

GOÑI SEIN, J.L.: "Innovaciones tecnológicas, inteligencia artificial y derechos humanos en el trabajo", *Documentación Laboral*, núm. 117, 2019, vol. II.

GOÑI SEIN, J.L.: "El impacto de las nuevas tecnologías disruptivas sobre los derechos de privacidad (intimidad y extimidad)", *Revista de Derecho Social,* núm. 93, 2021.

GOÑI SEIN, J.L.: "El Reglamento UE de inteligencia artificial y su relación con la normativa de seguridad y salud en el trabajo", en AA.VV (EGUSQUIZA BALMASEDA, M.A. y RODRÍGUEZ SANZ DE GALDEANO, B., Dirs.): *Inteligencia artificial y prevención de riesgos laborales: obligaciones y responsabilidades,* Valencia, Tirant Lo Blanch, 2023.

GOÑI SEIN, J.L.: "Prólogo", en LLORENS ESPADA, J.: *Límites al uso de la IA en el ámbito de la salud laboral,* Madrid, La Ley, 2023.

GORELLI HERNÁNDEZ, J.: "El derecho al descanso y las nuevas formas de trabajo en la era digital: ¿un derecho en peligro?", en AA.VV (MONEREO PÉREZ, J.L.; VILA TIERNO, F.; ESPÓSITO, M. y PERÁN QUESADA, S., Dirs.). *Innovación tecnológica, cambio social y sistema de relaciones laborales: Nuevos paradigmas para comprender el Derecho del Trabajo del siglo XXI,* Granada, Comares, 2021.

GUERRERO VIZUETE, E.: "La economía digital y los nuevos trabajadores: un marco contractual necesitado de delimitación", *Revista de Relaciones Laborales y Derecho del Empleo,* núm. 1, 2018.

GUILLÉN CATALÁN, R.: "Propiedad individual de los algoritmos en la economía del Dato", *Revista Aranzadi Derecho y Nuevas Tecnologías,* núm. 62, 2023, BIB 2023/1826.

GUTIÉRREZ COLOMINAS, D.: "La obligación de realizar ajustes razonables en el puesto de trabajo", *Trabajo y Derecho,* núm. 6, 2017.

HERNÁNDEZ MANZANARES, A.: "La responsabilidad civil por producto defectuoso tras la Sentencia de pleno de la Sala Civil del Tribunal Supremo 1516-2023, de 2 de noviembre", *Diario La Ley,* núm. 10440, de 6 de febrero de 2024.

HIDALGO PÉREZ, M. A.: *El empleo del futuro: un análisis del impacto de las nuevas tecnologías en el mercado laboral,* Barcelona, Deusto, 2018.

HUERGO LORA, A.: "Una aproximación a los algoritmos desde el Derecho administrativo", en AA.VV (HUERGO LORA, A., Dir.) *La regulación de los algoritmos,* Pamplona, Aranzadi, 2020.

HUERGO LORA, A.: "De la digitalización a la IA: ¿evolución o revolución?, *XVIII Congreso de la Asociación Española de Profesores de Derecho Administrativo,* https://www.aepda.es/VerArchivo.aspx?ID=4184

HUERGO LORA, A.: "Gobernar con algoritmos, gobernar los algoritmos", *El Cronista del Estado Social y Democrático de Derecho*, núm. 100, 2022.

IGARTÚA MIRÓ, M.T.: "El derecho a la desconexión en la Ley Orgánica 3/2018, de 5 de diciembre, de protección de datos personales y garantía de los derechos digitales", *Revista de Trabajo y Seguridad Social (Centro de Estudios Financieros)*, núm. 432, 2019.

IGARTÚA MIRÓ, M.T.: "Digitalización, motorización y protección de la salud: más allá de la fatiga informática", en AA.VV (RODRÍGUEZ-PIÑERO ROYO, M. y TODOLÍ SIGNES, A., Dirs.): *Vigilancia y control en el Derecho del Trabajo Digital*, Pamplona, Aranzadi, 2020.

IGARTÚA MIRÓ, M.T.: "Garantía de la seguridad y salud en el Real Decreto Ley 28/2020, de 22 de septiembre, de trabajo a distancia: mucho ruido y pocas nueces", *Revista Trabajo y Seguridad Social (Centro de Estudios Financieros)*, núm. 458, 2021.

IGARTÚA MIRÓ, M.T.: "Una primera aproximación a la sustitución tecnológica como causa de extinción del contrato de trabajo", *Revista Derecho Social y Empresa*, núm. 14, 2021.

JALIL NAJI, M.: "Trabajo en plataformas digitales y acoso sexual", en AA.VV (MELLA MÉNDEZ, L. y DE MUÑAGORRI, R.E., Dirs.): *Globalización y digitalización del mercado de trabajo: propuestas para un empleo sostenible y decente*, Pamplona, Aranzadi, 2021.

JIMÉNEZ ASENSIO, R.: "El Delegado de Protección de Datos en las Administraciones Públicas", www.rafaeljimenezasensio.com.

JIMENO, J. F.: "Innovaciones tecnológicas, demanda de trabajo y empleo", *Economistas*, núm. 165, 2019.

JORQUI AZOFRA, M: "El concepto legal de producto a la luz de la nueva propuesta de Directiva sobre responsabilidad por los daños causados por productos defectuosos", en AA.VV (EGUSQUIZA BALMASEDA, M.A. y RODRÍGUEZ SANZ DE GALDEANO, B., Dirs.): *Inteligencia artificial y prevención de riesgos laborales: obligaciones y responsabilidades*, Valencia, Tirant Lo Blanch, 2023.

JOVER RAMÍREZ, C.: "El fenómeno de la gig economy y su incidencia en el Derecho del Trabajo: aplicabilidad del ordenamiento jurídico laboral británico y español", *Revista Española de Derecho del Trabajo*, núm. 2019, 2018.

JUANES FRAGA, E.; GARCIA-PERROTE ESCARTIN, I. y ALOS, A.: "De las pruebas", en AA.VV (MONEREO PEREZ, J.L., Dir.): *Ley de la Juris-*

dicción Social. Estudio técnico-jurídico y sistemático de la Ley 36/2011, de 10 de octubre, Granada, Comares, 2013.

KAHALE CARRILLO, D.T.: "Los algoritmos en las relaciones laborales", en AA.VV (FERNÁNDEZ COLLADOS, M.B., Dir.): *Relaciones laborales e industria digital: redes sociales, prevención de riesgos laborales, desconexión y trabajo a distancia en Europa*, Pamplona, Aranzadi, 2022.

LACOMBA PÉREZ, F.R.: "Despidos basados en cámara oculta", *Iuslabor*, núm. 3, 2022.

LAHERA FORTEZA, J.: "La huella dactilar en el registro horario vulnera la protección de datos personales", *Abdón Pedrajas. Littler*, 2023. https://www.abdonpedrajas.com/pics/eventos/huellla-dactilar-y-registro-horario-1.pdf

LANZADERA ARENCIBIA, E. y DE LAS HERAS GARCÍA, A.: "El smart working como fórmula innovadora en la gestión empresarial: entre la libertad de empresa digital y los derechos laborales", en AA.VV (MOLINA NAVARRETE, C. y VALLECILLO GÁMEZ, R.M., Dirs.): *De la economía digital a la sociedad del e-work decente: condiciones sociolaborales para una industria 4.0 justa e inclusiva*, Pamplona, Aranzadi.

LLORENS ESPADA, J.: "El interés legítimo de la empresa como base de licitud para el tratamiento de datos personales de la persona trabajadora", *Documentación Laboral*, núm. 126, 2022.

LLORENS ESPADA, J.: "Responsabilidades civiles por discriminación por razón de género cuando medie un sistema de inteligencia artificial", en AA.VV (RIVAS VALLEJO, P., Dir.): *Discriminación algorítmica en el ámbito laboral: perspectiva de género e intervención*, Pamplona, Aranzadi, 2022.

LLORENS ESPADA, J.: "Responsabilidad civil en materia de inteligencia artificial y su incidencia en el ámbito de la reparación del daño derivado de accidente de trabajo y enfermedad profesional español", en AA.VV (EGUSQUIZA BALMASEDA, M.A. y RODRÍGUEZ SANZ DE GALDEANO, B., Dirs.): *Inteligencia artificial y prevención de riesgos laborales: obligaciones y responsabilidades*, Valencia, Tirant Lo Blanch, 2023.

LLORENS ESPADA, J.: *Límites al uso de la IA en el ámbito de la salud laboral*, Madrid, La Ley, 2023.

LÓPEZ AHUMADA, E.: "Las consecuencias del desarrollo de la inteligencia artificial ante las transformaciones del mercado de trabajo y la creación de empleo", *Revista Laborem*, núm. 28, 2023.

LÓPEZ ARRANZ, A.: *Violencias de género en el nuevo mercado tecnológico de trabajo*, Pamplona, Aranzadi, 2019.

LÓPEZ CUMBRE, L.: "Start-ups y capitalismo de plataforma: renovación o adaptación de los presupuestos laborales", en AA.VV (LÓPEZ CUMBRE, L., Dir.): *Start-ups, emprendimiento, economía social y colaborativa. Un nuevo modelo de relaciones laborales*, Pamplona, Aranzadi, 2018.

LÓPEZ FERNÁNDEZ, R.: "Dispositivos de geolocalización de la persona trabajadora y despido disciplinario", *Lan Harremanak*, núm. 50, 2023.

LÓPEZ INSUA, B.M.: "Derecho a la intimidad en el trabajo y nuevas tecnologías", en AA.VV (MONEREO PÉREZ, J.L.; VILA TIERNO, F.; ESPOSITO, M. y PERÁN QUESADA, S., Dirs.): *Innovación tecnológica, cambio social y sistema de relaciones laborales. Nuevos paradigmas para comprender el Derecho del Trabajo del sigo XXI*, Granada, Comares, 2021.

LÓPEZ PELÁEZ, A.: "Mejoras en la seguridad y en la salud a través de la aplicación de estrategias de automatización avanzada", *Prevención, Trabajo y Salud*, núm. 24, 2003.

LOSADA CARREÑO, J.: "El uso de sistemas de IA en la gestión empresarial: riesgos en materia de protección de datos y no discriminación", en AA.VV.: *Digitalización, recuperación y reformas laborales. Comunicaciones del XXXII Congreso Anual de la Asociación Española de Derecho del Trabajo y de la Seguridad Social, Alicante, 26 y 27 de mayo de 2022*, Madrid, Ministerio de Trabajo y Economía Social, 2022.

LOUSADA AROCHENA, J.F.: "La prueba ilícita en el proceso laboral", *Aranzadi Social*, núm. 11, 2006.

LOUSADA AROCHENA, J.F.: "Derecho fundamental a la protección de datos personales vs facultad empresarial de vidovigilancia", en AA.VV (BORRAJO DACRUZ, E., Dirs.): *Controversias vivas del nuevo Derecho del Trabajo*, Madrid, La Ley, 2015.

LOUSADA AROCHENA, F.: "El Convenio 190 de la Organización Internacional del Trabajo sobre violencia y acoso en el trabajo", *Revista de Derecho Social*, núm. 88, 2019.

MARÍN MALO, M.: "Aportaciones de la IA en materia preventiva y nuevos riesgos emergentes", en AA.VV (EGUSQUIZA BALMASEDA, M.A. y RODRÍGUEZ SANZ DE GALDEANO, B., Dirs.): *Inteligencia artificial y prevención de riesgos laborales: obligaciones y responsabilidades*, Valencia, Tirant Lo Blanch, 2023.

MARRERO BLANCO, D. y MULERO FERNÁNDEZ, J.M.: "Los sistemas de control de la jornada laboral basados en datos biométricos. Un análisis crítico desde la privacidad", *Diario La Ley, Privacidad,* 2020.

MARTÍN HERNÁNDEZ, M.L.: "Acoso sexual", *Carta Laboral,* núm. 29, 2000.

MARTÍNEZ FONS, D.: "El poder de control empresarial ejercido a través de medios audiovisuales en la relación de trabajo (a propósito de las SSTC 98/2000 y 186/2000, de 10 de julio)", *Relaciones Laborales,* 2002, Tomo I.

MARTÍNEZ LÓPEZ-SÁEZ, M.: "La vigilancia electrónica en el contexto laboral europeo y estadounidense: perfilando el derecho a la protección de datos en el trabajo", *Revista General de Derecho del Trabajo y de la Seguridad Social,* núm. 47, 2017.

MARTOS, N.: "El Delegado de Protección de Datos: ¿figura interna, externa o mixta?", *Actualidad Jurídica Aranzadi,* núm. 936, 2017, (BIB 936/2017).

MEGINO FERNÁNDEZ, D.: "Negociación colectiva y desconexión digital: un binomio todavía en construcción", en AA.VV (FERNÁNDEZ DOMÍNGUEZ, J.J. y FERNÁNDEZ FERNÁNDEZ, R., Dirs.): *Seminario internacional sobre nuevos lugares, distintos tiempos y modos diversos de trabajar: innovación tecnológica y cambios en el ordenamiento social,* Pamplona, Aranzadi, 2021.

MEILÁN CHINEA, L.M.: "Autonomía colectiva e inteligencia artificial. La negociación colectiva de los algoritmos", en AA.VV.: Digitalización, recuperación y reformas laborales. *Comunicaciones del XXXII Congreso Anual de la Asociación Española de Derecho del Trabajo y de la Seguridad Social,* Alicante, 26 y 27 de mayo de 2022, Madrid, Ministerio de Trabajo y Economía Social, 2022.

MELÉNDEZ MORILLO-VELARDE, L.: "Un paso más en la protección frente a represalias en la empresa: la Directiva "Whistleblowing" y la Ley de protección de las personas informantes", *Revista Española de Derecho del Trabajo,* núm. 265, 2023.

MÉNDEZ ÚBEDA, M.C.: "Sobre la prevención de riesgos laborales para las personas trabajadoras al servicio del hogar familiar: algunos cambios recientes y otros todavía pendientes", *e-Revista Internacional de Protección Social,* núm. extra 1, vol 3.

MERCADER UGUINA, J.R., *El futuro del trabajo en la era de la digitalización y la robótica,* Valencia, Tirant Lo Blanch, 2017.

MERCADER UGUINA, J.R.: "La transformación de la empresa en la era de la disrupción tecnológica", en AA.VV (LÓPEZ BALAGUER, M., Coord.): *Descentralización productiva y transformación del Derecho del Trabajo*, Valencia, Tirant Lo Blanch, 2018.

MERCADER UGUINA, J.R.: "El mercado de trabajo y el empleo en un mundo digital", *Información Laboral*, núm. 11, 2018 (BIB 2018/3994).

MERCADER UGUINA, J.R.: *Protección de Datos en las Relaciones Laborales*, Madrid, Francis Lefebvre, 2018.

MERCADER UGUINA, J.R.: "Algoritmos y Derecho del Trabajo", *Actualidad Jurídica Uría Menéndez*, núm. 52, 2019.

MERCADER UGUINA, J.R.: "El sistema de responsabilidad empresarial por el accidente de trabajo: un modelo en transición", en AA.VV.: *Accidentes de trabajo y enfermedades profesionales. Experiencias y desafíos de una protección social centenaria. IV Congreso Internacional y XVII Congreso Nacional de la Asociación Española de Salud y Seguridad Social*, Murcia, Laborum, 2020.

MERCADER UGUINA, J.R.: "La protección de alertadores, informantes o denunciantes: una lectura laboral de la Directiva 2019/1937 de 23 de octubre", *Trabajo y Derecho*, núm. 64, 2020.

MERCADER UGUINA, J.R.: "Algoritmos: personas y números en el derecho digital del trabajo", *Diario La Ley*, núm. 48, 24 febrero 2021.

MERCADER UGUINA, J.R.: "En busca del empleador invisible: algoritmos e inteligencia artificial en el derecho digital del trabajo", *El Cronista del Estado Social y Democrático de Derecho*, núm. 100, 2022.

MERCADER UGUINA, J.R.: "La gestión laboral a través de algoritmos", en AA.VV.: *Digitalización, recuperación y reformas laborales. XXXII Congreso Anual de la Asociación Española de Derecho del Trabajo y de la Seguridad Social*, Madrid, Ministerio de Trabajo y Economía Social, 2022.

MERCADER UGUINA, J.R.: *Algoritmos e inteligencia artificial en el derecho digital del trabajo*, Valencia, Tirant Lo Blanch, 2022.

MERCADER UGUINA, J.R.: "Discriminación algorítmica en el trabajo y derecho fundamental a la transparencia: ¿debemos (podemos) regular los algoritmos?", *El Foro de Labos*, 15/10/2021, https://www.elforodelabos.es/2021/02/discriminacion-algoritmica-en-el-trabajo-y-derecho-fundamental-a-la-transparencia-debemos-podemos-regular-los-algoritmos/

MERCADER UGUINA, J.R.: "El Reglamento de Inteligencia Artificial: frecuentemos el futuro", brief AEDTSS, 20/03/2024 https://www.

aedtss.com/wp-content/uploads/2024/03/42_MERCADER_RIA.pdf

MERCADER UGUINA, J.R.: "La difícil coyuntura del Derecho del Trabajo: un presente continuo", en AA.VV (BARCELÓN COBEDO, S.; CARRERO DOMÍNGUEZ, C. y DE SOTO RIOJA, S., Coords.): *Estudios de Derecho del Trabajo y de la Seguridad Social. Homenaje al profesor Santiago González Ortega, Monografías de Temas Laborales,* núm. 64, 2023.

MERCADER UGUINA, J.R.: "Prólogo" en MUÑOZ RUÍZ, A.B.: *Biometría y sistemas automatizados de reconocimiento de emociones. Implicaciones jurídico-laborales,* Valencia, Tirant Lo Blanch, 2023.

MERCADER UGUINA, J.R.: El Reglamento de Inteligencia Artificial entra en la recta final, una primera lectura en clave laboral", *Revista General de Derecho del Trabajo y de la Seguridad Social,* núm. 67, 2024.

MERCADER UGUINA, J.R. Y BARROS GARCÍA, M.: "La protección de datos personales del trabajador", en AA.VV (CASAS BAAMONDE, M.E. el alii.): *Derecho Social de la Unión Europea. Aplicación por el Tribunal de Justicia,* Madrid, BOE, 2023.

MIÑARRO YANINI, M.: "Impacto del Reglamento comunitario de protección de datos en las relaciones laborales: un pretendido cambio cultural", *Revista Trabajo y Seguridad Social (Centro de Estudios Financieros),* núm. 423, 2018.

MIÑARRO YANINI, M.: "La desconexión digital en la práctica negocial: más forma que fondo en la configuración del derecho", *Revista Derecho del Trabajo y de la Seguridad Social (Centro de Estudios Financieros),* núm. 440, 2019.

MIÑARRO YANINI, M.: "La incidencia de las tecnologías de la información y de la comunicación en la seguridad y salud en el trabajo. Protección de datos y prevención de riesgos. Violencia tecnológica en el trabajo. Medios de prevención", *Documentación Laboral,* núm. 119, 2020, vol. 1.

MIR PUIGPELAT, O.: "La automatización y el uso de algoritmos e inteligencia artificial en el Derecho Administrativo Comparado", *Revista General de Derecho Administrativo,* núm. 63, 2023.

MIRANDA BOTO, J.M.: *Condiciones de trabajo transparentes y previsibles. Desafíos para el Derecho español en la transposición de la Directiva (UE) 2019/1152,* Valencia, Tirant Lo Blanch, 2023.

MOLINA HERMOSILLA, O.: "Inteligencia artificial, big data y derecho a la protección de datos de las personas trabajadoras", *Revista de Estudios Jurídico Laborales y de Seguridad Social*, núm. 6, 2023.

MOLINA HERMOSILLA, O.: "La indemnidad mental: nueva dimensión del derecho fundamental a la intimidad de la persona trabajadora. Hacia el reconocimiento de neuroderechos como derechos básicos del ser humano", *Revista Crítica de Relaciones de Trabajo*, núm. 6, 2023.

MOLINA NAVARRETE, C.: "Jornada laboral y tecnologías de la infor-comunicación: desconexión digital y garantía del derecho al descanso", *Temas Laborales*, núm. 138, 2017.

MOLINA NAVARRETE, C.: "El derecho a la vida privada del trabajador en el Tribunal Europeo de Derechos Humanos: ¿diálogo o conflicto con la jurisprudencia nacional?", *Temas Laborales*, núm. 145, 2018.

MOLINA NAVARRETE, C.: "Control tecnológico del empleador y derecho probatorio: Efectos de la prueba digital lesiva de derechos fundamentales", *Temas Laborales*, núm. 150, 2019.

MOLINA NAVARRETE, C.: "La gran transformación digital y bienestar en el trabajo: riesgos emergentes, nuevos principios de acción, nuevas medidas preventivas", *Revista Trabajo y Seguridad Social (Centro de Estudios Financieros)*, núm. extraordinario, 2019.

MOLINA NAVARRETE, C.: "Del acoso moral (mobbing) al ciberacoso en el trabajo (network mobbing): viejas y nuevas formas de violencia laboral como riesgo psicosocial en la reciente doctrina judicial", *Revista Trabajo y Seguridad Social (Centro de Estudios Financieros)*, núms. 437-438, 2019.

MOLINA NAVARRETE, C.: "Redes sociales digitales y gestión de riesgos profesionales: prevenir el ciberacoso sexual en el trabajo, entre la obligación y el desafío", *Diario la Ley*, núm. 9452, 9 julio 2019.

MOLINA NAVARRETE, C.: "Redescubriendo el lado humano de los riesgos globales y su proyección en la actualidad jurídico-laboral: cuidar cabeza y corazones sin descuidar carteras", *Revista Trabajo y Seguridad Social (Centro de Estudios Financieros)*, núms. 437-438, 2019.

MOLINA NAVARRETE, C.: "La salud psicosocial, una condición de trabajo decente: el neotaylorismo digital en clave de pérdida de bienestar", en AA.VV (CORREA CARRASCO, . y QUINTERO LIMA, M.G., Coords.): *Los nuevos retos del trabajo decente: la salud mental y los riesgos psicosociales*, Madrid, Universidad Carlos III, 2020.

MOLINA NAVARRETE, C.: "Régimen legal de los sistemas de control laboral basados en la videovigilancia: lagunas y antinomias a la luz del Derecho Comunitario", en AA.VV (RODRÍGUEZ-PIÑERO ROYO, M. y TODOLÍ SIGNES, A., Dirs.): *Vigilancia y control en el Derecho del Trabajo Digital*, Pamplona, Aranzadi, 2020.

MOLINA NAVARRETE, C.: "Economía de datos, mercados digitales de empleo y gestión analítica de personas: retos para la transición a una sociedad del e-trabajo decente", *Revista Trabajo y Seguridad Social (Cetro de Estudios Financieros)*, núm. 459, 2021.

MOLINA NAVARRETE, C.: "Estudio preliminar. Un nuevo tiempo para la salud psicosocial en el trabajo: fragmentos de derecho vivo", *Revista Trabajo y Seguridad Social (Centro de Estudios Financieros)*, núm. 461-462, 2021.

MOLINA NAVARRETE, C.: "Personas y rendimientos en la revolución industrial 4.0 y en la sociedad (inteligente) 5.0: ¿hacia una sociedad del e-trabajo con dos almas (digital y humana)?", en AA.VV (MOLINA NAVARRETE, C. y VALLECILLO GÁMEZ, M.R., Dir.): *De la economía digital a la sociedad del e-work decente: condiciones sociolaborales para una industria 4.0 justa e inclusiva*, Pamplona, Aranzadi, 2021.

MOLINA NAVARRETE, C.: "Un nuevo tiempo para la salud psicosocial en el trabajo: fragmentos de derecho vivo", *Revista Trabajo y Seguridad Social (Centro de Estudios Financieros)*, núm. 261-262, 2021.

MOLINA NAVARRETE, C.: Principio de precaución: ¿mejoras de eficiencia o riesgos de discriminación?", https://www.transformaw.com/descargas/Ficha_02.pdf

MONEREO PÉREZ, J.L.: *Los derechos de información de los representantes de los trabajadores*, Madrid, Civitas, 1992.

MONEREO PÉREZ, J.L.: *Derechos sociales de la ciudadanía y ordenamiento laboral*, Madrid, Consejo Económico y Social, 1996.

MONEREO PÉREZ, J.L.: *La política de empleo como instrumento para la lucha contra la precariedad laboral*, Albacete, Bomarzo, 2011.

MONEREO PÉREZ, J.L.: *La protección de los derechos fundamentales. El modelo europeo*, Albacete, Bomarzo, 2019.

MONEREO PÉREZ, J.L.: "Derecho al trabajo y derechos profesionales ante la innovación tecnológica y las nuevas formas de empleo", en AA.VV (MONEREO PÉREZ, J.L.; VILA TIERNO, F.; ESPOSITO, M. y PERÁN QUESADA, S.): *Innovación tecnológica. Cambio social y sistema de relaciones laborales. Nuevos paradigmas para comprender el Derecho del Trabajo del siglo XXI*, Granada, Comares, 2021.

MONEREO PÉREZ, J.L. y GUINDO MORALES, S.: "Sobre la obligación de establecer un sistema de registro que permita computar la jornada laboral diaria realizada por cada trabajador", *La Ley Unión Europea*, núm. 72, 31 julio 2019.

MONEREO PÉREZ, J.L. y LÓPEZ INSÚA, B.M: "Protección de datos personales, intimidad y derechos digitales del trabajador: avance o retroceso", *Revista de Derecho Social y Empresa*, núm. 18, 2023.

MONEREO PÉREZ, J.L.; RODRÍGUEZ ESCANCIANO, S. y RODRÍGUEZ INIESTA, G.: "La reforma del derecho del empleo: notas sobre la Ley 3/2023, de 28 de febrero, de Empleo", *Revista Crítica de Relaciones de Trabajo*, núm. 7, 2023.

MONEREO PÉREZ, J.L.; RODRÍGUEZ ESCANCIANO, S. y RODRÍGUEZ INIESTA, G.: "Observaciones sobre el sistema normativo de tutela de los riesgos psicosociales en clave de género: por un enfoque transversal e integrador", *Revista Crítica de Relaciones de Trabajo*, núm. 10, 2024.

MONTOYA MEDIDA, D.: "Teletrabajo y prevención de riesgos laborales", *Nueva Revista Española de Derecho del Trabajo*, BIB 2021/3931.

MONTOYA MELGAR, A.: "Ficheros de datos automatizados sobre la salud del trabajador y derechos a la intimidad y la libertad informática", en ALONSO OLEA, M. y MONTOYA MELGAR, A.: *Jurisprudencia constitucional sobre Trabajo y Seguridad Social*, T. XVII, Madrid, Civitas, 1999.

MORA CABELLO DE ALBA, L.: "La salud de las mujeres en un mundo laboral declinado en masculino: el acoso por razón de sexo", *Revista de Derecho Social*, núm. 42, 2008.

MORENO CÁLIZ, S.: "Análisis del comportamiento de las plataformas de captación, selección y contratación de trabajadores que emplean algoritmos para la adopción de decisiones: evidencias", en AA.VV (RIVAS VALLEJO, P., Dir.).: *Discriminación algorítmica en el ámbito laboral: perspectiva de género e intervención*, Pamplona, Aranzadi, 2022.

MORENO MÁRQUEZ, A.M.: "El convenio 190 de la OIT sobre violencia y acoso en el trabajo y sus implicaciones en el ordenamiento laboral español", *Temas Laborales*, núm. 166, 2023.

MUÑOZ AYCUENS, C.: "Panorama normativo europeo en materia de ciberseguridad", en AA.VV (VELASCO NUÑEZ, E., Dir.): *Marco normativo de la UE para la transformación digital*, Madrid, La Ley, 2023.

MUÑOZ MACHADO, S.: "Prólogo", *El Cronista del Estado Social y Democrático de Derecho*, núm. 100, 2022.

MUÑOZ RUÍZ, A.B.: "El derecho a la desconexión digital en el ámbito laboral: hacia un cambio de modelo en la expectativa de la empresa hiperconectada", en AA.VV (DE LA PUEBLA PINILLA, A. y MERCADER UGUINA, J.R., Dirs.): *Tiempo de reformas. En busca de la competitividad empresarial y la cohesión social*, Valencia, Tirant Lo Blanch, 2019.

MUÑOZ RUÍZ, A.B.: "¿Conoces a Macarena? Los chabots: los nuevos empleados digitales", *Foro de Labos*, 4 de febrero de 2020.

MUÑOZ RUÍZ, A.B.: "Videovigilancia y protección de datos de carácter personal de los empleados: una revisión de la doctrina administrativa de la Agencia Española de Protección de Datos", en AA.VV (RODRÍGUEZ-PIÑERO ROYO, M. y TODOLÍ SIGNES, A., Dirs.): *Vigilancia y control en el Derecho del Trabajo Digital*, Pamplona, Aranzadi, 2021.

MUÑOZ RUÍZ, A.B.: "Biometría y sistemas automatizados de reconocimiento de emociones en el trabajo: estudio de casos recientes", *Trabajo y Derecho*, núm. 108, 2023.

MUÑOZ RUÍZ, A.B.: "Cómo deben aplicar las empresas el nuevo crtierio sobre registro horario y datos biométricos", https://www.elforodelabos.es/2023/12/como-deben-aplicar-las-empresas-el-nuevo-criterio-sobre-registro-de-jornada-y-datos-biometricos/

MUÑOZ RUÍZ, A.B.: "La inteligencia artificial y el uso de algoritmos para dirigir el trabajo: la deshumanización del trabajador", *El Foro de Labos*, 18/09/2020, https://www.elforodelabos.es/2020/09/la-inteligencia-artificial-y-el-uso-de-algoritmos-para-dirigir-el-trabajo-la-deshumanizacion-del-trabajador/

MUÑOZ RUÍZ, A.B.: "No digas ni mu! El Tribunal de la Unión Europea apoya la opacidad de los sistemas automatizados de reconocimiento de emociones", *El Foro de Labos*, 19/09/2023.

MUÑOZ RUÍZ, A.B.: *Biometría y sistemas automatizados de reconocimiento de emociones: implicaciones jurídico-laborales*, Valencia, Tirant Lo Blanch, 2023.

MURILLO DE LA CUEVA, P.L.: "Informática y protección de los datos personales", *Cuadernos y Debates*, núm. 43, 1993.

MURILLO DE LA CUEVA, P.L.: *Informática y protección de los datos personales,* Madrid, Centro de Estudios Políticos y Constitucionales, 2003.

NARVÁEZ TURCI, G.: *El impacto social de la robotización y digitalización del mercado de trabajo,* Murcia, Laborum, 2022.

NAVAS NAVARRO, S.: "Responsabilidad civil e inteligencia artificial", *El Cronista del Estado Social y Democrático de Derecho,* núm. 100, 2022.

NORES TORRES, L.E.: "Algunas cuestiones sobre la utilización de las redes sociales como medio de prueba en el proceso laboral", *Actualidad Laboral,* núm. 3, 2014.

OJEDA AVILÉS, A.: "Equilibrio de intereses y bloque de constitucionalidad personal en la empresa", *Revista de Derecho Social,* núm. 35, 2006.

OJEDA AVILÉS, A.: "Deconstrucción de los indicios de laboralidad frente al cambio tecnológico", *Revista Trabajo y Seguridad Social (Centro de Estudios Financieros),* núm. 464, 2021.

OLARTE ENCABO, S.: "La aplicación de inteligencia artificial a los procesos de selección de personal y ofertas de empleo: impacto sobre el derecho a la no discriminación, *Documentación Laboral,* núm. 119, 2020, Vol, 1,

OLARTE ENCABO, S.: "Algoritmos retributivos y no discriminación salarial de las mujeres", en AA.VV (RIVAS VALLEJO, P., Dir.): *Discriminación algorítmica en el ámbito laboral: perspectiva de género e intervención,* Pamplona, Aranzadi, 2022.

ORELLANA CANO, A.M.: *El derecho a la protección de datos personales como garantía de la privacidad de los trabajadores,* Pamplona, Aranzadi, 2019.

ORTEGA GIMÉNEZ, A.: "El Reglamento General de Protección de Datos en la UE en la empresa: novedades prácticas", *Diario La Ley,* núm. 15, sección ciberderecho, 7 marzo 2018.

PALOMEQUE LÓPEZ, M.C.: "Derechos fundamentales generales y relación laboral. Los derechos fundamentales inespecíficos", en AA.VV.: *El modelo social de la Constitución Española de 1978,* Madrid, MTSS, 2003.

PAZOS PÉREZ, A.: "La reputación digital mediante algoritmos y los derechos fundamentales de los trabajadores", en AA.VV (RODRÍGUEZ-PIÑERO ROYO, M. y TODOLÍ SIGNES, A., Dirs.): *Vigilancia y control en el Derecho del Trabajo Digital,* Pamplona, Aranzadi, 2021.

PEDROSA ALQUEZAR, I.: *Vigilancia de la salud de los trabajadores. Aspectos clínicos y jurídicos de los reconocimientos médicos en el trabajo,* Madrid, La Ley, 1999.

PÉREZ AMORÓS, F.: *Derechos de información sobre empleo y contratación. Los derechos de los representantes de los trabajadores en la empresa, según la Ley 2/1991*, Barcelona, Bosch, 1993.

PÉREZ DEL PRADO, D.: "¿Cómo de prioritarios son los colectivos de la nueva Ley de Empleo?", *Foro de Labos*, https://www.elforodelabos.es/2023/03/como-de-prioritarios-son-los-colectivos-de-la-nueva-ley-de-empleo/

PÉREZ DEL PRADO, D.: *Derecho, Economía y Digitalización. El impacto de la inteligencia artificial, los algoritmos y la robótica sobre el empleo y las condiciones de trabajo*, Valencia, Tirant Lo Blanch, 2023.

PÉREZ DEL RÍO, T.: "La violencia de género en el trabajo: el acoso sexual y el acoso moral por razón de género", *Temas Laborales*, núm. 92, 2007.

PÉREZ DÍAZ, D.: "Riesgos psicosociales asociados al uso de nuevas tecnologías de la información y comunicación (NTIC). La tutela preventiva en el Derecho de la Unión Europea y España con especial referencia al teletrabajo", en AA.VV (RODRÍGUEZ-PIÑERO ROYO, M. y TODOLÍ SIGNES, A., Dir.): *Trabajo a distancia y teletrabajo: análisis del marco normativo vigente*, Pamplona, Aranzadi, 2021.

PÉREZ GUERRERO, Mª L.: "Nuevas formas de discriminación en el acceso al empleo: algoritmos, Covid-19 y discriminación lingüística", AA. VV.: *Presente y futuro de las políticas de empleo en España*, Albacete, Bomarzo, 2021.

PÉREZ LÓPEZ, I.: "Garantizando los derechos de las personas mayores en el mundo laboral: una respuesta a la brecha digital", *Trabajo, Persona, Derecho, Mercado*, núm. 7, 2023.

PÉREZ LÓPEZ, J.I.: "Inteligencia artificial y contratación laboral", *Revista de Estudios Jurídico Laborales y de Seguridad Social*, núm. 7, 2023.

PERNAS CIUDAD, E.: "Inteligencia artificial y los ODS: cooperación necesaria", *Revista de Derecho. UNED*, núm. 29, 2022.

PIÑAR MAÑAS, J.L. y PIÑAR REAL, A.: "Aproximación a la Declaración Europea de derechos y principios digitales para la década digital", en AA.VV (VELASCO NUÑEZ, E., Dir.): *Marco normativo de la UE para la transformación digital*, Madrid, La Ley, 2023.

PIQUERAS GARCÍA, J.: "La garantía de indemnidad a la luz de la Ley 2/2023, reguladora de la protección de las personas que informen sobre infracciones normativas y de lucha contra la corrupción", *Lex Social*, Vol. 13, núm. 2, 2023.

PLAZA PENADÉS, J.: "Implementando el nuevo Reglamento General Europeo de Protección de Datos", *Revista Aranzadi de Derecho y Nuevas Tecnologías*, núm. 43, 2017 (BIB 2017/807).

PONCE SOLÉ, J.: "Reserva de humanidad y supervisión humana de la inteligencia artificial", *El Cronista del Estado Social y Democrático de Derecho*, núm. 100, 2022.

POQUET CATALA, R.: *El actual poder de dirección y control del empresario*, Pamplona, Aranzadi, 2013.

POQUET CATALÁ, R.: *El teletrabajo: análisis del nuevo marco jurídico*, Pamplona, Aranzadi, 2021.

POQUET CATALÁ, R.: "Teletrabajo y desconexión digital", en AA.VV (RODRÍGUEZ-PIÑERO ROYO, M. y TODOLÍ SIGNES, A., Dirs.): *Trabajo a distancia y teletrabajo: análisis del marco normativo vigente*, Pamplona, Aranzadi, 2021.

POQUET CATALÁ, R.: "Algoritmos, inteligencia artificial y condiciones de trabajo: ¿son compatibles?", *Revista General de Derecho del Trabajo y de la Seguridad Social*, núm. 66, 2023.

PRECIADO DOMENECH, C.H.: *El derecho a la protección de datos en el contrato de trabajo. Adaptado al nuevo Reglamento 679/2016, de 27 de abril*, Pamplona, Aranzadi, 2018.

PRECIADO DOMENECH, C.H.: *Los derechos digitales de las personas trabajadoras. Aspectos laborales de la Ley Orgánica 3/2018, de 5 de diciembre, de Protección de Datos y Garantía de los Derechos Digitales*, Pamplona, Aranzadi, 2019.

PRECIADO DOMENECH, C.H.: "Algoritmos y discriminación en la relación laboral", *Jurisdicción Social. Revista de la Comisión de lo Social de Juezas y Jueces para la Democracia*, núm. 223, 2021.

PRECIADO DOMENECH, C.H.: "Monitorización: GPS, wereables y especial referencia a los controles biométricos para el registro horario. Aspectos procesales", en AA.VV (RODRÍGUEZ-PIÑERO ROYO, M. y TODOLÍ SIGNES, A., Dirs.): *Vigilancia y control en el Derecho del Trabajo Digital*, Pamplona, Aranzadi, 2021.

PRESNO LINERA, M.A.: "Derechos fundamentales e inteligencia artificial en el Estado social, democrático y digital de Derecho", *El Cronista del Estado Social y Democrático de Derecho*, núm. 100, 2022.

QUESADA SEGURA, R.: "La protección extrajudicial frente al acoso sexual en el trabajo", *Temas Laborales*, núm. 92, 2007.

QUÍLEZ MORENO, J.M.: "Conciliación laboral en el mundo de las TIC. Desconectando digitalmente", *Revista General de Derecho del Trabajo y de la Seguridad Social*, núm. 51, 2018.

QUILEZ MORENO, J.M.: "La garantía de derechos digitales en el ámbito laboral: el nuevo artículo 20 bis del Estatuto de los Trabajadores", *Nueva Revista Española de Derecho del Trabajo*, núm. 217, 2019, (BIB 2019/1558).

QUIRÓS HIDALGO, J.G.: "El despido objetivo como consecuencia de la implantación de nuevas tecnologías en la empresa", en AA.VV (FERNÁNDEZ DOMÍNGUEZ, J.J. y FERNÁNDEZ FERNÁNDEZ, R., Dirs.): *Seminario internacional sobre nuevos lugares, distintos tiempos y modos diversos de trabajar: innovación tecnológica y cambios en el ordenamiento social*, Pamplona, Aranzadi, 2021.

RAMÍREZ PASCUAL, B.: *La ciberseguridad en la era de la inteligencia artificial*, Madrid, La Ley 2023.

RAMOS QUINTANA, M.: "Violencia de género y relaciones de trabajo en el marco del Convenio 190 de la OIT", *Revista de Derecho Laboral VLex*, núm. 2, 2021.

RECHE TELLO, N.: "El derecho a la desconexión digital como contenido del derecho fundamental a conciliar la vida personal y laboral", *Comunicación presentada al 2nd SBRLAB International Virtual Conference. Finding solutions to societal problems, 12.14 december 2018*, Tarragona, Spain.

REDONDO RINCÓN, M. G.: "Las nuevas tecnologías en el control de la incapacidad temporal: la aplicación de la analítica predictiva", *Trabajo y Derecho*, núm. extra 11, 2020.

RIVAS VALLEJO, P.: "La protección del medio ambiente en el marco de las relaciones laborales", *Temas Laborales*, núm. 50, 1999.

RIVAS VALLEJO, P.: *La aplicación de la inteligencia artificial al trabajo y su impacto discriminatorio*, Pamplona, Aranzadi, 2020.

RIVAS VALLEJO, P.: "La gestión analítica de personas en la era digital: su impacto sobre los derechos fundamentales", en AA.VV (MOLINA NAVARRETE, C. y VALLECILLO GÁMEZ, M.R., Dirs.): *De la economía digital a la sociedad del e-work decente: condiciones sociolaborales para una industria 4.0 justa e inclusiva*, Pamplona, Aranzadi, 2021.

RIVAS VALLEJO, P.: "Salud, inteligencia artificial y derechos fundamentales", en AA.VV (MONEREO PÉREZ, J.L.; RIVAS VALLEJO, P.; MORENO VIDA, M.N.; VILA TIERNO, F. y ÁLVAREZ CORTÉS, J.C.,

Dirs.): *Salud y asistencia sanitaria en España en tiempos de pandemia Covid-19*, Pamplona, Aranzadi, 2021.

RIVAS VALLEJO, P.: "Análisis desde el derecho antidiscriminatorio", en AA.VV (RIVAS VALLEJO, P., Dir.): *Discriminación algorítmica en el ámbito laboral: perspectiva de género e intervención*, Pamplona, Aranzadi, 2022.

RIVAS VALLEJO, P.: "Herramientas desde el derecho discriminatorio y la protección frente a la igualdad y la no discriminación", en AA.VV (RIVAS VALLEJO, P., Dir.): *Discriminación algorítmica en el ámbito laboral: perspectiva de género e intervención*, Pamplona, Aranzadi. 2022.

RIVAS VALLEJO, P.: "Sesgos de género en el uso de inteligencia artificial para la gestión de las relaciones laborales: análisis desde el derecho antidiscriminatorio", *e-Revista Internacional de Protección Social*, vol. II, núm. 1, 2022.

RIVAS VALLEJO, P.: "Gestión algorítmica del trabajo", en AA.VV (RIVAS VALLEJO, P., Dir.).: *Discriminación algorítmica en el ámbito laboral: perspectiva de género e intervención*, Pamplona, Aranzadi, 2022.

RIVAS VALLEJO, P.: "Los sistemas internos de denuncias (whisteleblowing) en la Directiva 2019/1937 y el Anteproyecto de Ley sobre informantes", *Documentación Laboral*, núm. 126, Vol. II, 2022.

RIVAS VALLEJO, P.: "Decisiones automatizadas y discriminación en el trabajo", *Revista General de Derecho del Trabajo y de la Seguridad Social*, núm. 66, 2023.

RODRÍGUEZ CARDO, I.A.: "Decisiones automatizadas y discriminación algorítmica en la relación laboral: ¿hacia un Derecho del Trabajo de dos velocidades?", *Nueva Revista Española de Derecho del Trabajo*, núm. 253, 2022.

RODRÍGUEZ CARDO, I.A.: "Gestión laboral algorítmica y poder de dirección: ¿hacia una participación de los trabajadores más intensa?", *Revista Jurídica de Asturias*, núm. 45, 2022.

RODRÍGUEZ CARDO, I.A.: "Gestión laboral algorítmica, poder de dirección y participación de los trabajadores: ¿un cambio de paradigma?", en AA.VV.: *Digitalización, recuperación y reformas laborales. Comunicaciones del XXXII Congreso Anual de la Asociación Española de Derecho del Trabajo y de la Seguridad Social, Alicante, 26 y 27 de mayo de 2022*, Madrid, Ministerio de Trabajo y Economía Social, 2022.

RODRÍGUEZ ESCANCIANO, S.: *Derechos laborales digitales: garantías e interrogantes*, Pamplona, Aranzadi, 2019.

RODRÍGUEZ ESCANCIANO, S.: "La promoción de la salud mental de los trabajadores ante la tecnificación de los procesos productivos: apunte sobre cuestiones pendientes", *Revista Jurídica de Investigación e Innovación Educativa,* núm. 22, 2020.

RODRIGUEZ ESCANCIANO, S.: *La salud mental de las personas trabajadoras: tratamiento jurídico preventivo en un contexto productivo postpandemia,* Valencia, Tirant Lo Blanch, 2022.

RODRÍGUEZ ESCANCIANO, S.: "La prevención de los riesgos psicosociales ante las transiciones digital y climática", en AA.VV (FERNÁNDEZ-COSTALES MUÑIZ, J., Dir.): *La disrupción tecnológica y digital y los nuevos riesgos emergentes en materia de seguridad y salud en el trabajo,* Madrid, Reus, 2023.

RODRÍGUEZ GALLEGO, M.B.: Patologías psiquiátricas como causa de incapacidad permanente, Tesis doctoral, Universidad de Málaga, 2015.

RODRÍGUEZ GONZÁLEZ, S.: "La garantía integral de la libertad sexual en las relaciones laborales", *Revista del Ministerio de Trabajo y Economía Social,* núm. 155, 2023.

RODRÍGUEZ MARTÍN-RETORTILLO, R.: "La transparencia en el uso de algoritmos y su protección empresarial", en AA.VV.: *Digitalización, recuperación y reformas laborales, Congreso Anual de la Asociación Española de Derecho del Trabajo y de la Seguridad Social,* Madrid, Ministerio de Trabajo y Economía Social, 2022.

RODRÍGUEZ MARTÍN-RETORTILLO, R.: "Deber de transparencia y límites de la inteligencia artificial en las relaciones laborales", *Trabajo y Derecho,* núm. 102, 2023.

RODRÍGUEZ ROCA, A.: "Un nuevo orden para proteger los datos personales", *Revista Acta Judicial,* núm. 3, 2019.

RODRÍGUEZ SANZ DE GALDEANO, B.: "Los sistemas de inteligencia artificial en el ámbito laboral y el marco regulador europeo de seguridad del producto", en AA.VV (EGUSQUIZA BALMASEDA, M.A. y RODRÍGUEZ SANZ DE GALDEANO, B.): *Inteligencia artificial y prevención de riesgos laborales: obligaciones y responsabilidades,* Valencia, Tirant Lo Blanch, 2023.

RODRÍGUEZ-PIÑERO ROYO, M.: "Las facultades de control de datos biométricos del trabajador", *Temas Laborales,* núm. 150, 2019.

RODRÍGUEZ-PIÑERO ROYO, M. "Registro de jornada mediante controles biométricos: un caso de incoherencia en el Derecho del Trabajo Digital", en AA.VV (RODRÍGUEZ-PIÑERO ROYO, M. y TODOLÍ SIGNES, A., Dirs.): *Vigilancia y control en el Derecho del Trabajo Digital,* Pamplona, Aranzadi, 2021.

RODRÍGUEZ-PIÑERO ROYO, M.: "Acceso al empleo, formación y contratación en el contexto de la digitalización", en AA.VV.: *Digitalización, recuperación y reformas laborales. XXII Congreso Anual de la Asociación Española de Derecho del Trabajo y de la Seguridad Social, Alicante, 26 y 27 de mayo de 2022,* Madrid, Ministerio de Trabajo y Economía Social, 2022.

RODRÍGUEZ-PIÑERO ROYO, M. y CALVO GALLEGO, F.J., "Los derechos digitales de los trabajadores a distancia", *Derecho de las Relaciones Laborales,* núm. 11, 2020.

RODRIGUEZ-PIÑERO Y BRAVO-FERRER, M.: "Intimidad del trabajador y contrato de trabajo", *Relaciones Laborales,* núm. 8, 2004.

RODRÍGUEZ-PIÑERO Y BRAVO-FERRER, M. y DEL REY GUANTER, S.: "Whistleblowing y contrato de trabajo: la trascendencia laboral de la Ley 2/2023, reguladora de la protección de las personas que informen sobre infracciones y delitos", *Revista Española de Derecho del Trabajo,* núm. 264, 2023.

ROJAS RIVERO, G.P.: "Los llamados riesgos emergentes de carácter psicosocial vinculados al trabajo", en AA.VV.: *Accidentes de trabajo y enfermedades profesionales. Experiencias y desafíos de una protección social centenaria. IV Congreso Internacional y XVII Congreso Nacional de la Asociación Española de Salud y Seguridad Social,* Murcia, Laborum, 2020.

ROJO TORRECILLA, E.: "Reflexiones sobre el trabajo y el empleo: perspectiva de futuro", Revista de Dirección y Administración de Empresas, núm. 2, 1995.

ROJO TORRECILLA, E.: "Importante Resolución del Parlamento Europeo, de 3 de mayo de 2022, sobre la inteligencia artificial en la era digital. Unas notas descriptivas de su contenido laboral, y atención a la nueva bibliografía existente sobre IA", http://www.eduardorojotorrecilla.es/2022/05/importante-resolucion-de-parlamento.html

ROJO TORRECILLA, E.: "Los empleos de la era digital en un contexto postpandemia", en AA.VV (FERNÁNDEZ DOMÍNGUEZ, J.J. y FERNÁNDEZ FERNÁNDEZ, R., Dirs.): *Seminario internacional sobre nuevos lugares, distintos tiempos y modos diversos de trabajar: innovación tecnológica y cambios en el ordenamiento social,* Pamplona, Aranzadi, 2021.

ROMERAL HERNÁNDEZ, J.: "Derecho a la intimidad del trabajador y reconocimientos médicos", *Comunicación presentada al XXIV Congreso Nacional de Derecho del Trabajo y de la Seguridad Social,* Pamplona, 2014.

ROMERO BURILLO, A.M.: "El teletrabajo. ¿Oportunidad o riesgo para la igualdad efectiva de mujeres y hombres en las relaciones laborales", en AA.VV (ROMERO BURILLO, A.M., Dir.): *Mujer, trabajo y nuevas tecnologías. Un estudio del impacto de las nuevas tecnologías en el ámbito laboral desde una perspectiva de género*, Pamplona, Aranzadi, 2021.

ROMERO RÓDENAS, Mª.J.: *Protección frente al acoso en el trabajo*, Albacete, Bomarzo, 2004.

RUBÍ PUIG, A.: "El principio de culptabilidad en el derecho de protección de datos personales y la condición de responsable del tratamiento", *Diario La Ley*, núm. 121, 2024.

RUBIO TORRANO, E.: "Del Reglamento europeo a la nueva Ley Orgánica de Protección de Datos", *Revista Aranzadi Doctrinal*, núm. 6, 2018.

RUÍZ GONZÁLEZ, C.M.: "La desconexión digital como garantía y herramienta de conclusión de la jornada laboral. Su necesaria concreción en tiempos de covid-19", *Revista General de Derecho del Trabajo y de la Seguridad Social*, núm. 56, 2020.

SÁEZ DE MARCO, I.M.: "¿Adiós a las cámaras ocultas?", *Jurisdicción Social*, núm. 197, 2019.

SAEZ LARA, C.: *La Protección de Denunciantes: Propuesta de Regulación para España tras la Directiva Whistleblowing*, Valencia, Tirant lo Blanch, 2020.

SÁEZ LARA, C.: "Algoritmos y discriminación en el empleo: un reto para la normativa antidiscriminatoria", *Nueva Revista Española de Derecho del Trabajo*, núm. 232, 2020.

SAEZ LARA, C.: "El algoritmo como protagonista de la relación laboral. Un análisis desde la perspectiva de la prohibición de discriminación", *Temas Laborales*, núm. 155, 2020.

SÁEZ LARA, C.: "Violencia sexual, mujer y trabajo", *Revista Galega de Dereito Social*, núm. 16, 2022.

SAGARDOY BENGOECHEA, J.A. y GIL Y GIL, J.L.: "Derechos de información de los representantes de los trabajadores en materia de contratación", *Revista de Trabajo*, núm. 100, 1990.

SAGARDOY DE SIMON, I.: "Datos personales, datos profesionales y su tratamiento automatizado", *Relaciones Laborales*, 1995, Tomo I.

SALA FRANCO, T.: "El derecho a la intimidad y a la propia imagen y las nuevas tecnologías de control laboral", en AA.VV (BORRAJO DACRUZ, E., Coord.): *Trabajo y libertades públicas*, Madrid, la Ley, 1999.

SALAS PORRAS, M.: "Aportaciones de la seguridad y salud en el trabajo para la implementación global del trabajo decente en la sociedad digital-robotizada", *Revista Internacional y Comparada de Relaciones Laborales y Derecho del Empleo,* Vol. 7, núm. 4, 2019.

SÁNCHEZ TORRADO, J.M.: "El registro de jornada en las formas de trabajo flexibles, especialmente en el trabajo a distancia", *Temas Laborales,* núm. 157, 2021.

SÁNCHEZ TORRADO, J.M.: "Límites normativos a la gestión laboral algorítmica", en AA.VV.: *Digitalización, recuperación y reformas laborales. Comunicaciones del XXXII Congreso Anual de la Asociación Española de Derecho del Trabajo y de la Seguridad Social, Alicante, 26 y 27 de mayo de 2022,* Madrid, Ministerio de Trabajo y Economía Social, 2022.

SÁNCHEZ TRIGUEROS, C.: "El impacto de la industria 4.0 en las relaciones de trabajo: el derecho a la desconexión digital", en AA.VV (KAHALE CARRILLO, D.T., Dir.): *El impacto de la industria 4.0 en el trabajo: una visión interdisciplinar,* Valencia, Tirant Lo Blanch, 2020.

SÁNCHEZ TRIGUEROS, C. y CUADROS GARRIDO, M.E.: "Autodeterminación informativa: un derecho en alza", *Revista Galega de Derecho Social,* núm. 8, 2019.

SÁNCHEZ TRIGUEROS, C. y FOLGOSO OLMO, A.: "En torno a la desconexión digital", *Adapt. Revista Internacional y Comparada de Relaciones Laborales y Empleo,* vol. 9, núm. 2, 2021.

SÁNCHEZ-URÁN AZAÑA, Y. y GARCÍA PIÑEIRO, N.P.: "Robótica inclusiva: retos y oportunidades en el empleo y en la ocupación", en AA.VV (GÓMEZ SALADO, M.A. y RUÍZ SANTAMARÍA, J.L., Dirs.): *El empleo de los colectivos vulnerables en el marco de la transformación tecnológica: una aproximación jurídico-social,* Granada, Comares, 2022.

SÁNCHEZ-URÁN AZAÑA, Y. y GRAU RUIZ, M.A.: "El impacto de la robótica, en especial la robótica inclusiva, en el trabajo: aspectos jurídico-laborales y fiscales", *Revista Aranzadi de Derecho y Nuevas Tecnologías,* núm. 50, 2019, (BIB 2019/7000).

SANGUINETI RAYMOND, W.: "Derechos de la persona del trabajador y libertad de empresa en la era de ponderación entre derechos constitucionales", *Trabajo y Derecho,* núms. 103-104, 2023.

SANGUINETI RAYMON, W.: "El poder de dirección ante el cambio económico y productivo y la emergencia de la inteligencia artificial", *Trabajo y Derecho,* núm. 109, 2024.

SELMA PENALVA, A.: "Inteligencia artificial y Derecho del Trabajo", *Ius et Scientia,* vol.7, núm. 2, 2021.

SELMA PENALVA, A.: "Las redes sociales como forma de selección de personal: un nuevo reto para la sociedad digital", en AA.VV (FERNÁNDEZ COLLADOS, M.B., Dir.): *Relaciones laborales e industria digital: redes sociales, prevención de riesgos laborales, desconexión y trabajo a distancia en Europa*, Pamplona, Aranzadi, 2022.

SEMPERE NAVARRO, A.V. y HIERRO HIERRO, F.J.: "Disposiciones laborales al cierre de 2018", *Aranzadi Digital*, núm. 1, 2019.

SEPÚLVEDA GÓMEZ, M.: "El Acuerdo marco europeo sobre digitalización. El necesario protagonismo de la norma pactada", *Temas Laborales*, núm. 158, 2021.

SERRANO ARGÜESO, M.: "Always on. Propuestas para la efectividad del derecho a la desconexión digital en el marco de la economía 4.0", *Revista Internacional y Comparada de Relaciones Laborales y Derecho del Empleo, ADAPT*, volumen 7, num. 2, 2019.

SERRANO ARGÜELLO, N.: "La desconexión digital y su incidencia en la ordenación del tiempo de trabajo. A propósito de la regulación independiente del Derecho a la desconexión propuesta por la Unión Europea", en AA.VV (FERNÁNDEZ COLLADOS, M.B., Dir.): *Relaciones laborales e industria digital: redes sociales, prevención de riesgos laborales, desconexión y trabajo a distancia en Europa*, Pamplona, Aranzadi, 2022.

SERRANO PÉREZ, M.: "Análisis de algunos aspectos del ejercicio del derecho de acceso a los datos de carácter personal: gratuidad, motivación y límites", *La Ley. Unión Europea*, núm. 120, 2023.

SEVILLANO PÉREZ, F.: "Big data", *Revista Economía Industrial*, núm. 395, 2015.

SIERRA BENÍTEZ, E.M.: "El delegado de protección de datos en la industria 4.0: funciones, competencias y las garantías esenciales de su estatuto jurídico", *Revista Internacional y Comparada de Relaciones Laborales y Derecho del Empleo*, volumen 6, núm. 1, 2018.

SIERRA HERNÁIZ, E.: *Las categorías especiales de datos del trabajador. Estudio de los límites y garantías legales para su tratamiento en la relación laboral*, Pamplona, Aranzadi, 2021.

SIERRA HERNÁIZ, E.: "El sistema de garantías y protección de la persona trabajadora frente a represalias empresariales por denuncias y reclamaciones en el ordenamiento jurídico comunitario y español", *Lan Harremanak*, núm. 49, 2023.

SOLER FERRER, F.: "El síndrome de *burning out*. Criterios recientes", *Tribuna Social*, núm. 222, 2009.

SUÁREZ CORUJO, B.: "La gran transición: la economía de plataformas digitales y su proyección en el ámbito laboral y de la Seguridad Social", *Temas Laborales*, núm. 141, 2018.

SUÁREZ GONZÁLEZ, F.: "El Convenio 190 de la OIT y su repercusión en el ordenamiento laboral español", *Revista del Ministerio de Trabajo y Economía Social*, núm. 147, 2020.

TALENS VISCONTI, E.E.: "Derecho del Trabajo y propiedad intelectual: especial referencia a las creaciones informáticas", *Revista Aranzadi Derecho y Nuevas Tecnologías*, núm. 56, 2021, BIB 2021/4094.

TALENS VISCONTI, E.E.: "La jornada laboral en el trabajo a distancia", en AA.VV (LÓPEZ BALAGUER, M., Dir.): *El trabajo a distancia en el Real Decreto Ley 28/2020*, Valencia, Tirant Lo Blanch, 2021.

TASCÓN LÓPEZ, R.: *El tratamiento por la empresa de datos personales de los trabajadores. Análisis del estado de la cuestión*, Madrid, Civitas, 2005.

TASCÓN LÓPEZ, R.: "La protección de datos personales de los trabajadores", *Revista Jurídica de Castilla y León*, núm. 16, 2008.

TASCÓN LÓPEZ, R.: "Los ficheros empresariales sobre trabajadores y los derechos de los mismos en el marco de la relación contractual con el empleador", en AA.VV (TRONCOSO REIGADA, A., Dir.): *Comentario a la Ley Orgánica de Protección de Datos de Carácter Personal*, Madrid, Civitas, 2010.

TASCÓN LÓPEZ, R.: "El eterno retorno a los mitos de la ajenidad y dependencia en la era hipertecnológica/posindustrial (revisión a la luz de los problemas surgidos en la economía de plataformas)", *Revista Trabajo y Seguridad Social (Centro de Estudios Financieros)*, núm. 452, 2020.

TASCÓN LÓPEZ, R.: "Prestación de servicios a través de plataformas digitales tras los últimos cambios legales y jurisprudenciales", en AA.VV (FERNÁNDEZ DOMÍNGUEZ, J.J. y FERNÁNDEZ FERNÁNDEZ, R., Dirs.): *Seminario Internacional sobre nuevos lugares, distintos tiempos y modos diversos de trabajar: innovación tecnológica y cambios en el ordenamiento social*, Pamplona, Aranzadi, 2021.

TASCÓN LÓPEZ, R.: "Reflexiones a partir de la Resolución del Parlamento Europeo, de 5 de julio de 2022, sobre la salud mental en el mundo laboral digital", *Revista Crítica de Relaciones de Trabajo*, núm. 5, 2022.

TASCÓN LÓPEZ, R.: *Hacia la eficiencia procesal en el orden social de la jurisdicción*, Pamplona, Aranzadi, 2024.

TERRADILLOS ORMAETXEA, E.: "Los poderes de dirección y de control de la empresa y el derecho a la protección de datos", *Documentación Laboral,* núm. 126, Vol. 2, 2022.

TERRADILLOS ORMAETXEA, E.: "La video vigilancia de la persona trabajadora en la empresa: protección de datos personales y prueba ilícita", *Revista de Derecho Social,* núm. 102, 2023.

TODOLÍ SIGNES, A.: "La gobernanza colectiva de la protección de datos en las relaciones laborales: big data, creación de perfiles, decisiones empresariales automatizadas y los derechos colectivos", *Revista de Derecho Social,* núm. 84, 2018.

TODOLÍ SIGNES, I.: "La gobernanza colectiva de la protección de datos: algoritmos, decisiones automatizadas y discriminación", en AA.VV.: *El futuro del Trabajo: cien años de la OIT. XXIX Congreso Anual de la Asociación Española de Derecho del Trabajo y de la Seguridad Social,* Madrid, Ministerio de Trabajo, Migraciones y Seguridad Social, 2019.

TODOLÍ SIGNES, A.: "Prevención de riesgos laborales ante la inteligencia artificial y la reputación digital de las personas trabajadoras", en AA.VV (MOLINA NAVARRETE, C. y VALLECILLO GÁMEZ, M.R., Dirs.): *De la economía digital a la sociedad del e-work decente: condiciones sociolaborales para una industria 4.0 justa e inclusiva,* Pamplona, Aranzadi, 2021.

TODOLÍ SIGNES, A.: "Cambios normativos en la digitalización del trabajo. Comentario a la Ley Rider y los derechos de información sobre los algoritmos", *Iuslabor,* núm. 2, 2021.

TODOLÍ SIGNES, A.: "Control tecnológico: una propuesta de aplicación del triple juicio de proporcionalidad conforme a la normativa europea de protección de datos", en AA.VV.: *Digitalización, recuperación y reformas laborales. XXXII Congreso Anual de la Asociación Española de Derecho del Trabajo y de la Seguridad Social, Alicante, 26 y 27 de mayo de 2022,* Madrid, Ministerio de Trabajo y Economía Social, 2022.

TODOLÍ SIGNES, A.: "Riesgos laborales derivados del uso de algoritmos: impacto de género", en AA.VV (RIVAS VALLEJO, P., Dir.): *Discriminación algorítmica en el ámbito laboral,* Pamplona, Aranzadi, 2022,

TODOLÍ SIGNES, A.: "La dirección algorítmica de las redes empresariales: plataformas digitales, inteligencia artificial y descentralización productiva, *Revista Trabajo y Seguridad Social (Centro de Estudios Financieros),* núm. 476, 2023.

TODOLÍ SIGNES, A.: *Algoritmos productivos y extractivos. Cómo regular la digitalización para mejorar el empleo e incentivar la innovación*, Pamplona, Aranzadi, 2023.

TONIATTI, R.: "Libertad informática y derecho a la protección de datos personales: principios de legislación comparada", *Revista Vasca de Administración Pública*, núm. 29, 1991.

TRONCOSO REIGADA, A.: "Libertad sindical, libertad de empresa y autodeterminación informativa de los trabajadores", en AA.VV (FARRRIOLS i SOLA, A., Dir.): *La protección de datos de carácter personal en los centros de trabajo*, Madrid, Cinca, 2006.

TRUJILLO PONS, F.: "El ejercicio del derecho a desconectar digitalmente del trabajo: su efectividad en las empresas", *Lan Harremanak*, núm. 44, 2020.

TRUJILLO PONS, F.: "Un estudio acerca de la eventual Directiva comunitaria sobre el derecho a la desconexión digital en el trabajo", *IusLabor*, núm. 2, 2021.

TRUJILLO PONS, F.: "Unas notas al incipiente cuerpo de doctrina judicial sobre el derecho a la desconexión digital en el trabajo", *Revista Derecho Social y Empresa*, núm. 18, 2023.

TUSET VARELA, D.: "La regulación de la inteligencia artificial en Europa: un cambio imprescindible en el horizonte regulatorio", *Diario La Ley*, núm. 77, 26 de octubre de 2023.

VALDEOLIVAS GARCÍA, Y.: "Derechos de información, transparencia y digitalización", en AA.VV.: Digitalización, recuperación y reformas laborales. *XXXII Congreso Anual de la Asociación Española de Derecho del Trabajo y de la Seguridad Social, Alicante, 26 y 27 de mayo de 2022*, Madrid Ministerio de Trabajo y Economía Social, 2022.

VALDÉS DAL-RE, F.: "Poderes del empresario y derechos de la persona del trabajador", en AA.VV (APARICIO TOVAR, J. y BAYLOS GRAU, A., Dirs.): *Autoridad y democracia en la empresa*, Madrid, Trotta, 1992.

VALDÉS DAL-RE, F.: "Presentación", *Relaciones Laborales*, 2009, Tomo I.

VALDÉS DAL-RE, F.: "Doctrina constitucional en materia de videovigilancia y utilización del ordenador por el personal de la empresa", *Revista de Derecho Social*, núm. 79, 2017.

VALDÉS DAL-RE, F.: "Nuevas tecnologías y derechos fundamentales de los trabajadores", *Revista de Derecho Social*, núm. 2, 2019.

VALLE MUÑOZ, F.A.: "Las redes sociales como medio de prueba en el proceso laboral", *Revista de Estudios Jurídico Laborales y de Seguridad Social*, núm. 6, 2023.

VALLECILLO GÁMEZ, M.R., "El derecho a la desconexión: ¿novedad digital o esnobismo del viejo derecho al descanso?", *Revista Trabajo y Seguridad Social (Centro de Estudios Financieros)*, núm. 408, 2017.

VALLECILLO GÁMEZ, R.: "La digitalización de la intermediación laboral: análisis, retos y casuística comparada", en AA.VV.: *Digitalización, recuperación y reformas laborales. Comunicaciones del XXXII Congreso Anual de la Asociación Española de Derecho del Trabajo y de la Seguridad Social*, Alicante, 26 y 27 de mayo de 2022, Madrid, Ministerio de Trabajo y Economía Social, 2022.

VALLEJO DACOSTA, R.: *Riesgos psicosociales: prevención reparación y tutela sancionadora*, Pamplona, Aranzadi, 2005.

VALVERDE ASENCIO, A.: *Implantación de sistemas de inteligencia artificial y trabajo*, Albacete, Bomarzo, 2020.

VELA DÍAZ, R., "Digitalización y nuevos trámites automatizados: las decisiones algorítmicas impregnan la actuación de la Administración Laboral y de Seguridad Social", *Trabajo y Derecho*, núm. 83, 2021,

VELA DÍAZ, R.: "El impacto de las decisiones algorítmicas en la gestión de las relaciones laborales: ¿cómo se posiciona la Unión Europea?", en AA.VV.: *Digitalización, recuperación y reformas laborales. Comunicaciones del XXXII Congreso Anual de la Asociación Española de Derecho del Trabajo y de la Seguridad Social, Alicante, 26 y 27 de mayo de 2022*, Madrid, Ministerio de Trabajo y Economía Social, 2022.

VELÁZQUEZ BAUTISTA, R.: *Protección de datos personales automatizados*, Madrid, Colex, 1993.

VELÁZQUEZ FERNÁNDEZ, M.: *Impacto laboral del estrés*, Bilbao, Lettera, 2005.

VICENTE PACHÉS, F.: "El ciberacoso a la mujer: una nueva realidad silenciada de violencia de género en el trabajo", en AA.VV (ROMERO BURILLO, A.M., Dir.): *Mujer, trabajo y nuevas tecnologías. Un estudio del impacto de las nuevas tecnologías en el ámbito laboral desde una perspectiva de género*, Pamplona, Aranzadi, 2021.

VICENTE PALACIO, A.: "La inteligencia artificial en la Ley integrar para la igualdad y no discriminación", *Revista General de Derecho del Trabajo y de la Seguridad Social*, núm. 64, 2023.

VIDA FERNÁNDEZ, J.: "Los retos de la regulación de la inteligencia artificial: algunas aportaciones desde la perspectiva europea", en AA.VV.: *Sociedad digital y derecho*, Madrid, BOE, 2018.

VIDAL, P.: "La desconexión digital laboral es ya una realidad", *Actualidad Jurídica Aranzadi*, núm. 946, 2018 (BIB 2018/14232).

VILA TIERNO, F.: "El impacto de la transformación digital en el ámbito laboral: una especial atención a los colectivos vulnerables", en AA.VV (GÓMEZ SALADO, M.A y RUÍZ SANTAMARÍA, J.L., Dirs.): *El empleo de los colectivos vulnerables en el marco de la transformación tecnológica: una aproximación jurídico-social*, Granada, Comares, 2022.

VILLAVERDE MENENDEZ, I.: "La jurisprudencia del Tribunal Constitucional sobre el derecho fundamental a la protección de datos de carácter personal", en AA.VV (FARRRIOLS i SOLA, A., Dir.): *La protección de datos de carácter personal en los centros de trabajo*, Madrid, Cinca, 2006.